PRATIQUE VOCABULAIRE

Corrigés

B2

Corrigés

Chapitre 1

1. 1. a, 2. b, 3. c, 4. c, 5. a
2. a. 4, b. 6, c. 3, d. 5, e. 2, f. 1
3. a. imberbe b. joufflu, bouffi c. rond d. épais e. disgracieuse
4. a. vrai b. vrai c. faux, c'est un visage jeune et charmant. d. vrai e. faux, son visage est émacié. f. faux, il est bouffi. g. vrai
5. a. retroussé b. allongés c. les arcades sourcilières d. enfoncés e. aquilin
6. a. du front b. en amande c. épaté d. de lynx e. globuleux
7. a. 1, 4, 6 b. 2, 3, 5
8. a. arcades sourcilières b. yeux de lynx c. nez crochu d. cernés e. enfoncés
9. a. pincée b. saillantes c. triple d. des tempes e. grisonnantes
10. a. un double menton b. pulpeuse c. grisonnantes d. les pommettes e. en galoche
11. a. mâchoire b. pincée c. pommettes d. triple menton e. charnue
12. a. double, triple menton b. tempes c. bouche charnue d. menton en galoche e. mâchoire
13. a. 4, b. 1, c. 3, d. 2, e. 5
14. a. gras b. une sacrée tignasse c. épais d. peu denses e. échevelé(e)
15. a. brillants b. clairsemés c. gras d. gominés e. hirsutes
16. a. une (sacrée) tignasse b. des cheveux soyeux c. un chauve d. les cheveux gominés e. des cheveux ternes
17. a. nasillarde b. veloutée c. hâlé d. rauque, enrouée e. lifté(e) f. blême, cadavérique g. mélodieuse h. rougeaud
18. a. aiguë b. flétrie c. monocorde d. de porcelaine e. chevrotante f. laiteuse g. déplaisante
19. 1. b, d, f, g 2. a, c, e, h
20. a. une peau veloutée b. cadavérique c. chevrotant d. rougeaude e. une voix de crécelle
21. a. elle a toujours bon pied bon œil b. ça se voit comme le nez au milieu de la figure c. arrête de couper les cheveux en quatre d. faire front e. m'obéit au doigt et à l'œil f. elle est tirée par les cheveux g. s'est montrée à visage découvert h. tu m'as mis la puce à l'oreille i. coûte les yeux de la tête/la peau des fesses
22. a. un peu dodu b. sculptural c. être légèrement en surcharge pondérale d. la largeur du torse e. élancé f. décharné
23. 1. a, d, e 2. b, c
24. a. maigrichon b. chétif c. robuste d. élancé e. l'obésité
25. a. dodue, grassouillette b. la carrure c. (un corps) trapu d. l'obésité e. sculptural
26. 1. e, 2. a, 3. d, 4. c, 5. b
27. a. mutilé b. infirme c. handicap d. infirmités e. bossu(e)
28. a. un cul-de-jatte b. un manchot c. un unijambiste d. un amputé e. un bossu
29. a. bossus b. un manchot c. l'unijambiste d. annulé e. inflexibles
30. a. taille de guêpe b. glabre c. puissantes d. gorge e. plate
31. a. svelte b. tombantes c. poilu d. une partie du cou chez les hommes e. avec des seins minuscules
32. a. taille de guêpe b. généreuse c. glabres d. carrées, puissantes e. poilu, velu
33. a. la pomme d'Adam b. plate c. gorge d. la taille e. carrées
34. a. boudin b. bien faites c. des attaches d. noueux e. potelées
35. a. effilés b. arquées, tordues c. noueuses d. tendons e. attaches
36. a. galbées b. rêches c. boudinés d. apparents
37. a. bout-dis-nez = boudinés b. pot-te-les = potelées c. art-quai= arquées
38. a. m'a tenu la jambe b. a les chevilles qui enflent c. avez réussi les doigts dans le nez d. fais tout par-dessus la jambe e. a le bras long f. en mets ma main à couper g. le couteau sous la gorge h. croise les doigts i. arrives pas à la cheville
39. a. je me débarbouille b. se frictionner c. la crasse d. une savonnette e. je me parfume
40. a. tenace b. une crème hydratante c. coquette d. sueur e. savon
41. a. 3, b. 4, c. 1, d. 2
42. a. coquet b. se frictionner c. la sueur d. un gommage

e. lait corporel/crème hydratante
43. a. rend brillants vos cheveux b. d'enlever les poils c. se farder d. soins de beauté e. pommade
44. a. la laque b. crème dépilatoire c. Les soins cutanés d. un blanchiment dentaire e. soins capillaires f. dents, éclatantes
45. a. le défrisage b. un blanchiment dentaire c. une pince à épiler d. une crème antirides e. vous vous manucurez
46. a. se farder b. le blanchiment dentaire c. les soins capillaires d. du baume à lèvres e. défrisage
47. a. brosse pour la barbe b. rendre beaux les cils c. un nécessaire de toilette d. peigne e. un rasoir
48. a. 12 = un après-rasage b. 4 = une brosse à cheveux c. 9 = un coton-tige d. 2 = un coupe-ongle e. 3 = un cure-dents f. 5 = un fard à joues g. 10 = un fil dentaire h. 11 = une lime à ongles i. 7 = une mousse à raser j. 8 = une ombre à paupières k. 6 = un rouge à lèvres l. 1 = une trousse de toilette
49. a. cure-dents, fil dentaire b. lime à ongles c. après-rasage d. rouge à lèvres
50. a. le coton-tige b. un coupe-ongle c. l'ombre à paupières d. un rouge à lèvres e. le fil dentaire
51. a. passer de la pommade b. passé la scène du crime au peigne fin c. c'est la crème des hommes d. passé un savon e. parler sans fard f. se sont crêpé le chignon

Bilan

1. joufflu 2. crochu 3. pommettes
4. clairsemés 5. flétrie
6. rachitique 7. bossu 8. glabre
9. me débarbouiller
10. blanchiment dentaire
11. coton-tige 12. hirsute
13. flasque 14. marqués
15. globuleux 16. grisonnantes
17. tignasse 18. voix de crécelle
19. l'embonpoint 20. mutilé
21. taille de guêpe
22. hydratante 23. capillaires
24. trousse de toilette 25. torse
26. poignet 27. le nez
28. ma main 29. la jambe
30. un savon

Chapitre 2

52. a. borgne b. dévisagent c. la vision d. l'apercevoir e. d'entendre
53. a. faux, il est strident b. vrai c. vrai d. faux, c'est la perception des sons e. vrai f. vrai g. faux, c'est être sourd h. vrai
54. a. strident b. dévisager c. aveugle d. résonner (retentir) e. sourd f. contempler
55. a. l'ouïe b. s'amplifier c. assourdissant d. entrevoir e. retentir f. diffus g. borgnes
56. bonne odeur : capiteux, délicat, embaumer. mauvaise odeur : empester, malodorant, puer, des relents
57. a. l'odorat b. dégage, subtil c. envoûtant d. flairé e. nauséabonde f. odorante
58. a. faux b. vrai c. faux d. vrai e. vrai
59. a. capiteux b. empeste c. odeur d. pue e. malodorants
60. a. 6, b. 7, c. 2, d. 8, e. 3, f. 4, g. 1, h. 5

61. a. goût b. succulent c. effleure d. goûteux e. palpe f. relever g. un arrière-goût
62. a. savoureuses (goûteuses, succulentes) b. frôlé(e) c. aspérités, toucher d. fade e. tactile f. écœurant g. caresser
63. a. c'est un légume fade b. son goût est devenu rance c. de papilles gustatives d. piquantes e. terriblement amer f. très râpeuse
64. a. vrai b. faux, c'est écœurant c. vrai d. faux, c'est le contraire e. faux, il est dur ou doux au toucher
65. a. l'eau à la bouche b. dans le nez c. un tel bruit d'enfer d. en chiens de faïence e. regardée de travers f. touché le fond g. que du feu h. trente-six chandelles
66. a. bien trempé b. bienveillante c. patiente d. opiniâtre e. loyale f. altruiste
67. a. ingénieux b. personnalité, feu c. sincère d. minutieux e. désintéressé, trait de caractère f. raffiné g. vaillants
68. a. faux b. faux c. vrai d. faux e. vrai f. vrai
69. a. vaillant b. modeste c. prévenant d. raffiné e. ingénieux f. attentionné
70. a. lunatique b. malveillant c. mielleuses d. impulsifs, agressifs e. désabusés f. vaniteux g. froide h. impitoyable
71. a. 10, b. 7, c. 4, d. 2, e. 5, f. 9, g. 1, h. 8, i. 6, j. 3
72. a. désabusé b. susceptible c. dédaigneux d. misanthropes e. lunatique f. avares
73. a. mielleux b. sournois c. naïf d. mesquin e. envieux f. vaniteuse

74. **a.** le cœur sur la main **b.** langue de vipère **c.** ta langue dans ta poche **d.** une vraie poule mouillée **e.** il est têtu comme une mule **f.** une sensibilité à fleur de peau **g.** fier comme un coq
75. **a.** touché(e) **b.** déboussolé(e) **c.** écœurement **d.** allégresse **e.** démoralisé(e) **f.** appréhension **g.** senti(e) embarrassé(e) **h.** la panique, ému(e)
76. **a.** ressentir **b.** bouleversée **c.** agacement **d.** découragée **e.** fureur **f.** la tête **g.** Quelle stupéfaction ! **h.** l'enthousiasme
77. **a.** démoralisé **b.** ému **c.** découragés **d.** embarrassé(e) **e.** déboussolée **f.** ressentir
78. **a.** vrai **b.** faux, c'est avoir peur et hésiter **c.** faux, c'est une colère violente **d.** faux, c'est une joie vive **e.** vrai **f.** vrai
79. **a.** 1, **b.** 4, **c.** 6, **d.** 2, **e.** 5, **f.** 3
80. **a.** évanouir **b.** pâlissez **c.** rougir **d.** suffoquer **e.** transpirer **f.** tremblez
81. **a.** vrai **b.** vrai **c.** faux **d.** faux **e.** faux
82. **a.** elle tremble **b.** il palpite **c.** il transpire **d.** rougir **e.** elle s'étrangle
83. **a.** quiétude **b.** tourmenté **c.** dubitatif **d.** soucieux/inquiets **e.** tendu **f.** soulagés **g.** bien-être
84. **a.** anxieux **b.** l'euphorie **c.** serein **d.** tracassé **e.** tranquillisée
85. **a.** tourmenté/tourmentée **b.** soucieux/soucieuse **c.** serein/sereine **d.** tracassé/tracassée **e.** perplexe/perplexe **f.** anxieux/anxieuse
86. **a.** décontracté(e) **b.** dubitatif(ive) **c.** le bien-être **d.** serein(e)/soulagé(e) **e.** apaisé(e) **f.** la quiétude
87. **a.** 3, **b.** 6, **c.** 5, **d.** 1, **e.** 4, **f.** 2

Bilan

1. L'ouïe 2. assourdissant
3. embaume 4. flaire 5. brûlant
6. rance 7. amplifié 8. effleurer
9. écœurant 10. désintéressé
11. sincère 12. avare 13. naïve
14. mielleux 15. altruiste
16. vaillant 17. dédaigneuse
18. agressif/ve
19. appréhension 20. fureur (colère) 21. tremblez
22. euphorie 23. décontractée
24. quiétude 25. stupéfait
26. allégresse 27. trente-six chandelles 28. têtu comme une mule 29. à bout de nerfs
30. langue de vipère

Chapitre 3

88. **a.** débattre **b.** sans doute **c.** point de vue **d.** ne fait aucun doute **e.** un parti pris **f.** conteste **g.** suis convaincu(e) **h.** suis
89. **a.** sens, polémique **b.** préjugés **c.** discutable **d.** tranché, contredire **e.** prétends **f.** controverses **g.** n'approuvons
90. **a.** faux **b.** faux **c.** vrai **d.** faux **e.** vrai
91. **a.** débattre **b.** à mon sens **c.** un préjugé **d.** contester **e.** une controverse
92. **a.** la conclusion **b.** réfutez **c.** synthétise **d.** analytique **e.** paradoxe **f.** comparaison **g.** j'en déduis
93. **a.** argumenter, défendre **b.** cohérent **c.** convaincre **d.** logique **e.** synthétique
94. **a.** avance **b.** paradoxe **c.** comparaison **d.** synthétiques **e.** défendre **f.** ton introduction
95. **a.** réfuter **b.** déduire **c.** logique **d.** le raisonnement **e.** la conclusion
96. **a.** elle parle à tort et à travers **b.** c'est une lapalissade **c.** chercher midi à quatorze heures **d.** travailler ma matière grise **e.** changer son fusil d'épaule
97. **a.** 5, **b.** 4, **c.** 6, **d.** 2, **e.** 1, **f.** 3
98. **a.** débordants **b.** fantaisie **c.** réfréner **d.** fictive **e.** farfelues **f.** source **g.** stimule **h.** chimères
99. **a.** vrai **b.** faux **c.** vrai **d.** faux **e.** vrai **f.** faux
100. **a.** fait défaut **b.** frappé **c.** réfréner **d.** puisé **e.** sont dépourvus d'imagination **f.** est dotée de
101. **a.** comique **b.** farces **c.** ironie **d.** fin **e.** désopilant, rigolo **f.** grinçant **g.** humour
102. **a.** l'autodérision **b.** blagues, fines/rigolotes **c.** plaisanteries **d.** noir **e.** jeux de mots **f.** te moquer de
103. **a.** 3, **b.** 2/5/7, **c.** 1/4/6
104. **a.** se moquer **b.** l'humour noir **c.** rigolo/rigolote **d.** une humoriste **e.** désopilante **f.** l'autodérision
105. **a.** se tordre **b.** toujours dans la lune **c.** se faisait des châteaux en Espagne **d.** face à un pince-sans-rire **e.** il a ri jaune **f.** j'étais pliée en quatre
106. **a.** 2, **b.** 4, **c.** 6, **d.** 1, **e.** 7, **f.** 5, **g.** 3
107. **a.** se remémore **b.** vivaces **c.** entretenons **d.** me souviens **e.** marquant **f.** en mémoire **g.** évoquer
108. **a.** exécré **b.** fluide **c.** marqué **d.** traumatisé **e.** vécues **f.** mémorial
109. **a.** un trou de mémoire **b.** une commémoration **c.** entretenir des souvenirs **d.** en mémoire de **e.** l'oubli
110. **a.** nostalgique **b.** resté gravé **c.** lucide **d.** aigrie **e.** regrette **f.** mélancoliques **g.** regrets
111. **a.** 4, **b.** 6, **c.** 7, **d.** 5, **e.** 3, **f.** 2, **g.** 1

112. a. aigri(e) b. mélancolique c. la lucidité d. la nostalgie e. le regret
113. a. faux, ce sont des regrets b. vrai c. vrai d. faux, elle vous rend triste et nostalgique e. vrai f. faux, c'est l'état mélancolique des poètes
114. a. être rongé(e) par les remords b. le paradis perdu c. tombée dans les oubliettes d. être esclave de ses souvenirs e. l'âge d'or

Bilan

1. polémique 2. approuve
3. débattre 4. préjugés
5. introduction 6. comparaison
7. argumenter 8. conclusion
9. fictifs 10. débordante
11. fantaisie 12. fait défaut
13. jeux de mots 14. me moque
15. autodérision
16. désopilantes 17. flous
18. trou de mémoire
19. commémoration
20. traumatisante 21. regrets
22. nostalgie 23. aigreur
24. lucide 25. matière grise
26. tort et à travers 27. midi à quatorze heures 28. la lune
29. en quatre 30. les oubliettes

Chapitre 4

115. a. le dermatologue b. le pédiatre c. le médecin du travail d. une clinique e. l'anesthésiste f. médecin traitant
116. a. cabinet médical b. cardiologue c. consulter d. gynécologue e. ophtalmologue f. oto-rhino-laryngologiste/O.R.L.
117. a. 6, b. 4, c. 5, d. 2, e. 1, f. 3
118. a. vrai b. faux, la clinique est très souvent privée c. faux, il prend soin des patients les dimanches et les jours fériés d. faux, il travaille aux urgences e. vrai f. vrai
119. a. l'antiseptique b. préventives c. secourent d. stérilisé e. de secours f. le vaccin
120. a. 4, b. 5, c. 1, d. 6, e. 3, f. 2
121. a. la prévention, préventif (ive) b. le dépistage, dépisté(e) c. le vaccin, vacciné(e) d. le traitement, traité(e) e. le(s) secours, secouru(e)
122. a. un antibiotique b. les instruments chirurgicaux c. prophylactique d. la trousse de secours e. stériliser (la stérilisation) f. un antiseptique
123. a. faux, elle sert à analyser le sang b. vrai c. faux, chez le médecin d. vrai e. vrai f. faux, c'est observer les organes g. vrai h. vrai
124. a. une batterie d'examens b. délivre une ordonnance c. diagnostiquer d. ausculter e. greffe f. hospitalisée g. pathologie h. subir une opération
125. a. 6, b. 3, c. 1, d. 5, e. 2, f. 4
126. a. une consultation b. diagnostiquer c. échographie d. examiner e. une greffe f. hospitalisé
127. a. c'est l'hôpital qui se moque de la charité b. arrête d'en faire toute une maladie ! c. est aux petits soins d. tirer sur l'ambulance e. il a repris du poil de la bête f. la pièce « Le Malade imaginaire »
128. a. se dégrade b. jouis d'une bonne santé c. longévité d. néglige sa santé e. florissante f. la vigueur
129. a. déclinantes b. bien portant c. fragile d. perdu ta santé e. fer f. respire g. se ruine
130. a. florissante b. déclinante c. longévité d. respirez e. vigueur
131. a. vrai b. faux, en ne dormant que cinq heures par nuit c. vrai d. vrai e. vrai
132. a. 2, b. 6, c. 1, d. 3, e. 5, f. 4
133. a. une bosse b. une entorse c. indemne d. morsures e. un plâtre f. trébuché g. bleus
134. a. se cogner b. une cicatrice c. une entorse, enflé d. a trébuché e. indemne
135. a. les béquilles b. des bleus c. une bosse d. un pansement e. une blessure f. un plâtre
136. a. centre de rééducation b. convalescent c. une cure thermale d. incurable e. la guérison f. recouvré la santé
137. a. convalescence b. guérir c. kinésithérapeute d. récupérer ses forces e. se rétablir f. cure
138. a. convalescente b. cure c. récupérer d. guérison e. rétablirez f. thérapie
139. a. convalescence b. rétablir c. incurables d. kinésithérapeute e. as recouvré
140. a. un coup de barre monstrueux b. quelle plaie c. malade comme un chien d. pas bien dans mon assiette e. je me porte comme un charme f. se sent toujours patraque
141. a. bipolarité b. dépendant c. tic d. déprimé e. hypocondriaque f. obsession g. dépression h. TOC

Corrigés

142. a. l'addiction b. l'insomnie c. la phobie d. la boulimie e. l'amnésie f. le surmenage g. l'anorexie
143. a. une amnésie b. une obsession c. la bipolarité d. l'insomnie e. la dépression f. l'anorexie g. la frustration
144. a. faux, c'est une personne qui traverse des périodes d'euphorie et de mélancolie b. vrai c. faux, j'ai une obsession d. faux, c'est un trouble obsessionnel compulsif e. vrai f. faux, c'est quand vous travaillez trop ou faites trop de choses à la fois
145. a. effets b. suivi une analyse c. d'anxiolytiques d. psychiatrique e. internement f. de repos
146. a. un(e) psychanalyste b. un(e) ergothérapeute c. un(e) luminothérapeute d. un(e) psychiatre e. un(e) sociothérapeute
147. a. psychiatrique b. anxiolytiques c. psychanalyste d. ergothérapie e. psychothérapie f. somnifères
148. a. faux, ils sont mauvais (néfastes) pour la santé b. vrai c. faux, par la lumière d. vrai e. faux, chez un psychanalyste f. vrai
149. a. elle a un grain b. est fou à lier c. me fait tourner en bourrique d. pas folle la guêpe e. yoyote de la cafetière f. un petit grain de folie

Bilan

1. cabinet médical
2. ophtalmologue
3. anesthésiste 4. dépistage
5. prévention 6. vaccins
7. délivrer une ordonnance
8. analyse sanguine 9. subir une opération 10. s'est beaucoup dégradée
11. respires la bonne (santé)
12. longévité 13. je me suis cogné(e) 14. béquilles
15. fait une entorse 16. cure
17. rétablir 18. incurable
19. Insomnie 20. dépendant
21. obsession
22. hypocondriaque
23. boulimie 24. hôpital psychiatrique 25. effets secondaires 26. en fait toute une maladie 27. ne suis pas bien dans mon assiette
28. me porte comme un charme 29. fou/folle à lier
30. coup de barre

Chapitre 5

150. a. insonorisé b. habitable c. isolation d. luminosité e. distribuées f. insonorisation g. récent h. volumes
151. a. de l'ancien b. exiguës c. bruyant d. sombre e. mal, nord
152. a. insonorisation b. double-vitrage c. mal distribuées d. mal située e. beaux volumes
153. a. faux, c'est de l'ancien b. faux, il est bruyant c. vrai d. vrai e. faux, que je n'ai pas besoin d'électricité
154. a.4 b.6 c.5 d.1 e.2 f.3 g.7
155. a. écroulé b. bouchées c. rénové d. entretenir, entreprendre e. en panne f. emménagé, installés g. coupure, rétablir
156. a. chauffagiste b. dégâts c. emménagé d. inondations e. court-circuit, rétablir f. s'écrouler
157. a. entretenir (sa maison) b. les fusibles c. les fuites (d'eau ou de gaz) d. rénover e. tomber en panne f. une prise électrique g. une coupure de courant
158. a. vrai b. faux, c'est un quartier où les gens sont très mal logés c. faux, vous risquez d'être expulsé(e) de votre domicile d. vrai e. vrai f. faux, c'est un logement qui s'écroule
159. a. mal logées b. centres d'hébergement d'urgence c. HLM d. le montant, explose e. vétuste f. expulsée de
160. a.5 b.1 c.6 d.4 e.2 f.3
161. a. bidonvilles b. crise c. délabré d. social e. mauvais état
162. a. s'est écroulé comme un château de cartes b. il y a de l'eau dans le gaz c. de crier sur les toits que d. c'est gros comme une maison
163. a.3 b.4 c.2 d.1 e.2 f.4
164. a. une penderie b. un guéridon c. chiner d. étagères e. un tabouret f. un(e) antiquaire g. l'ameublement h. marchander
165. a. bibliothèque b. le dossier c. meublé d. commode e. brocantes f. bibelots g. meubles de style
166. a. antiquaire b. un tabouret c. fauteuils d. table de chevet e. les accoudoirs f. une penderie
167. a. un guéridon b. marchander c. un lit à baldaquin d. un secrétaire e. chiner/faire les brocantes
168. a. appliques b. cirer c. la moquette d. rideaux e. décore f. fais reluire

g. stores vénitiens
h. poser des tapisseries
169. a. un bougeoir b. déco
c. lustre d. parquet
e. luminaires f. toiles
g. voilages
170. a. vrai b. faux c. faux
d. vrai e. vrai f. faux
171. a. un chandelier
b. des voilages
c. la moquette (un tapis)
d. des lustres e. cirer
f. des stores vénitiens
172. a. ça fait des lustres
b. si vous ne jouez pas cartes sur table c. pour faire tapisserie d. à sauver les meubles e. l'envers du décor f. fait désormais partie du décor
g. aucune envie de cirer les bottes à
173. a. vivaces b. cultives
c. partagé d. pots de fleurs
e. n'arrosez f. agrément
g. plants
174. a. jardinières b. roseraie
c. potager d. serre
e. verger f. jardiniers
175. a. vrai b. faux c. faux
d. vrai e. vrai f. faux
176. a. annuelle b. un parterre (de fleurs) c. un (jardin) potager d. une roseraie
e. du verger
177. a.7 b.8 c.5 d.6 e.4 f.3 g.2 h.1
178. a. mauvaises herbes, désherber b. tuyau d'arrosage c. semer, graines d. taillés
e. sol pauvre, compost, arrosoir f. tondeuse, ratisse g. pelle
179. a. fertiliser, engrais
b. sécateur, tailler
c. ratissent
d. biodynamie, pesticides
e. pauvre, fertile
180. a. vrai b. faux, elle envahit votre jardin c. vrai d. vrai
e. faux, c'est un véhicule à une roue qui sert à transporter la terre, le compost etc.

181. a. j'ai découvert le pot aux roses b. il faut absolument arroser ça c. il s'est pris un râteau d. qui ai dû payer les pots cassés
e. et sachons cultiver notre jardin f. « on récolte ce que l'on sème »

Bilan

1. lumineux 2. bruyant
3. spacieux 4. emménager
5. fuite 6. coupure de courant
7. HLM 8. immobilier 9. crise
10. antiquaire 11. fauteuil/canapé 12. secrétaire
13. buffet 14. parquet 15. stores vénitiens 16. lampadaire
17. chandelier 18. potager
19. verger 20. désherber
21. sécateur 22. brouette
23. tondeuse 24. arrosoir
25. tapis 26. arroser 27. râteau
28. lustres 29. eau dans le gaz
30. tous les toits

Chapitre 6

182. a.5 b.2 c.6 d.3 e.1 f.4
183. a. capitale b. urbaines
c. compte
d. d'embouteillages
e. métropoles, prospérer, dépeuplent f. recenser
184. *verbes* : croître, se dépeupler, prospérer - *noms* : l'embouteillage, la localité - *adjectif* : urbain(e)
185. a. vrai b. faux, c'est que vous vivez en ville c. vrai
d. vrai e. vrai f. faux, c'est une ville qui se développe dans toutes les directions
186. a. remparts, fortifiées
b. intra-muros, extra-muros
c. squares d. populaire, résidentiels e. cités-dortoirs
f. grouillantes

187. a. basse-ville b. rive-gauche, rive-droite
c. citadelle d. faubourgs
e. esplanade
188. a.6 b.5 c.3 d.1 e.2 f.4
189. a. une cité-dortoir
b. extra-muros
c. grouillante
d. la citadelle
e. un quartier résidentiel
190. a.5 b.7 c.4 d.2 e.3 f.1 g.6 h.8
191. a. boulevard périphérique
b. feu c. couverts d. lèche-vitrines e. flâneur, ruelles
f. malfamées, pavées
g. ronds-points
192. a. passage piéton
b. boulevard périphérique
c. noctambule d. lèche-vitrines e. ronds-points
f. flâneur
193. a. le badaud b. le caniveau c. malfamé
d. un cul-de-sac e. les réverbères f. pavées
194. a. a pignon sur rue
b. a fini dans le caniveau
c. a jeté un pavé dans la mare d. court les rues
e. de vous mettre à la rue
f. la ville Éternelle, la ville Lumière
195. a. terre b. arbustes
c. bordent d. raccourci
e. sentier, prairies
f. rurale, plaine g. colline
h. longer
196. a.2 b.6 c.5 d.1 e.3 f.4
197. a. sentier, butte b. longe
c. caillouteux d. rural
e. arbustes.
198. a. la plaine b. un raccourci
c. verdoyants d. boisé
e. sinueux
199. a. pré b. résidence secondaire c. poulailler
d. chaumière e. étable
f. foin, grange g. hameau
200. a. vrai, b. faux, c'est pour les chevaux c. faux, c'est une ferme provençale
d. vrai e. vrai f. faux, c'est un petit château à la campagne g. vrai.

Corrigés

201. a. (son clapier →) sa grange **b.** (le poulailler →) l'écurie **c.** (une cabane →) un manoir **d.** (une habitation primaire →) une résidence secondaire **e.** (son écurie →) son clapier
202. a. lettre A, mots = hameau **b.** ma, noir = manoir **c.** et, table = étable **d.** é, cul, riz = écurie **e.** chaud, mi, air = chaumière.
203. a. blé **b.** friche, vignoble **c.** moissonnent **d.** de l'orge **e.** laboure **f.** plantations **g.** fauche **h.** pâturages
204. a. les céréales **b.** le bétail **c.** paître **d.** la meule **e.** traire **f.** l'avoine
205. a.6 **b.**2 **c.**5 **d.**3 **e.**1 **f.**4
206. a. le bétail **b.** faucher **c.** labourer **d.** le pâturage **e.** le vignoble
207. a. prendre la clef des champs **b.** coupé l'herbe sous le pied **c.** fait pleurer dans les chaumières **d.** a tué la poule aux œufs d'or **e.** bête à manger du foin **f.** fauché(e) comme les blés **g.** il ne faut pas mettre la charrue avant les bœufs
208. a. le mal de mer **b.** turquoise **c.** marée montante **d.** flots **e.** crêtes **f.** emportées au large
209. a. creux **b.** d'huile, démontée **c.** retire, descendante **d.** déferlent **e.** étale **f.** houleux
210. a. vrai **b.** faux **c.** vrai **d.** faux, **e.** vrai
211. a. dé, mont, thé = démonté(e) **b.** cou, rang = courant **c.** des, fer, les = déferler **d.** mal, de, mère/maire = mal de mer
212. a. d'outre-mer **b.** une baie **c.** un récif **d.** un galet **e.** un rivage **f.** une crique

213. a. littoral **b.** archipels **c.** dunes **d.** falaises **e.** lagune **f.** presqu'îles
214. a. baie **b.** dune **c.** littoral **d.** d'outre-mer **e.** archipels **f.** récifs
215. a. une crique **b.** les galets **c.** la lagune **d.** sur un rivage **e.** une falaise
216. a. plaisance **b.** chalutiers **c.** yacht **d.** mouillent **e.** embarquent **f.** escale, navals
217. a. vrai **b.** faux, c'est un point de repère pour les marins **c.** vrai **d.** vrai **e.** faux, c'est une personne qui pratique la navigation de plaisance **f.** vrai
218. a.2/8 **b.**3/5/7 **c.**3/5/6 **d.**4 **e.**1
219. a. phare **b.** poissonnerie **c.** hors-bords **d.** embout **e.** pêcheurs **f.** voguent
220. a. nous sommes arrivés à bon port **b.** c'est une goutte d'eau dans la mer **c.** tu n'as pas le pied marin **d.** ce n'est pas la mer à boire **e.** se trouve dans le creux de la vague **f.** a jeté une bouteille à la mer
221. a. un alpage **b.** un éboulement **c.** une crête **d.** encaissée **e.** un haut plateau **f.** une gorge **g.** la transhumance
222. a. parois rocheuses **b.** abrupts **c.** pente **d.** gravi **e.** pied **f.** ascension **g.** précipice
223. a. la pente **b.** l'éboulement **c.** abrupt(e) **d.** la transhumance **e.** rocheux(se) **f.** le précipice
224. a. à l'alpage **b.** dévaler **c.** un éboulement **d.** encaissé(e) **e.** la transhumance
225. a. culmine **b.** profondes **c.** altitude **d.** éternelles **e.** col, sommets **f.** s'étend **g.** clairières **h.** l'orée

226. a. vrai **b.** vrai **c.** vrai **d.** faux, c'est une végétation qui se trouve dans les forêts **e.** vrai **f.** vrai **g.** faux, un glacier peut être tout cela à la fois
227. a. (dans) les sous-bois **b.** (à) couper le souffle **c.** (la plus belle) crête **d.** (trop) impénétrable
228. a. les neiges éternelles **b.** le sommet **c.** le refuge **d.** en (haute) altitude **e.** le glacier **f.** le col
229. a. tu fais toujours une montagne **b.** vous nous aviez promis monts et merveilles **c.** elle est sur la mauvaise pente **d.** a soulevé des montagnes **e.** est toujours par monts et par vaux **f.** c'est clair comme de l'eau de roche

Bilan

1. capitale **2.** embouteillages **3.** cosmopolite **4.** remparts **5.** banlieue **6.** passages piétons **7.** noctambules **8.** réverbères **9.** arbustes **10.** hameau **11.** manoir **12.** poulailler **13.** moissonnent **14.** seigle **15.** pâturages (prés) **16.** mal de mer **17.** galets **18.** dune **19.** chalutiers **20.** phare **21.** ascension **22.** alpage **23.** dévalé **24.** sommets **25.** arrivés à bon port **26.** par monts et par vaux **27.** lumière **28.** fauché comme les blés **29.** mer à boire **30.** clair comme de l'eau de roche

Chapitre 7

230. a. les racines **b.** sève **c.** abattre **d.** feuillage **e.** bosquets **f.** défeuillent

231. **a.** vrai **b.** faux, ils bourgeonnent au printemps **c.** vrai **d.** faux, elle est sur le tronc de l'arbre **e.** faux, on tronçonne les branches épaisses **f.** vrai
232. **a.** racines **b.** feuillage **c.** sève **d.** écorce **e.** abattre, tronçonner
233. **a.** les branches **b.** les bosquets **c.** le tronc **d.** un tuteur **e.** bourgeonner
234. **a.** un massif **b.** les fragrances **c.** multicolore **d.** se faner **e.** un bouquet **f.** le pollen
235. **a.** le pistil **b.** pétales **c.** embaument **d.** flétries **e.** gerbe **f.** luxuriante **g.** grimpantes
236. **a.** vrai **b.** faux **c.** vrai **d.** faux **e.** vrai **f.** vrai
237. **a.** un bouton **b.** embaumer **c.** multicolores **d.** au pollen **e.** une tige **f.** la fragrance
238. **a.** de m'accrocher aux branches **b.** est fleur bleue **c.** il a pris racine **d.** je sciais la branche sur laquelle j'étais assise **e.** j'ai tremblé comme une feuille
239. **a.** la becquée **b.** le gosier **c.** une nichée **d.** se percher **e.** les rapaces **f.** les serres **g.** une volée
240. **a.** bec **b.** duvet **c.** envol **d.** nichent **e.** migrateurs **f.** sautillent **g.** oisillons
241. **a.** vrai **b.** vrai **c.** faux **d.** faux **e.** faux **f.** vrai
242. **a.** nid, chez = nichée **b.** rat, passe = rapace **c.** veau, les = volée **d.** plu, mage = plumage **e.** an, vol = envol
243. **a.**2 **b.**3 **c.**5 **d.**4 **e.**6 **f.**1
244. **a.** cancane **b.** piailler **c.** ramage, sifflant **d.** hululer **e.** gazouillent **f.** croassent
245. **a.**6 **b.**5 **c.**3 **d.**1 **e.**2 **f.**4
246. **a.** vrai **b.** faux, le coq chante **c.** faux, les pies jacassent **d.** vrai **e.** vrai **f.** faux, les pigeons roucoulent mais les moineaux pépient
247. **a.** tourbillonner **b.** mandibules **c.** chenille **d.** dard **e.** cigales
248. **a.** fourmis, antennes **b.** butiner **c.** bourdonne **d.** cocon **e.** essaim
249. **a.**3 **b.**5 **c.**4 **d.**1 **e.**2
250. **a.** miel **b.** bec **c.** confiture **d.** cornes **e.** cocon
251. **a.** à vol d'oiseau **b.** tu prends toujours la mouche **c.** mes enfants volent de leurs propres ailes **d.** je lui ai cloué le bec **e.** vous êtes tombés dans un sacré guêpier **f.** il ne ferait pas de mal à une mouche
252. **a.** coussinets **b.** feuler, hérissent **c.** litière **d.** pelotonner **e.** ronronne
253. **a.** fait **b.** s'étire **c.** félins **d.** patte de velours **e.** fourrure
254. **a.** vrai **b.** vrai **c.** faux **d.** faux **e.** vrai
255. **a.** fée, lin = félin **b.** feu, les = feuler **c.** mi, olé = miauler **d.** mousse, tache = moustaches **e.** lit, tiers = litière
256. **a.** la truffe **b.** canin(e) **c.** la muselière **d.** vacciner **e.** les crocs **f.** dresser **g.** le chenil
257. **a.** aboie **b.** meute **c.** tatouer **d.** sac à puces, toiletter **e.** flair, dressant
258. **a.** en meute **b.** dresse **c.** une muselière, crocs **d.** vacciner **e.** chenil
259. **a.** un sac à puces **b.** il aboie **c.** un flair **d.** de race **e.** toiletter
260. **a.** étalon, équidé **b.** robe, étriller **c.** jument, crinière **d.** désarçonner, enfourchez **e.** trotterez **f.** dompter **g.** hippiques, hennir
261. **a.** ruer **b.** le box **c.** piaffer **d.** ferrer **e.** se cabrer **f.** la selle
262. **a.** faux (le petit de l'ânesse = l'ânon) **b.** vrai **c.** faux **d.** faux **e.** vrai
263. **a.** hennir **b.** avancer **c.** un âne **d.** les sabots **e.** désarçonner **f.** la selle
264. **a.** il est monté sur ses grands chevaux **b.** elle est très à cheval sur ses principes **c.** entre chien et loup **d.** a un caractère de chien **e.** il n'y a pas un chat
265. **a.** c'est son cheval de bataille **b.** s'entendent comme chien et chat **c.** quand le chat n'est pas là, les souris dansent **d.** elle appelle un chat un chat **e.** elles se regardent en chiens de faïence
266. **a.** nageoires **b.** portée **c.** prédateurs **d.** la parade nuptiale **e.** troupeau, colonie
267. **a.** terriers **b.** carapace **c.** herbivores **d.** carnassier **e.** proies, banc **f.** pelage
268. **a.** un charognard **b.** une coquille **c.** des cornes **d.** des écailles **e.** hiberner **f.** la tanière
269. **a.** vrai **b.** faux **c.** faux **d.** vrai **e.** vrai **f.** faux
270. **a.** trou, pot = troupeau **b.** pré, date, heure = prédateur **c.** et, caille = écailles **d.** port, thé = portée **e.** seau, va, je = sauvage
271. **a.** le lion **b.** le loup **c.** les grenouilles **d.** le cerf et la biche **e.** le chameau
272. **a.** glapit **b.** grince **c.** barrit **d.** blatèrent **e.** bêle
273. **a.** vrai **b.** faux **c.** faux **d.** faux **e.** vrai

Corrigés

274. **a.** bras, mes = bramer **b.** baie, les = bêler **c.** grain, ces = grincer **d.** bas, rire = barrir
275. **a.** hurles avec les loups **b.** taillé la part du lion **c.** est connu comme le loup blanc **d.** prendre le taureau par les cornes **e.** jetais dans la gueule du loup

Bilan

1. arbrisseaux/arbuste
2. déraciné 3. tronçonner
4. pétales 5. bouquet 6. fanent
7. bec 8. plumage 9. migrateurs
10. roucoulent 11. hululer
12. butinent 13. chenille
14. miauler 15. ronronner
16. flair 17. chenil 18. pur-sang
19. galop 20. crinière
21. dresser 22. moustaches
23. carapace 24. hibernent
25. brame 26. coassent
27. fleur 28. une mouche
29. chat 30. la gueule du loup

Chapitre 8

276. **a.** s'obscurcit **b.** à la belle étoile **c.** tonnerre **d.** se couvre **e.** dégagé **f.** intempéries
277. **a.** s'amoncellent **b.** clément **c.** embellie, gâte **d.** pur **e.** menaçant **f.** tonnerre, zébré d'éclairs
278. a.4 b.1 c.3 d.5 e.2
279. **a.** faux, il y a un orage **b.** vrai **c.** faux, c'est quand le temps s'améliore **d.** vrai **e.** faux, c'est dormir dehors en pleine nature
280. **a.** des rafales **b.** déchaînés **c.** la bise **d.** cinglant **e.** faiblit
281. **a.** ployer **b.** tramontane **c.** balaient **d.** mistral **e.** iglou
282. a.2 b.1 c.5 d.4 e.3
283. **a.** une rafale **b.** cinglant (réponse cinglante) **c.** la bise **d.** le zéphyr **e.** le mistral
284. **a.** vrai **b.** vrai **c.** faux, il est étincelant et immaculé **d.** vrai **e.** faux, c'est une pluie soudaine et brève
285. **a.** chutes de neige **b.** torrentielle **c.** à verse, trombes d'eau **d.** étincelant, immaculé **e.** précipitations
286. **a.** diluvienne **b.** enseveli **c.** la mousson **d.** virevolter
287. **a.** trombes d'eau **b.** diluvienne **c.** gouttelettes **d.** flocons **e.** glaçons
288. **a.** ondée **b.** à verse **c.** enseveli **d.** manteau neigeux **e.** glaçons
289. **a.** sont au septième ciel **b.** il est passé en coup de vent **c.** un vent à décorner les bœufs **d.** a remué ciel et terre **e.** j'ai eu vent d'un rapport **f.** a fondu comme neige au soleil **g.** on parle toujours de la pluie et du beau temps
290. **a.** dégel **b.** verglas **c.** assoiffés **d.** la fonte des neiges **e.** gel **f.** nappes phréatiques, asséchées **g.** grillé
291. **a.** naturels **b.** grillés **c.** givre **d.** desséché **e.** sécheresses **f.** éclater
292. **a.** verglas **b.** dégels **c.** sécheresse **d.** assoiffés, asséchées
293. **a.** faux, c'est un phénomène hivernal **b.** vrai **c.** faux, c'est un phénomène printanier **d.** vrai **e.** vrai
294. **a.** désolé **b.** typhon **c.** une trajectoire **d.** un cyclone **e.** ravager **f.** un déluge
295. **a.** saccagées, typhon **b.** alerte, ouragan **c.** essuyé **d.** dévasté **e.** l'œil
296. **a.** ravagé (ou dévasté) **b.** tempête **c.** dévastés, désolés **d.** arrachés **e.** trajectoire
297. **a.** (être) en alerte **b.** le Déluge **c.** saccagé **d.** un ouragan **e.** l'œil
298. **a.** secouée, séisme **b.** englouti, produite **c.** trembler **d.** éruptions **e.** tsunami, déclenché **f.** couche
299. **a.** coulée de lave **b.** anéantie **c.** éjecte, cendres, roches **d.** ébranlé **e.** sismiques **f.** fissuré
300. **a.** trembler **b.** une éruption **c.** a ébranlé **d.** s'est produit **e.** raz de marée
301. **a.** cou, les = coulée **b.** se, coup, et = secouer **c.** rat, de, marée = raz de marée **d.** a, néant, tir = anéantir
302. **a.** il va y avoir de l'orage dans l'air **b.** après moi le déluge **c.** j'ai reçu une avalanche de félicitations **d.** j'ai brisé/rompu la glace **e.** ce fut un véritable raz de marée **f.** tu es vraiment très terre à terre
303. **a.** effet de serre **b.** disparition, milieux naturels **c.** fonte, calottes glaciaires **d.** le trou dans la couche d'ozone
304. **a.** vrai **b.** faux, ce sont des pluies qui endommagent les écosystèmes naturels **c.** faux, ce sont des endroits où l'on met ses déchets illégalement **d.** faux, ce sont des manques d'eau **e.** vrai **f.** faux, ce sont des espèces d'animaux qui sont en train de disparaître **g.** faux, ce sont des marées formées par

des nappes de pétrole très polluantes
305. a. le reboisement b. la Méditerranée c. les nappes de table d. les pluies diluviennes e. l'inondation
306. a. les nappes (de pétrole) b. une décharge sauvage c. les calottes glaciaires d. l'effet de serre
307. a. gaz à effet de serre b. durable c. traiter, usées d. catalytique e. traçabilité f. covoiturage, mon empreinte g. reboisement
308. a. le biocarburant b. le compost c. le tri sélectif d. une station d'épuration e. des panneaux photovoltaïques f. les normes environnementales g. biodégradable
309. a. catalytique b. photovoltaïques c. émissions de gaz à effet de serre d. la station d'épuration e. traçabilité
310. a. faux, c'est quand on replante des arbres b. faux, c'est une voiture qui transporte différents passagers pour éviter l'utilisation de plusieurs véhicules c. vrai d. vrai e. vrai
311. a. a prononcé des phrases acides b. la pollution visuelle c. comportent comme des sauvages d. marqué(e) de son empreinte e. sortir de ton trou

Bilan

1. éclairs 2. intempéries 3. tonnerre 4. iglou 5. bise 6. ondée 7. mousson 8. glaçons 9. verglas 10. sécheresse 11. fonte des neiges 12. arrachés (ou déracinés) 13. cyclone 14. éruptions 15. séisme 16. alerte 17. marée noire 18. fonte des glaciers 19. voie d'extinction 20. biocarburant 21. compost 22. covoiturage 23. reboisement 24. normes environnementales 25. coup de vent 26. septième 27. orage dans l'air 28. raz de marée 29. ton trou 30. sauvages

Chapitre 9

312. a. illégitimes b. biologique c. éclatée d. descendants e. recomposée f. adoptif g. ancêtres h. naturels
313. a. dispersée b. cellule familiale c. homoparentale d. arbre généalogique e. progéniture f. lignée
314. a. faux b. vrai c. faux d. faux e. vrai f. vrai
315. a. la progéniture b. éclatée c. recomposée d. les ancêtres e. la généalogie
316. a. séparation b. de famille c. succession d. divorce e. noces f. décès g. PACS
317. a. majorité, en commun b. contractuelles c. héritage, obsèques d. décès, querelles
318. a. livret de famille b. obsèques c. contractuelles d. patrimoine e. divorce f. héritage
319. a. le PACS b. des querelles c. un héritage d. une nuit de noces e. la vie en commun f. le divorce
320. a. j'ai vraiment l'esprit de famille b. on m'a traité en parent pauvre c. j'ai reçu l'amour en héritage d. elle a un petit air de famille e. je partage tout en frères f. trouver une famille de cœur
321. a. un alter égo b. un confident c. l'attachement d. les rapports e. la tendresse f. trahir g. abandonner
322. a. cœur b. délicatesse c. intimes d. inséparables e. prévenance f. sous-entendu
323. a.2 b.5 c.1 d.4 e.3
324. a. confit, dents = confident b. temps, dresse = tendresse c. a, tache, ment = attachement d. ah, banc, donner = abandonner
325. a. confie, intime b. fréquente, clan c. entends, équipe d. disputes, tribu e. échanges, apprécier
326. a. corporation b. divergences c. exclusif(ve) d. communauté e. malentendu f. fraterniser
327. a. faux b. vrai c. vrai d. faux e. vrai f. faux
328. a. un malentendu b. se confier c. s'entendre d. une équipe e. fraterniser
329. a. est facile à vivre b. s'entendent comme larrons en foire c. nous n'avons pas élevé les cochons ensemble d. j'ai noué une forte amitié avec e. ils sont copains comme cochons f. font ami-ami g. je n'ai aucun atome crochu avec
330. a. compagnon b. amoureux c. amant d. ami e. conjoints f. amante g. copain, chéri
331. a. don Juan b. draguer c. une compagne d. un coureur de jupons e. une séductrice
332. a. concurrent b. petite amie c. estimé d. copine e. camarade

Corrigés

333. a. la maîtresse **b.** draguer **c.** la conjointe **d.** un petit ami **e.** le compagnon/la compagne
334. a. vécu une passion **b.** faites la cour **c.** tombé(e) raide dingue **d.** trompent **e.** le plaisir charnel **f.** faire l'amour **g.** attirée
335. a. les caresses **b.** flirter **c.** romantique **d.** rompre **e.** le plaisir charnel **f.** volage
336. a. passion **b.** attirer **c.** rompre **d.** volage **e.** faire l'amour **f.** caresses
337. a. vrai **b.** faux, c'est un amant qui n'est pas fidèle **c.** vrai **d.** faux, c'est se séparer de son aimé(e) **e.** faux, c'est être follement amoureux(se) **f.** vrai
338. a. voleur **b.** spirituel **c.** pratique **d.** tomber par terre **e.** draguer
339. a. avoir un coup de foudre **b.** vivre d'amour et d'eau fraîche **c.** c'est un(e) vrai(e) tombeur(se) **d.** tomber en amour **e.** ce n'est pas de l'amour, c'est de la rage **f.** filer le parfait amour

Bilan

1. arbre généalogique
2. dispersée (ou éclatée)
3. homoparentale **4.** ancêtres
5. majorité **6.** PACS **7.** divorcer
8. héritage **9.** tendresse
10. alter ego **11.** abandonné
12. intimes **13.** équipe
14. confier **15.** disputes (ou querelles) **16.** fraterniser
17. séductrice **18.** ami
19. amants **20.** compagne
21. passions **22.** drague
23. volage **24.** trompait
25. air de famille **26.** frères
27. copains comme cochons
28. facile à vivre
29. d'amour et d'eau fraîche
30. coup de foudre

Chapitre 10

340. a. humain **b.** basse **c.** d'affluence **d.** masse **e.** spécialisés **f.** dépaysement **g.** rural
341. a. périple **b.** la haute-saison **c.** une excursion **d.** du tourisme fluvial **e.** voyages organisés **f.** un pèlerinage
342. a. vrai **b.** vrai **c.** faux **d.** faux **e.** faux **f.** vrai
343. a. un pèlerinage **b.** le tourisme de masse **c.** un périple **d.** le tourisme rural **e.** un voyagiste spécialisé
344. a. vrai **b.** faux, ce sont des villes historiques du Moyen-Âge **c.** faux, c'est un lieu sous terre ou dans le rocher où l'on trouve des stalactites et des stalagmites **d.** vrai **e.** faux, ce sont des temples qui se sont écroulés **f.** faux, c'est voir des œuvres d'art dans un musée
345. a. vacanciers **b.** cloître **c.** botanique **d.** archéologiques **e.** synagogue **f.** attraction
346. a. 4 **b.** 2 **c.** 1 **d.** 5 **e.** 3
347. a. citadins **b.** musées **c.** parc d'attraction **d.** cafés **e.** caves
348. a. cela vaut le coup d'œil **b.** je pars à l'aventure **c.** un point de chute **d.** de changer d'air **e.** de prendre du bon temps
349. a. festoyer **b.** les noces d'argent **c.** gai(e) **d.** se déguiser **e.** une fiesta **f.** un fêtard **g.** une fête d'enfer
350. a. d'or **b.** convie **c.** repas **d.** festin **e.** radieuse **f.** foire, fête
351. a. fêtards **b.** festin **c.** faites la fête **d.** radieux(se) **e.** convie, fiesta
352. a. les noces d'or **b.** les fêtes d'enfer **c.** se déguiser **d.** gai (gay)
353. a. salle des fêtes, réjouissances publiques **b.** cortège **c.** fêtes foraines, manèges, une barbe à papa **d.** se réjouit
354. a. vin, cérémonie **b.** carnavals **c.** gala **d.** défilé, réjouissances **e.** célébration
355. a. faux **b.** vrai **c.** vrai **d.** vrai **e.** faux
356. a. les carnavals **b.** les barbes à papa **c.** les cérémonies **d.** le manège **e.** une soirée de gala
357. a. j'ai sauté de joie **b.** j'ai pendu la crémaillère **c.** nous allons arroser cet événement **d.** Quel trouble-fête **e.** ce n'est pas tous les jours fête (dimanche)
358. a. faire la noce (la java) **b.** ça va être ta fête **c.** il y a comme un air de fête **d.** avoir la gueule de bois
359. a. tournois **b.** disciplines **c.** ring **d.** championnat **e.** olympique **f.** armes **g.** athlètes
360. a. compétitions sportives **b.** vélodrome **c.** stade **d.** court de tennis **e.** hippodrome **f.** gymnase
361. a. vrai **b.** vrai **c.** faux **d.** faux **e.** vrai **f.** faux
362. a. les disciplines **b.** le ring **c.** un tournoi (une compétition) **d.** un vélodrome **e.** un hippodrome
363. a. un entraînement **b.** des sports de glisse **c.** une défaite **d.** la souplesse **e.** persévérer
364. a. sportif **b.** performant **c.** endurance **d.** efforts intenses **e.** l'esprit sportif **f.** obstacles, haut niveau **g.** le record du monde

365. **a.** vrai **b.** vrai **c.** vrai **d.** faux **e.** vrai
366. **a.** haut, nid, veau = (de) haut niveau **b.** père, fort, ment = performant **c.** en, dû, rance = endurance **d.** pair, sévère, et = persévérer **e.** dé, fête = défaite
367. **a.** a déclaré forfait **b.** monter sur le ring **c.** de pratiquer à outrance **d.** j'ai jeté l'éponge **e.** j'ai eu un temps d'avance **f.** je suis vraiment mauvais joueur

Bilan

1. dépaysement 2. voyagiste spécialisé 3. basse saison 4. fluvial 5. des expositions 6. jardin botanique 7. grottes 8. parc d'attraction 9. déguiser 10. noces d'or 11. festin 12. fête d'enfer (fiesta) 13. carnaval 14. défilé 15. vin d'honneur 16. soirée de gala 17. athlètes 18. gymnase 19. tournoi 20. tatami 21. championnats 22. de glisse 23. persévérer 24. record du monde 25. changer d'air 26. l'aventure 27. de joie 28. la crémaillère 29. déclaré forfait 30. mauvais joueur

Chapitre 11

368. **a.** des logiciels **b.** télécharger **c.** configurer **d.** un disque dur **e.** un périphérique **f.** une imprimante **g.** un écran
369. **a.** informatiques **b.** jour, bogue **c.** scanner, compatible **d.** application, brancher **e.** traitement, clé USB **f.** externe
370. **a.** faux **b.** vrai **c.** faux **d.** faux **e.** vrai
371. **a.** (appréciation) application **b.** (vogue) bogue **c.** (combative) compatible **d.** (cervelle extérieure) mémoire externe **e.** (vidéocharger) télécharger
372. **a.** une imprimante **b.** l'écran **c.** un scanner **d.** des périphériques **e.** brancher
373. **a.** malveillant, antivirus **b.** attaché, inséré **c.** indiquer **d.** accès **e.** cachée **f.** fichier, jointe
374. **a.** un destinataire **b.** valider **c.** un brouillon **d.** un courriel **e.** un pourriel **f.** un virus **g.** une messagerie électronique
375. **a.** accès, messagerie, courriels **b.** destinataires, pourriel **c.** pièce jointe **d.** brouillons **e.** valider
376. **a.** un pourriel **b.** le brouillon **c.** une pièce jointe **d.** un virus **e.** mettre en copie cachée
377. **a.** il est vraiment brouillon **b.** c'était très branché **c.** sont complètement déconnectées de la réalité **d.** mon ordinateur s'est planté **e.** vous n'êtes plus dans la course
378. **a.** surveillés **b.** codé, enregistrer **c.** pirates **d.** distance **e.** données, stockées
379. **a.** l'anonymat **b.** une adresse IP **c.** le numérique **d.** un serveur **e.** une connexion **f.** une authentification
380. *Noms* : le numérique, l'authentification *Adjectifs* : codé(e), stocké(e), enregistré(e), surveillé(e)
381. **a.** aligné **b.** authentique **c.** adresse postale **d.** utilisateur **e.** effacés
382. **a.** des serveurs **b.** numérique **c.** surveiller **d.** une connexion **e.** à distance
383. **a.** robots artificiels **b.** domaines d'application **c.** robots médicaux **d.** îlot robotisé **e.** robotique collaborative **f.** chaîne de production
384. **a.** manipuler **b.** un algorithme **c.** la robotique **d.** une tâche routinière **e.** explorer **f.** l'intelligence artificielle
385. **a.** vrai **b.** faux **c.** faux **d.** faux **e.** vrai
386. **a.** la robotique **b.** les algorithmes **c.** îlots robotisés **d.** j'ai exploré **e.** les chaînes de production
387. FAQ = foire aux questions, APN = appareil photo numérique, THD = très haut débit, TBI = tableau blanc interactif, NTIC = nouvelles technologies de l'information et de la communication

Bilan

1. Imprimante 2. disque dur 3. traitement de texte 4. périphériques 5. messagerie électronique 6. destinataires 7. validerai 8. anti-virus 9. stockées 10. données 11. connexion 12. anonymat 13. robots (industriels) 14. chaîne de production 15. intelligence artificielle 16. la robotique collaborative 17. déconnecté 18. planté 19. Haut Débit 20. foire aux questions

Chapitre 12

388. **a.** déroule, avant **b.** médiévale, du Moyen Âge **c.** date **d.** moitié

Corrigés

   e. témoignages
   f. consulter g. situer
389. a. vrai b. vrai c. faux, on cherche des traces d'une époque ancienne d. vrai e. faux, c'est une période historique f. vrai g. faux, c'est un scientifique spécialisé en histoire
390. a. deuxième moitié, date b. s'est déroulée c. consulter les archives d. Moyen Âge e. avant, Jésus-Christ
391. a. les édifices b. un témoignage c. préhistorique d. une historienne e. des fouilles archéologiques
392. a. marquer b. perdurer c. dominer d. survivre e. le siècle des Lumières f. sous le règne de g. la Révolution
393. a. l'Occupation b. segmentent, cours, découpage c. Renaissance d. courants e. Ancien
394. a. vrai b. vrai c. vrai d. faux e. vrai
395. a. cou, rang = courant b. dos, mis, nez = dominer c. père, durée = perdurer d. sûr, vivre = survivre e. re, naissance = Renaissance
396. a. il ne faut pas en faire toute une histoire b. c'est de l'histoire ancienne c. c'est une vraie renaissance pour lui d. de retourner au Moyen Âge e. ce n'est pas une lumière f. est vieux comme Hérode
397. a. promulguer b. un bûcher c. affronter d. culminer e. les ténèbres f. se forger g. prodigieux
398. a. instauration, mis b. dessiner, contours c. massacres, brûlés vifs d. au risque e. élaboré f. riche

399. a. vrai b. faux c. faux d. vrai e. vrai
400. a. bas, tire = bâtir b. ma, sacre = massacre c. pro, mule, gai = promulguer d. a, front, thé = affronter
401. a. promulgation b. débute c. conquêtes, multipliées d. succédé e. mouvementé, révoltes f. décimée, hécatombe
402. a. prise, conflits b. bouleversements c. apaiser d. guerre civile e. amenés (au) pouvoir
403. a. dessiner b. démissionner c. une dispute d. s'interroger e. énerver
404. a.3 b.7 c.1 d.5 e.4 f.2 g.6
405. a. un bouleversement b. une guerre civile c. une hécatombe d. la prise e. mouvementé(e)
406. a. je pars à la conquête des mers b. vous avez mis votre adversaire politique hors de combat c. c'est un vrai massacre d. vous avez fait une conquête
407. a. cessez-le-feu, parties belligérantes b. capitulation sans conditions c. crime de guerre d. engager des pourparlers e. entrés en conflit f. stratégies de guerre g. ligne de front
408. a. alliés b. bombardements c. mobiliser d. traité e. évacuait f. tranchées g. déclare
409. a.5 b.3 c.4 d.2 e.6 f.1
410. a. faux b. faux c. vrai d. faux e. vrai
411. a. mobiliser b. les parties belligérantes c. les tranchées d. un bombardement e. un traité
412. a. renverser b. déstabiliser, élargir c. emparée, mener

   d. commettent, vivre-ensemble e. chute, froide
413. a. persécuter b. se mêler à c. un génocide d. un agent secret e. un effondrement f. la concurrence g. exterminer
414. a. vrai b. faux c. vrai d. faux
415. a.5 b.3 c.2 d.1 e.4
416. a. fixe b. la guerre civile c. la reconstruction d. se distinguer e. allié
417. a. enterré la hache de guerre b. à la guerre comme à la guerre c. je change mon fusil d'épaule d. sur le pied de guerre e. battu(e) à plate couture

Bilan

1. préhistorique 2. médiévale
3. historienne 4. fouilles archéologiques 5. occupation
6. Révolution 7. survécu
8. règne 9. prodigieux
10. brûlée vive
11. promulguent 12. risque
13. civile 14. conquête
15. révolte 16. mouvementée
17. la guerre 18. tranchées
19. traités 20. bombardements
21. agent secret 22. commettre
23. génocide 24. vivre-ensemble 25. une lumière
26. toute une histoire
27. la conquête 28. massacre
29. guerre comme à la guerre
30. la hache de guerre

Chapitre 13

418. a. ministres, nommés, former b. représentants c. députés, chambres d. séparation, abus e. d'État, paralyserait f. composé

419. a. constitutions
b. exécutif, législatifs
c. débouchent
d. judiciaire e. rendre la justice f. votent
420. a. vrai b. faux c. vrai d. faux e. vrai
421. a. paralyser b. voter des lois c. un coup d'État d. empêcher les abus
422. a. bureaux de vote
b. campagnes électorales
c. remporte les élections
d. rendus aux urnes e. élu à la majorité, défendre les valeurs citoyennes
f. suffrage universel
g. voter blanc, signe de protestation
423. a. un isoloir b. les élections municipales
c. le scrutin
d. le bulletin de vote
e. le taux d'abstention
424. a.3 b.6 c.5 d.1 e.2 f.4 g.7
425. a. les campagnes de prévention b. un scrutin majoritaire c. un vote blanc d. être battu par son adversaire
e. défendre les valeurs citoyennes
426. a. il manie la langue de bois b. il n'a plus voix au chapitre c. c'est de l'abus d. j'ai rempli mon devoir électoral e. afin d'aller dans le sens de l'opinion
f. c'est une vraie girouette
427. 1. un crime, un assassinat (avec préméditation), un meurtre (sans préméditation)
2. un délit, le tribunal correctionnel 3. un excès de vitesse, le tribunal de police
428. a. réclusion, perpétuité
b. avec sursis c. infraction
d. d'assises e. amende
429. a. passible, peine
b. cité(e) à comparaître
c. écopé, sursis, ferme
d. accorder les circonstances atténuantes
e. reconnu coupable
f. convoqué(e) g. commis
430. a. atténuantes
b. préméditation
c. comparaître
d. convoqué
e. à perpétuité
431. a. vrai b. faux, c'est une infraction peu grave
c. vrai d. vrai e. faux, c'est être convoqué devant le juge pour une contravention
432. le président de la cour, prononcer le verdict – l'avocat général, prononcer le réquisitoire – les jurés, délibérer – l'huissier, introduire les témoins – le greffier, rédiger le procès-verbal – l'accusé, passer aux aveux
433. a. une audition
b. une plaidoirie c. les assesseurs d. un vice de forme e. les délibérations
f. à huis clos
g. le réquisitoire
h. la salle d'audience
434. a. contradictoires
b. acquitté(e), protester
c. civile d. décharge
e. erreur f. audience, estrade g. banc, nie
435. a.4 b.1 c.5 d.2 e.6 f.3.
436. a. à huis clos b. acquitté
c. la victime d. une plaidoirie e. un vice caché
437. a. l'accusé b. l'avocat général c. le témoin à charge d. le greffier
e. le témoin à décharge
438. a. est innocente comme l'enfant qui vient de naître b. vivre en huis clos c. je serai en sursis d. le verdict est tombé
e. ils ont été pris en flagrant délit f. ce n'est pas un crime
439. a. relations diplomatiques, embargo, décrété b. arrive à expiration, ambassade, renouvellement
c. diplomatie, dans l'impasse, issue
d. ressortissants, effectuer des démarches e. incident diplomatique
440. a. vrai b. vrai c. faux, c'est un pays qui accueille des ressortissants étrangers
d. vrai e. faux, c'est demander la nationalité du pays hôte
441. a. le bureau de change
b. les vacanciers
c. un renouvellement
d. le conflit e. démarcher une entreprise
442. a. rompre
b. une ambassade
c. la diplomatie d. arriver à expiration e. être dans l'impasse
443. a. organisations, mission
b. adoptée c. associés
d. Francophonie, partenariat e. répartie
f. multilatérale
444. a. une charte b. regrouper
c. un observateur d. un sommet e. un membre
445. a. mission
b. Francophonie
c. membres
d. coopération e. sommet
446. a. vrai b. vrai c. faux, elle a pour mission de promouvoir la langue française et la culture francophone d. faux, c'est un document officiel qui fixe les principes d'une organisation e. vrai
447. a. se montrer diplomate
b. arrondir les angles
c. prendre des gants
d. faire le porte-parole

Bilan

1. séparation des pouvoirs
2. former un gouvernement
3. députés 4. coup d'Etat
5. élections municipales

6. isoloir 7. taux d'abstention 8. voter blanc 9. peine, prison ferme 10. préméditation 11. contravention 12. convoqué(e) 13. huis clos 14. jurés 15. plaidoirie 16. acquitté 17. l'ambassade 18. incidents 19. hôte 20. expiration 21. Francophonie 22. regroupés 23. charte 24. partenariat (coopération) 25. girouette 26. un crime 27. la langue de bois 28. l'enfant qui vient de naître 29. des gants 30. arrondir

Chapitre 14

448. a. écoliers b. passe le brevet c. primaire, élémentaire d. proviseur, lycée, inscrits e. interne, collège f. récréation, préau g. principale, établissement
449. a. la crèche b. parcours c. fréquente d. directeur(trice) e. d'enfants, maternelle
450. a. vrai b. faux c. faux d. faux e. vrai
451. a. le/la proviseur b. la récréation c. les écoliers d. le collège e. le lycée
452. a. TP (travaux pratiques), manipulons b. me renseigne, matières, option c. correspondance, noté d. consultant, texte e. retenue
453. a. étude b. mon bulletin scolaire c. conseil de discipline d. sous la surveillance, pion e. cours magistraux
454. a. mon bulletin scolaire b. manipule c. option d. note, mon cahier de texte e. pratiques
455. a. un pion b. une retenue c. des cours magistraux d. les matières en options e. le carnet de correspondance
456. a. que quelqu'un me fasse la leçon b. tu es à bonne école c. elle n'a de leçon à recevoir de personne d. je prenais toujours le chemin des écoliers e. Faisons l'école buissonnière f. j'ai été à rude école
457. a. une discipline b. le campus c. un semestre d. la faculté e. un amphi(théâtre) f. un partiel g. la cité U
458. a. dirigés, magistraux b. le programme c. long d. coefficient e. à la BU f. contrôle continu g. soutenir, mention
459. a.2 b.3 c.5 d.1 e.4 f.6 g.7
460. a. à court terme b. les devoirs c. passer un partiel d. le matériel pédagogique e. le campus
461. a. continue, compétences b. apprentissage c. présentiel, à distance d. organismes e. initiale
462. a. bac pro b. stage c. en alternance d. organisme, prestataire e. (s') articule
463. a. séparer b. chez un prestataire c. un stage d. en présentiel e. un organisme de formation
464. a. faux b. faux c. vrai d. vrai e. vrai
465. a. un bilan de compétences b. la formation à distance c. la formation continue d. l'apprentissage e. en alternance
466. a. il connaît vraiment les ficelles de son métier b. se faire la main c. c'est à l'œuvre qu'on connaît l'artisan d. il n'est pas orfèvre en la matière e. apprendre à tout âge f. il n'est point de sots métiers, il n'y a que de sottes gens
467. a. retraite, bénévolat b. chômeurs, rude c. parcours d. dossier e. desideratas f. entretien, engagé(e) g. s'approche, décrocher
468. a. une offre d'emploi b. licencier c. un cadre supérieur d. le recrutement e. le profil
469. a. un ouvrier b. un cursus universitaire c. passer un entretien d'embauche d. faire un recrutement e. se plier en quatre de rire
470. a. du bénévolat b. s'approcher de c. à un entretien d'embauche d. rude e. décrocher un poste
471. a. délégués syndicaux, faire pression b. conscience professionnelle, entretiens d'évaluation, augmentation de salaire c. habilité d. comité d'entreprise e. négociations salariales f. accord d'entreprise
472. a. valoriser b. la hiérarchie c. le harcèlement d. dénoncer e. démissionner f. une profession libérale g. un emploi précaire
473. a. faux b. vrai c. vrai d. vrai e. faux
474. a. le comité d'entreprise b. démissionner c. une augmentation de salaire d. les emplois précaires e. un délégué syndical
475. a. travailler d'arrache-pied b. se tuer au travail c. travailler du chapeau d. avoir du pain sur la planche e. ne plus savoir où donner de la tête

Bilan

1. crèche 2. école maternelle
3. récréations 4. interne
5. matières 6. pion 7. bulletin scolaire 8. retenue
9. amphithéâtres 10. resto U
11. partiels 12. thèse
13. apprentissage 14. bac pro
15. organismes 16. à distance
17. entretien d'embauche
18. poste 19. chômeur de longue durée 20. bénévolat
21. augmentation de salaire
22. bilan de compétences
23. démissionne 24. profession libérale 25. buissonnière
26. recevoir de personne
27. à tout âge 28. la main
29. pain sur la planche
30. arrache-pied

Chapitre 15

476. a. livré, geste
b. correspondance, rentables c. dégagé, proximité d. code-barres
e. fournisseur f. étiquette
477. a. invendus, en faillite
b. encaisser c. constitué un stock, local
d. erreur de commande
e. Expédiez-nous
g. une remise
478. a. faux b. vrai c. vrai
d. vrai e. faux f. vrai
479. a. une augmentation
b. un commerce de proximité c. une boutique en ville d. une faillite
e. commander f. une rupture de stock
480. a. vrai b. vrai c. faux, ils sont éjectés et détruits
d. vrai e. faux, c'est son contraire f. vrai g. vrai
h. vrai
481. a. outils b. fabrication
c. tour d. masse e. canne
f. fondues g. chalumeau
h. moule
482. a. fondre, la fusion, la haute température
b. le chalumeau, le moule, la pince
c. l'artisanat, façonner, la composition
483. a. la canne b. le four
c. la fusion d. le moule
e. le tour
484. a. cela se vend comme des petits pains b. je ne peux pas être à la fois au four et au moulin c. nous sommes en rupture de stock d. Sophie a la bosse du commerce e. cela n'a pas de prix
485. a. souscrire, relevé d'identité bancaire (RIB)
b. je rembourse, résilier
c. prélèvement, découvert, agios d. prêt, échéance e. placement
486. a. le crédit b. solder son compte c. le débit d. un versement e. le solde
487. a. un RIB b. le crédit du compte c. un avoir d. un relevé bancaire e. ouvrir un compte d'épargne
488. a. le crédit b. un prélèvement c. le solde (les soldes) d. résilier
e. les agios
489. a. fraudes (fiscales), à la source b. déclaration d'impôts, revenus c. taxe foncière d. contourner
e. exonérées f. redevance audiovisuelle, taxe d'habitation g. soumise
490. a. les impôts b. imposable
c. un barème
d. le contribuable
e. percevoir f. le fisc
491. a. faux b. vrai c. vrai
d. faux e. faux
492. a.3 b.1 c.2 d.5 e.4
493. a. ne prêter qu'aux riches
b. en avoir pour son argent
c. rendre la monnaie de sa pièce d. jeter l'argent par les fenêtres e. se solder par un échec
f. être un panier percé
494. a. une extraction
b. un baril c. une raffinerie d. une galerie
e. un gisement
f. un pétrolier g. un puits
h. la combustion
i. un mineur
495. a. mines, à ciel ouvert
b. extrait c. fossile
d. l'oléoduc e. bassin
f. forage
496. a. oléoducs b. mineur
c. barils d. gisement
e. l'extraction
497. a. un gazoduc b. une mine c. les galeries
d. un puits e. un pétrolier
498. a. éoliennes
b. générateurs, centrales électriques, renouvelables
c. panneaux solaires, rayonnement d. lignes à haute tension, champs magnétiques e. turbine
499. a. marémotrices
b. barrage c. dynamo
d. énergétiquement
e. l'hydroélectricité
500. a. faux b. vrai c. faux
d. faux e. vrai
501. a. le champ magnétique
b. des éoliennes c. une ligne à haute tension
d. une conduite de gaz
e. vent
502. a. une usine marémotrice
b. le rayonnement
c. une éolienne
d. énergétiquement
e. renouvelable
503. a. c'est une mine d'or
b. je vais faire barrage
c. une usine à gaz d. tu es sur des charbons ardents
e. c'est un puits sans fond
f. est sous (haute)-tension

Bilan

1. invendus 2. rabais 3. faillite
4. correspondance 5. four
6. atelier 7. pièce unique
8. outils 9. relevé bancaire

10. agios 11. prêt (crédit) immobilier 12. placement
13. taxe d'habitation
14. déclaration d'impôts
15. imposable
16. la source 17. oléoducs
18. pétrolier 19. gisement
20. mineurs 21. barrage
22. éoliennes 23. panneaux solaires 24. dynamo
25. des petits pains
26. four et au moulin
27. argent par les fenêtres
28. de sa pièce 29. mine d'or
30. charbons ardents

Chapitre 16

504. **a.** un chroniqueur **b.** un animateur **c.** un auditeur **d.** un transistor **e.** diffuser **f.** une station de radio **g.** un podcast
505. **a.** la revue de presse **b.** grille, de libre antenne **c.** branche, jingles **d.** émissions, ondes **e.** antenne, audience **f.** playlist
506. **a.** vrai **b.** faux **c.** vrai **d.** vrai **e.** faux
507. **a.** un auditeur **b.** diffuser **c.** le chroniqueur **d.** les jingles publicitaires **e.** un transistor
508. **a.** téléspectateurs **b.** différé **c.** journaux, du présentateur/de la présentatrice **d.** zapper, télécommande **e.** abonné(e), cryptées **f.** feuilletons
509. **a.** le petit écran **b.** un(e) abonné(e) **c.** un poste de télévision **d.** les variétés (émissions de variétés) **e.** des téléfilms **f.** des spots publicitaires **g.** l'audimat
510. **a.** poste (l'écran) de télévision, spots publicitaires **b.** en différé **c.** journal télévisé, présentatrice **d.** zapper, télécommande
511. **a.** le feuilleton **b.** les chaînes cryptées **c.** le prompteur **d.** une émission de variétés **e.** un audimat
512. **a.** ils sont vraiment sur la même longueur d'onde **b.** c'est tout un programme **c.** il a des antennes **d.** elle est à l'écoute de nous tous **e.** ils sont tous aux abonnés absents **f.** elle s'est fait un plateau télé
513. **a.** tirages **b.** traquent, scoops, scandale **c.** hebdo, dessins **d.** jette, rubriques **e.** billets d'humeur **f.** presse
514. **a.** un bimensuel **b.** un chapeau **c.** la diffusion **d.** l'éditorialiste **e.** un kiosque **f.** la périodicité **g.** le sommaire **h.** la une
515. **a.** vrai **b.** faux **c.** vrai **d.** faux **e.** vrai **f.** vrai
516. **a.** une rubrique **b.** les gros tirages **c.** les agences de presse **d.** le chapeau **e.** jeter un coup d'œil **f.** un bimensuel
517. **a.** accrédités **b.** carte de presse **c.** bouclage, crédits photos **d.** directeur de publication, mise en page, coquilles, maquettiste **e.** rédactrice en chef, articles de fond **f.** free-lance
518. **a.** le supplément **b.** la chroniqueuse **c.** le fait divers **d.** le reportage **e.** mentionner **f.** distribuer **g.** l'impression
519. **a.** vrai **b.** faux **c.** faux **d.** faux **e.** vrai **f.** faux
520. a.3 b.1 c.6 d.2 e.5 f.4
521. **a.** il ne sait faire que du sensationnalisme **b.** ça vaut le coup d'œil **c.** il a mauvaise presse **d.** j'ai lu dans la rubrique des chiens écrasés **e.** c'est un vrai matraquage médiatique
522. **a.** infox **b.** webcam **c.** buzz, forums **d.** forfait, réseauter **e.** éphémère, blog, internaute **f.** plateforme
523. **a.** se prémunir, cyberharcèlement **b.** zone Wifi **c.** « j'aime », abonnés **d.** filtrant **e.** commenter
524. **a.** vrai **b.** vrai **c.** vrai **d.** faux **e.** faux
525. **a.** le cyberharcèlement **b.** les infox **c.** filtrer **d.** un forfait nomade **e.** faire le buzz
526. **a.** clavarder **b.** consulter **c.** désactiver **d.** déverrouiller **e.** la puce **f.** un post **g.** recharger **h.** sécuriser
527. **a.** veille **b.** non-protection **c.** active, fonctions **d.** vibreur **e.** dans l'air du temps **f.** messages multimédias **g.** textos **h.** silencieux
528. a.2 b.5 c.4 d.1 e.3 f.6
529. **a.** vrai **b.** faux, c'est couper complètement le son **c.** faux, c'est le réalimenter en énergie électrique **d.** vrai **e.** faux, c'est le débloquer
530. **a.** dans l'air du temps **b.** désactiver **c.** le message multimédia **d.** en mode veille **e.** la non-protection
531. **a.** nous allons nous mettre (quelques jours) en mode veille **b.** elle s'exprime sans filtre **c.** elles font souvent de l'intox **d.** elle m'avait mis la puce à l'oreille **e.** pour recharger ses batteries

Bilan

1. auditeurs 2. diffuse
3. podcasts 4. animateur
5. zappe 6. téléspectateurs
7. journal télévisé 8. différé
9. journaux à scandale
10. scoop 11. éditorialiste
12. bimensuel 13. rédactrice en chef 14. faits divers 15. carte de presse 16. kiosques 17. forfait
18. webcam 19. forums
20. cyberharcèlement
21. message multimédia
22. silencieux 23. recharge
24. déverrouiller 25. longueur d'onde 26. plateau télé
27. presse 28. coup d'œil
29. recharger ses batteries
30. puce à l'oreille

Chapitre 17

532. a. gothique b. sobres, décorées c. colonnes d. édifié e. forgé f. géométriques g. ornements h. plein cintre
533. a. vrai b. vrai c. vrai d. faux, ce sont des ornements avec des fleurs e. vrai f. vrai
534. a. gothique b. décorée c. en plein cintre d. style architectural e. fer forgé
535. a. des colonnes b. élever c. des motifs floraux d. le style haussmannien e. des voûtes
536. a. un burin b. pesant c. le marbre d. le polystyrène e. le bronze f. le fusain g. volumineux(se)
537. a. figuratif b. statuette c. croquis d. polit e. coulé f. modèles, le plâtre, matériau g. plume
538. a. vrai b. faux c. vrai d. vrai e. vrai
539. a. sta, tu, êtes = statuette b. peau, lire = polir c. coup, les = couler d. croc, qui = croquis e. fu, sain (se prononce « zain » ici) = fusain
540. a. il est la clef de voûte de b. est resté de marbre c. j'ai été changé(e) en statue de sel d. c'est un modèle de patience e. nous allons essuyer les plâtres
541. a. un pinceau b. un chevalet c. une peinture à l'huile d. le vernis e. le nu f. une aquarelle g. un pastel
542. a. encadrer, toiles, temporaire b. posais, modèle c. finissage, vernissage d. permanente e. palette, gouache f. carton, natures mortes
543. a. vrai b. faux c. faux d. vrai e. faux
544. a. vert, ni, sage = vernissage b. che, va, lait = chevalet c. pain, seau = pinceau d. passe, Tell = pastel
545. a. négatifs b. zoomer, objectif c. nettes, agrandissement, floues d. clichés, sous cadre e. cadrer
546. a. la chambre noire b. déclencheur c. développer la pellicule d. tirage e. viseur
547. a. développer b. cadrer c. un tirage d. un agrandissement e. zoomer
548. a. une peinture b. la chambre à coucher c. le tirage d. net e. un rétrécissement
549. a. je ne peux plus le voir en peinture b. une riche palette de c. s'est emmêlé les pinceaux d. je vais vous brosser le tableau de la situation e. de ne pas trop employer de clichés f. de noircir le tableau
550. a. réalisateur, travellings, plans fixes b. va sortir, sous-titres c. scénariste d. long métrage, figurants, cascadeurs e. doublage f. directeur de casting
551. a. bande b. maîtrise, caméra c. tournage, essais d. gros e. éclairagiste f. monteuse g. intimistes
552. a.2 b.4 c.5 d.1 e.6 f.3
553. a. les sous-titres b. les films intimistes c. les figurants d. la bande originale e. passer des essais
554. a. suspense b. annonce c. dramatiques, d'horreur d. grands classiques, grand e. spéciaux f. animation, dessins g. comédies, navet
555. a. un péplum b. le générique c. un cinéphile d. des mélodrames e. un documentaire f. un film culte
556. a. faux b. faux c. vrai d. vrai e. faux
557. a. un navet b. la vidéo c. un documentaire d. un mélodrame e. les effets spéciaux
558. a. la bande-annonce b. le générique (de fin) c. les grands classiques d. un navet e. un péplum
559. a. mettre sur le même plan b. n'étais pas dans le bon film c. fait tout un film d. faire du cinéma e. pris son rôle au sérieux f. beau rôle

Bilan

1. édifié 2. style haussmannien
3. fer forgé 4. style architectural
5. bronze 6. statuettes 7. cire
8. burin 9. vernissage
10. chevalets 11. palette
12. carton d'invitation
13. zoome 14. chambre noire

15. floues 16. agrandissement
17. long métrage 18. monteuse
19. sous-titres 20. figurant
21. documentaires
22. mélodrames 23. navet
24. générique 25. les plâtres
26. modèle 27. noircisse
28. peinture 29. du cinéma
30. rôle

Chapitre 18

560. a. compositeur, mélodies b. compilations, succès c. direct, juste d. mets e. boucle
561. a. passe, un tube b. morceaux, par cœur c. parolier d. sortir, album, arrangements musicaux
562. a. vrai b. faux c. vrai d. vrai e. faux
563. a. le compositeur et le parolier b. chanter faux c. écouter en boucle d. connaître par cœur e. chanter en direct
564. a.3 b.1 c.1 d.2 e.1 f.3 g.2 h.2 i.1
565. a. le solfège b. une partition c. la baguette d. le conservatoire e. maestro f. un pupitre
566. a. accordent leur instrument b. de chambre c. se produire en concert d. solistes e. musique symphonique
567. a. faux b. vrai c. vrai d. faux e. vrai
568. a. le conservatoire b. le pupitre c. la musique de chambre d. le maestro e. la baguette
569. a. elle mène ses employés à la baguette b. c'est toujours la même chanson c. je chante comme une casserole d. on ne peut pas aller plus vite que la musique

e. je connais la chanson f. que nous accordions nos violons
570. a. dénouement b. ovationne c. pièces d. acte, réplique e. tragédienne f. monologue
571. a. parterre, balcon b. applaudissements c. troupe, amateur d. rideau s'ouvre e. trois coups
572. a.4 b.5 c.1 d.2 e.6 f.7 g.3
573. a. balcon, parterre b. dénouement c. monologue d. l'entracte e. les applaudissements
574. a. vrai b. vrai c. faux, il s'ouvre au début du spectacle d. faux, on entend trois coups et cela signifie que la pièce commence e. vrai
575. a. côté jardin b. la première c. la régie d. le décorateur e. les coulisses f. la générale g. une habilleuse
576. a. écho, représentations b. affiche, prolongations c. machinerie, metteur en scène d. représentations e. accessoiristes
577. 1.c et e 2.a et g 3.b et h 4.d et f
578. a. faire un four b. la dernière c. sur scène d. un comédien e. les coulisses
579. a. il s'est retrouvé dans le décor b. quand on découvre l'envers du décor c. elle occupe le devant de la scène d. quel coup de théâtre e. tu fais toujours un geste théâtral f. elle a fait une scène à...
580. a. tempo, moderato, adagio, allegro b. chanteur lyrique, contre-ténor c. vocalises, vocale d. cantatrices,

a capella e. lyrique f. aigus, sopranos
581. a. vrai b. faux, c'est l'expression d'un public enchanté c. vrai d. faux, c'est une sorte d'opéra léger et parfois comique e. faux, c'est le signe que le public a été très déçu f. vrai
582. a.2 b.6 c.4 d.3 e.1 f.5
583. a. la chanson b. donner le « la » c. capuccino d. une diva e. être sifflé
584. a. une ovation b. une soprano c. a cappella d. faire ses gammes e. une opérette
585. a. au corps de ballet b. rat, première, compagnie c. pointes d. écart e. salon f. barre
586. a. s'assouplir b. le tutu c. le menuet d. danseur(-euse) étoile e. un chorégraphe
587. a. vrai b. vrai c. faux d. vrai e. vrai
588. a. le tutu b. le premier/ la première danseur/ danseuse c. un petit rat d. faire des pointes
589. a. mettre au diapason b. sur quel pied danser c. prendre pour des divas d. le grand écart e. fait ses gammes f. mener la danse

Bilan

1. parolier 2. tubes
3. compositeurs 4. compilation
5. solfège 6. conservatoire
7. musique de chambre
8. Maestro 9. trois coups
10. monologues
11. dénouement
12. comédienne 13. décorateurs
14. habilleuse 15. générale
16. prolongations 17. opérette
18. vocalises 19. cantatrice
20. ovation 21. tutu 22. petits rats 23. chorégraphe 24. danses

de salon **25.** une casserole
26. accorder nos **27.** coup (de)
théâtre **28.** fait (une) scène
29. mener (la) danse
30. prendre pour

Chapitre 19

590. a. dédicaces, lecteurs
b. dramaturge **c.** rédigé,
écrivains **d.** collection
e. bouquins
591. a. poètes, recueil
b. philosophes
c. bibliothèque, ouvrages
d. romancière **e.** volumes
f. exemplaire
592. a. faux **b.** vrai **c.** vrai
d. faux **e.** vrai
593. a. une dédicace
b. un philosophe
c. rédiger **d.** un(e) libraire
e. les lecteurs
594. a. prête-plume **b.** parution,
rentrée **c.** publication
d. maison, paraître
e. réimpression **f.** tirage
595. a. bon à tirer (BAT)
b. épuisé, réédition
c. éditrice, manuscrit
d. responsable éditorial
e. prix littéraire, primé
596. a. prix littéraires
b. parution **c.** éditrice
d. réimpression
e. le bon à tirer
597. a. rédiger **b.** fatigué
c. une partition
d. réimprimé
e. un éditeur
598. a. le tirage **b.** un prête-
plume **c.** le manuscrit
d. épuisé **e.** la rentrée
littéraire
599. a. c'est tout un poème
b. il m'a raconté une
histoire à dormir debout
c. arrête de toujours tout
prendre au pied de la
lettre **d.** il peut enfin vivre
de sa plume **e.** qu'elle
était une bibliothèque

ambulante **f.** votre fiction
sans queue ni tête
600. a. un roman épistolaire
b. une biographie
c. un plagiat
d. le suspense **e.** une
fable **f.** un conte
g. une nouvelle
h. un polar
601. a. original **b.** journal
intime, best-sellers
c. rose **d.** polars
e. chef-d'œuvre **f.** fleuve
602. a. faux **b.** vrai **c.** vrai
d. vrai **e.** faux
603. a. tenir son journal intime
b. une biographie **c.** un
polar **d.** un chef-d'œuvre
e. un roman à l'eau de
rose **f.** un best-seller
604. a. familier, courant
b. illisible, orthographiés
c. brouillons **d.** figurés, sel
e. propre **f.** citer, tierces
605. a. améliorer mon style
b. registre, soutenu,
vulgaire **c.** ampoulé
d. figures de style
e. jeux de mots
606. **a.**5 **b.**3 **c.**1 **d.**4 **e.**2
607. a. bien orthographié
b. soutenu **c.** sens
contraire **d.** un brouillon
e. citer une tierce
personne
608. a. avoir le dernier mot
b. mâché ses mots
c. suis, brouillon
d. écrit noir sur blanc
e. sa langue dans sa
poche **f.** mettre son grain
de sel **g.** tenir sa langue

Bilan

1. librairie **2.** dramaturge
3. exemplaire **4.** dédicace
5. éditrice **6.** tirage **7.** rentrée
littéraire **8.** prête-plume
9. romans historiques
10. biographie **11.** journal
intime **12.** plagiat **13.** registres
14. brouillon **15.** illisible
16. jeux de mots **17.** dormir

debout **18.** pied (de la) lettre
19. langue (dans leur) poche
20. brouillon

Chapitre 20

609. a. sarrasin **b.** truffe noire
c. magret **d.** ostréiculture
e. confits **f.** terrines
610. a. le gibier **b.** la pâtisserie
c. les crustacés **d.** les fruits
de mer **e.** le pot-au-feu
611. a. raffinement **b.** culinaire
c. la mytiliculture
d. produits du terroir
e. chefs étoilés
612. **a.**4 **b.**3 **c.**5 **d.**1 **e.**2
613. a. faux **b.** vrai **c.** faux
d. vrai **e.** vrai
614. a. gastro-intestinal
b. les myrtilles **c.** le confit
de canard **d.** du cidre
e. la grossièreté
615. a. vrai **b.** faux, il est
accompagné de haricots
blancs **c.** faux, il est
préparé avec du vin
rouge **d.** vrai **e.** vrai **f.** vrai
616. a. rhum, ti-punchs
b. endives, braise
c. bourguignon,
charolaise **d.** mirabelles,
cueille, local **e.** tapenade
617. **a.**5 **b.**1 **c.**2 **d.**4 **e.**3
618. a. le bœuf bourguignon
b. le cassoulet **c.** le mahi-
mahi **d.** le rhum
e. la potée auvergnate
619. a. c'est de la mauvaise
graine **b.** arrête de
tourner autour du pot
c. pas besoin d'en faire
!tout un plat **d.** c'est la
fin des haricots **e.** il est
devenu rouge comme
une écrevisse
620. a. notes **b.** jouissent,
renommée
c. effervescents, pétillent
d. tanniques **e.** corsé **f.**
cultive, vigne, productrices
g. bonne bouteille

Corrigés

621. a. un(e) œnologue b. (un vin) rond c. trinquer d. une étiquette e. minéral (vins minéraux) f. AOC g. (vin) sec
622. a. rosé b. garant c. vinicole d. bouche e. trinquer
623. a. vrai b. faux c. vrai d. vrai e. faux
624. a. corsé b. jouit d'une grande renommée c. œnologue d. effervescent e. vinicole (viticole)
625. a. les vins minéraux b. qu'il jouit d'une grande renommée c. un(e) œnologue d. trinquer e. effervescent(s)
626. a.5 b.3 c.6 d.1 e.2 f.4
627. a. plateau (de) fromages, pâte dure, pâte persillée b. pâte molle, texture c. égoutté, moulé d. moisissures, s'accorde e. fromage de chèvre f. affiné
628. a. faux b. vrai c. faux d. faux e. vrai f. faux
629. a. égoutté b. détonner c. la forme d. frais e. se délecter
630. a.2 b.3 c.4 d.6 e.5 f.1
631. a. égoutter b. le petit lait c. la texture d. s'accorder e. les moisissures
632. a. d'en faire tout un fromage b. quand le vin est tiré il faut le boire c. si tu mettais de l'eau dans ton vin d. je bois du petit lait e. entre la poire et le fromage f. de sabler le champagne
633. a. recevons, dresser b. assorties, nappe c. plates d. potage e. coupes f. design
634. a. couteaux (à) poisson b. aligner (par) ordre décroissant c. rince-doigts d. dépareillée, une ambiance e. disposes f. flûtes
635. a. des asperges b. la contenance c. des crustacés d. des escargots e. des huîtres f. la lame g. les couverts
636. a. vrai b. faux c. vrai d. vrai e. faux f. faux
637. a.4 b.3 c.6 d.2 e.1 f.5
638. a. dépareillée b. des coupes (à champagne) c. les huîtres d. la lame e. une asperge f. un rince-doigts
639. a. un bon coup de fourchette b. le dos de la cuiller c. fine lame d. sers la soupe
640. a. vous retournerez le couteau dans la plaie b. il ne faut pas cracher dans la soupe c. nous vous offrons le gîte et le couvert d. en deux, trois coups de cuiller à pot

Bilan

1. ostréiculture 2. pâtisseries
3. gibier 4. truffe 5. relever
6. mahi-mahi 7. fines herbes
8. cultivons 9. œnologue
10. effervescents 11. affiné
12. pâte molle 13. moisissures
14. s'accordent 15. dresse
16. assiettes creuses
17. coupe 18. rince-doigts
19. escargots 20. lame
21. fin des haricots
22. eau dans son vin
23. tout un fromage
24. fines lames
25. sabler le champagne

PRATIQUE VOCABULAIRE

640 exercices

B2

Romain Racine
Jean-Charles Schenker

Audio disponible en ligne ou en téléchargement sur l'espace digital **https://pratique.cle-international.com**

Direction éditoriale : Béatrice Rego
Marketing : Thierry Lucas
Édition : Brigitte Marie
Conception maquette : Dagmar Stahringer
Couverture : Sophie Ferrand
Mise en page : AMG
Studio : Bund

© CLE INTERNATIONAL, 2021
ISBN : 978-2-09-038996-8

Sommaire

1 • Le physique
- **A.** La tête et le visage 7
- **B.** Le corps 14
- **C.** Les soins du corps 19

2 • Sensations, émotions et sentiments
- **A.** Les cinq sens 25
- **B.** Le caractère et la personnalité 30
- **C.** Les états affectifs 34

3 • Les facultés intellectuelles
- **A.** Le raisonnement 41
- **B.** L'imagination et l'humour 44
- **C.** Le souvenir et la nostalgie 48

4 • Les soins médicaux
- **A.** La médecine 54
- **B.** Les accidents de la vie courante 59
- **C.** La santé mentale 64

5 • L'habitat
- **A.** Le lieu d'habitation 70
- **B.** La décoration d'intérieur 75
- **C.** Les jardins 79

6 • L'environnement géographique
- **A.** La ville 85
- **B.** La campagne 90
- **C.** La mer 96
- **D.** La montagne 102

7 • La faune et la flore
- **A.** Les arbres et les fleurs 108
- **B.** Les oiseaux et les insectes 111
- **C.** Les animaux domestiques 116
- **D.** Les animaux sauvages 122

8 • L'écologie
- **A.** Le climat 128
- **B.** Les phénomènes naturels 133
- **C.** Le développement durable 139

9 • Les coutumes
- **A.** Les origines et les traditions familiales 145
- **B.** Les cercles amicaux 149
- **C.** Les relations amoureuses 153

10 • Les loisirs
- **A.** Le tourisme 159
- **B.** Les fêtes 163
- **C.** Le sport 167

11 • Les nouvelles technologies
- **A.** L'informatique 174
- **B.** Le numérique et la robotique 178

12 • L'histoire
- **A.** Les périodes historiques 184
- **B.** Des moments clés de l'histoire de France ... 188
- **C.** L'histoire du temps présent 192

13 • La politique et la société

- **A.** La vie démocratique 198
- **B.** La justice 202
- **C.** Les relations internationales 207

14 • Les études et le travail

- **A.** La scolarité 213
- **B.** L'enseignement supérieur
  et la formation professionnelle 217
- **C.** Le monde de l'entreprise 221

15 • L'économie

- **A.** Le commerce et l'industrie 227
- **B.** La finance 231
- **C.** Les sources d'énergie 235

16 • Les médias et l'actualité

- **A.** La radio et la télévision 242
- **B.** La presse écrite 246
- **C.** Internet et les réseaux sociaux 250

17 • Les arts visuels

- **A.** L'architecture et la sculpture 257
- **B.** La peinture et la photographie 261
- **C.** Le cinéma 265

18 • Le spectacle vivant

- **A.** La musique 272
- **B.** Le théâtre 276
- **C.** L'opéra et la danse 280

19 • La littérature

- **A.** Le monde de l'édition 287
- **B.** Les genres et le style 291

20 • La gastronomie

- **A.** Le savoir-faire culinaire 297
- **B.** Les vins et les fromages 301
- **C.** Les arts de la table 307

Présentation de l'ouvrage

Au niveau B2, il est indispensable que l'apprenant commence à acquérir un **vocabulaire riche et diversifié**, adapté à un grand nombre de situations de communication, afin de pouvoir s'exprimer avec précision, varier les formulations et éviter les répétitions trop fréquentes. Cet ouvrage de la collection *Pratique*, divisé en 20 chapitres thématiques (la santé, les études et le travail, la politique et la société, la gastronomie, les médias et l'actualité, les arts, etc.), propose de travailler le vocabulaire B2 en autonomie et/ou en complément à des activités en classe. Ce manuel met notamment l'accent sur les points suivants :

- le vocabulaire est présenté dans un **contexte cohérent qui fait sens**, dans le but de faire découvrir un domaine, un champ lexical, un point de vue (culturel), etc. ;
- le vocabulaire est travaillé à partir de phrases simples ou complexes, dans des **registres de langue** variés (standard, familier, soutenu) en tenant compte des **combinaisons de mots** nécessaires à la précision dans la communication ;
- les activités de réemploi sont **variées** : descriptives, explicatives, ludiques ... ;
- les **expressions** usuelles permettent de réemployer le vocabulaire au sens figuré ;
- le parcours d'apprentissage est **progressif** : découvrir – s'exercer – réviser – se tester.

Ce livre, nous l'espérons, vous apportera le plaisir de manier le vocabulaire au niveau B2 tout en vous préparant à la certification DELF B2 au niveau lexical. Nous sommes convaincus que la variété des activités, l'humour et la culture présents dans ce manuel vous permettront d'explorer une **large étendue** du vocabulaire utilisé dans l'espace francophone.

Bonne découverte ! (les auteurs : Romain Racine et Jean-Charles Schenker)

Les consignes des exercices du livre :

- **souligner** : ce mot est souligné
- **barrer l'intrus** : ~~réponse 1~~ réponse 2
- **cocher** : ☒   réponse 1 ☒   réponse 2 ☐
- **compléter les phrases** : + mot
- **relier** : associer des éléments ensemble
- **corriger les erreurs** : remplacer les mots
- **vrai ou faux ?** : indiquer la bonne réponse
- **devinettes** : de quoi parle-t-on ? lire et indiquer les mots

■ Des **encadrés**, présentant des situations cohérentes et intéressantes, pour découvrir des mots nouveaux. Tous les encadrés sont enregistrés pour une meilleure prononciation et mémorisation.

« Le mobilier/les meubles » 38

Afin de **meubler** votre maison, vous avez plusieurs possibilités : pour le moderne, allez dans les magasins d'**ameublement**. Vous préférez l'ancien ? **Chinez** chez les **antiquaires*** ou **faites les brocantes** où il est parfois utile de **marchander**. Choisissez vos meubles en fonction des pièces. Au salon, vous installerez un **fauteuil** ou un **sofa** qui est une sorte de canapé à trois appuis dont un **dossier** et deux **accoudoirs**. Vous aimez les **meubles de style** ? Offrez-vous un **lit à baldaquin** accompagné d'une **table de chevet** « Louis XVI ».

Votre bureau sera charmant avec un **secrétaire** aux multiples tiroirs et une belle **bibliothèque**. À défaut, de simples **étagères** feront l'affaire pour vos livres et vos **bibelots**. Pour ce qui est du rangement, une **penderie** s'impose pour les vêtements ainsi qu'une **commode** pour le linge de corps. Si vous aimez les belles cuisines, un **buffet** sera idéal pour ranger la vaisselle.
Et n'oubliez pas un petit **guéridon** avec un **tabouret** pour prendre votre petit-déjeuner sur le balcon. Votre maison ressemblera alors à un vrai château !

*Ne pas confondre « l'antiquaire », qui vend des objets de valeur anciens, et le « brocanteur », qui vend des objets d'occasion !

■ Des **notes**, signalées par un astérisque* et placées soit après le texte de l'encadré soit en bas des exercices, pour avoir des informations utiles sur certains mots.

■ **S'EXERCER** :
des exercices de réemploi pour vérifier la bonne compréhension des mots nouveaux et pour les utiliser dans un contexte modifié. Les consignes sont formulées de façon simple et accessible (indiquez, soulignez, complétez, reliez, corrigez, barrez…).

■ **RÉVISER** :
des exercices de révision pour faciliter la mémorisation.

■ **SE TESTER** :
des exercices ludiques pour vérifier les acquis et fixer le vocabulaire de façon durable.

 Des **expressions** usuelles pour comprendre le sens figuré des mots et découvrir la richesse des expressions françaises. Indispensables à ce niveau d'apprentissage, elles permettront à l'apprenant de communiquer au quotidien avec les natifs.

■ Un **bilan**
en fin de chapitre pour faire le point sur les connaissances avec des phrases à compléter.

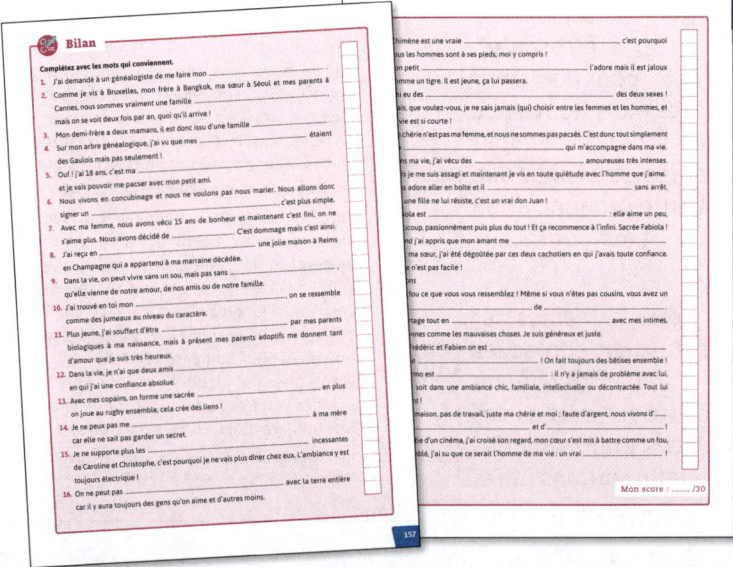

■ Des **corrigés** dans un livret encarté pour vérifier les réponses aux exercices.

1 • Le physique

A. La tête et le visage

 « La forme du visage »

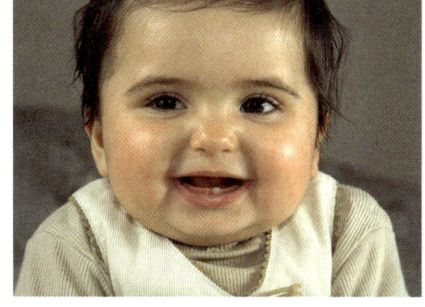

Lorsque l'on parle d'un **visage**, on dit aussi une **face**, qui se distingue du crâne, ou une **figure** qui exprime l'aspect d'un visage. De manière familière, pour un visage jeune et charmant, on dit un **joli minois** ou une **charmante frimousse**.
Un visage agréable a des **traits harmonieux**, **réguliers** ou **délicats** ; au contraire, un visage **disgracieux** a des traits **irréguliers** ou **épais**. Une personne qui porte les marques de l'âge et de la fatigue a des traits **marqués**.
De face, son visage est **anguleux**, **carré** ou **rond** ; **de profil**, son visage est **rude** et **sévère**. Si un visage est **joufflu**, il a de grosses joues et s'il est **bouffi**, il est enflé. Par contre, s'il est très maigre, il est **émacié**, s'il a des rides très marquées, il est **buriné**. Un garçon **imberbe** n'a pas encore de barbe.

1. S'EXERCER Cochez la bonne réponse.

1. « Elle a une charmante frimousse. » signifie :
   - **a.** Elle a un visage juvénile et agréable. ☐
   - **b.** Son visage est de toute beauté. ☐
   - **c.** Sa figure est disgracieuse. ☐

2. « On voit sur le visage de Paul le temps et la fatigue. » signifie :
   - **a.** Il a des traits réguliers. ☐
   - **b.** Il a des traits marqués. ☐
   - **c.** Il a des traits délicats. ☐

3. « Lorsque l'on regarde son visage de face, il/elle est joufflu(e). » signifie :
   - **a.** Il/elle a un joli minois. ☐
   - **b.** Son visage est rond ☐
   - **c.** Il/elle a de bonnes joues. ☐

4. « Cet adolescent n'est plus imberbe. » signifie :
   - **a.** Il porte une moustache poivre et sel. ☐
   - **b.** Il a une barbe bien taillée. ☐
   - **c.** Ses premiers poils ont poussé sur sa lèvre supérieure. ☐

5. Très anguleux, son visage est :
   - **a.** rude. ☐
   - **b.** raide. ☐
   - **c.** épais. ☐

1 • Le physique

2. S'EXERCER Reliez les phrases à l'adjectif correspondant.

a. Mika est beau, ses traits sont • • 1. bouffi.
b. Elle fait peur aux enfants avec son visage • • 2. buriné.
c. Tu as l'air si maigre, ton visage est • • 3. émacié.
d. Son nez est carré, sa bouche triangulaire, bref ses traits sont • • 4. harmonieux
e. Son visage est marqué par les rides, il est • • 5. irréguliers.
f. Le matin, après un sommeil profond, on a le visage • • 6. sévère.

3. RÉVISER Indiquez le(s) contraire(s) des mots soulignés.

a. Son menton est barbu. → ....
b. Il a un visage émacié. → ....
c. Son visage est carré. → ....
d. Ses traits sont délicats. → ....
e. Sa figure est agréable. → ....

4. SE TESTER Vrai ou faux ? Si faux, justifiez votre réponse.

Exemple : Un visage buriné est un visage jeune. → Faux   → C'est un visage ridé.

a. Elle est jolie, ses traits sont délicats. → .... → ....
b. La figure est un synonyme de visage. → .... → ....
c. Une frimousse est une mousse à raser. → .... → ....
d. « De profil » est le contraire de « de face ». → .... → ....
e. Comme il est très maigre, son visage est bouffi. → .... → ....
f. Mon visage a enflé, il est rude. → .... → ....
g. Son visage est rond, ses yeux le sont aussi ! → .... → ....

  « Les yeux, le nez » 02

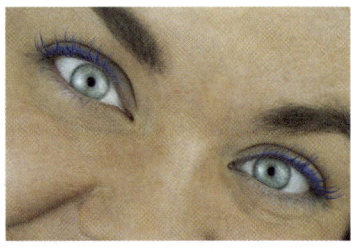

Si vous avez des yeux **allongés**, ceux-ci sont **en amande**. S'ils sortent de la tête, ils sont **exorbités**, ce qui est le contraire des yeux **enfoncés**. S'ils sont **cernés**, c'est que vous êtes très fatigué(e). S'ils sont **globuleux**, vous ressemblez à une grenouille ! Mais vous pouvez être fier(e), si vous avez des yeux **de lynx** car votre vue est **perçante**. Pour ajouter de l'expression aux yeux, sur les **arcades sourcilières** peuvent pousser des **sourcils** noirs.

Le nez est **retroussé** quand son bout est relevé, **grec** quand **l'arête** prolonge la ligne du front, **épaté** quand il est large et court. Lorsqu'il est **courbé en bec d'aigle**, on dit qu'il est **aquilin** dans un registre littéraire et **crochu** dans un registre familier.

A. La tête et le visage

5. S'EXERCER Choisissez dans la liste suivante le mot correspondant à l'explication ci-dessous :
allongés – aquilin – les arcades sourcilières – enfoncés – retroussé.

a. Si le bout de votre nez est relevé, il l'est. → ....
b. Vos yeux sont en amande, ils le sont donc. → ....
c. C'est l'endroit où poussent les sourcils. → ....
d. C'est le contraire des yeux exorbités. → ....
e. On le dit de façon littéraire pour un nez courbé en bec d'aigle. → ....

6. S'EXERCER Cochez la bonne réponse.

a. Un nez grec, c'est quand l'arête prolonge la ligne ☐ du front ☐ de la bouche ☐ du nez.
b. Vos yeux sont comme ceux des biches, ils sont ☐ crochus ☐ cernés ☐ en amande.
c. Un nez peut être ☐ unique ☐ épaté ☐ exorbité.
d. Votre vue est perçante, vous avez des yeux ☐ d'aigle ☐ de chat ☐ de lynx.
e. Vos yeux sont ceux d'un animal vert, vous avez des yeux ☐ verdâtres ☐ globuleux ☐ globulaires.

7. RÉVISER Reliez chaque nom aux adjectifs qui correspondent.

• 1. courbés
• 2. exorbités
a. Des nez •
• 3. cernés
b. Des yeux •
• 4. épatés
• 5. globuleux
• 6. crochus

8. SE TESTER Complétez les phrases avec les mots qui conviennent.

a. Les sourcils recouvrent les ....
b. Vos yeux sont ceux d'un félin, ils voient tout, vous avez des ....
c. S'il est courbé en bec d'aigle, on dit en langue familière que c'est un ....
d. Vous êtes épuisé(e), alors vos yeux sont ....
e. Vos yeux ne sont pas exorbités, au contraire ils sont ....

« D'autres parties du visage » 03

La bouche peut être **charnue**, **pulpeuse** ou **pincée** si elle a respectivement des lèvres **épaisses**, des lèvres **sensuelles** ou des lèvres **minces**.
Le **menton** est **en galoche** quand il dépasse la **mâchoire** du haut. Avoir un **double** ou un **triple menton**, c'est avoir des bourrelets de chair en dessous. Les **pommettes**, c'est-à-dire les parties hautes des joues, sont **saillantes** car on les voit bien. Entre l'œil et le haut de l'oreille, avec l'âge, les **tempes** sont **grisonnantes**.

1 • Le physique

9. S'EXERCER Cochez la bonne réponse.

a. Les lèvres minces donnent une bouche ☐ charnue ☐ pincée ☐ épaisse.
b. Les pommettes sont ☐ crochues ☐ saillantes ☐ globuleuses.
c. Un menton peut être ☐ épaté ☐ triple ☐ unique.
d. Sur les côtés de votre visage vous avez ☐ des joues ☐ des tempes ☐ un front.
e. Les tempes peuvent être ☐ blanchâtres ☐ grisonnantes ☐ noiraudes.

10. S'EXERCER Choisissez dans la liste suivante le mot correspondant à l'explication ci-dessous :
un double menton – en galoche – grisonnantes – les pommettes – pulpeuse.

a. Attention, vous avez un peu trop de chair en bas de votre visage, vous avez : ....
b. Si vos lèvres sont sensuelles, votre bouche l'est : ....
c. Avec l'âge, vos tempes peuvent le devenir : ....
d. Ce sont les parties hautes de vos joues : ....
e. Quand il dépasse la mâchoire, il s'agit d'un menton : ....

11. RÉVISER Complétez les phrases avec les mots manquants.

Exemple : Tu as des lèvres *pulpeuses*, donc ta bouche est sensuelle.

a. Pour manger et mastiquer, il faut utiliser votre ....
b. Comme sa bouche est ...., ses lèvres sont minces.
c. On voit bien les .... de mon frère car elles sont saillantes.
d. La chirurgie esthétique élimine un double, voire un ....
e. Comme ses lèvres sont épaisses, sa bouche est ....

12. SE TESTER Complétez les phrases avec les mots qui conviennent.

a. Si trop de bourrelets de graisse s'amassent sous le bas du visage, vous aurez un ....
   voire un ....
b. C'est la région latérale de la tête à côté des oreilles, ce sont les ....
c. Des lèvres épaisses forment une ....
d. Si cette partie de votre visage est longue et relevée vers l'avant tel le bout d'un chausson, on dira que vous
   avez un ....
e. Si vous bâillez trop fort, vous risquez de vous décrocher la ....

 « Les cheveux » 04

Vos cheveux sont doux comme de la soie, ils sont **soyeux**. Ils sont soit **clairsemés** et donc peu denses, soit épais et **drus**. S'ils sont **ternes** et sans éclat, ils ne sont pas **brillants**. S'ils sont **gras**, ils ne sont pas **secs** et s'ils sont recouverts de gel, ils sont **gominés**.
Si vous êtes mal coiffé(e), vos cheveux seront **hirsutes** ou en désordre et vous serez **échevelé(e)**, d'ailleurs on dit familièrement d'une **chevelure** abondante mal peignée que c'est une **sacrée tignasse**. Au contraire, la **calvitie** guette, hélas, les futurs **chauves**.

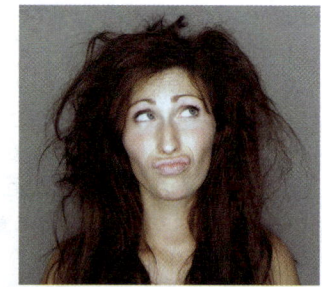

A. La tête et le visage

13. S'EXERCER Reliez chaque phrase à l'élément qui correspond.

a. Ils ne sont pas brillants. • • 1. la calvitie
b. C'est ce qui guette le futur chauve. • • 2. des cheveux soyeux
c. Ils sont imprégnés de gel. • • 3. des cheveux gominés
d. Ils sont très agréables au toucher. • • 4. des cheveux ternes
e. Ils sont rares et peu denses. • • 5. des cheveux clairsemés

14. S'EXERCER Cochez la bonne réponse.

a. Des cheveux huileux sont des cheveux ☐ secs ☐ gras ☐ hirsutes.
b. Elle n'a plus été chez le coiffeur depuis des mois, elle a ☐ un sacré shampoing ☐ pas un seul tif* sur le crâne ☐ une sacrée tignasse.
c. Des cheveux drus sont des cheveux ☐ épais ☐ épars ☐ épineux.
d. Des cheveux clairsemés sont des cheveux ☐ clairs ☐ emmêlés ☐ peu denses.
e. Si vous avez une chevelure en désordre, vous êtes ☐ écervelé(e), ☐ échevelé(e), ☐ éparpillé(e)

*En langue familière, les cheveux sont appelés des « tifs », on va donc chez le coupe-tifs (le coiffeur).

15. RÉVISER Indiquez le(s) contraire(s) des mots soulignés.

a. Des cheveux ternes → ....
b. Des cheveux drus → ....
c. Des cheveux secs → ....
d. Des cheveux sans gel et sans cire → ....
e. Des cheveux bien peignés → ....

16. SE TESTER Devinettes : De quoi parle-t-on ?

a. Se dit de manière familière d'une chevelure abondante mal coiffée.
→ ....

b. Vous adorez les caresser car ils sont doux comme une étoffe délicate de Chine.
→ ....

c. C'est quelqu'un qui n'a plus un seul tif sur la tête.
→ ....

d. Les garçons coquets aimaient les avoir ainsi pour aller danser dans les années 80.
→ ....

e. Ce sont des cheveux qui manquent d'éclat et de brillance.
→ ....

1 • Le physique

« La peau, la voix » 05

Si la peau est **veloutée**, elle est douce comme du velours ; **flétrie**, elle est vieille et ridée ; **liftée**, elle est retendue par la chirurgie esthétique. On peut avoir le **teint laiteux**, qui a l'aspect du lait, ou un **teint de porcelaine**, qui signifie d'une blancheur transparente, ou alors **rougeaud**, c'est-à-dire trop rouge.
Mieux vaut avoir le teint **hâlé**, donc doré et bronzé, que **blême**, donc pâle, ou pire encore … **cadavérique**.
On peut avoir une voix **mélodieuse** ou **monocorde**, **aiguë** ou **grave**. Si la voix vient du nez, elle est **nasillarde**. Si elle est rude et abîmée, on dit qu'elle est **rauque** et **enrouée**. Une **voix de crécelle** est désagréable et perçante, et une voix qui tremble est **chevrotante**.

17. S'EXERCER Complétez les phrases avec les mots en gras de l'encadré ci-dessus.

a. Quand la voix vient du nez, elle est ....
b. Si la peau est douce comme du velours, elle est ....
c. Vous êtes bronzé(e), vous avez le teint ....
d. Votre voix est abimée et rude, elle est .... et ....
e. Votre vieille peau est retendue par un chirurgien spécialisé, vous êtes ....
f. Vous êtes très pâle, vous avez donc le teint .... voire même ....
g. Votre voix ressemble à une douce chanson, elle est ....
h. On dirait que vous avez trempé votre tête dans un coulis de tomates, vous avez le teint ....

18. S'EXERCER Cochez la bonne réponse.

a. Une voix haute, c'est une voix   ☐ chaude   ☐ aiguë   ☐ grave.
b. Votre peau ressemble à une vieille pomme, elle est   ☐ mûre   ☐ acide   ☐ flétrie.
c. Une voix monotone, c'est une voix   ☐ monoparentale   ☐ monochrome   ☐ monocorde.
d. Vous avez un teint   ☐ de porcelaine   ☐ d'émail   ☐ de cuivre.
e. Une voix tremblante est une voix   ☐ chantante   ☐ chevrotante   ☐ balbutiante.
f. Quand la peau a l'aspect du lait, elle est   ☐ laitière   ☐ laiteuse   ☐ crémeuse.
g. À l'oreille, la voix de crécelle est   ☐ douce   ☐ chaleureuse   ☐ déplaisante.

19. RÉVISER Reliez chaque nom aux adjectifs qui correspondent.

- a. monocorde
- b. liftée
1. Une peau •
- c. rauque
- d. veloutée
- e. chevrotante
2. Une voix •
- f. flétrie
- g. blême
- h. grave

A. La tête et le visage

20. SE TESTER Devinettes : De quoi parle-t-on ?
Exemple : Si vous allez chez le chirurgien esthétique pour vous faire tendre la peau, on dira que vous l'êtes.
→ lifté(e)

a. Vous adorez la caresser car elle est douce comme une étoffe soyeuse et délicate.
→ ....

b. C'est la couleur du visage des morts.
→ ....

c. Se dit d'un parler qui ressemble au bêlement d'une chèvre.
→ ....

d. Se dit d'une figure qui a changé de couleur par trop de froid ou par trop d'alcool.
→ ....

e. Cette voix ressemble à un instrument en bois qui émet des sons aigus et désagréables.
→ ....

> **« Quelques expressions usuelles »**
>
> **Se montrer à visage découvert**
> = se montrer tel que l'on est vraiment
> **Faire front** = résister
> **Se voir comme le nez au milieu de la figure**
> = être évident
> **Mettre la puce à l'oreille** = éveiller des doutes
> **Obéir au doigt et à l'œil**
> = obéir au premier signe
>
> **Avoir bon pied bon œil**
> = être en bonne santé (pour une personne âgée)
> **Coûter les yeux de la tête / la peau des fesses**
> (fam) = être onéreux
> **Être tiré par les cheveux**
> = se dit d'une explication peu naturelle
> **Couper les cheveux en quatre**
> = se focaliser sur des détails sans importance

21. À VOUS ! Corrigez les erreurs qui se sont glissées dans les phrases suivantes.

a. Bien que mon arrière-grand-mère ait 104 ans, elle a toujours bon pied bonne tête.
→ ....

b. Paul raconte des mensonges, ça se voit comme l'oreille au milieu de la tempe.
→ ....

c. Tu te compliques la vie : arrête de couper les tifs en six !
→ ....

d. Tu as raison de te battre contre la montée des inégalités : il faut vraiment faire menton !
→ ....

e. Mon chien m'obéit à la voix et à la bouche.
→ ....

f. Cette histoire est invraisemblable, elle est liftée.
→ ....

g. Cette personne s'est montrée à face visible, donc telle qu'elle est : détestable !
→ ....

h. Franchement, j'ai des doutes sur ce qu'il raconte : tu m'as mis la punaise à la bouche !
→ ....

i. Ce voyage au pôle Nord coûte la peau du cou !
→ ....

1 • Le physique

B. Le corps

 « La morphologie » 06

> La **carrure**, c'est la largeur d'une épaule à l'autre. Un corps peut être **vigoureux** ou au contraire **chétif**, **élancé** ou au contraire **trapu**, athlétique et **sculptural** ou au contraire **frêle** et **menu**. Il peut être également **robuste** donc pas **flasque** du tout. S'il est **rachitique**, il est **décharné**. On dit d'une personne un peu **corpulente** qu'elle a de **l'embonpoint** ou, de manière familière, qu'elle est **grassouillette**, voire **dodue**. La **maigreur** est le contraire de l'**obésité**, en termes médicaux on parle de **surcharge pondérale**. Un **obèse** est gros et gras tandis qu'un **maigrichon**, terme familier, est maigre et sec.

22. S'EXERCER Cochez la bonne réponse.

a. Quelqu'un de grassouillet est   ☐ obèse   ☐ un peu dodu   ☐ gras de la peau.

b. Une carrure athlétique, c'est un corps   ☐ sculptural   ☐ chétif   ☐ trapu.

c. Avoir de l'embonpoint, c'est   ☐ être de bonne humeur   ☐ avoir des points à un concours   ☐ être légèrement en surcharge pondérale.

d. La carrure, c'est   ☐ avoir un corps carré   ☐ la largeur du torse   ☐ la longueur du torse.

e. Un corps n'est pas trapu quand il est   ☐ élancé   ☐ robuste   ☐ corpulent.

f. Une personne rachitique a un corps   ☐ décharné   ☐ flasque   ☐ vigoureux.

23. S'EXERCER Reliez chaque nom aux adjectifs qui correspondent.

- a. menu(e)
1. La maigreur •
- b. avoir de l'embonpoint
- c. grassouillet(te)
2. L'obésité •
- d. frêle
- e. maigrichon(ne)

24. RÉVISER Indiquez le contraire des termes suivants.

a. Grassouillet(te) (fam) ≠ ....

b. Vigoureux(se) ≠ ....

c. Flasque ≠ ....

d. Trapu(e) ≠ ....

e. La maigreur ≠ ....

25. SE TESTER Devinettes : De qui ou de quoi parle-t-on ?

a. À l'oral, on utilise ces deux termes pour décrire une personne un peu enrobée de gras.

→ .... → ....

b. C'est ce qu'on peut mesurer entre les deux épaules.

→ ....

B. Le corps

c. C'est le contraire d'un corps élancé.

→ ....

d. C'est la maladie des personnes en surcharge pondérale.

→ ....

e. C'est un quasi synonyme d'« athlétique », c'est un corps à la forme olympique.

→ ....

« Les corps abîmés » 07

Certains corps ont subi des **handicaps**. Un **infirme** est une personne qui est atteinte d'une ou plusieurs **infirmités** physiques. Un **manchot** n'a pas de bras, un **cul-de-jatte** n'a pas de jambes, un **unijambiste** n'a qu'une seule jambe. Un **bossu** a le dos déformé comme Quasimodo, le bossu de Notre-Dame. Un **amputé** est une personne à qui on a coupé un membre tandis qu'un **mutilé** est une personne qui a perdu accidentellement un membre.

Quasimodo

26. S'EXERCER Reliez le terme et son explication.

1. Un amputé • • a. Une personne au dos déformé
2. Un bossu • • b. Une personne qui vit avec une seule jambe
3. Un cul-de-jatte • • c. Une personne sans bras
4. Un manchot • • d. Une personne sans jambe
5. Un unijambiste • • e. Une personne à qui on a dû sectionner un membre

27. S'EXERCER Complétez les phrases avec les mots suivants : *infirme – bossu – handicap – mutilé – infirmités.*

a Ce pauvre homme est un .... car il a perdu sa jambe dans un terrible accident de la route.

b Depuis qu'il est ...., il doit utiliser un fauteuil roulant.

c À partir de vingt-cinq ans, l'âge est un sérieux .... pour devenir mannequin.

d Ces .... physiques et psychologiques ont fait que sa santé s'est détériorée.

e Redresse-toi sinon tu vas finir .... !

28. RÉVISER Répondez aux questions suivantes.

a. Comment appelle-t-on une personne qui n'a plus de jambes ? → ....

b. Comment appelle-t-on une personne qui n'a qu'un seul bras ? → ....

c. Comment appelle-t-on une personne qui n'a qu'une seule jambe ? → ....

d. Comment s'appelle la personne à qui on a dû sectionner un membre ? → ....

e. Comment appelle-t-on une personne qui a un dos déformé et courbé ? → ....

29. SE TESTER Barrez l'intrus.

a. De nombreux militaires de la guerre 14/18 ont été *bossus – mutilés*.

b. Une personne ayant perdu ses membres inférieurs est *un cul de jatte – manchot*.

1 • Le physique

c. Quasimodo, le héros du roman de Victor Hugo, est surnommé *le bossu – l'unijambiste* de Notre-Dame.

d. Le cliché veut que le pirate idéal ait un membre *amputé – annulé*.

e. Les aides-soignants s'occupent avec dévouement des *inflexibles – infirmes*.

« Le buste, le torse »

Avoir une **taille fine** et **souple** vous donne une allure **svelte** ; autrement dit, vous avez une **taille de guêpe**. Les femmes peuvent avoir une **poitrine plate**, **forte** ou **généreuse**. Dans un parler élégant, on remplace parfois « **les seins** » par « **la gorge** ».
Un **torse poilu**, ou plus chic, un torse **velu**, c'est le contraire d'un torse **glabre**. La **pomme d'Adam** est la partie saillante du cou chez les hommes. L'homme a des **épaules** tantôt **carrées** et **puissantes**, tantôt **rondes** et **tombantes**.

*Dans l'usage, on utilise plutôt « torse » pour les hommes et « buste » pour les femmes.

30. S'EXERCER Complétez les phrases avec les mots qui conviennent.
a. Si vous avez la taille fine d'un insecte, vous avez une ....
b. Si votre torse n'est pas poilu, il est ....
c. Un homme avec des épaules carrées a donc des épaules ....
d. Pour nommer élégamment les seins d'une femme, on peut dire une ....
e. Les femmes sans seins ont une poitrine ....

31. S'EXERCER Soulignez la bonne réponse.
a. Une taille souple donne une allure *svelte – grasse – large*.
b. Des épaules rondes qui s'affaissent sont des épaules *carrées – tombantes – puissantes*.
c. Un torse velu, c'est un torse *glabre – avec des tatouages – poilu*.
d. La pomme d'Adam, c'est *une pomme d'api – la pomme que croque Ève – une partie du cou chez les hommes*.
e. Une poitrine plate, c'est une « gorge » *généreuse – forte – avec des seins minuscules*.

32. RÉVISER Complétez les phrases avec les mots manquants.
a. C'est fou comme tu es svelte, tu as une vraie ....
b. Toi, tu n'es pas plate comme Jane, ta poitrine est .... comme ton caractère.
c. Les statues antiques du musée du Louvre représentent souvent des torses ....
d. Tu es fort comme Hercule, tes épaules sont .... et ....
e. Les poils recouvrent ton torse, il est .... ou ....

33. SE TESTER Devinettes : De quoi parle-t-on ?
a. Ce n'est ni un fruit ni une personne naïve, c'est un attribut masculin du cou.
    → ....

b. Quand elle n'est ni forte ni généreuse, on utilise cet adjectif pour qualifier une poitrine.
    → ....

B. Le corps

c. C'est un mot charmant pour exprimer une partie de l'anatomie féminine, c'est aussi un passage étroit dans une montagne. → ....

d. Elle peut être svelte, elle mesure aussi la grandeur d'un individu ou d'un vêtement.
→ ....

e. C'est pour décrire les épaules, quand un homme est bâti comme une armoire à glace.
→ ....

« Les membres inférieurs et supérieurs » 09

Des jambes **galbées** sont des jambes bien faites, au contraire des **jambes arquées** et **tordues**.
Les **attaches**, parfois **fines**, désignent l'ensemble des **poignets** et des **chevilles**.
On peut avoir des bras forts et **musclés**, ou alors **nerveux**, c'est-à-dire aux **tendons** vigoureux et **apparents**.
Les mains aux articulations épaisses sont **noueuses**, celles qui sont dodues sont **potelées** et celles qui ne sont pas **douces** au toucher sont **rêches**.
Les doigts sont soit **effilés**, à savoir minces comme un fil, soit **boudinés**, c'est-à-dire en forme de boudin.

34. S'EXERCER Cochez la bonne réponse.

a. Des doigts boudinés sont forcément en forme de ☐ moulin ☐ boudin ☐ gradins.
b. Des jambes galbées sont des jambes ☐ un peu épaisses ☐ bien faites ☐ musclées.
c. Les chevilles font partie ☐ de la cuisse ☐ des poignets ☐ des attaches.
d. Des bras peuvent être ☐ nerveux ☐ noueux ☐ apparents.
e. Dans un registre littéraire, des mains dodues renvoient à des mains ☐ douces ☐ potelées ☐ fines.

35. S'EXERCER Complétez les phrases avec les mots manquants.

a. On dit des doigts minces qu'ils sont ....
b. Si vos jambes ne sont pas galbées, elles sont sans doute soit .... soit ....
c. Si vos mains sont rêches, elles sont peut-être aussi .... comme un vieux tronc d'arbre.
d. Vos bras aux .... apparents et vigoureux sont nerveux, mais rien à voir avec votre caractère !
e. Pour désigner l'ensemble des poignets et des chevilles, on utilise le terme ....

36. RÉVISER Indiquez le contraire des mots soulignés.

a. Elle a des jambes <u>arquées et tordues</u>. → ....
b. Il a des mains <u>douces</u>. → ....
c. Ses doigts sont <u>effilés</u>. → ....
d. Comme tes bras sont très maigres, tes tendons sont <u>cachés</u>. → ....

1 • Le physique

37. SE TESTER Charades : De quels mots parle-t-on ?

Exemple : Mon premier est la première lettre de l'alphabet (= a) ; mon second est une négation souvent accompagnée de ne (= pas) ; mon troisième est la position dans une série ou une hiérarchie (= rang) ; mon tout est quelque chose qui se voit bien. → **A-PPA-RENT**

a. Mon premier est la fin du tunnel ; mon second est l'impératif singulier de "dire" ; mon troisième se trouve au milieu du visage ; mon tout c'est quand les doigts ne sont pas fins. → ....

b. Mon premier est un récipient pour le lait ; mon second est le pronom qui remplace « à toi » ; mon troisième est le pluriel de l'article défini ; mon tout est un adjectif qui désigne des mains enrobées de gras.

→ ....

c. Mon premier est un savoir-faire raffiné ; mon second est le lieu où vous débarquez à la gare ; mon tout ressemble aux jambes de Lucky Luke.

→ ....

« Quelques expressions usuelles »

Tenir la jambe à quelqu'un
= importuner quelqu'un par de longs discours
Faire quelque chose par-dessus la jambe
= faire quelque chose de façon peu sérieuse
En mettre sa main à couper
= être absolument sûr de ce que l'on dit
Avoir le bras long = avoir beaucoup d'influence
Croiser les doigts = éloigner le mauvais sort et favoriser la chance

Réussir les doigts dans le nez (fam)
= réussir très facilement, sans effort
Avoir le couteau sous la gorge
= être fortement contraint par qn ou qch
Ne pas arriver à la cheville de quelqu'un
= être très inférieur au niveau (intellectuel, physique...) de quelqu'un
Avoir les chevilles qui enflent (fam)
= être très prétentieux

38. À VOUS ! Complétez les phrases suivantes avec les expressions ci-dessus.

a. Quel ennui avec ses discours sans fin, aujourd'hui encore elle ....
.... pendant des heures !

b. Ce footballeur se croit le roi du monde, tout ça parce qu'il a marqué un but, il ....
....

c. Extrêmement doué, vous avez obtenu d'excellents résultats sans efforts, vous ....
.... !

d. Tu travailles comme un pied, tu .... tout ....

e. Va rencontrer ce député, il connaît le Tout-Paris, il ....
....

f. Je suis certaine que ce pianiste virtuose fera une immense carrière, j' ....
....

g. Je suis surendetté, je dois payer mes traites à la fin du mois, j'ai vraiment ....
....

h. Bonne chance pour le concours, je .... pour toi !

i. Tu te prends pour Victor Hugo, mais vu ton peu de talent, tu ne lui ....
....

C. Les soins du corps

 « La toilette »

Par temps de chaleur, on utilise du déodorant et on se lave avec un **savon** ou une **savonnette** pour enlever les odeurs de **transpiration** ou de **sueur**. Si de la **crasse**, qui est une couche de **saleté tenace**, se dépose sur la peau, il faut **vous frictionner**. Par contre, tout simplement au lever du lit, **vous vous débarbouillez**. De plus, si vous êtes **coquet** ou **coquette**, vous pouvez appliquer sur votre visage soit un **masque de beauté**, soit un **gommage**, puis une **crème hydratante**. Pour **hydrater** la peau de votre corps, vous pouvez utiliser un **lait corporel**. Enfin, il ne reste plus qu'**à vous parfumer**.

39. S'EXERCER Soyez plus précis : remplacez les mots soulignés par le terme qui convient.

a. Le matin, quand je me lève, je <u>me lave très rapidement</u>.
   → ....

b. Afin d'enlever la saleté sur ma peau, il faut <u>se frotter énergiquement</u>.
   → ....

c. Après un safari dans la poussière, comment faire pour enlever <u>la couche de saleté</u> ?
   → ....

d. Dans les hôtels, on met à votre disposition <u>un savon de petite taille</u> par jour.
   → ....

e. Comme j'aime sentir bon, je <u>mets sur mon cou un liquide odorant agréable</u>.
   → ....

40. S'EXERCER Cochez la bonne réponse.

a. Quand la saleté ne s'enlève que très difficilement, elle est ☐ tenable ☐ tenace ☐ tendue.

b. Pour nourrir la peau du visage, on utilise ☐ un lait ☐ un gommage ☐ une crème corporel hydratante.

c. Une personne qui se fait un masque de beauté et se parfume est ☐ connue ☐ coquette ☐ cocue.

d. La transpiration apparaît sur le front à travers des gouttelettes de ☐ saleté ☐ saveur ☐ sueur.

e. Il peut être solide ou liquide, parfumé à la lavande ou au chèvrefeuille, c'est un ☐ savant ☐ savon ☐ savonnier.

41. RÉVISER Reliez les noms et les termes correspondants.

a. Une crème   •   • 1. corporel
b. Une saleté   •   • 2. de beauté
c. Un lait   •   • 3. hydratante
d. Un masque   •   • 4. tenace

1 • Le physique

42. SE TESTER Indiquez les mots qui correspondent aux définitions suivantes.

a. Quelqu'un qui est très soucieux de son apparence. → ....
b. Action qui consiste à se frotter avec vigueur. → ....
c. Liquide corporel qui apparaît au moment de la transpiration. → ....
d. Nettoyage qui élimine les cellules mortes de la peau. → ....
e. Produit qui humecte et nourrit la peau. → ....

« Les soins de beauté » 11))

Les **cosmétiques** sont l'ensemble des produits de beauté. Pour les **soins capillaires**, la **laque** sert à fixer les cheveux et la **brillantine** à les faire briller tout en les parfumant. En ce qui concerne les **soins cutanés**, il existe des **crèmes antirides** que vous trouvez sous forme de **pommade** ainsi que des baumes naturels comme le **baume à lèvres**. Si vous souhaitez enlever quelques poils disgracieux, vous utiliserez une **pince à épiler** ou une **crème dépilatoire**. Enfin, vous pourrez **vous farder** en appliquant un **fond de teint**. Il ne vous reste plus qu'à vous **manucurer** les mains et utiliser un **blanchiment dentaire** pour rendre vos **dents éclatantes**.

43. S'EXERCER Cochez la bonne réponse.

a. La brillantine ☐ fait briller votre visage ☐ rend brillants vos cheveux ☐ raidit vos cheveux.
b. Une pince à épiler permet ☐ de couper les cheveux ☐ d'enlever les poils ☐ de pincer le nez.
c. Un fond de teint sert à ☐ se farder ☐ s'épiler ☐ se manucurer.
d. Les cosmétiques comprennent l'ensemble des
   ☐ soins de beauté ☐ soins capillaires ☐ soins dentaires.
e. Les crèmes antirides s'utilisent comme
   ☐ pommade ☐ crème dépilatoire ☐ baume à lèvres.

44. S'EXERCER Complétez les phrases avec les mots manquants.

a. Mesdames, vous voulez que votre magnifique chignon tienne tout au long de la soirée, vous allez donc appliquer de .... sur vos cheveux afin qu'ils restent en place.
b. Pour avoir des jambes parfaites ou un torse glabre, vous utiliserez de la ....
   ....
c. .... embellissent la peau de votre corps et de votre visage.
d. Vos dents sont jaunes et ce n'est pas très esthétique, vous aller donc effectuer ....
e. La laque et la brillantine font partie des ....
f. Quel sourire magnifique ! Vos .... sont .... !

C. Les soins du corps

45. RÉVISER Remplacez le mot incorrect souligné par celui qui convient.

a. La laque sert à rendre les cheveux lisses. → ....

b. Pour rendre vos dents éclatantes, vous appliquez de la pommade. → ....

c. Vous souhaitez faire disparaître quelques poils disgracieux sur vos sourcils, vous utilisez un baume à lèvres. → ....

d. Vous mettez du fond de teint pour rendre votre visage plus jeune. → ....

e. Pour soigner vos mains, vous vous parfumez. → ....

46. SE TESTER Devinettes : De quoi parle-t-on ?

a. C'est ce que font les comédiens avant d'arriver sur scène.
   → ....

b. C'est un procédé cosmétique qui rend vos dents brillantes et éclatantes.
   → ....

c. La laque, la brillantine et le gel en font partie.
   → ....

d. Quand vos lèvres se gercent en hiver, vous en appliquez sur votre bouche.
   → ....

e. C'est le contraire de frisage de cheveux.
   → ....

« Les objets de la toilette et du maquillage » 12

Dans votre **nécessaire de toilette**, appelé communément une **trousse de toilette**, vous pourrez mettre les objets suivants : pour le maquillage, un **mascara** et un **rimmel** qui rendent beaux vos yeux et vos cils, un **rouge à lèvres**, une **ombre à paupières** et un **fard à joues** ; pour l'hygiène de vos oreilles, des **cotons-tiges** ; pour vos mains et vos doigts de pieds, un **coupe-ongle** et une **lime à ongles** ; pour vos dents, des **cure-dents** et du **fil dentaire** ; pour votre coiffure, une **brosse à cheveux** et un **peigne**.
Et Monsieur n'oubliera pas le **rasoir**, la **mousse à raser**, le **blaireau** et l'**après-rasage**.

47. S'EXERCER Cochez la bonne réponse.

a. Un blaireau est une :

   ☐ brosse pour la barbe   ☐ brosse à cheveux   ☐ brosse à chaussures.

b. Le mascara et le rimmel servent à :

   ☐ se masquer les yeux   ☐ rendre beaux les cils   ☐ farder les joues.

c. Pour vos voyages, vous utilisez :

   ☐ du papier toilette   ☐ un nécessaire à couture   ☐ un nécessaire de toilette.

1 • Le physique

d. Vos cheveux sont emmêlés et plein de nœuds, vous vous servez d'un :

☐ peigne ☐ peignoir ☐ peeling.

e. Messieurs, vous souhaitez que votre visage soit lisse, vous utilisez un :

☐ hachoir ☐ rasoir ☐ râteau.

48. S'EXERCER Reliez les éléments qui conviennent (avec article et préposition si nécessaire).

a. Après	**1.** toilette
b. Brosse	**2.** ongle
c. Coton	**3.** dents
d. Coupe	**4.** cheveux
e. Cure	**5.** joues
f. Fard	**6.** lèvres
g. Fil	**7.** raser
h. Lime	**8.** paupières
i. Mousse	**9.** tige
j. Ombre	**10.** dentaire
k. Rouge	**11.** ongles
l. Trousse	**12.** rasage

49. RÉVISER Complétez les phrases avec les mots manquants.

a. Un morceau de viande vous gêne dans la bouche, un ....
ou du .... vous seront utiles, même si ce n'est pas très élégant !

b. Pour fignoler et polir le bout de vos doigts, pas de souci : une ....
.... fera l'affaire !

c. Pour calmer le feu du rasage sur votre visage, n'hésitez plus : utilisez l'..
.... « Barbe de rêve ».

d. Avant un rendez-vous amoureux, vous sortez vite de votre sac à main votre ....
.... pour embellir votre bouche et être la plus belle pour aller danser.

50. SE TESTER Devinettes : De quoi parle-t-on ?

a. Ce bâton pour les oreilles n'existe désormais plus en plastique.

→ ....

b. Les manucures et les pédicures l'utilisent pour raccourcir les extrémités de vos doigts.

→ ....

c. Ce n'est pas un problème de soleil mais ce produit de maquillage donne du relief à vos yeux.

→ ....

d. Il n'est pas toujours de la même couleur mais son nom ne change pas.

→ ....

e. Ce n'est pas une corde, c'est beaucoup plus fin et il glisse dans les interstices de vos dents.

→ ....

C. Les soins du corps

« Quelques expressions usuelles »

Parler sans fard
= parler avec franchise et sans artifice
Passer un savon à quelqu'un
= réprimander quelqu'un avec sévérité
Se crêper le chignon (fam) = se battre, se disputer violemment (entre femmes)

Passer un endroit au peigne fin
= examiner en détail
Passer de la pommade à quelqu'un
= flatter quelqu'un
C'est la crème des hommes
= c'est le meilleur des hommes

51. À VOUS ! Complétez les phrases suivantes en utilisant les expressions ci-dessus.

a. Arrête de lui ....
en le complimentant sans cesse : tu n'obtiendras rien de lui !

b. La police a .... la scène du crime
.... pour y relever les moindres indices.

c. Ce garçon est adorable, serviable, intelligent, bref ....

d. J'en ai assez de ces deux collègues médisants et paresseux, je leur ai .... !
Cela les a calmés !

e. Vous comptez lui ....
de vos sentiments en espérant que vous serez compris et estimé.

f. Corinne et Soraya ....
durant une soirée, chacune voulant séduire le même homme.

Bilan

Complétez avec les mots qui conviennent.

1. Cet enfant a de bonnes joues saines et rondes, il est .... comme un angelot.
2. On dit de cet artiste qu'il a un nez aquilin, ou populairement on dirait un nez ....
....
3. Ses .... sont saillantes et cela lui donne beaucoup de charme.
4. Ses cheveux ont du mal à pousser, ils sont .... sur son crâne.
5. Sa peau est comme une fleur fanée, elle est ....
6. Le pauvre est ...., on dirait qu'il est complètement décharné.
7. Quasimodo est le .... de Notre-Dame.
8. Cette statue d'Hermès exposée au musée a un torse ....
9. Ce matin, je n'ai pas le temps de me doucher, je vais juste ....
10. Cette vedette a dû subir un ....
pour passer à l'écran et rendre son sourire éclatant.

11. Mon chéri, tes oreilles sont sales, va vite chercher un .... pour que je te les nettoie.

12. Ce matin, je me suis levée avec les cheveux en désordre, j'étais complètement .... d'autres diraient échevelée.

13. Après avoir perdu 10 kilos, sa peau est .... comme celle d'un flan caramel.

14. Elle a l'air si fatiguée, elle a les traits ....

15. Ses yeux ronds sortent de sa tête, on dit qu'il a des yeux ....

16. Cet acteur de 50 ans a un charme fou avec ses tempes ....

17. Quelle chevelure abondante ! Cela lui donne une sacrée ....

18. Insupportable cette voix grinçante et irritante, une vraie .... de .... !

19. Depuis quelques mois, j'ai trop mangé de hamburgers et bu trop de bière, j'ai pris de ....

20. Ce soldat héroïque est devenu, hélas, un .... de guerre.

21. Ce mannequin de chez Gaultier n'a pas une .... de .... et pourtant elle défile chaque saison.

22. Ma peau est si sèche, je me mets de la crème .... tous les jours.

23. Dans un salon de coiffure, on s'occupe de vos soins ....

24. Dans ma .... de ...., je mets tout ce qui est nécessaire pour mes soins de beauté.

25. Cet Hercule au magnifique .... glabre est exposé au Louvre.

26. Une montre se met normalement autour du ....

Expressions :

27. Il est prétentieux et cela se voit comme .... au milieu de la figure.

28. Elle est si brillante qu'elle réussira son examen de français. J'en mets .... à couper.

29. Quel travail bâclé ! Tout a été fait par-dessus ....

30. Ce gamin ne cesse de faire des bêtises. J'ai dû lui passer .... !

Mon score : .... /30

2 • Sensations, émotions et sentiments

A. Les cinq sens

« La vue et l'ouïe » 13

La **vue** est la faculté de voir et le premier des cinq sens traditionnels – à ne pas confondre avec la **vision**, qui en est l'action. Être **aveugle**, c'est ne rien voir du tout et être **borgne**, c'est lorsque que l'on a perdu l'usage d'un œil. **Apercevoir**, c'est remarquer quelque chose qui entre rapidement dans votre champ de vision. **Entrevoir**, c'est voir partiellement ou imparfaitement. Lorsque l'on **contemple** un objet ou un paysage, on le regarde attentivement avec admiration et réflexion. Si vous **dévisagez** quelqu'un, c'est que vous le regardez longuement et avec insistance, ce qui peut parfois provoquer de la gêne.

L'**ouïe** est le sens qui permet d'**entendre** alors que l'**audition** est la **perception** des **sons** qui est l'action d'entendre ou d'être entendu. Tout ce que l'on entend est **audible**. Par exemple, un bruit. Celui-ci, quand il est fort au point de nous rendre **sourd**, est **assourdissant**. Quand il est aigu et perçant, on le qualifie de **strident**. Il peut être **continu**, donc sans interruption, ou au contraire **intermittent**, donc qui cesse et reprend. Un bruit **diffus** part dans toutes les directions et on peut difficilement le localiser. Un bruit peut s'**amplifier** comme une symphonie ou, au contraire, **faiblir** comme le vent. L'écho **résonne** et les cloches **retentissent**.

52. S'EXERCER Soulignez la bonne réponse.

a. Mon pauvre cheval a perdu son œil droit, depuis il est *aveugle – borgne*.

b. Les originaires de cette vallée reculée *dévisagent – contemplent* les visiteurs de la plaine.

c. L'action de voir, c'est la *vue – vision*.

d. Il passait si rapidement en voiture que je n'ai eu qu'un bref instant pour l'*entrevoir – apercevoir*.

e. L'ouïe est le sens qui permet d'*écouter – entendre*.

53. S'EXERCER Vrai ou faux ? Si faux, justifiez votre réponse.

a. Un bruit aigu et perçant est un bruit assourdissant.

→ .... → ....

b. À Pâques, les cloches de Notre-Dame de Paris retentissent joyeusement.

→ .... → ....

c. Un bruit intermittent cesse, reprend, s'arrête à nouveau et repart.

→ .... → ....

d. L'audition*, c'est la faculté d'entendre.

→ .... → ....

e. Un bruit est forcément audible et peut être diffus et continu.

→ .... → ....

f. Le bruit des hélices de l'hélicoptère s'amplifie au décollage et faiblit après l'atterrissage.

→ .... → ....

2 • Sensations, émotions et sentiments

g. Avoir perdu l'ouïe, c'est être aveugle.

→ .... → ....

h. On entend le sifflement des marmottes résonner dans la montagne.

→ .... → ....

*Le mot audition a deux autres sens : « passer une audition » pour un spectacle et « procéder à l'audition » d'un témoin en justice.

54. RÉVISER Complétez les phrases avec les mots manquants.

a. Cette sirène de police émet un son aigu et perçant. Quel bruit .... et insupportable !

b. J'adore ce jeu : .... les gens dans le métro jusqu'à ce qu'ils soient mal à l'aise.

c. Hélas, un .... n'a pas la faculté de voir !

d. Stentor adore hurler dans les grottes pour le plaisir d'entendre sa voix ....

e. À force de subir trop de décibels lors des concerts de rock, il est devenu .... comme un pot !

f. Kintaro passe des heures à .... le mont Fuji. Quelle sagesse !

55. SE TESTER Devinettes : De quoi parle-t-on ?

a. C'est le sens qui est associé aux oreilles. → ....

b. Ce verbe exprime la force d'une mélodie qui va de pianissimo à fortissimo. → ....

c. Cet adjectif sonore qui décrit un bruit très intense risquerait de briser vos tympans. → ....

d. C'est voir à demi, confusément, comme à travers un écran. → ....

e. Votre sonnette le fait quand le livreur sonne à votre porte. → ....

f. C'est un bruit uniforme que l'on peine à identifier. → ....

g. Les pirates le sont souvent quand ils portent un cache-œil noir. → ....

« L'odorat » 14

Le nez est l'organe de l'**odorat**. Les **odeurs** sont tantôt agréables tantôt désagréables. Ainsi, une feuille de menthe bien **odorante** nous est plaisante tandis qu'une algue peut être **malodorante**. Les **relents nauséabonds** d'une vieille huile peuvent persister dans une cuisine. L'odorat permet de **sentir** des parfums. La rose Madame A. Meilland **dégage** un **parfum** fort **subtil** et **délicat**, alors que la rose de Damas est utilisée dans la parfumerie pour son parfum **capiteux** et **envoûtant**.
Par ailleurs, si vous entrez dans une brûlerie, l'**arôme** du café **embaume** délicieusement la boutique. En revanche, une poubelle oubliée **pue** terriblement et ne tarde pas à **empester** toute la maison. Si votre chat est excité, c'est parce qu'il **flaire*** de loin une souris cachée.

*Au sens figuré, vous pouvez dire « je flaire la bonne affaire, je flaire le danger » (= pressentir)

A. Les cinq sens

56. S'EXERCER Bonne ou mauvaise odeur ? Classez les mots suivants dans le tableau :
~~un arôme~~ – capiteux – délicat – embaumer – empester – malodorant – puer – des relents.

Bonne odeur	Mauvaise odeur
un arôme	

> « **Puer** » est le mot familier pour « sentir très mauvais »

57. S'EXERCER Soulignez la bonne réponse.

a. Le nez est l'organe de *l'ouïe* – *l'odorat*.
b. La lavande *délivre* – *dégage* un parfum *subtil* – *subversif*.
c. Ce vin possède un arôme *enveloppant* – *envoûtant*.
d. Cet escroc a *flairé* – *blairé* la bonne occasion pour faire un cambriolage réussi.
e. De cette cave remonte une odeur *moribonde* – *nauséabonde* due à un rat crevé.
f. Odette apporte une tasse de café bien *odorante* – *ondulante*.

58. RÉVISER Vrai ou faux ?

a. La pourriture de ce compost a une odeur envoûtante. ☐ vrai ☐ faux
b. Le chien policier flaire la drogue dans les bagages du hall d'arrivée à l'aéroport. ☐ vrai ☐ faux
c. Des relents nauséabonds se dégagent des brins de muguet printaniers. ☐ vrai ☐ faux
d. L'arôme a toujours une odeur agréable. ☐ vrai ☐ faux
e. Ce parfumeur utilise des essences délicates pour ses créations. ☐ vrai ☐ faux

59. SE TESTER Complétez les phrases avec les mots manquants.

a. Dans la cave de ce vigneron bourguignon, on est charmés par les parfums .... et envoûtants du vin.
b. Le tabac .... le bureau de ce gros fumeur de cigares.
c. Tu sens dans cette cuisine cette .... de brûlé et de renfermé ?
d. Cette personne ne s'est pas lavée depuis quinze jours, aujourd'hui elle .... des pieds.
e. Cette poubelle qui n'a pas été vidée depuis une semaine dégage des relents .... pour ne pas dire nauséabonds.

2 • Sensations, émotions et sentiments

« Le toucher et le goût »

Le **toucher** nous permet de percevoir des sensations **tactiles** et donc de sentir si une surface est **lisse** ou au contraire **râpeuse**, c'est-à-dire recouverte de petites **aspérités**. Si par malheur vous **frôlez** en passant un cactus **piquant** ou si votre main **effleure**, même très légèrement, un gril **brûlant**, vous passerez un mauvais quart d'heure ! En revanche, lors d'un jeu, vous pouvez **palper** un objet afin de le reconnaître les yeux fermés. Enfin, pour exprimer votre tendresse, vous **caressez** affectueusement un être cher ou votre animal préféré.
Le 5e sens est le **goût** qui, grâce à vos papilles **gustatives**, vous permet d'identifier que le cacao est **amer**, le citron **acide**, le vinaigre **aigre**. Si vous mangez un hamburger avec une mayonnaise **rance**, vous garderez un **arrière-goût** désagréable dans la bouche. Un « pot-au-feu » est réussi quand il est **savoureux** mais **fade** quand le bouillon n'est pas assez **goûteux**. Pour **relever** votre « poulet basquaise » et le rendre **succulent**, n'oubliez pas d'ajouter une bonne pincée de piment d'Espelette. Cependant, s'il est trop salé, il risque d'être **écœurant**.

60. S'EXERCER Reliez les éléments qui correspondent.

- a. Du beurre
- b. Une confiture d'oranges
- c. Un four
- d. Un hérisson
- e. Du lait tourné
- f. Des papilles
- g. Une pomme verte
- h. Une surface

- 1. acide
- 2. brûlant
- 3. aigre
- 4. gustatives
- 5. lisse/râpeuse
- 6. rance
- 7. amères
- 8. piquant

61. S'EXERCER Soulignez la bonne réponse.

a. Ce qui permet d'identifier les aliments de manière gustative, c'est le *goût – goûter*.
b. Ce filet mignon est *survitaminé – succulent*.
c. Sa main *effleure – épluche* tendrement la joue de son amoureux/amoureuse.
d. Ton poisson est parfaitement assaisonné grâce aux herbes aromatiques, il est très *goûteux – goutteux*.
e. Le médecin *palpe – palpite* votre foie pour vérifier sa taille. Verdict : tout va bien. Ouf !
f. Pour *relever – relaver* ton plat, tu as ajouté du poivre de Cayenne.
g. Comme il a mal digéré ces fritures, il garde *un arrière-goût – un avant-goût* dégueulasse* dans la bouche.

*« Dégueulasse » est un terme très familier pour : dégoûtant, déplaisant, sale, répugnant.

62. S'EXERCER Complétez avec les mots manquants et faites l'accord si nécessaire.

a. Ces pêches sont mûres et juteuses à point, elles sont vraiment .... en bouche.
b. Je marchais quand soudain un vélo m'a .... Quelle frayeur j'ai eue !
c. Ce tissu plein d'..
est si râpeux au .... que finalement je ne l'ai pas acheté.
d. Lui qui adore la cuisine épicée, il est déçu ; ici la cuisine lui paraît bien ....
e. Grâce à son écran ...., cette tablette est facile à utiliser.

A. Les cinq sens

f. Ce soda est si sucré qu'il en est ....

g. J'adore .... mon chat car son poil est si soyeux !

63. RÉVISER Corrigez les erreurs qui se sont glissées dans les phrases suivantes.

a. Il est conseillé d'assaisonner les courgettes car c'est un légume goûteux.

→ ....

b. J'ai oublié cette mayonnaise en plein soleil, son goût est devenu brûlant.

→ ....

c. La bouche est pourvue d'une multitude de papilles tactiles.

→ ....

d. Les épines de nos rosiers sont vraiment succulentes.

→ ....

e. Ce café noir très serré est terriblement aigre.

→ ....

f. La langue de la vache est, paraît-il, très douce !

→ ....

64. SE TESTER Vrai ou faux ? Si faux, justifiez votre réponse.

a. Un aveugle palpe un objet pour le reconnaître.

→ .... → ....

b. Cette vinaigrette est si salée, c'est succulent !

→ .... → ....

c. Les papilles gustatives permettent d'apprécier un bon plat ou un bon vin.

→ .... → ....

d. Lisse est le synonyme de « râpeux ».

→ .... → ....

e. Un objet peut être dur ou doux au goût.

→ .... → ....

« Quelques expressions usuelles »

Regarder quelqu'un de travers = regarder quelqu'un avec malveillance
N'y voir que du feu = ne rien comprendre, être comme aveuglé
Un bruit d'enfer ! = un bruit extrêmement fort
Voir trente-six chandelles = être étourdi par quelque chose

Mettre l'eau à la bouche = être très appétissant
Se regarder en chiens de faïence = se regarder en silence avec hostilité
Avoir quelqu'un dans le nez = ne pas apprécier quelqu'un
Toucher le fond = être au plus mal, atteindre le point le plus bas (moralement, financièrement)

---

65. À VOUS ! Corrigez les erreurs qui se sont glissées dans les phrases suivantes.

a. Cette brioche sent bon et a l'air appétissante, cela me met l'eau aux lèvres.

→ ....

2 • Sensations, émotions et sentiments

b. Tu ne supportes plus ton voisin si bruyant, tu l'as dans les oreilles.

→ ....

c. La tondeuse fait un tel bruit de paradis que je n'ose plus l'utiliser.

→ ....

d. Lors du procès, l'accusé et la victime se regardaient en chats de porcelaine.

→ ....

e. Quand elle a dit qu'elle détestait les enfants, on l'a regardée de face !

→ ....

f. Après son 4ᵉ échec commercial, ce réalisateur a brûlé le fond.

→ ....

g. On m'a refilé un faux billet de 200 euros, je n'y ai vu que de la fumée.

→ ....

h. Je me suis assommé(e) en me cognant la tête à une poutre au grenier, j'ai vu 46 bougies !

→ ....

B. Le caractère et la personnalité

« Le caractère et les qualités » 16

Témoigner d'une **forte personnalité**, c'est **avoir du caractère** ou **du tempérament**. D'ailleurs, bien souvent on dit : « vous possédez un **caractère bien trempé** » ou « quel **tempérament de feu !** » Voici quelques **traits de caractère** positifs : Amélie aide les autres et fait très attention à son entourage, elle est **altruiste** et **attentionnée**. Benoît est bon et indulgent, il est donc **bienveillant**. Mitsuko est **minutieuse** et **modeste**, elle fait tout avec une extrême précision et reste humble. Pierre anticipe les désirs des autres et reste calme en toutes circonstances, il est **prévenant** et **patient**. Dalila ne fait jamais rien dans son intérêt personnel, elle est **désintéressée**. Vangiraï est si courageux qu'on peut le qualifier de **vaillant**. Ondine est **opiniâtre** car elle fait preuve de volonté et de persévérance. Sergeï exprime ses véritables pensées et sentiments, de plus il sent la délicatesse des choses, c'est pourquoi on dit qu'il est **sincère** et **sensible***. Louis est **loyal**, il est donc franc, fidèle et droit. Raphaël est un garçon fin et subtil, il est **raffiné**. Iphigénie est **ingénieuse**, elle est inventive et très habile.

*Ne pas confondre « sensible » qui relève des sens et « sentimental » qui relève de l'imaginaire affectif.

66. S'EXERCER Cochez la bonne réponse.

a. Avoir du tempérament, c'est avoir un caractère ☐ bien trempé ☐ bien mouillé ☐ bien sec.

b. Brigitte est indulgente avec les autres, elle est ☐ prévenante ☐ surveillante ☐ bienveillante.

c. Pascaline doit supporter des patrons énervés, elle est ☐ attachante ☐ patiente ☐ attentionnée.

d. Malgré les difficultés et les obstacles, Romain poursuit ses recherches car il est ☐ organisé ☐ ordonné ☐ opiniâtre.

e. Notre fidèle associée Frédérique ne nous a jamais trahis, donc elle est ☐ modeste ☐ royale ☐ loyale.

B. Le caractère et la personnalité

f. Cette infirmière se sacrifie pour soigner
ses malades contagieux, elle est ☐ altruiste ☐ raffinée ☐ calme.

67. S'EXERCER Complétez les phrases par le mot qui convient.

a. Ce savant est si .... qu'il a inventé la machine à vapeur.
b. On dit de cette interprète qu'elle a une forte ...., en effet, quand elle chante, elle a un tempérament de ....
c. Diderot était loin d'être un hypocrite, il était .... avec lui-même et avec les autres.
d. Ce naturaliste incroyablement .... observe en détail le moindre insecte et note tout dans son calepin.
e. Cet ami n'a rien à gagner de notre échange amical ; c'est un homme parfaitement ...., et ce n'est pas son unique .... positif.
f. Un esthète est par définition .... car il comprend tout de manière fine et délicate.
g. Les pompiers sont toujours .... pour combattre le feu et sauver des vies !

68. RÉVISER Vrai ou faux ?

a. Être bienveillant, c'est aider les autres. ☐ vrai ☐ faux
b. Elle est opiniâtre car elle a une opinion sur tout. ☐ vrai ☐ faux
c. Avoir du caractère, c'est posséder une forte personnalité. ☐ vrai ☐ faux
d. Ne s'intéresser à rien fait de vous une personne désintéressée. ☐ vrai ☐ faux
e. Ce chevalier était si loyal qu'il aurait sacrifié sa vie pour son roi. ☐ vrai ☐ faux
f. Justine a un caractère bien trempé, elle dit ce qu'elle pense, quelle que soit la situation ! ☐ vrai ☐ faux

69. SE TESTER Indiquez l'adjectif qualificatif qui correspond à la définition.

a. Qui est prêt à supporter avec courage de grandes difficultés. → ....
b. Qui a une humble opinion de soi-même. → ....
c. Qui va au-devant des désirs des autres. → ....
d. Qui n'est ni grossier ni lourd. → ....
e. Qui a un esprit inventif et astucieux. → ....
f. Qui est plein d'attentions pour les autres. → ....

« Les défauts » 17

Il y a des personnes qui ont un **sale caractère** : Aïcha est **agressive** et **avare**, elle attaque ses collègues sans raison et, en plus, ne leur offre jamais un café alors qu'elle est richissime. Comme Didier n'a plus d'illusions sur rien, il est **désabusé**, c'est pourquoi il est devenu hautain et méprisant, bref **dédaigneux**. Éric est **envieux**, il ne supporte pas le bonheur et la réussite des autres. François est très distant et manque de chaleur humaine, on dit de lui qu'il est **froid**. Isabelle agit sans réfléchir et ne montre aucune pitié, elle est vraiment **impulsive** et **impitoyable**. Luna est **lunatique**, elle est capricieuse et d'humeur changeante. Noël croit tout ce qu'on lui dit : qu'il est **naïf** ! Ornella est **orgueilleuse**, elle est excessivement satisfaite d'elle-même. Stéphanie s'offense facilement et pourtant elle dissimule ses mauvaises intentions, ce qui fait qu'elle est à la fois **susceptible** et **sournoise**. Vanessa est **vaniteuse**, elle tire de son image une fierté exagérée. Et moi, je suis **misanthrope**, je déteste le genre humain : pour moi, les gens sont **mielleux**, **mesquins** et **malveillants**, autrement dit, hypocrites, très peu généreux et méchants.

2 • Sensations, émotions et sentiments

70. S'EXERCER Complétez les phrases avec l'adjectif manquant et faites l'accord si nécessaire.

a. Ce type est .... : un jour il est adorable, le lendemain insupportable.

b. Ce fonctionnaire se venge avec méchanceté sur tous les citoyens, il est ....

c. Cette candidate aux élections n'a prononcé que des flatteries .... et hypocrites pour se faire élire.

d. Les automobilistes sont souvent .... car ils ne se maîtrisent pas, la preuve : ils sont verbalement .... envers les cyclistes et les piétons.

e. Les auteurs ont si peu de droits d'auteurs par rapport à la masse de travail à accomplir qu'ils en deviennent ....

f. Robert se croit beau, intelligent et spirituel, il est .... comme un paon.

g. Je trouve cette directrice hautaine et ...., totalement indifférente envers ses employés.

h. Le boxeur s'est montré .... face à son adversaire, il l'a laissé KO sur le ring.

71. S'EXERCER Reliez les éléments qui correspondent.

a. Cette réalisatrice ne supporte pas la réussite de ses consœurs.

b. Les Banor, ce couple prétentieux, sont sûrs de leur supériorité.

c. Harpagon et ses copains sont excessivement proches de leurs sous.

d. Toi, tu as vraiment tous les défauts de la terre !

e. Elle prend tout le monde de haut.

f. Ils se mettent en colère pour un rien.

g. Elle croit tout ce qu'on lui dit.

h. Sous vos airs sympas, vous avez bien caché votre jeu.

i. Pour mon anniversaire, ma tante ne m'offre qu'une paire de vieilles chaussettes par an.

j. Vous détestez tout le monde.

1. Elle est bien naïve !
2. Tu as un sale caractère, quoi !
3. En fait, vous êtes misanthrope.
4. Ce sont de vrais avares, ou de vrais radins si vous préférez !
5. Elle est dédaigneuse.
6. Dieu qu'elle est mesquine !
7. Qu'est-ce qu'ils sont orgueilleux !
8. Vous n'êtes en vérité qu'un être sournois !
9. Qu'ils sont susceptibles !
10. Elle est profondément envieuse.

72. RÉVISER Cochez la bonne réponse.

a. Je ne crois plus à rien, je suis ☐ abusé ☐ désabusé ☐ déshérité.

b. Tu te fâches pour un rien ; tu es si ☐ sensible ☐ sensuel ☐ susceptible !

c. Il se prend pour le roi de France, il est ☐ dédaigneux ☐ détrôné ☐ désarmé.

d. Nous haïssons le monde entier, nous sommes ☐ misanthropes ☐ misogynes ☐ mystérieux.

e. Vous changez d'humeur toutes les cinq minutes, vous êtes ☐ lumineux ☐ lunatique ☐ lunaire.

f. Elles accumulent de l'argent juste pour le plaisir d'en posséder, elles sont ☐ aigries ☐ amères ☐ avares.

B. Le caractère et la personnalité

73. SE TESTER Remplacez l'adjectif incorrect souligné par celui qui convient.

a. Je ne supporte pas ce vendeur <u>malveillant</u> prêt à toutes les flatteries pour vendre sa voiture pourrie !
   → ....

b. En dépit de ton air franc et gentil, tu fais tout par derrière ; en fait, tu es <u>satisfait</u>.
   → ....

c. Pauvre garçon, qu'il est <u>impulsif</u> : on a bien profité de lui !
   → ....

d. Ce comité d'accueil est si <u>méchant</u> qu'il n'a ni offert un verre ni remercié ses participants.
   → ....

e. Il est <u>orgueilleux</u> du bonheur de son frère qui a tout réussi alors que lui a tout raté.
   → ....

f. Cette présentatrice de télé est très <u>susceptible</u> à force d'être flattée à longueur de journée !
   → ....

« Quelques expressions usuelles »

Être fier comme un coq = être très fier
Ne pas avoir sa langue dans sa poche
= parler avec aisance et savoir répliquer
Être une poule mouillée
= être extrêmement peureux
Être une langue de vipère
= dire du mal des autres

Avoir une sensibilité à fleur de peau
= être très sensible
Être têtu comme une mule = être très têtu
Avoir le cœur sur la main = être très généreux
(dans tous les sens du terme)

74. À VOUS ! Corrigez les erreurs qui se sont glissées dans les phrases suivantes.

a. Il est si généreux qu'il offre à tous les nécessiteux le logis et le couvert, il a vraiment le poumon sur le bras.
   → ....

b. Cette voisine ne peut s'empêcher de dire du mal de tout l'immeuble : c'est une vraie langue de couleuvre !
   → ....

c. Tu sais répliquer dans toutes les situations, tu n'as pas tes dents dans ton pantalon !
   → ....

d. Monsieur Silhouette a même peur de son ombre, c'est une vraie oie trempée.
   → ....

e. À 97 ans, notre grand-père s'obstine à toujours vouloir conduire, il est bâti comme un âne !
   → ....

f. Noé est un homme extrêmement sensible, il a une sensualité à fleur de corps.
   → ....

g. Peu importe ce que les autres en pensent, ce bachelier est fier comme un poulet !
   → ....

2 • Sensations, émotions et sentiments

C. Les états affectifs

 « Les émotions »

> On peut **ressentir** plein d'émotions : positives, irritantes ou négatives. Vous êtes **touché(e)** par un geste plein d'attention. Vous pouvez aussi être **bouleversé(e)** par un événement heureux ou malheureux. Mais surtout quel bonheur que d'être **ému(e)** aux larmes !
> L'**enthousiasme** est une émotion intense dans la joie et l'**allégresse** est une joie vive qui d'ordinaire se manifeste en public.
>
> Si vous êtes gêné(e) par un geste ou une réflexion, vous **vous sentez embarrassé(e)**. Si ces mêmes faits et gestes vous irritent, vous ressentez de l'**agacement**. Parfois, vous avez peur et vous hésitez, c'est de l'**appréhension**. Par contre, si vous vous trouvez face à une situation paralysante, ce sera de la **stupéfaction**.
>
> Dans une situation extrême, vous pouvez **perdre la tête** et vous serez donc **déboussolé(e)**. Ne voyant plus d'issues possibles aux problèmes, vous êtes **découragé(e)**.
>
> Ayant perdu votre optimisme, vous êtes **démoralisé(e)**. Si votre maison prend feu, c'est la **panique**, si l'incendie a tout détruit, ce sera la **fureur** et si l'assurance a trouvé une combine pour ne rien vous rembourser, ce sera l'**écœurement** !

75. S'EXERCER Complétez les phrases avec les mots qui conviennent.

a. J'ai été très .... par votre invitation inattendue !

b. Après ton divorce, tu étais tellement .... que tu as perdu tous tes repères.

c. Après toutes les bêtises et les insultes entendues, j'ai quitté la réunion envahi(e) par un sentiment d'.. .

d. Quand l'équipe de France a remporté la coupe du monde, les citoyens se sont retrouvés au milieu de l'.. générale.

e. Il m'a .... en me racontant toutes les misères du monde !

f. Avant de traverser une forêt à minuit seul(e) dans le noir, vous éprouvez de l'..................................... .

g. Vous vous êtes .... en devant répondre à des questions indiscrètes sur votre âge et votre salaire.

h. Si surpris(e) par la remise de ce prix, j'ai cédé un instant à .... ; mais une fois sur le podium, le trophée à la main, j'ai été .... aux larmes !

76. S'EXERCER Cochez la bonne réponse.

a. On peut ☐ ressentir ☐ répéter ... une émotion.

b. Elle a été ☐ déséquilibrée ☐ bouleversée ... par la naissance de son enfant !

c. Face à la décision prise par le gouvernement, les petites entreprises ont manifesté leur :
   ☐ agacement ☐ agencement.

d. Toujours avant-dernière après trois tentatives pour gagner le marathon, tu es définitivement :
   ☐ essoufflée ☐ découragée.

C. Les états affectifs

e. Les supporters ennemis se sont battus avec une telle

☐ fureur   ☐ frayeur   … que la police les a arrêtés.

f. J'ai perdu   ☐ la tête   ☐ un bras   … quand tu m'as quitté.

g. Je t'ai vu en pantoufles dans la rue,

☐ quelle stupéfaction !   ☐ quelle satisfaction !

h. Ce spectacle très réussi a déclenché

☐ l'enthousiasme   ☐ l'entraînement   … du public.

77. RÉVISER Choisissez le bon préfixe pour les mots soulignés.

Exemple : Tu dois partir loin de tes proches, c'est pourquoi tu es (*mal-/mes-*) : *mal*heureuse.

a. Je n'ai plus de boulot et il pleut sans cesse, je suis (*im-/dé-*) : … moralisé.

b. Quelle belle surprise, il est (*é-/re-*) : … mu aux larmes !

c. Après tous ces échecs consécutifs, nous sommes (*dé-/en-*) : … couragés.

d. Pour cette soirée de gala, vous n'aviez pas prévu d'être en tenue de soirée, vous arrivez en baskets, vous voilà bien (*dé-/em-*) : … barrassé(e).

e. C'est la cinquième fois qu'elle déménage en un an, elle est totalement (*dé-/é-*) : … boussolée.

f. Les émotions, les sentiments, on peut les (*re-/pre-*) : … ssentir.

78. SE TESTER Vrai ou faux ? Si faux, justifiez votre réponse.

a. L'écœurement, c'est un dégoût profond.

→ Vrai   → ....

b. L'appréhension, c'est apprendre une leçon.

→ ....   → ....

c. La fureur est une douce colère.

→ ....   → ....

d. L'allégresse, c'est être très rapide dans ses actions.

→ ....   → ....

e. La stupéfaction, c'est l'état d'une personne totalement interloquée.

→ ....   → ....

f. L'agacement, c'est un énervement fait d'impatience et de mécontentement.

→ ....   → ....

2 • Sensations, émotions et sentiments

« Les manifestations physiques des émotions » 19

Les émotions ont souvent des effets sur le corps. On vous complimente : vous **rougissez** ; on vous stresse : vous **transpirez** ; vous avez le trac : vous **tremblez** ; on vous annonce votre licenciement : vous **pâlissez**. Vous êtes **stupéfait(e)** par le décès d'un proche, alors vous vous mettez à **suffoquer**. Au contraire, votre aimé(e) vous déclare son amour avec passion, alors **vous vous évanouissez** de bonheur ! Votre **voix s'étrangle** quand vous êtes furieux ; votre **estomac se noue** avant de recevoir le résultat d'un examen que vous n'êtes pas sûr(e) d'avoir réussi ! **Vos poils se dressent** face à une situation dangereuse. Et surtout, l'accumulation de toutes ces situations négatives dans votre corps fera que vous **vous sentirez oppressé(e)** comme si vous **aviez un poids sur la poitrine**. Mais vous serez sauvé(e) car votre bien-aimé(e) vous délivrera et votre **cœur palpitera** de bonheur.

79. S'EXERCER Reliez les deux parties de la phrase.

a. Avoir un poids   • 1. sur la poitrine.
b. Le cœur   • 2. se dressent.
c. L'estomac   • 3. oppressé(e).
d. Les poils   • 4. palpite.
e. La voix   • 5. s'étrangle.
f. Se sentir   • 6. se noue.

80. S'EXERCER Cochez la bonne réponse.

a. Vous venez de subir un choc, vous risquez de vous   ☐ épanouir ☐ évanouir.
b. On vous annonce que vous serez privé(e) de vacances, vous ☐ pâlissez ☐ blanchissez.
c. À la moindre émotion, votre timidité excessive vous fait   ☐ brunir   ☐ rougir.
d. Cette immense colère le fit   ☐ suffoquer ☐ s'offusquer.
e. L'examen touche à sa fin, vous n'avez pas terminé l'épreuve, vous vous mettez à   ☐ transpirer ☐ transfigurer.
f. Vous vous retrouvez face à un boa de 2 mètres, vous   ☐ soufflez ☐ tremblez ... comme une feuille.

81. REVISER Vrai ou faux ?

a. Vous êtes vraiment très en colère, votre voix s'étrangle.   ☐ vrai ☐ faux
b. Vous revoyez le grand amour de votre vie, votre cœur palpite.   ☐ vrai ☐ faux
c. Vous venez de gagner 1 million d'euros au loto, vous avez un poids sur la poitrine. ☐ vrai ☐ faux
d. On vous annonce votre licenciement, vous vous évanouissez de bonheur.   ☐ vrai ☐ faux
e. Vous êtes détendu(e) sur une plage au soleil, votre estomac se noue.   ☐ vrai ☐ faux

82. SE TESTER Répondez aux questions suivantes.

a. Que fait votre main si elle doit attraper un scorpion ?
   → Elle tremble.

b. Que fait votre cœur face à une situation de bonheur amoureux ?
   → ....

C. Les états affectifs

c. Comment réagit votre corps lors d'un stress intense ?

→ ....

d. Quel verbe utilise-t-on pour décrire une émotion vive sur le visage d'une personne timide ?

→ ....

e. Que fait votre voix dans une situation de très grande colère ?

→ ....

« Les états d'esprit » 20

L'état d'esprit est une disposition psychologique et intellectuelle qui se manifeste de différentes façons : l'idéal serait la **quiétude** qui démontre le calme et la tranquillité. Encore plus intense, il y a l'**euphorie**, ce sentiment de parfait **bien-être** et de joie. Vous pouvez être **perplexe** quand vous ne savez pas comment réagir et **dubitatif(ve)** quand vous ne savez pas quoi penser. Vous êtes **tendu(e)** ? Au contraire soyez **décontracté(e)** ! Vous êtes **tracassé(e)** ? Soyez **tranquillisé(e)** ! Vous êtes **soucieux(se)** ? Soyez **rassuré(e)** ! Vous êtes **tourmenté(e)** ? Soyez **apaisé(e)** ! Enfin, si vous êtes **inquiet(ète)**, tentez de vous décontracter pour redevenir **serein(e)** et **soulagé(e)** ! Par contre si vous êtes très **anxieux(se)** et que vous éprouvez de grandes inquiétudes, filez voir un psy !

83. s'exercer Indiquez le contraire des mots soulignés pour rétablir le sens de la phrase.

a. Le calme, le bonheur, la paix.... Je suis dans une <u>inquiétude</u> absolue.

→ ....

b. Le pauvre poète, il est rongé par la mélancolie. Quel être <u>apaisé</u> !

→ ....

c. Croyez-vous que les propos de cet homme politique soient vrais ? Je suis <u>convaincu</u>.

→ ....

d. C'est bizarre que notre fille ne nous ait pas téléphoné comme tous les samedis. Nous sommes <u>rassurés</u> !
(2 réponses possibles) → .... / ....

e. Le stress, les soucis, les responsabilités : c'est fou ce que vous êtes <u>décontracté</u> !

→ ....

f. Après six mois de chômage, notre père a enfin retrouvé du travail. Nous sommes <u>inquiets</u> !

→ ....

g. On dit que le <u>mal-être</u> se construit dans la sérénité au fil du temps.

→ ....

84. s'exercer Cochez la bonne réponse.

a. Il n'arrive pas à maîtriser ses angoisses, il est terriblement ☐ anxieux ☐ alarmé.

b. Nous sommes tous réunis, le repas est excellent, le vin est sublime et le soleil est au rendez-vous, c'est ☐ l'évasion ☐ l'euphorie ... totale !

c. Tu as trouvé la paix dans ce coin perdu de la montagne, loin de l'agitation des grandes villes : te voilà ☐ sérieux ☐ serein !

d. Tes petits soucis ne sont pas si graves, arrête de te sentir ☐ tracassé ☐ surveillé ... pour si peu !

e. La situation s'est arrangée en ta faveur, sois ☐ tranquillisée ☐ stabilisée !

2 • Sensations, émotions et sentiments

85. RÉVISER Indiquez l'adjectif qui correspond aux noms suivants, au masculin et au féminin.

Exemple : L'inquiétude → inquiet / inquiète

a. Le tourment → .... / ....
b. Le souci → .... / ....
c. La sérénité → .... / ....
d. Le tracas → .... / ....
e. La perplexité → .... / ....
f. La tension → .... / ....
g. L'anxiété → .... / ....

86. SE TESTER Devinettes : De quoi parle-t-on ?

a. Vous l'êtes quand tout va bien et que vous n'êtes pas tendu(e).

→ ....

b. C'est lorsque vous êtes dans le doute et le scepticisme.

→ ....

c. C'est un sentiment de confort et de totale sérénité.

→ ....

d. Vous l'êtes redevenu(e) après un moment d'inquiétude (*2 réponses possibles*).

→ ....

e. Vous l'êtes quand vous avez retrouvé calme et paix.

→ ....

f. C'est le contraire littéraire et philosophique de l'inquiétude.

→ ....

« Quelques expressions usuelles »

1. **Voir rouge** = avoir un accès de colère extrêmement violent
2. **Sortir de ses gond**s = s'emporter, se mettre en colère
3. **Quelle mouche le/la pique !** = se mettre en colère brusquement, de manière inattendue
4. **Se faire de la bile** = s'inquiéter, se tourmenter
5. **Être à bout de nerfs** = être épuisé, excédé au point de ne plus pouvoir se maîtriser
6. **Être sens dessus dessous** = être très troublé ou perturbé par un événement

---

87. À VOUS ! Pour chaque situation suivante, écrivez le numéro de l'expression qui correspond.

a. C'est bizarre, pourquoi est-il si agressif, tout d'un coup ? → ....
b. Belinda est très perturbée par ses histoires d'amour sans issue. → ....
c. Il a fait un « burnout », il a craqué, maintenant il ne fait que dormir et pleurer. → ....
d. Vous étiez dans un tel état d'agressivité, vous avez failli le tuer ! → ....
e. Aïe ! Mon fils prend sa moto et va faire du 140 km à l'heure ! → ....
f. Il s'est mis en colère quand il a découvert les notes désastreuses de sa fille à l'école. → ....

Bilan

Complétez avec les mots qui conviennent.

1. L'... est le sens qui permet la perception des sons.
2. Le marteau-piqueur émet un bruit ...., c'est à en devenir sourd !
3. Ce parfum subtil et délicat .... agréablement la pièce.
4. Un chien entraîné .... les truffes cachées sous les arbres dans la forêt.
5. Ce plat sortant du four est si .... que je ne peux le toucher.
6. Le beurre n'a pas été rangé au frigo, à présent il est totalement ....
7. Ce bruit s'est d'abord .... puis a faibli peu à peu.
8. Cette chemise en soie est si légère, j'ai l'impression qu'elle ne fait qu'... ma peau.
9. Ce chocolat est vraiment trop sucré, c'est .... !
10. Cet homme est ...., il rend des services sans jamais rien attendre en retour.
11. Toi au moins, tu n'es pas hypocrite, tu es tout le contraire : tu es ....
12. Il ne dépense jamais rien, n'offre jamais rien à personne. Quel .... !
13. Ma pauvre, tu es vraiment ...., tu crois tout ce qu'on te raconte !
14. La gentillesse, c'est bien, mais lui il est trop .... et pourtant j'adore le miel !
15. Vous êtes l'opposé total de l'égoïste, vous êtes .... car vous vous dévouez pour les autres.
16. Tel un chevalier, vous êtes .... et courageux pour braver tous les dangers.
17. Elle a l'habitude de regarder les autres de manière hautaine et méprisante, elle est ....
18. Arrête d'être verbalement .... envers nos voisins, ils ne t'ont rien fait !
19. J'ai peur en avion ; avant de le prendre, à chaque fois, je ressens une certaine ....
20. Il est entré dans une .... terrible après avoir perdu tout son argent au casino.
21. Vous voyez au loin un requin se diriger vers vous, vous .... de peur.
22. Vous êtes sur un petit nuage, un sentiment d'... vous envahit.
23. Vous n'êtes pas du tout ...., qu'est-ce que vous êtes tendue !

24. Votre philosophie de vie vous permet d'être calme, vous vivez dans une .... absolue.

25. Vous êtes .... : vous venez d'apprendre que vous aviez un enfant caché de 14 ans !

26. En France, le 14 Juillet se fête dans la joie et l'.. générale.

Expressions :

27. Vous venez de recevoir un coup sur la tête par un cambrioleur, vous voyez .... !

28. Quoi qu'on dise, quoi qu'on fasse, impossible de lui faire changer d'avis. Il est .... comme ....

29. Vous êtes exténués, épuisés, au bord de la dépression, bref vous êtes .... de nerfs !

30. Vous avez des propos méchants, cruels et médisants, vous êtes vraiment une .... de .... !

Mon score : .... /30

3 • Les facultés intellectuelles

A. Le raisonnement

« L'expression de l'opinion » 21

Pour **débattre**, il est primordial que vous exprimiez votre opinion de sorte que votre **point de vue critique** ou mieux encore votre **avis tranché** apparaissent clairement. Bien sûr, on pourra vous reprocher d'adopter un **parti pris** ou d'avoir des **préjugés**. Mais c'est là le principe même du débat, comme le montre cet échange entre David et Pauline :

David : **Je suis d'avis que** pour l'étudiant qui apprend le français, le vocabulaire est essentiel pour s'exprimer. Sans connaître le sens des mots, c'est impossible, **j'en suis convaincu** !
Pauline : C'est **discutable**. Moi, je **prétends** que le vocabulaire ne suffit pas. **À mon sens**, il faut qu'il connaisse également la culture. Pour moi, **cela ne fait aucun doute** !
David : **J'approuve** ce que tu viens de dire. **Sans doute** as-tu raison. En revanche, je **conteste** l'idée qu'une langue s'apprend en dehors des rapports humains et seulement avec des machines, sans avoir recours aux livres comme ce manuel de vocabulaire.
Pauline : Oh là là, dans une période ultra connectée, c'est un sujet **polémique** et tu te feras **contredire** !
David : Ce n'est pas grave, j'adore les **controverses** !

88. S'EXERCER Complétez les phrases avec les mots manquants.

a. Vous adorez philosopher des heures entières avec vos amis, vous aimez .... et refaire le monde.

b. Ce que tu dis est vrai, mais .... faudrait-il faire plus d'efforts pour la protection des données personnelles sur Internet !

c. Son .... est critique sur la situation, car il déplore le manque de moyens engagés pour la lutte contre la corruption, mais il n'a pas encore un avis tranché..

d. Tout ce que cet écrivain exprime dans son œuvre est génial, ça ....

e. Il est vrai que j'adopte .... qui n'est pas politiquement correct, mais je l'assume !

f. Je suis d'accord avec toi sur ce point mais je .... les autres points avec lesquels je ne suis pas du tout d'accord !

g. Ce film extraordinaire sera le film de l'année, j'en .... !

h. Je .... d'avis que pour améliorer mon niveau de français il faut que je connaisse les francophones et que je découvre leur cuisine.

89. S'EXERCER Soulignez la bonne réponse.

a. À mon *sens – sentiment*, parler de l'euthanasie en société est un sujet *polémique – pratique*.

b. Ce chroniqueur est rempli de *précautions – préjugés* à l'égard des agriculteurs.

c. L'efficacité de la privatisation des entreprises nationales en vue de faire des économies est *discutable – déplorable*.

3 • Les facultés intellectuelles

d. Avec cet avis *tranché – coupé*, tu te feras *médire – contredire*.

e. Je *prétends – promets* que ce discours politique ne servira à rien !

f. Le fonctionnement de l'UE fait l'objet de *contrefaçons – controverses* animées.

g. Nous *n'approuvons – n'éprouvons* pas du tout cette nouvelle directive du ministère de la communication.

90. RÉVISER Vrai ou faux ?

a. Un point de vue critique est toujours un point de vue négatif. ☐ vrai ☐ faux

b. « Sans doute » signifie qu'il n'y a pas de doute possible. ☐ vrai ☐ faux

c. Un avis tranché, c'est un avis qui montre clairement la position adoptée ! ☐ vrai ☐ faux

d. Un parti pris est une attitude impartiale et objective. ☐ vrai ☐ faux

e. « Cela ne fait aucun doute » exprime la certitude de celui qui parle. ☐ vrai ☐ faux

91. SE TESTER Devinettes : De quoi parle-t-on ?

a. Action de discuter une question de façon contradictoire.

....

b. « À mon avis » en est le synonyme.

....

c. C'est un cliché imaginé par avance.

....

d. Action de mettre en doute l'opinion des autres.

....

e. C'est une discussion argumentée qui peut être vive sans être agressive.

....

« L'argumentation » 22

> Pour **argumenter**, il faut présenter un **raisonnement** de façon **logique** et **cohérente**. En général, on procède en trois étapes : au début, l'**introduction** pour présenter l'intérêt du sujet, puis le **développement** où l'on **avance des arguments** à la fois pour **défendre une thèse** et **réfuter une théorie** contraire et enfin, la **conclusion** où il est utile de **synthétiser** les points les plus importants. Les moyens pour **convaincre** sont, entre autres, la **comparaison**, où vous mettez des éléments en parallèle, l'**hypothèse** pour formuler des suppositions et le **paradoxe** pour faire ressortir un contraste. De tout cela, on **déduit** qu'il faut avoir un esprit tantôt **analytique** tantôt **synthétique** pour réussir une bonne argumentation !

92. S'EXERCER Soulignez la bonne réponse.

a. Le philosophe en est arrivé à *la conclusion – l'introduction* suivante : « Rien ne sert de s'énerver, il faut réfléchir avant ! »

b. Lorsque vous n'approuvez pas une théorie, vous la *réfutez – refusez*.

c. En conclusion d'un développement complexe, le lecteur apprécie que le rédacteur de l'article *synthétise – systématise* sa pensée !

A. Le raisonnement

d. Pour comprendre dans le détail un phénomène, rien ne vaut un raisonnement *analytique – analogique*.

e. Si un argument est à la fois vrai et faux ou alors absurde, il s'agit d'un *paramètre – paradoxe*.

f. Pour illustrer l'un de vos arguments, vous faites une *comparaison – hypothèse* avec un fait semblable.

g. Vous hochez la tête : *j'en déduis – j'en résume* que vous êtes d'accord avec moi.

93. S'EXERCER Complétez les phrases avec les mots manquants.

a. Devant votre jury de thèse, il vous faut bien .... afin de .... votre théorie.

b. Dans la vie, on tente d'être .... pour faire correspondre actes et paroles.

c. Si vous êtes accusé(e) d'un crime, il faudra que vous donniez des preuves pour .... le juge de votre innocence.

d. L'enquêteur essaie de reconstituer la suite .... des événements.

e. Un esprit .... vous permet de vérifier ce qui a été analysé auparavant.

94. RÉVISER Remplacez le mot incorrect souligné par celui qui convient.

a. Ce politicien projette des arguments hypocrites pour séduire ses électeurs.
→ ....

b. Le paramètre du comédien, c'est de pleurer devant le public sans être lui-même ému.
→ ....

c. Tu me dis « tu es jolie comme un cœur » : quelle jolie comparution tu fais là !
→ ....

d. Vos propos sympathiques ont séduit le public par leur vue d'ensemble.
→ ....

e. Tu dois dépenser ton point de vue si tu veux convaincre le recruteur !
→ ....

f. Quand tu feras ton exposé, soigne bien ta déduction pour présenter ton sujet !
→ ....

95. SE TESTER Devinettes : De quoi parle-ton ?

a. C'est un verbe qui permet de rejeter une théorie avec laquelle vous n'êtes pas d'accord.
→ ....

b. C'est le synonyme de « en tirer une conclusion » après un développement argumentatif.
→ ....

c. Son antonyme est « illogique ».
→ ....

d. C'est l'activité de la raison. Il peut être juste ou faux, logique ou incohérent.
→ ....

e. C'est ce qui termine un exposé ou un mémoire.
→ ....

3 • Les facultés intellectuelles

« Quelques expressions usuelles »

Faire travailler sa matière grise (fam.) = réfléchir
Changer son fusil d'épaule = changer d'opinion et de stratégie
Parler à tort et à travers = parler sans réfléchir
Chercher midi à quatorze heures = compliquer les choses inutilement
C'est une lapalissade = c'est une vérité évidente

96. À VOUS ! Corrigez les erreurs qui se sont glissées dans les phrases suivantes.

a. Cette invitée a un avis sur tout, elle se mêle de toutes les conversations sans réfléchir, elle parle à fond et à mort.

→ ....

b. « Un quart d'heure avant sa mort, le roi était encore en vie », c'est une silhouette que je dis là !

→ ....

c. Si on faisait les choses avec simplicité au lieu de chercher minuit à trois heures du matin ?

→ ....

d. Les exercices sur le vocabulaire français me font travailler mon tissu beige. Cela fait du bien !

→ ....

e. Suite à l'écroulement du marché, Aymeric doit trouver de nouveaux partenaires commerciaux. Bref, il doit rapidement changer son revolver de main.

→ ....

B. L'imagination et l'humour

« L'imagination »

Les uns sont **dotés d'imagination** alors que les autres **en sont dépourvus**. Certains êtres ont une imagination **fertile**. Pour eux, tout est **source d'inspiration** : ils **puisent leur inspiration** dans la nature mais aussi dans le quotidien. D'autres ont une imagination **débordante** donc sans limite. Pour eux, en effet, il est difficile de la **réfréner**.

Par ailleurs, vous n'ignorez pas que tout ce qui **frappe** l'imagination d'un romancier **stimule** sa créativité et finit par se retrouver dans son monde **fictif**. Hélas, parfois l'inspiration lui **fait défaut**.

En revanche, si vous n'avez pas l'âme d'un artiste, vous **donnerez libre cours à** votre imagination personnelle dans un rêve éveillé. Mais veillez à ne pas vous créer des **chimères** qui sont des rêves impossibles à réaliser. Sinon, vous avez peut-être de la **fantaisie**, ce qui vous donne un profil original et des idées amusantes considérées parfois comme **farfelues**. Vive l'imagination !

B. L'imagination et l'humour

97. S'EXERCER Reliez les deux parties de la phrase.

a. Les jeux de lumière sur les falaises d'Étretat frappent …
b. Quand vous écrivez de la poésie, vous donnez…
c. Debussy puisait …
d. À ce réalisateur pourtant talentueux, l'imagination a fait …
e. Ce plasticien adoré des médias est en réalité dépourvu …
f. Ce chorégraphe très inspiré est doté …

1. de toute originalité et de tout talent.
2. défaut dans son dernier long métrage, qui est complètement raté.
3. d'une imagination extraordinaire dans son dernier ballet.
4. libre cours à votre imagination.
5. l'imagination du peintre.
6. son inspiration dans les éléments de la nature, notamment dans l'eau.

98. S'EXERCER Soulignez la bonne réponse.

a. Pour leur spectacle de variétés télévisuel, les Carpentiers étaient *débordants – débordés* d'imagination.
b. Mon amie Nina est pleine de *monotonie – fantaisie*, elle est originale et amusante.
c. Cet artiste a dû *réfréner – refouler* son imagination à cause de la censure.
d. Cette scène d'amour *fidèle – fictive* m'a ému(e) aux larmes, comme si elle avait été réelle.
e. Ce jongleur a des idées *farfelues – malvenues* : il exerce son art sur le toit de Notre-Dame !
f. La neige et sa blancheur immaculée est pour moi une *fontaine – source* d'inspiration pour mes aquarelles.
g. Faire les exercices de ce livre *stimule – simule* mes neurones pour perfectionner mon français. C'est parfait !
h. Quittez ces *réalités – chimères* et revenez sur terre, sinon le réveil sera dur !

99. RÉVISER Vrai ou faux ?

a. Une chimère est une illusion trompeuse comme un mirage. ☐ vrai ☐ faux
b. Avoir une imagination débordante, c'est posséder une imagination limitée. ☐ vrai ☐ faux
c. Donner libre cours à son imagination, c'est laisser s'envoler son imaginaire. ☐ vrai ☐ faux
d. Une personne farfelue est une personne assez stricte sans originalité. ☐ vrai ☐ faux
e. Un esprit fertile est le contraire d'un esprit stérile. ☐ vrai ☐ faux
f. « Fantaisie » est synonyme de « banalité ». ☐ vrai ☐ faux

100. SE TESTER Reformulez les termes soulignés dans un registre plus soutenu.

a. Devant une page blanche, quelquefois, l'inspiration <u>manque</u> aux écrivains.
→ ....

b. L'envol d'un aigle a sans doute <u>marqué</u> l'imagination de Léonard de Vinci !
→ ....

c. Si vous êtes au régime, il faudra <u>mettre un frein à</u> vos envies de pâtisseries !
→ ....

d. J'ai <u>cherché et trouvé</u> mon inspiration dans un igloo au Groenland.
→ ....

3 • Les facultés intellectuelles

e. À mon avis, de nos jours, les politiciens n'ont aucune imagination, c'est dommage !

→ ....

f. Francine est pleine de fantaisie, c'est pourquoi elle écrit des historiettes très drôles.

→ ....

« L'humour »

Avoir le sens de l'humour est l'une des plus grandes qualités dans la vie. Votre humour peut être **fin** ou au contraire **lourd**. Quand il dérange, il est **grinçant** et quand il joue sur le côté dramatique de la vie, il est **noir**. L'humour peut être déclenché par un **jeu de mots** ou par une situation que l'on trouve **comique**. C'est tout un art de savoir **faire des plaisanteries** et de manier l'**ironie**, c'est-à-dire **se moquer de** quelqu'un ou de quelque chose en disant le contraire de ce que l'on veut faire comprendre. Il est encore plus difficile de pratiquer l'**autodérision**, qui consiste à se moquer de soi-même. Il y a des **humoristes** qui racontent des **blagues** quelquefois pas très amusantes et quelquefois carrément **désopilantes**. Bien sûr, avec des amis, les **traits d'humour** sont les bienvenus tout comme **faire des farces** dans le but de les mettre dans des situations **rigolotes**. Il faut bien s'amuser dans la vie !

101. S'EXERCER Soulignez la bonne réponse.

a. Qu'est-ce qu'on a ri, cette pièce de théâtre est d'un *comique – tragique – fatidique* !

b. Les enfants adorent faire des *phrases – farces – traces*, comme poser un serpent en plastique dans le lit de leurs parents.

c. Tu manies si bien l'*idiotie – idolâtrie – ironie* que j'adore discuter avec toi !

d. J'adore l'humour *plein – fin – mince* et élégant de cet humoriste !

e. Hier soir, tu étais vraiment *désopilant – dérangeant – défrisant* quand tu as imité ce présentateur de télévision qui n'est pas du tout *vieillot – cocorico – rigolo* !

f. Nous adorons l'humour *grimaçant – glissant – grinçant* de Théo lors de nos réunions !

g. Daphné a le sens de l'*amour – humeur* – humour** surtout quand elle a bu du champagne !

*Ne pas confondre « l'humour », nom masculin avec « l'humeur », nom féminin qui désigne un état d'esprit qui peut varier tous les jours. « Je suis de très bonne/de méchante humeur »

102. S'EXERCER Complétez les phrases avec les mots manquants.

a. Je pratique ...., il faut bien rire de soi-même !

b. Mon grand-père raconte souvent des .... pas très .... qui ne font rire personne à part lui !

c. Hugo fait des .... tout au long de la journée, avec ce collègue on rigole bien.

d. Les Français et les Anglais sont les champions de l'humour .... , ils rient toujours de choses épouvantables !

e. Axelle fait souvent des .... car elle manie la langue avec beaucoup de talent.

f. Arrête de toujours .... mon accent, même si ça me fait bien rire !

B. L'imagination et l'humour

103. RÉVISER Reliez les éléments qui conviennent.

a. Avoir
b. Faire
c. Un humour

1. fin
2. des farces
3. le sens de l'humour
4. lourd
5. des jeux de mots
6. grinçant
7. des plaisanteries

104. SE TESTER Devinettes : De quoi parle-t-on ?

a. C'est l'action de tourner quelqu'un en ridicule.
→ ....

b. C'est une forme d'humour très particulière qui s'appuie sur des sujets tragiques.
→ ....

c. Cet adjectif familier, qui signifie drôle ou amusant, est de la même famille que le verbe rire.
→ ....

d. Il s'agit d'une comédienne qui fait rire les spectateurs.
→ ....

e. Une histoire l'est quand elle est vraiment très drôle et qu'elle vous fait rire de bon cœur.
→ ....

f. C'est une disposition d'esprit qui consiste à se moquer de soi-même avec humour sans se prendre au sérieux.
→ ....

> **« Quelques expressions usuelles »**
>
> **Un pince-sans-rire** = une personne qui pratique l'humour et l'ironie à froid.
> **Être dans la lune** = être distrait, rêver de manière éveillée
> **Se tordre de rire/être plié en quatre** = rire beaucoup, intensément
> **Rire jaune** = rire de manière forcée en dissimulant une gêne, un mécontentement
> **Faire des châteaux en Espagne** = faire des projets irréalisables et chimériques

105. À VOUS ! Corrigez les erreurs qui se sont glissées dans les phrases suivantes.

a. Il raconte des blagues à se courber de rire !
→ ....

b. Le professeur Tournesol est distrait, il est toujours dans l'espace.
→ ....

c. Cendrillon, bien que très pauvre, s'imaginait princesse et se faisait des palais en Italie.
→ ....

d. Quand on se retrouve face à un ciseau-triste, on met du temps à comprendre son humour.
→ ....

3 • Les facultés intellectuelles

e. Lorsqu'il a appris qu'il se faisait manipuler, il a rigolé violet !

→ ....

f. Désolée, mais quand tu es tombée de ta chaise, j'étais coupée en deux.

→ ....

C. Le souvenir et la nostalgie

 « Le souvenir » 25

Chacun d'entre nous a dans sa **mémoire** un souvenir **marquant**. **Évoquer un souvenir** est toujours agréable surtout quand il est doux et même s'il est **flou**. En revanche, **se rappeler** un souvenir **traumatisant** ou **exécrable** peut être douloureux. Si certains souvenirs restent **vivaces**, c'est-à-dire toujours très présents, d'autres s'effacent peu à peu pour tomber dans l'**oubli**. Afin de prévenir les **trous de mémoire**, il existe des rituels comme visiter les lieux de notre enfance ou écrire des poèmes **en mémoire** des amours passées. Qu'il est bon de **se souvenir** des êtres chers ! Mais il n'y a pas que les individus qui se souviennent, la société aussi **entretient des souvenirs** à travers des **commémorations**, comme le 14 Juillet en France, pour **se remémorer** son Histoire. Et peu importe si elle est **mémorable** ou non !

106. S'EXERCER Reliez les définitions aux mots correspondants.

a. Cet adjectif décrit un souvenir sans contours précis.

b. Disparition de souvenirs de la mémoire individuelle ou collective.

c. C'est le qualificatif d'un souvenir qui a causé un choc psychologique.

d. Cérémonie qui rappelle le souvenir d'une personne ou d'un événement notable.

e. Se dit quand l'événement est digne d'être conservé dans la mémoire des hommes.

f. Oubli momentané qui peut survenir lors d'un stress ou au début d'Alzheimer !

g. Faculté de préserver des souvenirs passés et de nous les rappeler.

• **1.** La commémoration
• **2.** Flou
• **3.** La mémoire
• **4.** L'oubli
• **5.** Le trou de mémoire
• **6.** Traumatisant
• **7.** Mémorable

107. S'EXERCER Soulignez la bonne réponse.

a. Il *se remémore – retient* jusque dans le détail le jour de ses vingt ans.

b. Mes sentiments envers toi restent *vivants – vivaces* malgré la distance qui nous sépare depuis longtemps.

c. En réécoutant nos vieux vinyles, nous *entretenons – effaçons* le souvenir de nos premiers baisers.

d. Je *me rappelle* – me souviens* très bien de ta première visite chez moi.

e. L'événement *marquant – exécrable* qui a bouleversé notre vie est l'arrivée de notre enfant.

C. Le souvenir et la nostalgie

f. *En raison – en mémoire* de mon grand-père adoré, je retourne toujours m'asseoir sur le banc où il aimait philosopher.

g. À l'école, pour apprendre le passé simple, il faut toujours *évoquer – entonner* un souvenir d'enfance et pourtant je déteste cela !

*Attention : on se rappelle « quelque chose » et on se souvient « de quelqu'un » ou « de quelque chose ».

108. RÉVISER Barrez l'intrus.

a. Je garde un souvenir *exécrable – exécré* de cet anniversaire !
b. Je ne me souviens plus du mariage de ma sœur. C'est *fluide – flou* dans ma tête !
c. Il n'y a rien de *marquant – marqué* dans ce discours ministériel.
d. L'événement le plus *traumatisé – traumatisant* de ma vie fut ma naissance !
e. De génération en génération, certaines traditions restent *vécues – vivaces* et c'est tant mieux !
f. Je me souviens de ce jour *mémorable – mémorial* où toute ma famille a débarqué chez moi dans la Creuse.

109. SE TESTER Devinettes : De quoi parle-t-on ?

a. Si le jour d'un examen vous perdez momentanément vos capacités mémorielles, vous en aurez un !
→ ....

b. La journée de l'Armistice en est une en France.
→ ....

c. Si vous feuilletez vos albums photos à longueur de temps, c'est que vous le faites.
→ ....

d. On peut lire cette expression sur les mémoriaux ou les monuments aux morts.
→ ....

e. C'est le résultat après avoir tout effacé de votre mémoire.
→ ....

 « La nostalgie » 26

Nostalgique, vous pouvez l'être quand vous entendez un air **mélancolique** d'autrefois qui **est resté gravé dans** votre mémoire. Avoir des **regrets**, c'est faire le constat du temps et des choses qui passent. Les poètes ont su transformer ces regrets en **spleen**, une sorte de **mélancolie** esthétique. Plus graves encore sont les **remords** qui entretiennent un souvenir dans la culpabilité. L'**aigreur**, quant à elle, est un ressentiment terrible qui fait que, suite aux nombreuses déceptions de la vie, on en veut à la terre entière. Pour prendre de la distance, mieux vaut être **lucide** qu'**aigri**. Certes, ne rien **regretter** dans la vie paraît impossible, mais peut-être faudrait-il **déplorer** notre manque de **lucidité** qui nous empêche de voir que la **nostalgie** peut être également heureuse !

3 • Les facultés intellectuelles

110. S'EXERCER Complétez les phrases avec les mots manquants.

a. On peut être .... du temps passé !

b. Ce vieux film que j'ai vu il y a très longtemps est .... à jamais dans ma mémoire.

c. En tant qu'artiste, il faut rester très .... sur les hauts et les bas de sa carrière.

d. Selon certaines personnes jalouses, cette vieille actrice qui ne tourne plus serait devenue .... !

e. « Non, rien de rien, non, je ne .... rien », comme dit la chanson de Piaf !

f. En novembre, le brouillard rend les paysages ....

g. Dans la vie, il faut tenter de n'avoir ni .... ni remords !

111. S'EXERCER Reliez les mots aux définitions correspondantes.

a. L'aigreur •
b. Déplorer •
c. La lucidité •
d. La mélancolie •
e. La nostalgie •
f. Le remords •
g. Le spleen •

• 1. Disposition d'esprit adoptée surtout par les poètes qui voient en tout la décadence et le dégoût.
• 2. Souvenir douloureux accompagné de honte et de culpabilité.
• 3. Sentiment causé par le regret persistant d'un lieu où l'on a longuement vécu.
• 4. Humeur agressive nourrie par des déceptions passées.
• 5. Profonde tristesse accompagnée de rêveries.
• 6. Regretter amèrement un événement.
• 7. Qualité d'un esprit clairvoyant.

112. RÉVISER Transformez le mot selon l'indication.

Exemple : Déplorable → verbe = *déplorer*

a. L'aigreur → adjectif = ...
b. La mélancolie → adjectif = ...
c. Lucide → nom = ...
d. Nostalgique → nom = ...
e. Regretter → nom = ...

113. SE TESTER Vrai ou faux ? Si faux, justifiez votre réponse.

a. Si on déplore tout simplement le temps qui passe, ce sont des remords.

→ .... → ....

b. Les personnes aigries suite aux déceptions de la vie sont souvent d'humeur exécrable.

→ .... → ....

c. Un événement marquant reste gravé dans la mémoire.

→ .... → ....

d. Une musique mélancolique vous rend gai et joyeux.

→ .... → ....

e. Nous déplorons qu'elle ait échoué à ce concours malgré tous ses efforts !

→ .... → ....

C. Le souvenir et la nostalgie

f. Le spleen est un sous-vêtement masculin.

→ .... → ....

> **« Quelques expressions usuelles »**
>
> **Être esclave de ses souvenirs**
> = ne pas pouvoir se détacher de ses souvenirs
> **Tombé(e) dans les oubliettes**
> = se dit d'événements ou de personnalités célèbres dont on ne parle plus du tout
>
> **L'âge d'or** = une époque fabuleuse et glorieuse mais bel et bien révolue
> **Le paradis perdu** = une période et un endroit disparus que l'on regrette
> **Être rongé par les remords** = avoir des remords incessants qui empoisonnent l'existence

114. À VOUS ! Choisissez l'expression qui correspond le mieux aux situations suivantes.

a. C'est trop tard maintenant, Pascale ne fait que regretter ce qu'elle a fait subir à sa mère disparue. Elle en est malade !

→ ....

b. Je regrette mon enfance passée dans un petit village en Touraine traversé par un joli ruisseau.

→ ....

c. On ne parle plus du tout de cette vedette de séries télévisées. Pourtant elle a été si célèbre il y a 10 ans !

→ ....

d. Il ne vit que dans le passé. Pauvre Victor !

→ ....

e. Au début du XXe siècle, les chemins de fer étaient en plein essor, comme en témoignent ces deux trains mythiques : l'Orient-Express et le Train Bleu.

→ ....

Bilan

Complétez avec les mots qui conviennent.

1. L'euthanasie est un sujet ……………………………… en France : les uns sont pour, les autres contre.
2. Je suis d'accord avec toi, j'……………………………… ce que tu viens de dire.
3. On aime ……………………………… de sujets politiques et sociétaux, cela fait partie de notre culture !
4. C'est dommage qu'il soit plein de ……………………………… à l'égard des gens différents de lui !
5. Au début d'un mémoire, on fait toujours une ……………………………… pour présenter l'intérêt du sujet.
6. Si l'on met deux éléments en parallèle en utilisant « comme », on fait une ……………………………… ……………………………… .
7. Pour convaincre votre public, il faut ……………………………… de façon logique et cohérente.
8. Afin de finir votre exposé en beauté, faites une ……………………………… qui soit synthétique !
9. Tous les personnages de ce roman sont ………………………………, ils n'existent donc pas.
10. Certaines personnes ont peu d'imagination, d'autres au contraire ont une imagination ……………………………… .
11. On aime les artistes qui ont des idées farfelues et qui mettent de la ……………………………… dans leurs créations.
12. Sa dernière œuvre est d'un ennui ! On voit que l'imagination lui ……………………………… ……………………………… .
13. Tu joues avec la langue française, tu fais des ……………………………… qui nous font sourire.
14. Je ……………………………… toujours de toi quand tu essaies de faire du patin car tu n'as aucun équilibre !
15. Cet humoriste rit toujours de lui-même, il pratique l'……………………………… avec brio.
16. Qu'est-ce que nous avons ri : tes histoires étaient ………………………………, vraiment à mourir de rire !
17. J'ai fait des rêves dont je ne me souviens plus avec précision, ils sont ……………………………… ……………………………… dans ma mémoire.

18. Impossible de me souvenir du prénom de ma grand-tante, j'ai un ....!

19. Demain il y aura une grande .... pour rendre hommage à Proust à Cabourg.

20. Avoir vécu le choc d'une guerre est pour les humains une expérience très ....

21. Dans la vie, rien ne sert d'avoir des .... car ce qui est fini est vraiment F.I.N.I.

22. Comme Amélie Nothomb, nous repensons au Japon avec tendresse, c'est une .... heureuse.

23. L'.. vient avec l'âge pour les gens qui n'ont rencontré que des insatisfactions dans leur vie.

24. Cet artiste reste .... sur les réalités de la vie, malgré son succès soudain et momentané.

Expressions :

25. Ce cher Poirot fait travailler sa .... pour trouver l'assassin de l'Orient-Express.

26. Tu dis n'importe quoi, tu parles à .... !

27. Arrête de chercher ...., c'est beaucoup plus simple que cela !

28. Romain est un rêveur. Il est toujours dans ...., il a encore perdu ses lunettes !

29. Tes mésaventures amoureuses sont si rigolotes qu'on est toujours pliés .... quand tu nous les racontes.

30. La nouvelle génération ne se souvient même plus de lui, il est bel et bien tombé dans ....

Mon score : .... /30

4 • Les soins médicaux

A. La médecine

« Lieux et personnels de santé »

Si vous êtes malade, vous allez au **cabinet médical** de votre **médecin traitant**, que l'on appelle aussi médecin de famille. Il y a des **médecins de garde** le dimanche et les jours fériés.
En entreprise, vous devez **consulter** une fois par an le **médecin du travail**.
Votre médecin **généraliste** peut vous envoyer chez un spécialiste : le **cardiologue** étudie le cœur et ses troubles, le **dermatologue** soigne les maladies de la peau, le **gynécologue** examine l'appareil génital féminin, l'**ophtalmologue** traite l'œil et les problèmes oculaires, l'**O.R.L.**, abréviation d'**oto-rhino-laryngologiste**, s'occupe des maladies de l'oreille, du nez et de la gorge.
Pour suivre les enfants, il y a le **pédiatre** et pour nos aînés, il y a le **gériatre**.

En cas d'accident, un **ambulancier** amène le patient à l'hôpital où un **urgentiste** le prend rapidement en charge. Ce dernier est soutenu par des **aides-soignant(e)s**, qui travaillent sous les ordres des infirmiers(ères), et d'un **anesthésiste** qui l'endort avant une opération chirurgicale. En principe, l'hôpital est un établissement public au contraire de la **clinique** qui est privée.

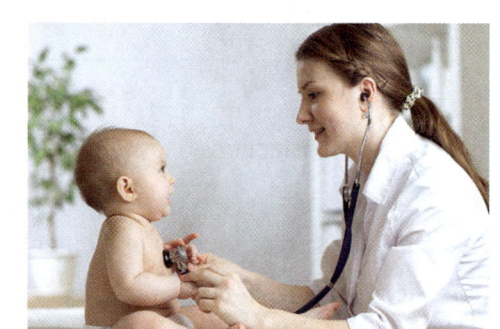

115. S'EXERCER Cochez la bonne réponse.

a. Il s'occupe de vos maladies de peau : ☐ le dermatologue ☐ le psychologue ☐ l'O.R.L.
b. Il soigne les maladies infantiles : ☐ le pharmacien ☐ l'urgentiste ☐ le pédiatre.
c. C'est un généraliste dans le monde professionnel : ☐ l'infirmier ☐ le médecin du travail ☐ le gériatre.
d. Un établissement de santé privé, c'est : ☐ un hôpital ☐ une clinique ☐ un laboratoire médical.
e. Il vous pique et hop, vous vous endormez : c'est ☐ le généraliste ☐ l'anesthésiste ☐ l'ambulancier.
f. Votre médecin de famille, c'est votre : ☐ médecin traitant ☐ médecin de garde ☐ aide-soignant.

116. S'EXERCER Complétez les phrases avec les mots manquants.

a. Monsieur Rhume se rend au .... pour se faire prescrire une ordonnance.
b. Comme le vôtre bat trop vite, vous devez aller chez un ....
c. Si vos maux d'estomac continuent, il vous faut .... un spécialiste.
d. Vos règles se sont interrompues, prenez rendez-vous avec votre ....
e. « Avec l'âge, vous voyez moins clair », c'est ce que dit votre ....
f. C'est votre .... qui va prendre en charge le traitement de l'infection de votre oreille.

A. La médecine

117. RÉVISER Qui parle ? Reliez les éléments qui correspondent.

a. « Il ne faut plus vous surmener au boulot, sinon c'est le *burnout* assuré ! »

b. « Je vais soigner ces vilains boutons ! »   •   • 1. L'anesthésiste

c. « N'aie pas peur, petit, je vais juste regarder ta gorge. Fais aaaahhh »   •   • 2. L'ambulancier

•   • 3. Le cardiologue

d. « On va vous mettre sur un brancard et vous transporter à l'hôpital. »   •   • 4. Le dermatologue

•   • 5. Le pédiatre

e. « Vous allez plonger dans un sommeil profond ! »   •   • 6. Le médecin du travail

f. « Vous avez un petit souffle au cœur, sans gravité. »   •

118. SE TESTER Vrai ou faux ? Si faux, justifiez votre réponse.

a. L'aide-soignante s'occupe des patients pour leur confort (toilette, repas).
   → .... → ....

b. La clinique est un établissement de santé appartenant à l'État.
   → .... → ....

c. Le médecin de garde prend soin des patients les jours non fériés.
   → .... → ....

d. Un urgentiste est spécialisé dans la médecine infantile.
   → .... → ....

e. Un gériatre soigne les personnes âgées.
   → .... → ....

f. Le médecin traitant s'occupe de vous et de votre famille.
   → .... → ....

« La prévention » 28

Pour **prévenir** des maladies, il existe des mesures et des **traitements prophylactiques** : par exemple, un **antiseptique** détruit les microbes alors qu'un **antibiotique** est un médicament contre les bactéries. Un **vaccin** permet de renforcer votre immunité à titre **préventif** ; d'ailleurs, en France, la **vaccination** est obligatoire entre autres contre la polio et le tétanos. Les **instruments médicaux** et **chirurgicaux** contenus dans une **trousse de secours**, doivent être **stérilisés** avant de **secourir** et soigner un patient. Un **dépistage** sert à détecter une maladie dans l'organisme, comme un cancer ou le SIDA.

119. S'EXERCER Cochez la bonne réponse.

a. Il désinfecte les surfaces du corps :   ☐ l'antiseptique   ☐ l'antibiotique.

b. Pour lutter contre l'épidémie, le gouvernement prend des mesures   ☐ prévoyantes   ☐ préventives.

c. En cas d'accident, les pompiers   ☐ secouent   ☐ secourent... les blessés.

4 • Les soins médicaux

d. Avant de mettre un pansement sur une plaie, il doit être ☐ stabilisé ☐ stérilisé*.

e. Par sécurité, lors de vos déplacements en haute montagne, n'oubliez pas de prendre une trousse ☐ de secours ☐ de toilette.

f. En 1885, Louis Pasteur a inventé ☐ le vaccin ☐ la pilule …contre la rage.

* Ne pas confondre « stériliser » (une seringue) et « faire stériliser » une chatte, une chienne.

120. S'EXERCER Reliez les définitions aux mots correspondants.

a. Tenter d'éviter une maladie.

b. Soins qui préservent la santé avant que la maladie ne se déclare.

c. Médicament qui empêche les microbes de se développer.

d. Injection préventive contre une maladie infectieuse.

e. Ensemble des outils du médecin pour une intervention, tels les bistouris, les seringues, les pinces.

f. Examen ou test pour découvrir une maladie non apparente.

1. Un antibiotique
2. Un dépistage
3. Des instruments médicaux et chirurgicaux
4. Prévenir
5. Des traitements prophylactiques
6. Une vaccination

121. RÉVISER Indiquez les noms et/ou les adjectifs correspondant aux verbes suivants.

a. Prévenir → ....
b. Dépister → ....
c. Vacciner → ....
d. Traiter → ....
e. Secourir → ....

122. SE TESTER Devinettes : De quoi parle-t-on ?

a. C'est un médicament à la fois recommandé et critiqué lors d'une infection.
→ ....

b. Sans ces outils, le chirurgien ne peut pas commencer son opération.
→ ....

c. Cet adjectif est un joli mot grec, synonyme de « préventif ».
→ ....

d. Ce n'est ni celle de l'écolier, ni celle du voyageur, c'est celle de l'infirmière.
→ ....

e. C'est une action indispensable avant que le bébé ne mette son biberon à la bouche.
→ ....

f. C'est un tueur de bactéries avec ou sans alcool.
→ ....

A. La médecine

 « Les actes médicaux » 29

Je reviens de loin ! Lors d'une **consultation** au centre de santé, le médecin m'**a examiné** puis **a ausculté** le battement de mon cœur. Son **diagnostic** est tombé : j'avais le cœur usé. Dans un premier temps, il m'**a délivré une ordonnance** afin que je puisse me procurer des médicaments. Pour **diagnostiquer** exactement la cause de mon mal, j'ai effectué une **batterie d'examens** : une **analyse sanguine** pour vérifier la composition de mon sang, une **radiographie** pour le thorax, et pour approfondir ces analyses, une **échographie**. Hélas, j'ai dû être **hospitalisé** pour **subir une opération** grave du cœur, c'est-à-dire une **greffe**. Heureusement, le don d'un organe complet pour une **transplantation** n'était pas nécessaire pour soigner ma **pathologie**. Quelle chance ! J'ai guéri assez vite et ainsi évité les **soins palliatifs** s'il n'y avait plus rien à faire ! C'est pourquoi je crois en la vie et à ses miracles !

123. S'EXERCER Vrai ou faux ? Si faux, justifiez votre réponse.

a. Une analyse sanguine sert à analyser l'urine.
→ .... → ....

b. Ausculter, c'est écouter à l'aide d'un stéthoscope les bruits d'un organe.
→ .... → ....

c. Une consultation, c'est un rendez-vous chez le confiseur.
→ .... → ....

d. Le diagnostic du médecin précède l'opération.
→ .... → ....

e. L'échographie se fait au moyen d'ultrasons.
→ .... → ....

f. La radiographie, c'est un moyen d'enregistrer un son corporel.
→ .... → ....

g. Les soins palliatifs permettent de soulager les patients en fin de vie.
→ .... → ....

h. Une transplantation, c'est la greffe d'un organe entier dans un autre organisme.
→ .... → ....

124. S'EXERCER Complétez les phrases avec les mots qui conviennent.

a. Le médecin ne sait pas ce dont souffre le patient, il lui fait faire une ....
b. Votre généraliste vous .... pour un traitement médicamenteux.
c. Vous sortez de chez l'O.R.L., il vient de vous .... une angine sévère.
d. Comme je suis pudique, je déteste me faire .... quand je vais chez le gynéco.
e. Comme il a été brûlé au visage, il a subi une .... de la peau.
f. Ma grand-mère a eu un AVC*, on l'a .... d'urgence.
g. Mon cardiologue connaît très bien ma ...., c'est une angine de poitrine.
h. Comme j'ai eu une appendicite, j'ai dû .... chirurgicale délicate.

*AVC : accident vasculaire cérébral.

4 • Les soins médicaux

125. RÉVISER Reliez les éléments qui correspondent.

a. Une analyse • • 1. d'examens
b. Ausculter • • 2. palliatifs
c. Une batterie • • 3. les poumons
d. Délivrer • • 4. une opération
e. Des soins • • 5. une ordonnance
f. Subir • • 6. sanguine

126. SE TESTER Soulignez la bonne réponse.

a. J'ai dû me rendre à la clinique pour *une consultation – une confrontation – un conseil*.
b. Pour *dialyser – diagnostiquer – pronostiquer* une pathologie, il faut faire des analyses sanguines.
c. Pour connaître le sexe de son enfant, elle a fait une *radiographie – sérigraphie – échographie*.
d. Nous allons *examiner – expérimenter – évaluer* votre larynx pour voir si vous avez une angine blanche ou rouge.
e. Pour retrouver la vision, il faut faire *un greffon – un greffier – une greffe* de la cornée.
f. Après sa chute à ski, sa jambe est cassée, il doit être *homologué – horripilé – hospitalisé*.

> « Quelques expressions usuelles »
>
> **Un malade imaginaire** = une personne qui n'est malade que dans sa tête
> **Être aux petits soins pour quelqu'un** = entourer qn de beaucoup d'attentions
> **C'est l'hôpital qui se moque de la charité** = signifier à quelqu'un qu'il a lui-même le défaut qu'il reproche à quelqu'un d'autre
>
> **En faire (toute) une maladie (fam)** = être très contrarié en exagérant le problème
> **Tirer sur l'ambulance** = s'acharner sur quelqu'un
> **Reprendre du poil de la bête** = retrouver ses forces après une période difficile

127. À VOUS ! Corrigez les erreurs qui se sont glissées dans les phrases suivantes.

a. Tu n'arrêtes pas de me critiquer alors que toi tu as un caractère de cochon, c'est la clinique qui se fout de la bienfaisance.
→ ....

b. Franchement, arriver second au concours, ce n'est pas bien grave, arrête d'en faire toute une thérapie !
→ ....

c. Mes grands-parents sont adorables, grand-papa est aux grands biens pour grand-maman !
→ ....

d. Il a divorcé, il est au chômage et en plus il est malade ! Cessons de le critiquer, pas la peine de tirer sur le fauteuil roulant.
→ ....

e. Après sa très grave dépression, il a repris des cheveux de la tête !
→ ....

f. Même s'il a écrit la pièce « Le Patient ordinaire », Molière ne l'était pas car il est mort sur scène !
→ ....

B. Les accidents de la vie courante

 « La bonne et la mauvaise santé »

Mieux vaut avoir une **santé de fer** qu'une santé **fragile**, ou délicate, et se réjouir d'une santé **florissante** que **déclinante**, c'est-à-dire qui **se dégrade**. Le signe d'une grande énergie physique, c'est la **vigueur** et le résultat peut en être une **longévité** exceptionnelle. **Être bien portant**, c'est n'avoir aucun souci de santé alors que **jouir d'une bonne santé**, c'est avoir un bon patrimoine génétique. Vous avez une mine éclatante ? Alors vous **respirez la bonne santé !** Par contre, en ne dormant que cinq heures par nuit, vous risquez de **vous ruiner la santé**. Si auparavant on avait tendance à **négliger sa santé**, de nos jours on en est obsédé. Cependant, attention à vous : trop de stress et de tracas peuvent vous faire **perdre la santé !**

128. S'EXERCER Complétez les phrases avec les termes qui conviennent.
a. Depuis qu'il est atteint de la maladie d'Alzheimer, sa mémoire .... d'année en année.
b. Grâce à un bon patrimoine génétique, tu .... depuis ta naissance.
c. Mon arrière-grand-mère Edmée a 103 ans. Quelle .... extraordinaire !
d. Impossible de lui faire faire une analyse de sang pour vérifier son diabète et son cholestérol, il ....
.... !
e. Ce fleuriste a une santé ...., ça se voit à son corps athlétique !
f. À 70 ans, il a gardé toute .... de sa jeunesse !

129. S'EXERCER Cochez la bonne réponse.
a. Les forces   ☐ déclinantes   ☐ dégressives   ... sont l'un des signes du vieillissement.
b. Je ne suis pas   ☐ bien sortant   ☐ bien portant   ... depuis que je tousse sans arrêt !
c. D'une santé   ☐ fragile   ☐ malhabile,   ... vous ne pourrez pas devenir triathlète.
d. Tu as   ☐ oublié   ☐ perdu ta santé   ... à force de travailler nuit et jour sur ton ordinateur !
e. Malgré son travail difficile ce métallurgiste à une santé de
                       ☐ bronze   ☐ fer !
f. Ce sportif   ☐ respire   ☐ aspire   ... la bonne santé !
g. Ce milliardaire   ☐ dépense   ☐ se ruine   ... la santé en passant sa vie à spéculer à la bourse.

130. RÉVISER Barrez le mot mal orthographié et écrivez-le correctement.
a. J'ai une mine florisante suite à mon séjour dans les Alpes !
   → ....
b. Tu es de plus en plus mal en point, ta santé est declinente.
   → ....
c. Nous avons observé que le régime crétois augmente la longuévité des êtres humains.
   → ....

4 • Les soins médicaux

d. Vous rèspirez la bonne santé, c'est normal, vous cuisinez à l'huile d'olive.

→ ....

e. Pour garder votre vigueur, faire l'amour est recommandé par le corps médical.

→ ....

131. SE TESTER Vrai ou faux ? Si faux, justifiez votre réponse.

a. Être bien portant, c'est bien se porter.

→ .... → ....

b. Je me ruine la santé en mangeant sainement chaque jour.

→ .... → ....

c. Vous êtes de plus en plus mal portant, votre santé se dégrade.

→ .... → ....

d. Vous jouissez d'une excellente santé, donc vous avez une santé de fer.

→ .... → ....

e. Le moindre changement de température vous affaiblit, votre santé est fragile.

→ .... → ....

 « Les blessures et les accidents »

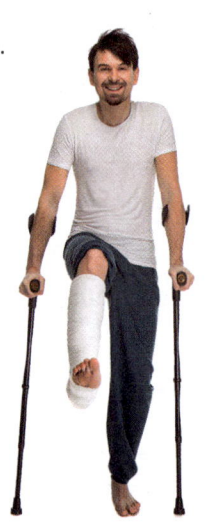

Quel lundi ! Paul est tombé de l'échelle en **chutant** en arrière et **s'est cogné** la tête. À présent, il a une **bosse** et des **contusions** partout. Des **bleus** vont apparaître sur son corps, c'est sûr.

Mais le pire, c'est qu'il s'est cassé la jambe : une **fracture** du tibia. Pas de chance, il va devoir porter un **plâtre** et marcher avec des **béquilles** pendant des semaines. Pour Dalila, ce n'est pas mieux : pour éviter la **morsure** d'une vipère, elle a reculé et **a trébuché** si bien qu'elle **s'est fait une entorse*** à la cheville.

Puis celle-ci **a** terriblement **enflé**. Pierre, en faisant la cuisine, s'est coupé avec un couteau japonais. Loin d'être une petite **écorchure**, c'était une **plaie** qui saignait abondamment. On lui a mis un gros **pansement** et il va garder une énorme **cicatrice**. Moi seul, j'ai échappé à la journée des **blessures** et je suis resté **indemne**. Ouf !

* Attention, au sens figuré, on peut « faire une entorse » à un règlement ou à un régime alimentaire, ce qui signifie que l'on ne les respecte pas.

132. S'EXERCER Reliez les mots et leur définition.

a. Des béquilles • • **1.** Blessure produite par un choc sans qu'il y ait déchirure de la peau.

b. Une cicatrice • • **2.** Bâtons sur lesquels on appuie mains, coudes ou aisselles pour se faciliter la marche.

c. Une contusion • • **3.** Déchirure légère de la peau.

d. Une écorchure • • **4.** Compresse adhésive et antiseptique servant à protéger une plaie.

e. Enfler • • **5.** Augmenter anormalement de volume.

f. Un pansement • • **6.** Marque laissée sur la peau par une plaie après la guérison.

B. Les accidents de la vie courante

133. S'EXERCER Soulignez la bonne réponse.
a. En montant au grenier, je me suis cogné(e) et depuis j'ai une *bosse – fracture – poutre* au front.
b. Madame Tordue s'est fait *une écorce – une entorse – un entortillement* au poignet.
c. On a eu un accident de voiture, j'ai eu la chance d'en sortir *indemnisé – indélébile – indemne*.
d. Lors d'une inondation, attention aux *morsures – enflures – blessures* de rat !
e. En chutant, Jules s'est fait une fracture de l'avant-bras, il doit porter un *foulard – plâtre – plateau*.
f. En sortant de son cabinet de détective, Hercule Poirot a *déboulé – tricoté – trébuché* sur un cadavre.
g. Après sa bagarre avec ses voisins, Monsieur Rixe était couvert de *rouges – bleus – noirs* !

134. RÉVISER Complétez les phrases avec les mots manquants.
a. Dans ce château, les portes sont basses, attention de ne pas .... la tête en sortant !
b. Lors d'un combat à l'épée, Aramis a laissé .... sur la joue de son ennemi.
c. Elle s'est fait .... en sortant de sa baignoire, sa cheville a atrocement .... !
d. Alessandra .... sur des câbles mais elle a pu se rattraper à son bureau.
e. Une bombe a explosé. Le président en est sorti .... Quel miracle !

135. SE TESTER Devinettes : De quoi parle-t-on ?
a. Elles vous seront utiles si vous ne pouvez plus marcher.
 → ....
b. Si votre belle-mère vous en fait voir de toutes les couleurs en vous frappant avec son parapluie, vous risquez d'en avoir plein sur tout le corps.
 → ....
c. Très familièrement, en anglais, c'est votre patron(ne), mais ici c'est un petit bobo suite à un choc.
 → ....
d. C'est moins dur qu'un plâtre, mais ça protège vos blessures.
 → ....
e. Elle peut être large, profonde, superficielle ou infectée.
 → ....
f. Utile pour vous guérir si vous avez la jambe cassée, c'est aussi un matériau de construction.
 → ....

« Le rétablissement » 32

Lorsque vous êtes en voie de **guérison** – à moins d'être **incurable** –, plusieurs possibilités s'offrent à vous pour **recouvrer la santé** : il existe des **centres de rééducation** où des **kinésithérapeutes** vous prennent en mains afin que vous **guérissiez** complètement. Pendant votre **convalescence**, vous pouvez également suivre une **cure** thermale pour **vous rétablir** et faire du sport pour **récupérer vos forces**. Le **convalescent** peut aussi passer par une **thérapie** plus douce comme une cure d'air et de lumière en altitude afin de **se refaire une santé**. Bon rétablissement !

4 • Les soins médicaux

136. S'EXERCER Cochez la bonne réponse.

a. Pour vous refaire une santé, vous vous rendez au ☐ centre de santé ☐ centre de rééducation.
b. Vous sortez d'une maladie grave, ça va mieux vous êtes ☐ convalescent ☐ convaincant.
c. Vous êtes en thalassothérapie à Vichy, vous faites ☐ une cure thermale ☐ cuve thermale.
d. Le synonyme d'« inguérissable » est ☐ invivable ☐ incurable.
e. Elle peut être complète ou partielle, courte ou longue : ☐ la contagion ☐ la guérison.
f. Ça y est, il est guéri ! Il a ☐ recouvert la santé ☐ recouvré la santé.

137. S'EXERCER Complétez les phrases avec les mots manquants.

a. La période de .... se situe entre la maladie et la guérison complète.
b. Le seul moyen de ...., c'est de se considérer comme guéri. (Flaubert)
c. Après ma chute, j'ai dû suivre dix séances de rééducation chez un ....
   afin de retrouver la mobilité de mon bras.
d. Elle est affaiblie par sa maladie ; pour ...., elle doit faire de la musculation.
e. Pour pouvoir refaire du sport, il faudrait .... complètement.
f. Tu as suivi une .... de sommeil pour guérir tes insomnies.

138. RÉVISER Remplacez le mot incorrect souligné par celui qui convient.

a. Après son accident, le personnel soignant a entouré cette <u>combattante</u> avec dévotion et patience.
   → ....
b. Pendant votre <u>culture</u> thermale, vous n'avez bu que de l'eau. Quel calvaire !
   → ....
c. Tu veux <u>récurer</u> tes forces ? Mange ta soupe !
   → ....
d. Depuis que vous êtes en voie de <u>guéridon</u>, vous faites à nouveau tourner les tables !
   → ....
e. Vous vous <u>réétablissez</u> vite après votre opération. Tant mieux !
   → ....
f. Chanter, c'est ma <u>thématique</u> à moi !
   → ....

139. SE TESTER Reformulez les termes soulignés dans un langage plus spécialisé.

a. Pendant la période de <u>rétablissement</u>, vous avez fait une cure de fruits.
   → ....
b. Pour vous <u>remettre sur pied</u>, il faut de la volonté !
   → ....
c. Quelles sont de nos jours les maladies <u>inguérissables</u> ?
   → ....

B. Les accidents de la vie courante

d. Passe chez ton kiné pour tes problèmes de dos !

→ ....

e. C'est génial, tu as retrouvé la santé en quelques semaines.

→ ....

> **« Quelques expressions usuelles »**
>
> **Se porter comme un charme** = se porter très bien
> **Ne pas être dans son assiette** = ne pas se sentir bien
> **Être toujours patraque** = être toujours un peu souffrant
> **Être malade comme un chien (fam)** = être vraiment très malade
>
> **Avoir un coup de barre (fam)** = avoir un accès de fatigue brusque et soudain
> **Quelle plaie/ C'est une vraie plaie !** = exclamation pour qualifier une personne absolument insupportable
> **Être mal en point** = être malade

140. À VOUS ! Corrigez les erreurs qui se sont glissées dans les phrases suivantes.

a. Après ce déjeuner bien arrosé, j'ai eu un coup de bâton monstrueux.

→ ....

b. Cette masse de touristes irrespectueux et bruyants, quelle cicatrice !

→ ....

c. Denis est malade comme un cheval, vite aux urgences !

→ ....

d. J'ai des troubles digestifs, je ne suis pas bien dans mon plat.

→ ....

e. Depuis que tu m'as quitté(e), figure-toi que je me porte comme un chêne !

→ ....

f. Le chanteur Ouvrard se sent toujours patate, même quand il chante !

→ ....

4 • Les soins médicaux

C. La santé mentale

« Les pathologies » 33

De nos jours, le stress et le **surmenage** conduisent parfois les employés au bord de la folie. C'est le cas de Monsieur Zoprac qui a commencé à avoir des **insomnies** toutes les nuits. Il était si **déprimé** que sa déprime passagère s'est transformée en grave **dépression**. Il était devenu **dépendant de** tous les réseaux sociaux à tel point que cette **addiction** a provoqué chez lui des **tics** étranges. En fait, quand il cliquait sur sa souris, il clignait de l'œil gauche. Mais il a aussi développé des **TOCS*** comme le fait de nettoyer dix fois par jour l'écran de son ordinateur. La **phobie** de la poussière le poussait irrémédiablement devant sa machine. Du coup, il a été atteint d'abord de **boulimie**, car il s'est mis à avaler 15 paquets de chips par jour, puis d'**anorexie** parce qu'il s'est vu grossir de 20 kilos. Cette dépendance et cette **obsession** de l'écran l'ont complétement éloigné de la vie et cela l'a plongé dans une telle **frustration** qu'on lui a diagnostiqué une **bipolarité**. Sa femme, elle-même **hypocondriaque**, n'a rien pu faire pour l'aider. Dans ces cas-là, mieux vaut tout oublier : vive l'**amnésie** !

*TOC est le sigle de « trouble obsessionnel compulsif ». C'est un comportement anxieux qui se manifeste par des pensées ou des gestes obsédants et répétitifs.

141. S'EXERCER Cochez la bonne réponse.

a. La ☐ bipolarité ☐ bigamie, c'est quand les personnes touchées traversent des périodes d'euphorie et de mélancolie.

b. Kader est ☐ interdépendant ☐ dépendant de la cocaïne au point de ne plus pouvoir s'en passer.

c. Geneviève a un ☐ tic ☐ regard … nerveux, elle renifle sans cesse.

d. Il est ☐ déprimé ☐ détendu, … en effet il ne va pas très bien ces derniers jours.

e. Tu te crois atteint de toutes les maladies du monde, tu es ☐ hypocondriaque ☐ hypocalorique.

f. Elle est hantée par une idée fixe, c'est une ☐ obstination ☐ obsession.

g. L'anxiété, le découragement et la lassitude qui durent sont les symptômes de la ☐ déprime ☐ dépression.

h. Toutes les 3 secondes, vous regardez votre smartphone pour vérifier si vous avez reçu un message. Décidément, vous avez un ☐ tic ☐ TOC !

142. S'EXERCER Associez les pathologies ci-dessous aux comportements suivants : *l'addiction – l'amnésie – l'anorexie – la boulimie – l'insomnie – la phobie – le surmenage.*

a. Tous les soirs, j'avale trois somnifères avant de m'endormir. Impossible de vivre sans.

→ ....

b. Tes nuits sont atroces, tu fixes le plafond des heures sans fermer l'œil de la nuit.

→ ....

C. La santé mentale

c. Il a une peur atroce de la grammaire (mais heureusement il adore le vocabulaire !).

→ ....

d. Elle mange dix steaks de suite et après, six pots de confiture. Elle ne peut plus s'arrêter !

→ ....

e. Mon oncle a tout oublié : son enfance, sa jeunesse et même ce qu'il a fait hier !

→ ....

f. Au bureau, nous sommes tous tombés malades car nous avions excessivement travaillé sous la pression d'une direction qui ne cessait de nous harceler !

→ ....

g. Walter fait semblant de manger, après il fait exprès de vomir systématiquement !

→ ....

143. RÉVISER Indiquez les noms à partir des adjectifs suivants.

Exemple : Boulimique → une boulimie

a. Amnésique → ....

b. Obsédé(e) → ....

c. Bipolaire → ....

d. Insomniaque → ....

e. Dépressif(ve) → ....

f. Anorexique → ....

g. Frustré(e) → ....

144. SE TESTER Vrai ou faux ? Si faux, justifiez votre réponse.

a. Un bipolaire est une personne qui est allée successivement au pôle Nord et au pôle Sud.

→ .... → ....

b. La frustration, c'est ce qui arrive si votre inconscient ne peut satisfaire ce qu'il désire.

→ .... → ....

c. Si je pense sans arrêt à quelque chose, j'ai une phobie.

→ .... → ....

d. Un TOC est un trouble ordinaire caractérisé.

→ .... → ....

e. La dépression est une maladie alors que la déprime est un trouble passager de l'humeur.

→ .... → ....

f. Le surmenage, c'est quand vous nettoyez sans cesse votre cuisine.

→ .... → ....

4 • Les soins médicaux

 « Les aides et les soins »

Madame Naxa, après une dépression sévère et une tentative de suicide, est entrée dans une **maison de repos**. Heureusement, elle n'a pas dû subir un **internement** en **HP**, c'est-à-dire en **hôpital psychiatrique**. À son arrivée, un **psychiatre** l'a tout de suite prise en charge. Il lui a prescrit des **antidépresseurs** pour soigner sa dépression, des **anxiolytiques** pour calmer ses angoisses et des **somnifères** pour retrouver un sommeil régulier. Il n'a pas oublié de la mettre en garde contre les **effets secondaires** comme la somnolence et un risque de dépendance. Le traitement médicamenteux a été complété par une série de thérapies : 11 séances de **luminothérapie**, qui utilise la lumière pour soigner, 15 séances d'**ergothérapie**, qui repose sur des activités créatives, 16 séances de **sociothérapie**, pour échanger avec un groupe de paroles, ainsi que 20 séances de **psychothérapie** pour améliorer son état de santé mentale. Lors de sa sortie, son médecin lui a vivement conseillé de **suivre une analyse** avec un **psychanalyste** pour mieux comprendre l'origine de ses névroses. Vaste programme !

145. S'EXERCER Soulignez la bonne réponse.

a. Depuis qu'elle prend ces médicaments, elle a des nausées et des boutons, il semble que ce soient les *effets – conséquences* secondaires de ce traitement.

b. Mon père a *suivi une analyse – étudié la psychologie* pendant cinq ans avec un psychanalyste.

c. Je fais une attaque de panique : vite, passe-moi ma boîte *de somnifères – d'anxiolytiques*.

d. Vous n'irez en hôpital *pédagogique – psychiatrique* que si votre psy vous l'ordonne !

e. Notre grand-mère a perdu la tête, le médecin nous conseille un *enfermement – internement* d'urgence.

f. Pendant votre séjour en maison de *retraite – repos*, il serait souhaitable que vous fassiez une psychothérapie.

146. S'EXERCER Qui parle dans les situations ci-dessous ? Choisissez le spécialiste dans la liste suivante : *un(e) ergothérapeute, un(e) luminothérapeute – un(e) psychanalyste – un(e) psychiatre – un(e) sociothérapeute*.

a. Allongez-vous sur ce divan et parlez-moi de votre enfance et de vos complexes !
→ ....

b. Prenez ces pinceaux et exprimez en couleur vos états d'âme.
→ ....

c. Exposez-vous aux rayonnements lumineux de cette lampe.
→ ....

d. Je vous prescris cet antidépresseur. Prenez-en deux comprimés par jour, mais pas plus !
→ ....

e. Asseyez-vous en cercle, donnez-vous la main et dites tout haut ce qui vous passe par la tête.
→ ....

C. La santé mentale

147. RÉVISER Écrivez correctement le mot souligné.

a. Depuis ta sortie de l'hôpital psichiatric, tu as des tics étranges !

   → ....

b. Elle prend trop d'enxyolitiques : elle erre toute la journée dans les couloirs de son entreprise !

   → ....

c. J'ai l'impression que mon psikanaliste est encore plus névrosé que moi. C'est bizarre !

   → ....

d. Dans nos séances d'hairgothérapie, on nous oblige à faire de la poterie à longueur de journée, mais pour quoi faire ? → ....

e. Nous avons fait une psycotérapie familiale afin de comprendre pourquoi nous nous disputons nuit et jour.

   → ....

f. C'est la cata, j'ai pris trois somniphères au lieu de 3 vitamines et je dois aller en réunion tout à l'heure !

   → ....

148. SE TESTER Vrai ou faux ? Si faux, justifiez votre réponse.

a. Les effets secondaires sont bons pour la santé.

   → ....   → ....

b. Un internement est un séjour en HP prescrit par un médecin.

   → ....   → ....

c. La luminothérapie est une thérapie par l'électricité.

   → ....   → ....

d. Si vous faites une très grave dépression, on vous conseillera d'aller en maison de repos.

   → ....   → ....

e. Vous suivez une analyse à la bourse.

   → ....   → ....

f. Un antidépresseur combat les états dépressifs.

   → ....   → ....

« Quelques expressions usuelles »

Pas folle la guêpe ! = exclamation qui signifie « je suis, tu es, il/elle est malin/maligne ! »
Avoir un grain = être un peu fou (de façon négative)
Avoir un grain de folie = être un peu fou et original (de façon sympathique)

Être fou à lier = être complétement fou voire dangereux pour les autres
Faire tourner en bourrique = tracasser, ennuyer quelqu'un jusqu'à l'exaspération
Yoyoter de la cafetière (fam) = déraisonner, divaguer, tenir des propos incohérents

4 • Les soins médicaux

149. À VOUS ! Corrigez les erreurs qui se sont glissées dans les phrases suivantes.

a. Tous les matins, ma voisine fait le tour de la maison pieds nus, je crois qu'elle a un brin !
   → ....

b. Cet automobiliste, qui fait du 200 km à l'heure sur une route départementale, est fou à attacher.
   → ....

c. Avec ses caprices incessants, ce gosse infernal me fait tourner en âne !
   → ....

d. J'ai trouvé la solution tout seul. Pas folle l'abeille !
   → ....

e. Denise yoyote de la théière, car elle raconte des histoires sans queue ni tête !
   → ....

f. La cuisine est un art qui a besoin d'un petit train de folie !
   → ....

Bilan

Complétez avec les mots qui conviennent.

1. Le .... de mon généraliste est ouvert tous les jours de 9 h à 18 h.
2. Pour soigner mes problèmes oculaires, je vais chez mon ....
3. Avant son opération, l'... l'a endormi(e) pour éviter les douleurs.
4. Le .... permettra de trouver toutes les personnes positives à ce virus !
5. Pour endiguer cette maladie, le gouvernement a ordonné une campagne de ....
6. J'ai horreur des ...., rien que de voir une aiguille me terrifie, même si c'est préventif !
7. Le médecin vient de lui ...., elle va à la pharmacie acheter ses médicaments.
8. Tu dois aller faire une .... pour vérifier ton taux de cholestérol.
9. Après son infarctus, ma mère doit .... du cœur, elle est inquiète.
10. La santé de mon grand-père s'est beaucoup .... depuis sa chute dans les escaliers.
11. Tu es resplendissant, tu .... santé ! C'est vrai que tu es toujours en plein air !
12. Quelle .... ! Cette tortue vient de fêter ses 128 ans !

13. Aïe ! Je .... la tête en passant sous cette porte étroite et basse !

14. Paul sait bien se servir de ses .... pour se déplacer depuis son accident de ski.

15. Je me suis bêtement .... à la cheville en jardinant.

16. Élisa a fait une .... thermale à Quiberon, elle a adoré !

17. Après une maladie, se .... au plus vite, c'est ce que tout le monde souhaite.

18. Il est condamné, il n'y a plus rien à faire, sa maladie est ....

19. Il y a des mois que je ne dors plus, trop de soucis financiers, je souffre d'.. .

20. Ce patient est devenu .... de sa dose d'antidouleurs.

21. Mon psy dit que je n'ai qu'une ...., c'est d'être toujours le meilleur en vocabulaire !

22. Au moindre petit rhume, tu te crois atteint de toutes les maladies, arrête d'être .... !

23. La ...., c'est quand vous mangez compulsivement des cochonneries pour calmer vos angoisses.

24. Tu es devenu complètement fou, on va devoir te faire interner dans un ....

25. Les .... de ce médicament sont redoutables : tremblements, constipation et allergies.

Expressions :

26. Tu .... toute une .... alors que ce problème n'est vraiment pas grave du tout.

27. Je ne .... dans ...., je suis perturbé physiquement et psychologiquement.

28. Tout va super bien : les amours, les affaires, la santé ; je .... comme ....

29. Non mais ça ne va pas ! Tu es .... à .... de dépenser 10 000 euros pour un téléphone !

30. Après avoir écrit ce chapitre sur la santé, les auteurs ont un vrai .... de .... Ils sont KO !

Mon score : .... /30

5 • L'habitat

A. Le lieu d'habitation

 « Le logement »

Quand on cherche un logement, on a certaines exigences quant à son emplacement et son confort. Tout d'abord, la **luminosité** : est-il **lumineux** ou **sombre** ? **Orienté** au sud ou au nord ? Ensuite, l'**isolation thermique** et l'**insonorisation** : est-il suffisamment **isolé** pour qu'on ne craigne ni les grands froids ni les canicules ? Les chambres donnent-elles sur une artère **bruyante** ou sur une ruelle **calme** ? Est-il convenablement **insonorisé** au moyen d'un **double vitrage** ? Puis il y a l'**espace habitable** : est-il **spacieux** ou au contraire **exigu** ? Possède-t-il de **beaux volumes** ou alors les pièces sont-elles étroites et **mal distribuées** ? Enfin, est-il **bien** ou **mal situé** par rapport aux commerces et aux transports en commun ? De plus, on achète ou on loue un logement qui nous convient au niveau esthétique : l'**ancien** a le privilège d'être beau et raffiné si on accepte certaines imperfections. En revanche, dans un logement **récent** ou **neuf**, tout est bien conçu et pratique mais celui-ci risque de manquer de charme !

150. S'EXERCER Soulignez la bonne réponse.

a. Mon appartement est si mal *insonorisé – orienté – situé* que j'entends les conversations de mes voisins.

b. Ce deux-pièces sous les combles a une surface de 60m^2, mais son espace *habitacle – habité – habitable* n'est que de 52m^2.

c. L'*isolement – isolation – isoloir* thermique de cette vieille maison est parfaite grâce à ses murs très épais.

d. La *lucidité – luminosité – lueur* a été déterminante pour l'achat de ce studio.

e. Dans cette demeure, pour arriver à la cuisine, il faut traverser trois chambres ; les pièces sont vraiment mal *diffusées – dimensionnées – distribuées*.

f. Si vous habitez à côté d'un aéroport, mieux vaut avoir du double vitrage pour l'*insolation – insomnie – insonorisation* de votre habitat.

g. Ce chalet a été construit il y a 10 ans, il est *isolé – récent – rare*.

h. Ce duplex aux plafonds hauts a vraiment de beaux *volumes – étages – espaces* car on peut y placer de nombreux meubles.

151. S'EXERCER Complétez les phrases avec le contraire des mots soulignés.

a. Pour faire un placement, j'ai acheté dans du neuf. J'ai eu tort : j'aurais dû investir dans ....

b. Moi qui rêve de pièces spacieuses, je me retrouve dans une maison aux pièces .... Quelle horreur !

c. Cette ferme était située dans un lieu très calme. Hélas, à cause de la construction d'un parking à proximité, c'est devenu très .... !

d. Quelle malchance ! Lors de mon achat, mon appartement au 5e étage était lumineux, puis un promoteur a construit une tour affreuse juste en face si bien que maintenant il est tout .... !

e. En France métropolitaine, je préfère les logements bien situés et orientés au sud que le contraire ; .... situés et orientés au .... !

A. Le lieu d'habitation

152. RÉVISER Complétez les phrases avec les mots qui conviennent.

a. Pour l'... de son appartement, Isabelle A, qui est chanteuse, a fait mettre du liège sur ses murs.

b. Comme le bruit de l'extérieur irrite Jean-Luc, il a fait installer du .... sur toutes ses fenêtres.

c. Cette maison est si étrange et ses pièces sont si .... qu'en entrant on accède directement à la chambre à coucher.

d. Dommage que cette si jolie maison soit si ...., en effet l'autoroute passe à côté du jardin !

e. J'adore ce manoir : quels beaux espaces et quels .... ! J'achète !

153. SE TESTER Vrai ou faux ? Si faux, justifiez votre réponse.

a. Un appartement haussmannien avec du parquet et des plafonds moulés, c'est du neuf.
→ .... → ....

b. Si votre appartement donne sur une rue commerçante, on peut dire qu'il est calme.
→ .... → ....

c. Un des principaux critères pour acheter ou louer un appartement, c'est la luminosité.
→ .... → ....

d. Les chambres de cet hôtel sont très spacieuses, on peut y dormir à trois sans se gêner.
→ .... → ....

e. Ma cuisine est si lumineuse que je ne peux l'utiliser qu'avec la lumière allumée.
→ .... → ....

« Travaux, rénovation du logement » 36

Après un déménagement, lorsque l'on **emménage** dans un nouvel habitat et que l'on **s'y installe**, il y a parfois des **travaux à entreprendre** pour le **rénover** et l'**embellir**. Puis, après quelques années, **entretenir sa maison** est absolument nécessaire si l'on ne veut pas que tout **s'abîme** et **s'écroule**.

Mais hélas, on n'est jamais à l'abri de **dégâts** ou de mauvaises surprises en tous genres : **fuites** d'eau, **inondations**, **canalisations bouchées**, pour lesquelles il vous faudra faire venir un plombier, ou encore **prises électriques** vieillottes et **courts-circuits**, qui entraînent des **coupures de courant**. Si vous êtes bricoleur, vous **rétablirez l'électricité** en changeant les **fusibles**. Et ce n'est pas tout : votre chaudière, vos radiateurs ou le chauffe-eau risquent à tout moment de **tomber en panne** et là, pas facile de trouver un **chauffagiste** !

5 • L'habitat

154. S'EXERCER Reliez les phrases aux termes qui conviennent.

a. Elle peut être d'eau ou de gaz.

b. Si votre voisin du dessus oublie de fermer le robinet de sa baignoire, vous en aurez une.

c. Il saute quand l'intensité électrique est trop forte.

d. C'est le spécialiste qui vient pour installer, réparer ou dépanner vos radiateurs.

e. Si vous cherchez désespérément à allumer des bougies en attendant le retour de la lumière électrique, c'est qu'il y en a eu un.

f. Votre appartement doit être obligatoirement assuré contre celui des eaux.

g. Elle peut être simple ou multiple et vous sert à brancher une lampe.

1. Un chauffagiste
2. Un court-circuit
3. Un dégât
4. Une fuite
5. Un fusible
6. Une inondation
7. Une prise électrique

155. S'EXERCER Soulignez la bonne réponse.

a. Ce temple grec s'est *écroulé – abîmé* : il ne reste plus que des ruines.

b. À force de jeter des lingettes dans les toilettes, les canalisations sont *bourrées – bouchées*.

c. Le toit de l'immeuble qui avait été abîmé par un orage a été *embelli – rénové*.

d. Pour *entretenir – entreprendre* votre maison, il y aura des travaux à *entretenir – entreprendre*.

e. Zut alors ! Mon chauffage est encore tombé *dans les pommes – en panne*, et j'ai froid.

f. Nous avons *aménagé – emménagé* il y a un mois et désormais nous sommes confortablement *installés – institués*.

g. Après une *prise – coupure* de courant cette nuit, mon électricien est venu ce matin *rétablir – installer* l'électricité.

156. RÉVISER Complétez les phrases avec les mots qui conviennent.

a. Jeudi matin, mon .... va venir pour la révision annuelle de la chaudière.

b. La tempête Alessandra a provoqué beaucoup de .... : une dizaine de toits arrachés et des centaines de tuiles envolées !

c. L'année dernière, nous avons .... dans notre nouvelle maison de campagne.

d. En 1902, la Seine a débordé, ce qui a provoqué de nombreuses .... dans les sous-sols parisiens.

e. Suite à ce ...., il sera nécessaire de .... l'électricité pour que tout refonctionne.

f. En 2019, les Parisiens ont vu .... la flèchette de Notre-Dame lors d'un terrible incendie.

A. Le lieu d'habitation

157. SE TESTER Devinettes : De quoi parle-t-on ?

a. Il faut le faire régulièrement si vous ne voulez pas que votre maison s'écroule !

→ ....

b. Ce sont de petits objets qui sécurisent les circuits électriques.

→ ....

c. Elles sont ravageuses si vous n'arrivez pas à les repérer et à les stopper.

→ ....

d. C'est un verbe qui signifie « remettre à neuf un logement ».

→ ....

e. C'est ce qui arrive à un appareil quand il cesse brusquement de fonctionner.

→ ....

f. Cet objet vous permet de connecter vos appareils au réseau électrique.

→ ....

g. C'est l'arrêt de la distribution d'électricité dans votre secteur.

→ ....

« La crise du logement » 37

Poussée par la mondialisation, toute la population se concentre dans les grands centres urbains, ce qui engendre une **crise du logement**. En effet, le **montant des loyers explose** et l'**acquisition d'un bien immobilier** devient difficile pour toute une partie de la société. De plus, en cas de non-paiement de votre loyer, vous risquez d'**être expulsé de votre domicile**. C'est la raison pour laquelle l'État met des **logements sociaux** à la disposition des personnes à faibles revenus. En revanche, faute d'argent, ces **habitations à loyer modéré**, connues sous le sigle de **HLM**, sont souvent **en mauvais état**, soit **vétustes**, c'est-à-dire vieilles et très mal entretenues depuis longtemps, soit **délabrées**, c'est-à-dire sur le point de **tomber en ruine**.
Si le fait d'**être mal logé** est grave, c'est encore pire de devoir vivre dans un **bidonville** ou dans la rue comme un sans-domicile fixe, aussi appelé de façon familière un SDF. Dans ces cas extrêmes, l'État peut vous accueillir dans un **centre d'hébergement d'urgence**.

158. S'EXERCER Vrai ou faux ? Si faux, justifiez votre réponse.

a. Suite à l'acquisition d'un bien immobilier, vous devenez propriétaire.

→ .... → ....

b. Un bidonville, ce sont des logements construits uniquement avec des bidons.

→ .... → ....

c. Si vous n'arrivez plus à payer votre loyer, vous pouvez rester dans votre appartement.

→ .... → ....

d. Les logements sociaux sont destinés en priorité aux personnes peu aisées.

→ .... → ....

5 • L'habitat

e. Quand un logement est mal entretenu, il est en mauvais état.

→ .... → ....

f. « Tomber en ruine » signifie que vous êtes ruiné(e).

→ .... → ....

159. S'EXERCER Complétez les phrases avec les mots qui conviennent.

a. Les personnes précaires sont souvent .... dans des appartements délabrés.

b. Après la tempête Xynthia, la population sinistrée a été accueillie dans des centres ....

....

c. À partir des années 60 de nombreuses .... ont été construites dans les périphéries urbaines.

d. Désormais, dans Paris, ... des loyers .... si bien que de plus en plus de Parisiens sont contraints de déménager en banlieue.

e. Faute d'entretien, cette cité ouvrière est complétement .... , on peut même dire délabrée : tout est dans un état déplorable.

f. Ma voisine a été .... son studio, car elle n'avait plus payé son loyer depuis deux ans.

160. RÉVISER Reliez les éléments qui correspondent.

a. Le montant des loyers • • 1. d'un bien immobilier
b. L'acquisition • • 2. à loyer modéré
c. Être expulsé • • 3. d'hébergement d'urgence
d. Tomber • • 4. en ruine
e. Une habitation • • 5. explose
f. Un centre • • 6. de son domicile

161. SE TESTER Soulignez la bonne réponse.

a. Au Brésil, on appelle les *bidonvilles* – *banlieues* des favelas.

b. Toutes les grandes métropoles sont touchées par la *prise* – *crise* du logement.

c. Ce vieux château abandonné est si *délabré* – *bien entretenu* qu'il n'est même plus possible d'y pénétrer pour raison de sécurité.

d. Scandale ! On a découvert qu'un ministre a vécu dans un logement *socialiste* – *social* pendant tout son mandat, alors qu'il était loin d'être pauvre !

e. Mon chalet est en si *mauvais État* – *mauvais état* que je dois refaire toute la toiture.

« Quelques expressions usuelles »

C'est gros comme une maison (fam) = c'est évident et absolument prévisible
Crier sur (tous) les toits = dire haut et fort quelque chose

Il y a de l'eau dans le gaz = c'est une situation où l'atmosphère est tendue et électrique.
S'écrouler comme un château de cartes = tomber en ruine rapidement et facilement

A. Le lieu d'habitation

162. À VOUS ! Corrigez les erreurs qui se sont glissées dans les phrases suivantes.

a. Ah ! quelle horreur ! Mon beau projet s'est écroulé comme une forteresse en papier.

→ ....

b. Les voisins de cet immeuble ne se supportent plus, il y a de la fumée dans l'air !

→ ....

c. Arrête de hurler dans toutes les maisons que je ne peux plus payer l'entretien de mon château, c'est ignoble !

→ ....

d. Que tu ne sois pas capable de réparer l'ascenseur, c'est énorme comme une chaumière. Le bricolage n'a jamais été ton point fort !

→ ....

B. La décoration d'intérieur

 « Le mobilier/les meubles »

Afin de **meubler** votre maison, vous avez plusieurs possibilités : pour le moderne, allez dans les magasins d'**ameublement**. Vous préférez l'ancien ? **Chinez** chez les **antiquaires*** ou **faites les brocantes** où il est parfois utile de **marchander**. Choisissez vos meubles en fonction des pièces. Au salon, vous installerez un **fauteuil** ou un **sofa** qui est une sorte de canapé à trois appuis dont un **dossier** et deux **accoudoirs**. Vous aimez les **meubles de style** ? Offrez-vous un **lit à baldaquin** accompagné d'une **table de chevet** « Louis XVI ».

Votre bureau sera charmant avec un **secrétaire** aux multiples tiroirs et une belle **bibliothèque**. À défaut, de simples **étagères** feront l'affaire pour vos livres et vos **bibelots**. Pour ce qui est du rangement, une **penderie** s'impose pour les vêtements ainsi qu'une **commode** pour le linge de corps. Si vous aimez les belles cuisines, un **buffet** sera idéal pour ranger la vaisselle.
Et n'oubliez pas un petit **guéridon** avec un **tabouret** pour prendre votre petit-déjeuner sur le balcon. Votre maison ressemblera alors à un vrai château !

*Ne pas confondre « l'antiquaire », qui vend des objets de valeur anciens, et le « brocanteur », qui vend des objets d'occasion !

163. S'EXERCER Associez chaque meuble à la pièce qui convient.

a. Un buffet

b. Un fauteuil   **1.** Le bureau

c. Un lit à baldaquin   **2.** La chambre

d. Un secrétaire   **3.** La cuisine

e. Une table de chevet   **4.** Le salon

f. Un sofa

5 • L'habitat

164. S'EXERCER Indiquez le mot qui correspond aux définitions suivantes.

Exemple : Élément d'un meuble qui permet de poser le bras → un accoudoir

a. Partie d'une armoire où l'on suspend des vêtements → ....
b. Petite table ronde pourvue d'un seul pied → ....
c. Chercher de bonnes occasions dans les marchés aux puces → ....
d. Simples planches de bois fixées sur un mur pour un rangement → ....
e. Siège haut souvent rond et en bois sans accoudoir ni dossier → ....
f. Marchand(e) de meubles et d'objets d'art anciens → ....
g. Ensemble des meubles d'un logement → ....
h. Essayer d'acheter quelque chose à meilleur marché
   en discutant avec le vendeur → ....

165. S'EXERCER Soulignez la bonne réponse.

a. Je range mes bouquins préférés dans ma *librairie – bibliothèque*.
b. J'adore m'adosser contre *l'accoudoir – le dossier* de mon fauteuil très confortable.
c. Nous avons *occupé – meublé* notre studio à Saint-Jean-de-Luz afin de le louer.
d. On ne savait pas où placer notre *commode – commodité* Louis XV avec toutes ses dorures !
e. Le dimanche, nous adorons faire les *brocantes – brochettes* pour dénicher des objets rares.
f. Mon étagère est encombrée de petits *biberons – bibelots* absolument inutiles que j'ai rapportés des quatre coins du monde.
g. Parmi les *meubles de style – meubles de déco*, je préfère ceux de la « Belle Époque ».

166. RÉVISER Remplacez le mot incorrect souligné par celui qui convient.

a. Mon brocanteur est spécialiste de très beaux objets d'Art déco qui coûtent une fortune !
   → ....

b. Pour m'asseoir au comptoir en zinc de mon café préféré, je grimpe toujours sur une chaise.
   → ....

c. J'ai installé nos deux canapés côte à côte pour que nous soyons à l'aise devant notre écran.
   → ....

d. Sur ta table basse se trouve ton réveil, tes somnifères et les œuvres complètes de Proust !
   → ....

e. Cette manie que tu as de poser tes coudes sur les dossiers pour te donner un air intello !
   → ....

f. Sa collection de robes Yves Saint-Laurent est accrochée dans un buffet immense de 10m² !
   → ....

B. La décoration d'intérieur

167. SE TESTER Devinettes : De quoi parle-t-on ?

a. C'est un petit meuble rond souvent pourvu d'un dessus de marbre.

→ ....

b. Quand vous allez au marché aux puces, n'hésitez pas à le faire pour éviter une arnaque !

→ ....

c. Pour protéger votre intimité et bien dormir au chaud, achetez-en un, c'est très chic !

→ ....

d. Celui-ci ne tape pas vos rapports et votre correspondance car c'est un meuble !

→ ....

e. Si vous courez les marchés aux puces pour trouver « LA » bonne affaire, vous le faites !

→ ....

 « La décoration »

Si vous êtes un adepte de la **déco**, vous avez l'embarras du choix pour **décorer** votre intérieur. Au sol, vous choisirez entre un **parquet**, qu'il faudra **cirer** et **faire reluire** pour le rendre brillant, une **moquette** épaisse ou des **tapis** persans ou d'Orient. Sur les murs, avant d'accrocher vos **toiles**, vous **poserez des tapisseries** en tissu ou en papier peint. Pour embellir vos pièces, la décoration de vos fenêtres est de première importance : légers **voilages** pour la journée, lourds **rideaux** pour le soir et **stores vénitiens** pour se protéger du soleil de midi.

Quant aux **luminaires**, plusieurs solutions s'offrent à vous : un **lampadaire**, qui se pose sur le sol du salon, un **lustre**, qui sera suspendu au milieu du plafond, et des **appliques**, qui seront fixées aux murs du couloir. Et si vous êtes romantique, des **bougeoirs** à une bougie ou des **chandeliers** à plusieurs branches feront votre bonheur. Mais attention : ne mettez pas le feu à votre nouvelle décoration !

168. S'EXERCER Complétez les phrases avec les mots qui conviennent.

a. Pour que votre couloir soit bien éclairé, posez plusieurs .... au mur.
b. Afin de bien nourrir votre parquet, il faudra le .... régulièrement.
c. L'avantage de ...., c'est qu'elle est moelleuse et qu'on peut y marcher pieds nus.
d. Le soir, j'adore tirer mes .... pour me sentir bien chez moi en toute intimité.
e. Ma collection d'affiches de Cassandre .... admirablement mon salon.
f. Pour donner de l'éclat à mes meubles en bois, je les .... avec de la cire et un chiffon doux.
g. Je préfère les .... comportant des lamelles en bois que ceux en aluminium !
h. Dans cet appartement aux murs humides, il est difficile de .... car elles se décollent immédiatement.

169. S'EXERCER Soulignez la bonne réponse.

a. Comme il y a eu une panne d'électricité en pleine nuit, j'ai dû trouver un *bougeoir – chandelier* pour allumer la seule bougie qui me reste.

5 • L'habitat

b. Dimanche, j'ai refait toute la *déco – façade* de mon studio, c'est génial !

c. Ce n'est pas du tout dans le style de cet immeuble moderne, ce *lampadaire – lustre* en cristal suspendu dans le hall d'entrée !

d. Au salon, j'ai fait poser un beau *parquet – tapis* de chêne.

e. Dans cette boutique de *luminaires – luminosités*, on trouve de tout : du beau et du moins beau !

f. Aujourd'hui, j'ai accroché mes *voiles – toiles* de Félix Vallotton que j'ai récemment acquises dans une vente aux enchères.

g. Pour mes grandes baies vitrées, ma grand-mère m'a acheté de superbes *voiliers – voilages* blancs et transparents.

170. RÉVISER Vrai ou faux ?

	vrai	faux
a. La déco, c'est l'abréviation familière du mot décoration.	☐	☐
b. Faire reluire un parquet, c'est le rendre mat.	☐	☐
c. On suspend des appliques au plafond.	☐	☐
d. Un bougeoir est un support bas pour une bougie dont le pied est muni d'un anneau ou d'un manche.	☐	☐
e. Une toile est un support qui va servir au peintre pour créer son tableau.	☐	☐
f. Un lampadaire est un appareil d'éclairage électrique accroché au mur.	☐	☐

171. SE TESTER Devinettes : De quoi parle-t-on ?

a. C'est un support d'éclairage avec plusieurs branches mais sans électricité.

→ ....

b. Si vous aimez la légèreté et la transparence dans la déco, vous en mettrez devant vos fenêtres.

→ ....

c. On dit que c'est un nid à poussière et que pour l'entretenir il faut adorer passer l'aspirateur.

→ ....

d. Il y en 20 en bronze argenté dans la galerie des Glaces au Château de Versailles. Quel éclairage !

→ ....

e. Grâce à ce verbe, vous entretenez vos chaussures, vos meubles et votre parquet.

→ ....

f. S'il y en a des japonais, les nôtres sont en lamelles verticales et n'ont pas pour origine Florence !

→ ....

« Quelques expressions usuelles »

L'envers du décor = le côté désagréable qui est caché derrière une jolie apparence
Jouer cartes sur table = dire les choses ouvertement, avec franchise
Faire partie du décor = être intégré dans un ensemble au point de se faire oublier

Faire tapisserie = ne pas prendre part à ce qui se passe, rester à part
Sauver les meubles = à la dernière minute limiter rapidement les pertes subies
Ça fait des lustres* = ça fait très longtemps
Cirer les bottes à quelqu'un = flatter lourdement quelqu'un en vue d'obtenir une faveur

*Attention : ici « lustre » n'est pas un luminaire, mais une période de cinq ans et, au pluriel, un temps long et indéterminé

B. La décoration d'intérieur

172. À VOUS ! Corrigez les erreurs qui se sont glissées dans les phrases suivantes.

a. Ça fait des lampadaires que je ne t'ai pas vu(e). Quelle bonne surprise !

→ ....

b. La négociation n'aboutira pas si vous ne jouez pas échecs sur tapis.

→ ....

c. Ne va pas à cette réunion si c'est juste pour poser moquette et que tu n'as pas ton mot à dire !

→ ....

d. On lui annonçait une débâcle électorale mais avec 20% des voix, la maire sortante a réussi à protéger son mobilier.

→ ....

e. Quand vous verrez l'endroit de la décoration, vous serez cruellement déçu(e) !

→ ....

f. La grand-tante Agathe que nous avons recueillie chez nous fait désormais tellement partie du salon qu'on ne la remarque même plus.

→ ....

g. Pour être franc/franche, je n'ai aucune envie de faire reluire les chaussures à cette personne arrogante qui me met terriblement mal à l'aise !

→ ....

C. Les jardins

 « Les jardins à la campagne et en ville » 40

Différents jardins embellissent notre quotidien : que ce soit un **jardin d'agrément**, composé de **parterres de fleurs** et de **roseraies**, que ce soit un **potager** où vous **cultiverez** vos légumes, ou encore un **verger**, dans lequel vous **planterez** des arbres fruitiers.

Si vous habitez en ville, rien ne vous empêche de mettre des **pots de fleurs** sur votre balcon ou de louer un **jardin partagé**. Vous pourrez d'ailleurs y installer une petite **serre** qui protégera vos **plants** en hiver. Et pourquoi ne pas décorer les trottoirs avec des **jardinières** ? Rien de plus simple car ce sont des bacs souvent en bois, faits de plantes ornementales **annuelles** c'est-à-dire qui ne durent qu'une saison ou **vivaces** c'est-à-dire qui repousseront les années suivantes. Il paraît que **jardiner** est un puissant déstressant. Le saviez-vous ? Alors, allons-y ! Devenons tous des **jardiniers** !

5 • L'habitat

173. S'EXERCER Soulignez la bonne réponse.

a. Comme je suis un jardinier un peu paresseux, je préfère les plantes *annuelles – vivaces* parce qu'elles repoussent chaque année.

b. Tu *cultives – plantes* ton potager avec amour, c'est pourquoi tes salades sont si savoureuses.

c. Sur le toit de notre immeuble, la copropriété a mis à disposition un jardin *partagé – forestier*.

d. En transportant mes *parterres – pots de fleurs*, j'en ai cassé un.

e. Si vous *ne jardinez – n'arrosez* pas votre basilic, il mourra.

f. C'est très tendance d'avoir un jardin d'*agrément – aménagement*, que vous viviez en ville ou à la campagne.

g. Après avoir semé, il faut surveiller de très près les *plants – plantes* qui auront poussé, si on ne veut pas que les escargots dévorent tout !

174. S'EXERCER Complétez les phrases avec les mots qui conviennent.

a. Pour embellir le centre-ville, la mairie y a disposé des .... ornées d'oliviers.

b. Ma sublime .... parfume tout mon jardin.

c. Dans notre .... , les poireaux poussent très bien alors que les petits pois ont du mal !

d. Pendant l'hiver, il met ses orangers sous une .... pour les protéger du froid.

e. Elle a trois arbres dans son .... : un cerisier, un poirier et un mirabellier.

f. Pour embellir le centre-ville, la mairie a engagé des .... pour entretenir les oliviers.

175. RÉVISER Vrai ou faux ?

a. Un jardin d'agrément est un petit jardin de fleurs. ☐ vrai ☐ faux

b. Les plantes vivaces ne durent qu'une saison. ☐ vrai ☐ faux

c. Un jardin partagé est divisé en deux, d'un côté les légumes, de l'autre les fruits. ☐ vrai ☐ faux

d. Une jardinière peut être une femme ou un bac à fleurs. ☐ vrai ☐ faux

e. Une serre est une construction à parois translucides, parfois chauffée, pour les plantes fragiles. ☐ vrai ☐ faux

f. Cultiver son jardin, c'est réciter des poèmes dans son jardin. ☐ vrai ☐ faux

176. SE TESTER Devinettes : De quoi parle-t-on ?

a. Si cette plante l'est, il faudra la replanter l'année prochaine.
   → ....

b. C'est une partie d'un jardin d'agrément où l'on a aménagé des massifs de fleurs.
   → ....

c. Pour préparer vos soupes de légumes « maison », vous devez en posséder un.
   → ....

d. De nombreux rosiers rassemblés dans un même endroit en forment une.
   → ....

e. Les pêchers, les poiriers, les abricotiers en font partie.
   → ....

C. Les jardins

« Le jardinage » 41

Le jardinage est un dur métier car il faut lutter sans cesse contre les **mauvaises herbes** très envahissantes. Pour **désherber**, les uns utilisent des produits chimiques comme les **pesticides**, les autres plus malins et plus écolos favorisent la culture en **biodynamie** en utilisant des **désherbants** naturels. Par ailleurs, pour entretenir votre jardin, il vous faudra du matériel spécifique : un **sécateur** sert à **tailler** vos rosiers, une **pioche** à remuer la terre et à semer des **graines** et une **brouette** à transporter le **compost**, qui est un **engrais** efficace pour fertiliser un **sol pauvre**. En été, il sera nécessaire de tondre le gazon avec une **tondeuse** et, en automne, de **ratisser** avec un **râteau** les feuilles mortes et les ramasser à la **pelle**. Enfin, pour amuser vos enfants, achetez des **arrosoirs** ou, mieux encore, un **tuyau d'arrosage** pour qu'ils puissent éclabousser toute la famille. Et vive le jardinage pour tous !

177. S'EXERCER Reliez chaque mot à la définition qui correspond.

a. Un sécateur
b. Un râteau
c. Une pioche
d. Un pesticide
e. Un engrais
f. Un désherbant
g. Une brouette
h. La biodynamie

1. Mode écologique pour cultiver son jardin en préservant l'écosystème.
2. Petit véhicule à une roue qui sert à transporter de la terre.
3. Produit qui détruit les mauvaises herbes.
4. Substance qui sert à fertiliser rapidement.
5. Outil indispensable au jardinier pour remuer la terre.
6. Produit chimique employé contre les parasites animaux et végétaux.
7. Sorte de gros ciseaux pour tailler les arbustes.
8. Instrument de jardinage à dents qui ramasse les feuilles et le foin.

178. S'EXERCER Remplacez les mots incorrects soulignés par ceux qui conviennent.

a. Pour enlever les vilaines plantes, je dois les dégazonner.
   → .... → ....

b. Pour arroser mes bambous au fond du jardin, il me faut un long tube d'hydratation.
   → ....

c. Au printemps, je m'empresse d'abandonner des grains en attendant que cela pousse.
   → .... → ....

d. Les arbres fruitiers pour donner plus de fruits doivent être coupés.
   → ....

e. Pour fertiliser mon pauvre sol, j'utilise du composant et je mets de l'engrais dans mon arrosage.
   → .... → .... → ....

f. Je coupe l'herbe avec une coupeuse et je la ramasse avec mon râteau.
   → .... → ....

g. Le jardinier creuse et entasse de la terre avec une poule afin d'aménager un parterre.
   → ....

5 • L'habitat

179. RÉVISER Soulignez la bonne réponse.

a. Afin de *fertiliser – fidéliser* le sol, j'utilise de l'*engraissement – engrais* naturel.

b. Un *sécateur – ciseau* sert à *détailler – tailler* les rosiers.

c. Les feuilles mortes se *ratatinent – ratissent* en automne.

d. Pour la *biodynamie – biochimie*, les *déodorants – pesticides* ne sont pas indiqués.

e. Au sol *pauvre – maigre*, on apporte de la terre *fertile – futile*.

180. SE TESTER Vrai ou faux ? Si faux, justifiez votre réponse.

a. Une tondeuse peut être utilisée par un jardinier et par un coiffeur.

→ .... → ....

b. Une mauvaise herbe donne mauvais goût à vos plats cuisinés.

→ .... → ....

c. Le râteau ressemble à une sorte de balai avec des dents en fer.

→ .... → ....

d. Un arrosoir est muni d'une anse et peut être en plastique ou en fer.

→ .... → ....

e. Une brouette est un véhicule à quatre roues qui sert à transporter le jardinier.

→ .... → ....

« Quelques expressions usuelles »

On va arroser ça ! = il faut fêter cela en buvant du champagne ou une boisson alcoolisée
Récolter ce que l'on sème = subir en retour le mal (ou le bien) fait aux autres
Payer les pots cassés = subir les conséquences de quelque chose

Découvrir le pot aux roses = découvrir la vérité cachée
Il faut savoir cultiver son jardin = il faut mener sa vie sans se préoccuper des autres et loin de l'agitation du monde
Se prendre un râteau (fam) = subir un échec terrible

181. À VOUS ! Corrigez les erreurs qui se sont glissées dans les phrases suivantes.

a. J'ai trouvé le vase aux tulipes quand j'ai surpris mon amant(e) avec mon mari.

→ ....

b. Tu as réussi ta thèse, c'est génial ! il faut absolument abreuver ce triomphe !

→ ....

c. Il s'est pris une pioche quand elle lui a dit non en réponse à sa déclaration d'amour.

→ ....

d. C'est encore moi qui ai dû régler les vases brisés à cause de la dispute entre mes parents.

→ ....

e. Pour parvenir à la sagesse, soyons philosophes et tondons notre gazon !

→ ....

f. Après avoir harcelé vos collègues pendant dix ans, vous avez été viré(e) : « on recueille ce que l'on fait pousser ! ».

→ ....

Bilan

Complétez avec les mots qui conviennent.

1. Cet appartement est .... : il est clair et la lumière y est abondante.
2. Je ne supporte pas cette maison si .... située près d'un aéroport.
3. Mon salon est si .... que j'ai pu y installer deux sofas et trois pianos.
4. Il y a trois mois, nous avons déménagé à Nantes pour .... dans un superbe duplex !
5. Zut, la baignoire de mon voisin a débordé, il y a eu une .... d'eau et maintenant tout est inondé chez moi.
6. Ce matin, il y a eu une .... car des orages avaient éclaté cette nuit, maintenant il est rétabli !
7. C'est le sigle pour « Habitation à loyer modéré » : c'est une ....
8. À Zurich, à Tokyo et à Paris, l'acquisition d'un bien .... devient compliquée pour les familles au revenu modeste.
9. Malgré la .... du logement, on a miraculeusement trouvé un superbe appartement au centre-ville.
10. Mon ami Pierre est .... : il vend de vieux meubles et de très beaux tableaux anciens.
11. Je me suis acheté un .... Louis XVI pour me reposer et me prendre pour un roi !
12. À la place d'un ordinateur, j'ai installé dans mon bureau un beau .... avec plein de tiroirs pour y ranger ma correspondance.
13. Le nouveau .... de la cuisine est immense, on peut y ranger toute la vaisselle.
14. Je cire régulièrement mon .... pour qu'il soit brillant et lustré.
15. J'ai posé des .... aux fenêtres de mon salon pour atténuer les rayons du soleil.
16. Mon .... a eu son pied abîmé, donc je l'ai remplacé par un lustre au plafond.
17. La menorah est une sorte de .... à sept branches utilisé dans la tradition juive.
18. Mon .... est magnifique, il y pousse des haricots, des tomates et de bonnes laitues !
19. Par contre, mon .... souffre : les cerisiers sont morts et les pommiers sont pourris.

20. Je dois absolument .... mon jardin pour enlever les herbes trop envahissantes.

21. Je taille mes rosiers avec un .... afin que l'année prochaine ils soient splendides.

22. J'utilise ma .... pour transporter la terre. En même temps, elle fait la joie de mes enfants apprentis-jardiniers.

23. Je dois m'acheter une ...., peu bruyante si possible, pour couper l'herbe de mon jardin.

24. J'ai un petit .... pour donner à boire à mes plantes qui poussent sur mon balcon.

25. J'ai acheté au bazar d'Istamboul des .... persans venant d'Ispahan, ils sont magnifiques !

Expressions

26. Tu as réussi ta licence, on va .... ça ! Va chercher le champagne !

27. J'ai voulu séduire une personne qui m'a totalement ignorée, je me suis pris un .... !

28. Ça fait des .... qu'on ne s'est pas vus, quelle joie de te revoir !

29. Rien ne va plus entre ces deux amoureux, il y a de l'..
....

30. Pourquoi tu cries sur .... que je vais me marier, cela ne regarde que moi ! Quelle indiscrétion !

Mon score : .... /30

6 • L'environnement géographique

A. La ville

« Les agglomérations » 42

Quand une ville est le centre administratif, économique et culturel d'un pays, elle ne cesse de **croître** et de **prospérer**, attirant les richesses et une population **urbaine** de plus en plus nombreuse. On distingue alors plusieurs types d'**agglomérations** de taille plus ou moins grande : la **localité**, qui présente une concentration d'habitations peu importante, puis la **métropole**, qui peut être soit la ville principale d'une région soit la **capitale** du pays ; enfin la **mégalopole**, sorte de ville **tentaculaire** qui s'étend sur un très vaste territoire. Dans les villes qui **comptent** un nombre incalculable d'habitants, c'est-à-dire une **cohue** intense, les autorités ont des difficultés à **recenser** l'ensemble de la population, à réduire la pollution et à contenir les **embouteillages**. A contrario, les **municipalités** en zone rurale **se dépeuplent** par manque d'attractivité. Comment expliquer cette irrésistible attraction des mégapoles ? Peut-être, ce qui fait leur charme, outre les opportunités professionnelles, c'est le mode de vie **citadin** qu'on y adopte et l'aspect **cosmopolite** que l'on y trouve. Paris semble en être l'illustration parfaite.

182. S'EXERCER Reliez chaque définition au mot correspondant.

a. Agglomération urbaine très importante nommée aussi « mégapole ».

b. Qui comprend des personnes du monde entier.

c. Qui se développe dans toutes les directions, de façon envahissante et peu maîtrisée.

d. Devenir plus grand, plus nombreux et plus intense.

e. Foule nombreuse et tumultueuse.

f. Petite ville ou lieu précisément déterminé.

1. la cohue
2. cosmopolite
3. croître
4. la localité
5. la mégalopole
6. tentaculaire

183. S'EXERCER Soulignez la bonne réponse.

a. Tananarive est la *municipalité – cité – capitale* de Madagascar.

b. Dans le monde entier, les agglomérations *urbanistes – urbaines – citadines* ne cessent de croître.

c. Vientiane, la capitale du Laos, *calcule – compte – conte* environ 800 000 habitants.

d. Los Angeles est l'une des villes du monde où il y a le plus *de bouchonnages – d'emboutissages – d'embouteillages*.

e. Les *acropoles – métropoles* – monopoles* ne cessent de *protester – prospérer – prospecter* alors que les petites localités en périphérie se *découragent – dépeuplent – déshabillent*.

f. Pour connaître le nombre d'habitants d'un pays, il faut *reconnaître – regarder – recenser* sa population.

* Ne pas confondre « une métropole » (= grande ville) avec « la Métropole » (= territoire français situé en Europe, en opposition aux territoires français d'outre-mer).

6 • L'environnement géographique

184. RÉVISER Complétez le tableau avec les mots qui conviennent.

Verbe	Nom	Adjectif
recenser	le recensement	recensé(e)
	la croissance	crû(e)
embouteiller		embouteillé(e)
	le dépeuplement	dépeuplé é(e)
localiser		local(e)
	la prospérité	prospère
urbaniser	l'urbanisation	

185. SE TESTER Vrai ou faux ? Si faux, justifiez votre réponse.

a. Une agglomération est une concentration d'habitations qui forme une ville.

→ ....→ ....

b. Si vous menez une vie citadine, c'est que vous vivez à la campagne.

→ ....→ ....

c. Le dimanche soir, il faut éviter la cohue des retours de week-end dans la capitale.

→ ....→ ....

d. Une ville cosmopolite est une ville où vivent des gens du monde entier.

→ ....→ ....

e. « Mégapole » est le synonyme de « mégalopole ».

→ ....→ ....

f. Une métropole tentaculaire est une cité pleine de tentations.

→ ....→ ....

 « Paysages urbains » 🔊 43

> Jamais uniformes, les villes sont composées de **quartiers** aux ambiances contrastées : certains sont **résidentiels**, c'est-à-dire calmes et verts, d'autres **populaires**, c'est-à-dire animés et commerçants. Tout dépend de la topographie et du développement historique : géographiquement, une ville peut, comme Québec, se diviser en **haute-ville** et **basse-ville** ou alors, comme Paris, être traversée par un fleuve. À ce moment-là, on parle de **rive gauche** et de **rive droite**. Du point de vue historique, dans les villes **fortifiées**, on trouve souvent sur les hauteurs une **citadelle** à caractère militaire et un centre plus bourgeois qui, lui, est entouré de **faubourgs** aux ambiances diverses, soit tranquilles soit **grouillants** de monde. Dès le XVIIIe siècle, on aménage **intra-muros**, c'est-à-dire dans la vieille ville, des espaces verts tels des **squares**, des jardins, des **esplanades**, ainsi que des promenades arborées et de vastes parcs à l'emplacement des **remparts** démolis. Avec l'augmentation de la population au XXe siècle, la ville s'étend **extra-muros** en multipliant les habitations en **banlieue** dont certaines vont se transformer en **cités-dortoirs** où la sinistre devise est « métro-boulot-dodo ».

A. La ville

186. S'EXERCER Complétez les phrases avec les mots qui conviennent.

a. Entourées de magnifiques ...., Avignon, Aigues-Mortes et Langres font partie des plus belles villes .... de France.

b. Dans les villes anciennes, le quartier historique se trouve en majeure partie .... et la banlieue est située par définition ....

c. J'adore les espaces verts du centre-ville, notamment les .... où il fait bon retrouver un petit bout de nature et de fraîcheur.

d. Je préfère mon quartier ...., qui est très animé et plein de restaurants et de magasins, aux quartiers .... où je m'ennuie car j'adore le mouvement.

e. Depuis les années 70, on construit à la périphérie des villes des .... où pendant la journée personne ne travaille.

f. Dans les quartiers d'affaires, à la sortie des bureaux, les rues sont .... de monde.

187. S'EXERCER Soulignez la bonne réponse.

a. En plus de la haute-ville, la ville de Fribourg en Suisse possède une *ville-moyenne – basse-ville* très pittoresque.

b. À Paris, la tour Eiffel est située à gauche de la Seine et le Sacré Cœur à droite, donc la première se trouve *rive droite – rive gauche*, et le deuxième *rive droite – rive gauche*. Il faut le savoir !

c. La ville fortifiée de Carcassonne est la plus célèbre *esplanade – citadelle* de France métropolitaine.

d. Pour accéder au centre administratif des villes historiques, on traverse généralement des *faubourgs – bourgades*.

e. C'est la place la plus visitée de France : il s'agit de l'*escalade – esplanade* des Invalides.

188. RÉVISER Reliez les noms aux adjectifs correspondants.

a. La fortification
b. Le grouillement
c. La popularité
d. La résidence
e. Le faubourg
f. La banlieue

1. résidentiel(le)
2. faubourien(ne)
3. populaire
4. banlieusard(e)
5. grouillant(e)
6. fortifié(e)

189. SE TESTER Devinettes : De quoi parle-t-on ?

a. Si après le boulot et le métro vous ne faites qu'y dormir, c'est que vous y habitez.
   → ....

b. C'est une expression qui vient du latin et qui signifie « hors de la ville ».
   → ....

c. La rue, quand elle ressemble à une fourmilière, l'est. Et c'est le contraire de « désert ».
   → ....

6 • L'environnement géographique

d. C'était une forteresse militaire qui dominait une ville et abritait souvent une prison.

→ ....

e. Si vous aimez la tranquillité et préférez les jardins, vous y habiterez certainement !

→ ....

« Les rues » 🔊 44

Le promeneur découvre une ville à travers ses nombreuses rues : en quittant un grand boulevard, il s'aventurera dans une minuscule **ruelle** qui, parfois, finit en **cul-de-sac**. En faisant demi-tour, il s'engagera dans un **passage couvert** où, à l'abri de la pluie, il fera du **lèche-vitrines**. En forçant le pas, il rejoindra les **quais** au bord d'une rivière en longeant un **cours**, qui est une sorte d'avenue plantée d'arbres. De temps à autre, il s'arrêtera à un **feu** avant de traverser un carrefour sur un **passage piéton** ou clouté. Il arrivera dans une rue piétonne où les trottoirs, les **caniveaux** d'où l'eau s'écoule et la **chaussée** sont supprimés pour la plus grande joie des habitants du quartier. Là, il croisera un groupe de **badauds** qui observe un spectacle de rue. Mais le plus beau, c'est la nuit, pendant laquelle les **noctambules** flânent dans les rues **pavées**, éclairées par des **réverbères**. Les promeneurs éviteront cependant les rues **malfamées**, donc potentiellement dangereuses, ainsi que les **boulevards périphériques** et les **ronds-points** où la circulation trop dense est risquée pour le piéton ou le cycliste. Alors, **flâneurs** de tous pays, flânez à votre guise dans les plus belles villes du monde !

190. S'EXERCER Reliez les définitions aux mots correspondants.

- **a.** Une rue sans issue
- **b.** Une voie publique aménagée le long d'un cours d'eau
- **c.** Une avenue souvent historique servant de promenades
- **d.** La bordure d'une rue qui sert à évacuer les eaux de pluie
- **e.** La partie d'une rue où circulent en général les voitures
- **f.** Un promeneur curieux qui s'attarde à regarder le spectacle de la rue
- **g.** Une personne qui se promène et se divertit la nuit
- **h.** Une sorte de lanterne sur pied qui sert à éclairer les rues

- **1.** un badaud
- **2.** un caniveau
- **3.** une chaussée
- **4.** un cours*
- **5.** un cul-de-sac
- **6.** un noctambule
- **7.** un quai
- **8.** un réverbère

*Ne pas confondre un cours (= une avenue) avec : cours ! (impératif de courir), un cours de français, un cours d'eau, le cours de l'histoire et le cours des valeurs boursières.

191. S'EXERCER Soulignez la bonne réponse.

a. Pour contourner la ville, vous prendrez le *grand boulevard – boulevard périphérique*.

b. Les piétons ayant la priorité, les automobilistes sont obligés de s'arrêter au *lieu – feu* rouge.

c. Quel bonheur de flâner sous les passages *piétons – couverts* quand il y a un orage !

d. Quand je suis à Bordeaux, j'adore faire du *léchage de vitrines – lèche-vitrines* pour admirer les devantures des boutiques.

e. Le *planeur – flâneur* prend le temps de se promener dans les *ruisseaux – ruelles* de la vieille ville.

f. Même si les rues sont parfois *affamées – malfamées*, le fait d'être *pavées – goudronnées* les rend charmantes.

g. En périphérie des villes, on a multiplié les *carrefours – ronds-points* pour faciliter la circulation.

A. La ville

192. RÉVISER Complétez les phrases avec les mots manquants.

a. Ce n'est pas parce que vous traversez sur un ....
   que vous ne devez pas surveiller la circulation !

b. Si vous voulez vous rendre en voiture de l'autre côté de la ville, ne perdez pas de temps : prenez le
   .... !

c. Vous adorez les ambiances de nuit ; les bars et les discothèques sont votre univers ; vous êtes un(e) vraie(e)
   ....

d. À Noël, j'adore faire du .... pour découvrir les magnifiques décorations
   des grands magasins.

e. Quand je circule en voiture, je déteste les ....,
   car je rate toujours la bonne sortie.

f. J'aime marcher librement devant moi, au gré de ma fantaisie, je suis un .... dans l'âme !

193. SE TESTER Devinettes : De quoi parle-t-on ?

a. Il est curieux de nature, dans la rue le moindre incident le fait s'arrêter.
   → ....

b. Montrez-le aux chiens pour qu'ils apprennent à ne plus salir les trottoirs !
   → ....

c. Un quartier peut l'être s'il est fréquenté par des voleurs ou des voyous.
   → ....

d. C'est un synonyme rigolo pour désigner une impasse, c'est-à-dire une voie sans issue.
   → ....

e. S'ils tombent en panne, vous devrez utiliser une lanterne ou une lampe de poche sur la voie publique.
   → ....

f. Les rues recouvertes d'asphalte ne le sont plus et c'est bien dommage, car c'est charmant !
   → ....

« Quelques expressions usuelles »

Avoir pignon sur rue
= être dans une situation aisée
Mettre à la rue
= renvoyer quelqu'un de son domicile
Jeter un pavé dans la mare (fam) = provoquer un événement inattendu qui trouble une situation tranquille

Courir/ça court les rues (fam) = c'est quelque chose de banal que l'on a l'habitude de voir
Finir dans le caniveau = se retrouver au plus bas de l'échelle sociale après une période de prospérité
La Ville Lumière = Paris
La Ville Éternelle = Rome

6 • L'environnement géographique

194. À VOUS ! Corrigez les erreurs qui se sont glissées dans les phrases suivantes.

a. Gilberto a maison sur place depuis que son entreprise est florissante et compte de nombreux clients.

→ ....

b. Après avoir perdu son poste et tous ses appuis, le/la PDG a atterri dans la rue ; c'est bien fait pour lui/elle car il/elle n'était pas du tout sympa !

→ ....

c. En disant qu'il fallait taxer le kérosène, le ministre de l'environnement a jeté un caillou dans la mer.

→ ....

d. Le fait de se désintéresser de la politique est un phénomène qui désormais marche partout.

→ ....

e. Si vous cessez de payer votre loyer, votre propriétaire risque de vous jeter sur le boulevard !

→ ....

f. La capitale italienne est la ville Étincelle et la capitale française se surnomme la ville Réverbère.

→ ....

B. La campagne

 « Paysages » 45

Quel beau paysage que je découvre depuis cette **butte** sur laquelle je suis montée par un **chemin de terre caillouteux** ! D'un côté, une **plaine** recouverte de **prairies verdoyantes** et de l'autre, une campagne **vallonnée** d'où se détachent des **collines boisées**. Voilà qui donne un aspect **champêtre** au paysage ! Il est vrai que j'aime **longer** des **sentiers sinueux** qui font de légers virages à travers ce décor **campagnard** et me promener à l'ombre des **arbustes** qui **bordent** la rivière. Mais parfois, pour aller plus vite, je prends un **raccourci** à travers champs. Conquise par cette belle nature, il m'est impossible de croire à l'exode **rural**...

195. S'EXERCER Soulignez la bonne réponse.

a. Un chemin de *fer – terre – verre* relie la ferme au moulin.
b. On nomme *arbustes – branchages – troncs* des arbres de petite taille.
c. Les platanes *bordent – bornent – bougent* les routes départementales françaises.
d. Tu as pris le *raccord – raccordement – raccourci* pour gagner deux kilomètres au cours de ta randonnée.
e. J'ai pris le *quai – sentier – trottoir* pédestre à travers les *autoroutes – buttes – prairies* pour rejoindre le château de ma mère.

B. La campagne

f. Une immense exploitation *citadine – campagnarde – rurale* vient d'être construite dans la *pampa – plaine – pleine* de cette région ukrainienne.

g. Elle m'a dit d'aller la rejoindre au sommet de la *colline – commune – rivière* avec un bouquet d'églantines.

h. Il vous faut *larguer – longer – louper* le canal pour parvenir à l'écluse qui retient l'eau.

196. S'EXERCER Reliez les adjectifs à leur explication.

- **a.** Caillouteux(-euse)
- **b.** Verdoyant(e)
- **c.** Vallonné(e)
- **d.** Boisé(e)
- **e.** Champêtre
- **f.** Sinueux(-euse)

- **1.** qui est couvert de forêts
- **2.** qui est recouvert d'un tas de petites pierres
- **3.** qui est relatif à la nature cultivée et non à la forêt sauvage
- **4.** qui fait des courbes irrégulières
- **5.** qui présente des paysages sans plaines mais avec des collines
- **6.** qui possède une végétation intense

197. RÉVISER Retrouvez dans l'encadré un mot plus précis pour le(s) terme(s) souligné(s).

a. J'ai monté le <u>chemin étroit pour les marcheurs et les bêtes</u> pour arriver en haute de cette <u>petite colline</u>.
→ ....

b. Cette allée <u>suit</u> le bord du ruisseau jusqu'au moulin.
→ ....

c. Avec mes chaussures de ville, il m'est difficile de marcher sur des chemins <u>recouverts de petites pierres et de gravier</u>.
→ ....

d. Mon grand-père possédait un domaine <u>à la campagne</u> dans les Pyrénées.
→ ....

e. J'ai fait pousser des <u>arbres de moins de sept mètres</u> autour de ma piscine pour être tranquille.
→ ....

198. SE TESTER Devinettes : De quoi parle-t-on ?

a. Elle est étendue, plate et souvent recouverte de champs.
→ ....

b. C'est bien pratique d'en trouver un quand on vient de marcher 20 kilomètres et que l'on souhaite rentrer plus vite.
→ ....

c. Les prés le sont quand la végétation est verte et riche.
→ ....

d. Outre le paysage, le vin et le parfum peuvent l'être.
→ ....

e. Son contraire est « droit », son synonyme est « tortueux ».
→ ....

6 • L'environnement géographique

« Vivre à la campagne »

Comme nous avons décidé d'acheter une **résidence secondaire** à la campagne, nous hésitions sur le lieu : un **bourg**, petite ville de province ? Un **hameau**, minuscule village sans mairie ni église ? Ou alors un **lieu-dit**, c'est-à-dire une maison isolée ?
Nous hésitions également sur le type d'habitat : un **mas**, genre de ferme provençale ? Un **manoir**, ressemblant à un petit château champêtre ?
Ou alors une **chaumière**, maison rustique normande ? Finalement, nous avons opté pour une **ferme** dotée d'une **grange** remplie de **foin**. Quelle aubaine ! Notre vache Clémentine et son petit veau Hugo ont leur **étable**, notre poulain Romain a une **écurie** à sa disposition, nos trois poules Odette, Colette et Zézette ont leur **poulailler** où elles pondent leurs œufs fermiers, nos deux lapins Pimprenelle et Nicolas peuvent se réfugier dans leur **clapier**. Depuis, pour nous, le bonheur se trouve dans le **pré** !

199. S'EXERCER Complétez les phrases avec les mots qui conviennent.

a. Nos vaches broutent de l'herbe dans le ....

b. Pour fuir la pollution le week-end, de plus en plus de citadins choisissent une .... à la campagne ou en bord de mer.

c. Pour éviter de se faire manger par les renards, les poules doivent rentrer au .... à la tombée de la nuit.

d. En Normandie, on dit que dans la vie, « il suffit d'une .... et de deux cœurs » pour être heureux, même si on habite un manoir.

e. Dans notre .... , nos vaches sont bien au chaud et bien traitées car elles écoutent *le Carnaval des animaux* de Saint-Saëns nuit et jour !

f. On stocke le .... dans notre .... , qui sert également à ranger le tracteur.

g. Nous n'habitons pas le village même, mais à l'écart dans un petit .... composé de cinq maisons.

200. S'EXERCER Vrai ou faux ? Si faux, justifiez votre réponse.

a. Les bourgs ne sont ni de grandes villes ni des villages.
   → .... → ....

b. L'écurie est un local pour les chèvres et les moutons.
   → .... → ....

c. Le mas est une ferme bretonne.
   → .... → ....

B. La campagne

d. La ferme est une exploitation agricole.

→ .... → ....

e. Les poules ne sont pas admises dans les clapiers.

→ .... → ....

f. Le manoir est un chalet en montagne.

→ .... → ....

g. Un lieu-dit est un endroit isolé et loin de toute vie humaine.

→ .... → ....

201. RÉVISER Repérez le mot incorrect et remplacez-le par celui qui convient.

a. L'agriculteur a stocké sa récolte de foin dans son clapier.

→ ....

b. Les ânes ont leur propre box dans le poulailler.

→ ....

c. Comme nous avons une âme de prince et de princesse, nous avons toujours rêvé d'avoir une cabane.

→ ....

d. Comme vous souhaitez quitter votre appartement du centre-ville, vous avez acquis une habitation primaire en bordure de mer.

→ ....

e. Jeannette, notre lapine, a donné naissance à des lapereaux dans son écurie.

→ ....

202. SE TESTER Charades : De quels mots parle-t-on ?

a. Mon premier est la première lettre de l'alphabet ; vous étudiez les seconds dans ce livre ; mon tout est un minuscule village.

→ ....

b. Mon premier est un adjectif possessif au féminin singulier ; mon second est le contraire de « blanc » ; mon tout est une résidence élégante.

→ ....

c. Mon premier relie deux mots ; vous déjeunez sur mon deuxième ; mon tout est le logement pour les bœufs.

→ ....

d. On prononce l'accent aigu sur mon premier ; mon second est un terme très familier ou même vulgaire pour parler des fesses ; mon troisième est un aliment très populaire en Asie ; mon tout est le lieu de repos des chevaux.

→ ....

e. Mon premier est le contraire de « froid » ; mon second suit le ré ; on respire mon troisième ; mon tout est une petite maison rustique, couverte d'un toit de chaume.

→ ....

6 • L'environnement géographique

« Les travaux ruraux »

Depuis notre arrivée à la ferme, que de boulot ! D'abord, tous les champs étant **en friche**, on a dû les **labourer** pour y installer nos **plantations** et un petit **vignoble**. Ensuite, au milieu de l'été, il a fallu **faucher** l'herbe pour la faire sécher et en faire des **meules** de foin. Une fois cela terminé, il était urgent de **moissonner** les champs de **céréales** dont le **blé** pour notre farine bio, le **seigle** pour fabriquer notre pain complet, l'**orge** pour nourrir nos animaux et, bien sûr, l'**avoine** dont raffole notre âne Zébulon. Enfin, pendant ce temps, il a fallu continuer de s'occuper du **bétail**, de **traire** les chèvres et de les mener au **pâturage** pour **paître** l'herbe fraîche.
Ce quotidien nous convient très bien, car nous fabriquons notre pain et notre vin, aliments sains qui ne coûtent rien !

203. S'EXERCER Soulignez la bonne réponse.

a. Le meunier, pour faire sa farine, moud son *blé – pré*.

b. J'ai dû désherber mes champs en *culture – friche* pour y installer mon *vigneron – vignoble*.

c. L'été, les agriculteurs *foisonnent – moissonnent* les champs de blé pour récolter le grain des céréales.

d. Pour la fabrication de la bière, les brasseurs utilisent *de l'orge – du seigle*.

e. La fermière bio *bouge – laboure* la terre avec des outils manuels.

f. En Martinique, il y a de magnifiques *plantations – plantoirs* de canne à sucre.

g. Comme je n'ai pas de tondeuse, il a fallu que je *fauche – fore* mon champ à la main.

h. Le berger mène ses chèvres et ses moutons sur les beaux *pèlerinages – pâturages* alpestres.

204. S'EXERCER Choisissez dans la liste les mots qui correspondent aux définitions suivantes :

l'avoine (f.) – le bétail – les céréales (f.) – la meule – paître – traire.

a. Plantes dont les grains sont la base de l'alimentation de l'homme :

→ ....

b. Ensemble des animaux de la ferme :

→ ....

c. C'est quand les veaux et les agneaux broutent l'herbe directement dans les prés :

→ ....

d. Tas de foin ou de céréales après la coupe ou la moisson :

→ ....

e. Tirer le lait en pressant le pis de la vache, de la brebis ou de la chèvre :

→ ....

f. Plante qui sert à nourrir les chevaux et les ânes, on la consomme aussi sous forme de flocons dans le muesli :

→ ....

B. La campagne

205. RÉVISER Reliez les éléments qui correspondent.

a. La canne à sucre • • 1. en friche
b. L'âne ou le cheval • • 2. l'avoine
c. Le foin • • 3. l'orge
d. La bière • • 4. traire
e. Un jardin ou un champ • • 5. une meule
f. Le lait • • 6. une plantation

206. SE TESTER Devinettes : De quoi parle-t-on ?

a. Il englobe les troupeaux de vaches, de moutons et de chèvres.

→ ....

b. Pour l'herbe, son synonyme est « couper ».

→ ....

c. Si vous ne le faites pas en profondeur, votre champ reste en friche.

→ ....

d. En été, c'est le lieu préféré des vaches, des moutons et des chèvres.

→ ....

e. Il suffit d'y ajouter une lettre pour ne pas être « ignoble ».

→ ....

> **« Quelques expressions usuelles »**
>
> **Prendre la clef des champs** = s'enfuir
> **Être bête à manger du foin** = être très bête
> **Couper l'herbe sous le pied à quelqu'un**
> = empêcher quelqu'un de faire quelque chose
> **Tuer la poule aux œufs d'or** = perdre tout l'argent qu'on aurait pu gagner plus tard
>
> **Il ne faut pas mettre la charrue avant les bœufs**
> = il ne faut pas commencer par ce qui devrait être fait après
> **Ça fait pleurer dans les chaumières**
> = cela va émouvoir un public naïf
> **Être fauché(e) comme les blés** = être sans argent

207. À VOUS ! Complétez les phrases suivantes en utilisant l'une des expressions ci-dessus.

a. Comme il a volé plusieurs milliards d'euros dans la caisse, Carlos a dû ....

b. Mon article scientifique était terminé et prêt pour la publication, mais mon directeur de recherche m'a .... en le publiant sous son nom.

c. Cette actrice serait ruinée, battue et au chômage. Elle vient de sortir une autobiographie « grand public » et cela ....

d. Pour gagner rapidement quelques centaines d'euros, cet ingénieur .... en vendant une invention qui a eu un grand succès commercial. Il aurait dû attendre !

e. Monsieur Pénombre se fait sans cesse manipuler par son entourage privé et professionnel tant il est ....

....

6 • L'environnement géographique

f. Après une nuit malchanceuse passée au Casino à perdre jusqu'à votre dernière chemise, vous serez
....

g. Tu veux parler tout de suite comme un francophone, mais tu n'as pas encore le niveau nécessaire. Fais d'abord tous les exercices de *Pratique Vocabulaire B2* car on le sait bien : ....
.... !

C. La mer

 « La mer et ses mouvements »

La mer nous impressionne par ses aspects changeants. En Méditerranée ou en Polynésie, elle fascine surtout par son bleu **turquoise** alors que sur la côte Atlantique, vous serez frappé(e) par l'écart très important entre le flux, à savoir la **marée montante** pendant laquelle les vagues **déferlent** sur la plage, et le reflux, c'est-à-dire la **marée descendante** qui est le moment où la mer **se retire**.
Par beau temps, la mer est tellement **étale**, c'est-à-dire plate, qu'on a l'impression qu'elle est **d'huile**. En revanche, par mauvais temps, elle devient agitée et, pire encore, **démontée**, quand les **flots** sont déchaînés. Lorsque vous vous baignez, méfiez-vous des **courants** qui pourraient vous **emporter au large**. Si vous êtes **en pleine mer** sur un petit bateau, attention au **mal de mer** si elle devient **houleuse**. Enfin, vous qui êtes surfeur ou véliplanchiste, profitez des **crêtes** et des **creux** pour glisser au milieu des vagues. Quel plaisir !

208. S'EXERCER Complétez les phrases avec les mots qui conviennent.

a. Comme la mer était déchaînée lors de la traversée, j'ai eu des nausées terribles, c'est ce qu'on appelle avoir ....

b. Viens voir ce j'ai découvert sur le rivage : une petite pierre ....
dont la couleur passe du bleu au vert. Une vraie merveille !

c. N'oubliez pas votre grand-mère sur la plage lors de la ....,
sinon elle aura les pieds mouillés !

d. À la sortie des bureaux, il y a des .... de voyageurs dans les couloirs du métro, comparables à ceux de la mer qui sont en mouvement.

e. L'aquarelliste adore peindre la mer avec ses vagues et l'écume qui se forme sur leurs ....
....

f. C'est affreux de voir que les bouteilles en plastique jetées sur les côtes sont ....
.... et finissent par polluer les profondeurs de l'océan.

C. La mer

209. S'EXERCER Soulignez la bonne réponse.

a. Quand je fais un plongeon dans le *courant – creux* d'une vague de deux mètres, je me sens tout petit, mais quel plaisir !

b. Lors d'une tempête, une mer ne peut être *d'huile – de vinaigre*, elle est forcément *déterrée – démontée*.

c. Quand la mer se *replie – retire*, on voit que c'est la marée *ascendante – descendante*.

d. Ce soir, la mer est très calme et ses flots *débarquent – déferlent* doucement sur les galets de la plage.

e. Dans un lac, il y a peu de vagues, il est donc plus souvent *étale – étanche* que la mer.

f. Notre navire est balancé et ballotté par d'immenses vagues sur un océan *houleux – orageux*.

210. RÉVISER Vrai ou faux ?

a. Une mer d'huile est parfaitement étale.	☐ vrai	☐ faux
b. Les flots sont une grande pluie intense.	☐ vrai	☐ faux
c. Le creux s'oppose à la crête de la vague.	☐ vrai	☐ faux
d. Au moment où la mer se retire, elle ne s'éloigne pas du rivage.	☐ vrai	☐ faux
e. Quand la mer est houleuse, elle est agitée par des vagues.	☐ vrai	☐ faux

211. SE TESTER Charades : De quels mots parle-t-on ?

a. Mon premier est un petit cube que l'on jette au jeu ; mon second est une petite montagne ; mon troisième est une boisson asiatique ; mon tout est une mer très agitée.

→ ....

b. Mon premier était tranché par une guillotine ; mon second est l'impératif du verbe « rendre » ; mon tout est un mouvement rapide de l'eau.

→ ....

c. Mon premier est le pluriel de « un » ; mon second est un métal blanc ; mon troisième est le pluriel de « le » ; mon tout est un verbe pour indiquer l'arrivée des vagues roulant sur le rivage.

→ ....

d. Mon premier est le contraire de « bien » ; mon second est le petit mot qui manque entre « fruits » et « mer » ; mon troisième peut être votre maman ou un élu à la tête de votre commune ; mon tout est un malaise provoqué par la houle.

→ ....

6 • L'environnement géographique

« Le littoral »

Le vacancier peut profiter d'un **littoral** français extrêmement varié. Il pourra longer un **rivage**, où se succèdent plages de sable et plages de **galets**. Si le vent se lève, il trouvera refuge derrière une **dune**. S'il préfère la vraie tranquillité, il ira à la recherche d'une **crique** cachée entre des **falaises** abruptes, comme celles des *Calanques de Cassis*. Sinon, c'est souvent au bout d'une **presqu'île** qu'il découvrira de petites **baies** ouvertes sur l'océan pour se baigner en toute quiétude. Mais surtout, ce qui fait rêver, ce sont les **lagunes** situées dans les lointains **archipels d'outre-mer**. On peut y pratiquer sereinement la plongée dans les **récifs** de corail, à moins que vous ne pensiez au réchauffement climatique qui malheureusement met en danger ces beautés de la nature.

212. S'EXERCER Relevez dans l'encadré les mots qui correspondent aux définitions suivantes.

a. Qui se trouve de l'autre côté des océans. → ....

b. C'est un petit golfe ouvert sur le large. → ....

c. C'est un rocher dangereux dans la mer. → ....

d. Il s'agit d'un caillou que l'on trouve sur le rivage, poli par le frottement de l'eau. → ....

e. Partie de la terre qui borde une mer ou un lac. → ....

f. Petite plage cachée où l'on peut se baigner très discrètement. → ....

213. S'EXERCER Remplacez l'intrus souligné par le mot qui convient.

a. Le <u>récif</u> français a été doté d'une zone de protection afin d'éviter les constructions touristiques sauvages qui détruisent les paysages côtiers.

→ ....

b. La Polynésie française est composée de cinq <u>archétypes</u>, dont celui des Marquises.

→ ....

c. Ces collines de sable fin que l'on trouve en grand nombre dans le Sahara se nomment des <u>oasis</u>.

→ ....

d. Les <u>malaises</u> d'Étretat sont les plus belles qui ornent les côtes normandes.

→ ....

e. L'étendue d'eau qui se trouve entre deux bandes de terre s'appelle une <u>lacune</u>. La plus célèbre est celle de Venise.

→ ....

f. Il existe des bouts de côtes qui sont à peine attachés à la terre ferme, ce sont des <u>îlots</u>.

→ ....

C. La mer

214. RÉVISER Soulignez la bonne réponse.

a. Au Viêt Nam, la *baie – plaine* d'Ha Long avec ses jonques* qui voguent sur la mer est une merveille de la nature.

b. Pour enfiler votre maillot de bain en toute discrétion, mettez-vous derrière une *lune – dune*.

c. Le *littéral – littoral* méditerranéen est bordé de beaux vignobles où se cachent de charmants villages.

d. Par rapport à la métropole, l'île de la Réunion est un département *d'outre-mer – d'outre-tombe*, situé dans l'océan Indien.

e. En Grèce, grâce à une géographie exceptionnelle, on peut découvrir des dizaines d'*archiduchesses – archipels* tous plus beaux les uns que les autres.

f. Par temps de brouillard, il arrive souvent que des paquebots fassent naufrage sur des *récits – récifs* comme l'a fait le *Titanic* sur un iceberg.

* Une jonque est un bateau typique de l'Extrême-Orient.

215. SE TESTER Devinettes : De quoi parle-t-on ?

a. Vous pouvez y faire escale avec une petite barque et vous y reposer comme bon vous semble.

→ ....

b. Si vous aimez les plages sablonneuses, vous n'allez guère les apprécier parce qu'ils sont trop durs.

→ ....

c. Son adjectif est lagunaire, quel est son nom ?

→ ....

d. Vous vous y trouvez quand vous êtes au bord de la mer ou d'un lac.

→ ....

e. N'y montez pas avec des personnes qui veulent se suicider de peur qu'il n'arrive un malheur !

→ ....

« La vie au port » 50

Dans les ports, la vie est trépidante. Des pêcheurs **amarrent** leurs **chalutiers** dans le port **de pêche** pour y débarquer leurs cargaisons du jour qui seront vendues à **la criée**, sorte de grand marché où l'on trouve poissons frais, crustacés et fruits de mer. Plus loin, des **plaisanciers mouillent l'ancre** dans le port **de plaisance**, les uns avec leurs **yachts** s'ils aiment **voguer** tranquillement et les autres avec leurs **hors-bords** s'ils préfèrent la vitesse. D'autres encore y **font escale** au gré des vents avec leurs beaux **voiliers**. Dans les **docks** situés dans l'**embouchure** du fleuve voisin, de gros cargos déchargent leur marchandise et les armateurs font réparer leurs navires. Sur les quais, des paquebots **débarquent** et **embarquent** des touristes. Enfin, sur les chantiers **navals**, on construit les bateaux du futur. Mais pour les amoureux du monde maritime, le symbole le plus important reste le **phare** au bout de la **digue** qui domine la mer et rayonne dans la nuit.

6 • L'environnement géographique

216. S'EXERCER Soulignez la bonne réponse.

a. Les vacanciers aiment amarrer leur bateau dans les charmants ports de *commerce – pêche – plaisance* qui bordent les côtes méditerranéennes.

b. À l'aube, les pêcheurs vident leurs filets chargés de poissons qui sont attachés à l'arrière de leurs *chalutiers – péniches – voiliers*.

c. En juillet, nous voguons calmement de port en port en Corse avec notre *canot – hors-bord – yacht*.

d. Depuis le rivage, on découvre de nombreux bateaux de plaisance qui *amarrent – mouillent – vident* l'ancre dans la baie.

e. Dans le port de Madère, il y a des flots de touristes qui *débarquent – embarquent – remorquent* sur les bateaux de croisière pour se rendre aux Canaries.

f. Les passionnés de paquebots font souvent *escalade – escale – escalope* au port de Saint-Nazaire afin de visiter les chantiers *banals – fatals – navals* où l'on construit les bateaux du futur.

217. S'EXERCER Vrai ou faux ? Si faux, justifiez votre réponse.

a. Une digue est une avancée (de béton) dans la mer pour protéger le port des vagues en cas de tempête.
→ .... → ....

b. Le phare est un point de repère pour les conducteurs de trains.
→ .... → ....

c. Les docks sont à la fois un lieu où l'on répare les bateaux, et où l'on stocke les marchandises déchargées des cargos.
→ .... → ....

d. Si l'on descend un fleuve de la source à l'embouchure, on arrive à la mer.
→ .... → ....

e. Un plaisancier est une personne qui fait des plaisanteries.
→ .... → ....

f. La criée est un lieu public où l'on vend du poisson en gros.
→ .... → ....

218. RÉVISER Reliez les éléments qui conviennent *(plusieurs réponses possibles)*.

a. amarrer •
b. débarquer •
c. embarquer •
d. faire •
e. mouiller •

• 1. l'ancre
• 2. une barque
• 3. les croisiéristes
• 4. une escale
• 5. les marchandises
• 6. sur un navire
• 7. du paquebot
• 8. un yacht

C. La mer

219. SE TESTER Barrez l'intrus.

a. Au Cap Fréhel, vous dégusterez avec délice un *far – phare* breton*.

b. À la *criée – poissonnerie*, nous avons acheté 35 kilos de sardines.

c. Les *chalutiers – hors-bords* sont utilisés par les marins qui se consacrent à la pêche.

d. Parfois à l'*embout – embouchure* des fleuves, des deltas se forment, comme ceux du Mississipi et du Nil.

e. Les *pêcheurs – plaisanciers* sont de grands amoureux de la mer, mais ils ne mouillent jamais l'ancre dans les docks.

f. En mer Égée, d'adorables dauphins *nagent – voguent* à côté des barques pour le plus grand plaisir des navigateurs et des plaisanciers.

* On distingue le far breton (le gâteau), le phare (l'édifice) et les phares (de la voiture) !

« Quelques expressions usuelles »

Avoir le pied marin
= être capable de se tenir sur un bateau balancé par les flots sans avoir le mal de mer
Arriver à bon port
= arriver à destination sans accident
Jeter une bouteille à la mer
= envoyer un message désespéré

Ce n'est pas la mer à boire
= ce n'est pas du tout difficile ni désagréable.
C'est une goutte d'eau dans la mer = c'est une chose sans importance ni conséquence
Être au creux de la vague
= traverser une période difficile

220. À VOUS ! Corrigez les erreurs qui se sont glissées dans les expressions suivantes.

a. Notre avion a eu une panne de moteur, ses réacteurs ont brûlé et le personnel s'est endormi ; pourtant nous sommes parvenus à bel aéroport, Dieu merci !

→ ....

b. Adopter un chat ou un chien pendant l'été, c'est une mer d'huile dans l'océan, mais c'est mieux que rien.

→ ....

c. Ce n'est pas drôle, tu n'as fait que vomir tout au long de la traversée : tu n'as vraiment pas l'estomac marrant !

→ ....

d. Faire tous les exercices de ce livre, ce n'est pas le père à croquer. Allez-y !

→ ....

e. Ce mannequin a pris vingt kilos après une dépression et se trouve aujourd'hui dans le trou de la marée.

→ ....

f. La ministre déléguée à la Francophonie a jeté un pichet de rouge dans le ruisseau afin que le français reste absolument la langue de la diplomatie malgré la domination de l'anglais.

→ ....

6 • L'environnement géographique

D. La montagne

 « Paysages montagneux »

Cet été, j'ai fait une expérience extraordinaire. J'ai choisi de suivre un troupeau de chèvres et de moutons lors de sa **transhumance** pour rejoindre les pâturages à plus de 1.800 mètres. Ceux-ci se situent sur un **haut plateau** entouré de montagnes **enneigées**. Quittant le village **au pied de** la montagne, on a avancé dans une vallée de plus en plus **encaissée**. L'**ascension**, qui dura douze heures, se fit à travers des **gorges** profondes et tout au long de **précipices** dangereux : un pas mal posé et c'était la chute ! On **gravit** des côtes **abruptes**, puis on **dévala** des **pentes** pour contourner des **éboulements** de terrain qui nous bloquaient le passage. À la fin, il a même fallu escalader des **parois rocheuses** pour parvenir péniblement à une **crête** qui nous mena enfin à destination : l'**alpage** dans toute sa splendeur !

221. S'EXERCER Indiquez le mot de l'encadré qui correspond aux définitions suivantes.

a. Pâturage de haute montagne en été pour un troupeau de chèvres, de moutons ou de vaches.

→ ....

b. Tas de terre et de rochers qui se détachent de la montagne en chutant.

→ ....

c. Partie allongée plus ou moins horizontale en haut d'une montagne.

→ ....

d. Adjectif qualifiant une vallée étroite bordée de deux montagnes qui se rapprochent fortement.

→ ....

e. Étendue de terrain assez plate en altitude.

→ ....

f. Passage très étroit entre deux montagnes.

→ ....

g. Migration saisonnière du bétail pour passer l'été en haute montagne avec un berger.

→ ....

222. S'EXERCER Soulignez la bonne réponse.

a. Les *gorges – parois rocheuses* sont le paradis des alpinistes et des aigles.

b. En été, sur les sentiers *abrupts – enneigés*, méfiez-vous des passages caillouteux et mouillés !

c. Tu as escaladé cette *fente – pente* très raide plus facilement que je ne croyais. Bravo !

D. La montagne

d. Après avoir *dévalé – gravi* cette montagne, il a eu la chance de découvrir un panorama exceptionnel.

e. Le village de Heidi se trouve au *pied – genou* d'une montagne impressionnante.

f. La première *admiration – ascension* du Mont Blanc s'est faite en 1786.

g. Si tu continues de me harceler, je te pousse dans le *précipice – préjudice*. Je plaisante bien sûr !

223. RÉVISER Transformez le mot selon l'indication.

Exemple : l'enneigement → adjectif : enneigé(e)

a. Pentu(e) → nom : ....
b. (S')ébouler → nom : ....
c. Abruptement → adjectif : ....
d. Transhumer → nom : ....
e. Un rocher → adjectif : ....
f. Précipiter → nom : ....

224. SE TESTER Devinettes : De quoi parle-t-on ?

a. Le chien du berger adore y monter avec le berger et ses bêtes.

→ ....

b. C'est stimulant quand vous le faites à toute vitesse après avoir gravi un volcan.

→ ....

c. Il vaut mieux ne pas être dessous au moment où il se produit, vous pourriez vous faire mal.

→ ....

d. Une vallée ou un fleuve peuvent l'être quand l'horizon n'est pas dégagé.

→ ....

e. C'est le déplacement traditionnel du bétail pour retrouver de l'herbe fraîche en été.

→ ....

« Sommets et forêts » 52

Accompagné(e) d'un guide expérimenté, j'ai décidé de faire l'ascension d'une montagne qui **culmine** à 4.000 mètres. Comme j'avais peur de l'escalade, j'ai choisi un sommet auquel on accède par une **arête** recouverte de **neiges éternelles**. Partis la veille, on a traversé une forêt **profonde** qui **s'étendait sur** des kilomètres. Ses **sous-bois** remplis de végétation étaient si **denses** que l'on arrivait à discerner le ciel que quand on débouchait sur une **clairière**. Il fallait s'enfoncer davantage dans les bois pour venir à bout de cette forêt **impénétrable**. Arrivés à **l'orée du bois**, la montagne se dressait devant nous et dominait toute la vallée. La montée a encore duré trois heures pour atteindre le **refuge** sur le **col** où nous avons passé la nuit. Le lendemain matin, la véritable ascension a commencé : d'abord on a traversé un **glacier** en évitant les **crevasses**. Puis, entre les rochers, on est montés jusqu'au **sommet**. Un panorama **à couper le souffle** nous attendait à cette **altitude** !

225. S'EXERCER Soulignez la bonne réponse.

a. Le sublime et merveilleux Mont Fuji, ou Fuji-yama, *culbute – culmine* à 3776 mètres.

b. Le Petit Chaperon rouge évite les forêts *proches – profondes* de peur d'y rencontrer des loups.

c. Sur les hauts plateaux du Tibet, vous risquerez d'avoir le mal d'*altitude – attitude* à cause du manque d'oxygène.

103

6 • L'environnement géographique

d. Hélas, les neiges *éternelles* – *immortelles* tendent à disparaître en raison du réchauffement climatique.

e. Un *cou* – *col* est un passage entre deux *vallons* – *sommets* montagneux.

f. En Sibérie, la toundra *se détend* – *s'étend* sur des milliers de kilomètres.

g. Au plus profond de la forêt, j'ai découvert des *clairières* – *crevasses* très ensoleillées.

h. À *l'intérieur* – *l'orée* du bois, j'ai aperçu un bûcheron qui s'apprêtait à y pénétrer.

226. S'EXERCER Vrai ou faux ? Si faux, justifiez votre réponse.

a. Ce panorama est d'une beauté extraordinaire, c'est-à-dire à couper le souffle.

→ .... → ....

b. Une arête est à la fois une sorte de crête montagneuse et une partie d'un squelette de poisson.

→ .... → ....

c. Une forêt est très dense quand on ne voit jamais le ciel.

→ .... → ....

d. Les sous-bois sont des morceaux de bois qui servent à faire un feu de cheminée.

→ .... → ....

e. Une forêt impossible à traverser peut être qualifiée d'impénétrable.

→ .... → ....

f. Un refuge sert aux alpinistes pour se reposer ou s'abriter lors d'une longue ascension.

→ .... → ....

g. Un glacier n'est ni un fabricant de miroir, ni un vendeur d'esquimaux, ni un champ de glace.

→ .... → ....

227. RÉVISER Corrigez les erreurs en choisissant le terme correct.

a. Pendant l'automne, nous avons ramassé des champignons dans les arrière-cours de la région.

→ ....

b. Le paysage que nous avons découvert en haut du col était d'une beauté à stopper la respiration.

→ ....

c. La plus belle aiguille que je connaisse est celle qui mène au sommet de la Bernina en Suisse.

→ ....

d. Rien à faire, nous n'avons pas pu traverser la forêt de Brocéliande, elle est beaucoup trop imperméable.

→ ....

228. SE TESTER Répondez aux questions suivantes en indiquant le mot approprié.

a. Quelles sont les neiges qui ne fondent jamais, même en été ?

→ ....

b. Comment appelle-t-on le point culminant d'une montagne ?

→ ....

c. Quel est le lieu dans lequel les alpinistes se rencontrent avant de partir en haute montagne ?

→ ....

D. La montagne

d. Où l'oxygène commence-t-il à se faire rare ?
→ ....

e. Comment se nomme cette accumulation de neige qui comporte des crevasses ?
→ ....

f. Quel est le mot qui désigne à la fois un passage entre les sommets et la partie haute d'un vêtement ?
→ ....

« Quelques expressions usuelles »

Faire une montagne de quelque chose
= exagérer les difficultés d'une situation
Être toujours par monts et par vaux
= être sans cesse en déplacement
Promettre monts et merveilles
= promettre des choses merveilleuses
Clair comme de l'eau de roche
= c'est évident et très facile à comprendre

Soulever des montagnes
= surmonter de très grandes difficultés
Être sur la mauvaise pente
= être engagé dans une situation difficile ou adopter un comportement à risque au niveau moral et/ou social

229. À VOUS ! Corrigez les erreurs qui se sont glissées dans les phrases suivantes.

a. Au quotidien, tu fais toujours un sommet du moindre petit problème, alors détends-toi un peu !
→ ....

b. Vous nous aviez annoncé collines et bijoux ; au final on s'est retrouvés ruinés et sans projets : vous êtes de sacrés menteurs !
→ ....

c. Au bout de dix divorces, elle est sur la fausse descente : elle boit dix whiskies par jour !
→ ....

d. Charles de Gaulle a porté des glaciers pour le redressement de la France après l'Occupation et la guerre.
→ ....

e. Jean-Charles est toujours par crêtes et par cols, en France et à l'étranger. Qu'il reste un peu tranquille pour profiter de son chalet à la montagne !
→ ....

f. Se préparer physiquement avant d'escalader l'Annapurna, c'est transparent comme de la vodka de Russie.
→ ....

Bilan

Complétez avec les mots qui conviennent.

1. Rabat est la .... du Maroc.
2. J'ai vendu ma voiture, je ne supporte plus les .... où l'on n'avance pas. Le vélo, c'est mieux !
3. Madrid est une ville .... car on y trouve des habitants du monde entier.
4. Les .... qui entourent la ville fortifiée de Carcassonne sont superbes !
5. Tu as dû déménager en .... car il n'y avait plus de logements accessibles au centre-ville.
6. C'est vrai qu'en France on ne respecte pas les .... On traverse n'importe où !
7. Nous sommes des ...., la nuit est notre domaine et notre raison de vivre !
8. Les .... qui illuminent le pont Alexandre III la nuit sont vraiment romantiques.
9. J'adore ces petits .... de moins de 7 mètres que j'ai plantés devant ma maison.
10. J'ai trouvé une ferme dans un .... Bon, il n'y a que trois autres maisons mais c'est super calme !
11. Pas assez d'argent pour acheter un château mais un petit .... me convient tout aussi bien.
12. Mes poules sont si heureuses dans leur ...., qu'elles pondent des œufs de meilleure qualité.
13. En été, les agriculteurs fauchent l'herbe et .... le blé.
14. J'aime le pain de ...., c'est idéal pour accompagner les huîtres et c'est excellent pour la santé.
15. Les vaches paissent tranquillement dans les.., après elles donneront du bon lait !
16. J'étais sur un petit bateau qui n'a pas arrêté de tanguer, j'ai eu un terrible .... !
17. Comme il n'y avait pas de plage de sable, nous nous sommes installés sur une plage de ...., un peu inconfortable, ma foi !
18. Caché(e) derrière une ...., j'ai été un peu gêné(e) par le sable qui s'est mis jusque dans mon maillot de bain.

19. Les pêcheurs rentrent à l'aube sur leurs .... avec des filets remplis de poissons frais !

20. Nous étions perdu(e)s au large, heureusement le .... sur la digue nous a guidé(e)s jusqu'au port.

21. L' .... du Machu Picchu n'est pas trop difficile car le chemin est un peu balisé.

22. Quand le berger monte à l' .... avec son chien, ses chèvres et ses moutons, il est heureux !

23. J'ai .... la pente à toute vitesse et suis arrivé(e) au pied de la montagne en moins d'une heure.

24. C'est l'un des plus beaux .... des Alpes que l'on peut voir sur les hauteurs de Chamonix. Il culmine à plus de 4000 mètres.

Expressions

25. Après trois heures dans les embouteillages, une panne d'essence et un pneu crevé, nous sommes finalement .... à bon .... , épuisés. Heureusement, un bon repas nous attendait !

26. Les artistes qui travaillent dans les cirques et qui ne cessent de se déplacer sont toujours par .... et .... Mais quelle vie aventureuse !

27. Selon l'expression, on dit que Paris c'est la ville ....

28. Depuis qu'il est au chômage, il est .... comme ...., c'est pourquoi il souhaite devenir agriculteur pour gagner sa vie !

29. Franchement, faire ce bilan, ce n'est pas la .... à ...., c'est facile, tout est dans le chapitre.

30. Que tu sois l'amour de ma vie, c'est évident, c'est .... comme de l'... !

Mon score : .... /30

7 • La faune et la flore

A. Les arbres et les fleurs

« La vie d'un arbre » 53

On dit que tout le monde doit avoir planté un arbre dans sa vie. Quand vous le mettrez en terre, ce sera encore un **arbrisseau** qu'il faudra soutenir avec un **tuteur***. Il sera nécessaire d'arroser régulièrement ses **racines** pour qu'elles se multiplient et qu'elles puissent plonger profondément dans le sol. Son **tronc** deviendra de plus en plus épais et avec les années, il se couvrira d'une **écorce** résistante. Au printemps, ses branches **bourgeonneront** et donneront un **feuillage** formant une **cime** verdoyante à son sommet. L'automne venu, peu à peu votre arbre **se défeuillera**. Vous pourrez alors le tailler. Vous récupérerez les branches épaisses pour les **tronçonner** et en faire du bois pour la cheminée. Si l'arbre est malade, il faudra alors l'**abattre**. Attention également aux tempêtes automnales qui pourraient le **déraciner**. L'année d'après, vous aurez plaisir à retrouver votre arbre grandi et rempli de **sève** pour la saison à venir. Vous y prendrez tellement goût que vous planterez d'autres arbres qui formeront un magnifique **bosquet**.

*Un tuteur, c'est également une personne veillant sur un mineur ou un professeur choisi par un élève pour l'aider lors de ses études.

230. S'EXERCER Soulignez la bonne réponse.

a. En faisant un trou trop près de l'arbre, nous avons coupé les *branches – racines* du pommier et maintenant il ne donne plus de fruits.

b. Au printemps, les arbres sont en pleine *serre – sève* pour se développer.

c. Le jardinier a dû *abattre – amasser* son arbre touché par la foudre, il était comme mort !

d. Quand il fait grand soleil, nous nous asseyons à l'ombre du *défeuillage – feuillage* de notre chêne.

e. Les somptueux *bosquets – troncs* du château de Versailles sont très bien entretenus par les paysagistes.

f. En novembre, avec l'arrivée des tempêtes, les arbres se *défeuillent – défilent* à toute vitesse.

231. S'EXERCER Vrai ou faux ? Si faux, justifiez votre réponse.

a. Un arbrisseau est un arbre de toute petite taille comme un arbuste.

→ .... → ....

b. Les arbres bourgeonnent en automne.

→ .... → ....

c. Un violent orage peut déraciner des arbres.

→ .... → ....

d. L'écorce se situe dans la cime des arbres.

→ .... → ....

e. On tronçonne les feuilles mortes.

→ .... → ....

f. Un tuteur est une sorte de tige en bois ou en métal pour soutenir ou redresser des arbrisseaux.

→ .... → ....

A. Les arbres et les fleurs

232. RÉVISER Complétez les phrases avec les mots qui conviennent.

a. Les .... de mon marronnier grandissent sous terre, chaque année, en largeur et en profondeur.

b. Le .... épais de cet arbre ressemble à un immense parasol où l'on peut se mettre à l'ombre les jours de fortes chaleurs.

c. Au printemps, la .... monte dans les arbres pour les faire bourgeonner.

d. Les amoureux gravent souvent leurs noms dans l'... des platanes.

e. Est-il utile d'... les arbres géants de la jungle tropicale pour récupérer des terres et de les .... pour fabriquer des meubles ?

233. SE TESTER Devinettes : De quoi parle-t-on ?

a. Les oiseaux adorent s'y poser et les enfants s'y agripper.

→ ....

b. Ce sont de petits groupes d'arbres plantés et aménagés par l'homme pour leur beauté.

→ ....

c. Il peut être lisse, rugueux, moussu et on peut s'y adosser dans les bois si on est fatigué.

→ ....

d. C'est une tige qui soutient une plante.

→ ....

e. C'est un verbe qui indique que les arbres poussent au printemps.

→ ....

« La beauté des fleurs » 54

Chaque fleur est une merveille. Au printemps, à partir de graines se développent des **tiges** et des feuilles. Puis, commencent à se former des **boutons** qui annoncent la floraison à venir. Enfin, les fleurs s'ouvriront en déployant leurs **pétales** quelquefois **multicolores**. Au centre de ceux-ci, on découvrira un **pistil**, l'organe reproducteur femelle, et des **étamines**, ces organes mâles qui produisent le **pollen**. Les fleurs s'épanouiront pendant plusieurs semaines et donneront des **massifs** très colorés qui **embaumeront** d'intenses **fragrances** votre jardin, comme le font certains rosiers **grimpants**. De toutes ces merveilles, vous ferez de petits **bouquets** de violettes ou de volumineuses **gerbes** à longues tiges avec de splendides pieds-d'alouette. Hélas, comme tout doit finir un jour, vous verrez dès la fin de la saison vos fleurs **se flétrir**, elles perdront leur couleur et leur fraîcheur avant de **se faner** définitivement. Alors, rendez-vous l'année prochaine pour un jardin **luxuriant** où pousseront en quantité vos fleurs préférées !

234. S'EXERCER Relevez dans l'encadré les mots qui correspondent aux définitions suivantes.

a. C'est un groupe compact d'arbres, d'arbrisseaux, de fleurs qui se trouve dans un jardin ou un parc.

→ ....

b. Ce sont des odeurs agréables souvent associées aux fleurs.

→ ....

7 • La faune et la flore

c. Qui présente des couleurs variées.

→ ....

d. Disparaître après avoir perdu son éclat.

→ ....

e. Assemblage décoratif de fleurs, mais ce n'est pas une gerbe.

→ ....

f. Poussière très fine constituée de grains microscopiques, produite et libérée par les plantes.

→ ....

235. S'EXERCER Soulignez la bonne réponse.

a. *L'étamine – le pistil* est l'organe femelle des plantes à fleurs.
b. Les *boutons – pétales* composent la corolle d'une fleur et ceux des marguerites sont blancs.
c. Mes rosiers *embauchent – embaument* tout mon jardin avec leur fragrance puissante.
d. Les fleurs de mon jardin se sont *flétries – ternies* à cause du vent, de la chaleur et de la sécheresse.
e. J'ai amené une *gerbe – tige* de chrysanthèmes au cimetière sur la tombe de mon oncle.
f. La végétation de notre jardin est si *luxueuse – luxuriante* que l'on peut à peine le traverser.
g. Certaines fleurs *grimpantes – grinçantes*, telles les capucines et les clématites, décorent joliment les balcons en les recouvrant de bas en haut.

236. RÉVISER Vrai ou faux ?

a. L'élément de la partie mâle de la fleur se nomme les étamines. ☐ vrai ☐ faux
b. Un bouquet de fleurs est un assemblage de fleurs non coupées. ☐ vrai ☐ faux
c. Une fleur qui perd sa forme et ses couleurs se flétrit. ☐ vrai ☐ faux
d. Un jardin luxuriant n'est composé que d'orchidées et d'édelweiss. ☐ vrai ☐ faux
e. Un massif peut être composé d'arbres ou de fleurs mais c'est aussi un ensemble montagneux. ☐ vrai ☐ faux
f. Les pétales peuvent s'effeuiller en disant : « je l'aime, un peu, beaucoup, passionnément, à la folie...pas du tout ». ☐ vrai ☐ faux

237. SE TESTER Devinettes : De quoi parle-t-on ?

a. Ce mot n'est pas uniquement associé aux roses. On peut en avoir un sur le visage. Il est aussi indispensable pour la fermeture d'un pantalon.

→ ....

b. Son contraire est « empester » ou, plus familièrement, « puer ».

→ ....

c. Les drapeaux le sont souvent, celui couleur arc en ciel de la communauté LGBT en particulier.

→ ....

d. Beaucoup d'entre vous y êtes allergiques, surtout au printemps.

→ ....

e. Cette partie d'une plante s'écrit comme le mot « tigre » et forme le support d'une fleur avec une lettre en moins.

→ ....

A. Les arbres et les fleurs

f. Mot littéraire dont les synonymes sont « parfum », « odeur » et « senteur ».

→ ....

« Quelques expressions usuelles »

Être fleur bleue = être très sentimental(e) et romanesque
Trembler comme une feuille = trembler fortement
Scier la branche sur laquelle on est assis = mettre en danger sa propre situation

Prendre racine = s'installer quelque part et ne plus en partir
S'accrocher aux branches = tenter de se rattraper dans une situation difficile

238. À VOUS ! Corrigez les erreurs qui se sont glissées dans les phrases suivantes.

a. Quel idiot je fais, j'ai dit à ce DRH que je détestais diriger une équipe alors qu'il allait m'engager. J'ai tenté de me pendre au tronc en précisant que je m'étais mal exprimé !

→ ....

b. Mon amie Jodie est très tulipe noire, elle croit encore et toujours au prince charmant.

→ ....

c. Ce voisin envahissant voulait rester une minute pour boire un café, mais il a tenu tronc dans mon appartement tout en sachant que j'avais mille choses à faire.

→ ....

d. Je tronçonnais le tronc sur lequel j'étais debout en déclarant à tous qu'il fallait désormais « un monde sans avion » bien que je sois hôtesse de l'air.

→ ....

e. Quand j'ai vu cette meute de loups se ruer sur moi, j'ai frémi comme un pétale.

→ ....

B. Les oiseaux et les insectes

« La vie des oiseaux » 55

Qu'il est merveilleux d'observer les activités de nos amis à plumes ! Au printemps, les oiseaux se mettent à **nicher**. Après la ponte, ils couvent leurs œufs pour faire naître les **oisillons**. Ensuite, ils vont les nourrir en leur donnant la **becquée**, c'est-à-dire que la nourriture passe directement dans le **gosier** des petits sans que leur **bec** le touche. Il va sans dire que la **nichée**, à savoir l'ensemble des occupants du nid, est surveillée nuit et jour par les parents. Les oisillons vont grandir très vite, avec sur leur corps un **duvet** qui deviendra au fil des jours un **plumage**. Avant de prendre leur **envol**, ils devront apprendre à **picorer** des graines tout seuls, à **sautiller** de branche en branche et à **se percher** en haut des arbres. Mais le danger vient, entre autres, du ciel : des **rapaces**, tels les aigles et les buses, menacent d'emporter ces jeunes proies dans leurs **serres**. Attention donc ! Enfin, un jour, si ces oisillons sont **migrateurs**, ils rejoindront une **volée** d'oiseaux pour se rendre à coups d'ailes dans des contrées lointaines. Bon voyage !

7 • La faune et la flore

239. S'EXERCER Relevez dans l'encadré les mots qui conviennent aux définitions suivantes.

a. Quantité de nourriture qu'un oiseau peut prendre dans son bec pour nourrir ses petits.

→ ....

b. L'arrière-gorge d'un oiseau.

→ ....

c. Ensemble d'oisillons de la même couvée encore au nid.

→ ....

d. Se tenir sur une branche, souvent dans un endroit élevé.

→ ....

e. Oiseaux de proie pourvus d'un bec fort et crochu.

→ ....

f. Griffes ou ongles de certains oiseaux carnivores.

→ ....

g. Groupe d'oiseaux qui volent ensemble.

→ ....

240. S'EXERCER Soulignez la bonne réponse.

a. À l'alpage, le *bec – museau* des aigles fait peur aux agneaux qui craignent de devenir leurs proies.

b. Le *duvet – plumage* des oisillons est très doux à caresser.

c. L'*accord – envol* d'une colonie de flamants roses est spectaculaire !

d. De petits moineaux *travaillent – nichent* sur le rebord de ma fenêtre, que c'est mignon !

e. À l'âge adulte, ces *migrateurs – rapaces* vont quitter la Suède pour se rendre en Afrique du Sud.

f. Dans notre cerisier, les jolies mésanges font de petits bonds et *boitent – sautillent* de branche en branche.

g. Les *oisillons – chatons* ouvrent grand leur bec pour recevoir la becquée.

241. RÉVISER Vrai ou faux ?

a. Les petits oiseaux reçoivent la becquée de leur mère quand ils ne sont pas en âge de se nourrir eux-mêmes. ☐ vrai ☐ faux

b. Un duvet est à la fois ce qui entoure les bébés oiseaux et un genre de couverture sous laquelle on dort quand il fait froid. ☐ vrai ☐ faux

c. Le gosier se trouve sur la queue des oiseaux. ☐ vrai ☐ faux

d. Les oisillons sont les petits des oies. ☐ vrai ☐ faux

e. Une nichée est la maison des chiens. ☐ vrai ☐ faux

f. Les oiseaux migrateurs ne sont pas sédentaires. ☐ vrai ☐ faux

242. SE TESTER Charades : De quels mots parle-t-on ?

a. Mon premier est l'habitat des oiseaux, mon second est une préposition pour dire « à la maison de » : mon tout est l'ensemble d'une famille d'oiseaux.

→ ....

B. Les oiseaux et les insectes

b. Mon premier est un rongeur assez nuisible, mon second est l'impératif singulier du verbe « passer » : mon tout est un oiseau de proie dangereux avec un bec crochu et des serres.

→ ....

c. Mon premier est le petit de la vache, mon second l'article défini au pluriel : mon tout est un groupe d'oiseaux.

→ ....

d. Mon premier est le participe passé de « plaire », mon second est un personnage qui suit une étoile en Galilée : mon tout est l'ensemble des plumes qui couvrent un oiseau.

→ ....

e. Mon premier est un espace de temps ou un âge, mon second peut être celui d'un oiseau mais aussi un objet que l'on dérobe sans payer : mon tout est utilisé pour les oiseaux, il peut l'être aussi quand un avion décolle.

→ ....

 **« Les oiseaux et leur chant »** 56

Quelle douce musique que le **ramage** des oiseaux ! Dans la basse-cour, madame la poule **glousse** et **caquette** avec ses petits poussins qui, eux, lui répondent en **piaillant** à longueur de temps, tandis que monsieur le coq **chante** systématiquement soir et matin. Les canards, leurs chers cousins, préfèrent **cancaner**. Dans nos villes, tout le monde n'apprécie pas le **roucoulement** des pigeons, mais on trouve en général adorables les moineaux qui **pépient**. La campagne, quant à elle, est peuplée de merles qui **sifflent** et de pies qui **jacassent** sans cesse. Dans les forêts, les corbeaux noirs **croassent** mais le chant le plus sympathique est celui des très mignonnes chouettes qui tournent leur tête et **hululent**. Enfin, pour surveiller tous ces volatiles d'en haut, nos charmantes hirondelles planent et voltigent dans le ciel en **gazouillant**.

243. S'EXERCER Reliez les deux parties de la phrase.

a. Un coq • • 1. caquette.
b. Une pie • • 2. chante.
c. Un poussin • • 3. jacasse.
d. Un moineau • • 4. pépie.
e. Un pigeon • • 5. piaille.
f. Une poule • • 6. roucoule.

244. S'EXERCER Soulignez la bonne réponse.

a. Mon canard *canarde* – *cancane* au sortir de sa mare. Nul ne sait pourquoi !
b. Mes poussins ne cessent de *piailler* – *pleurnicher* car ils ont faim !
c. Le *ramage* – *plumage* de mon merle élevé en cage est bien doux à entendre : il m'enchante en *gloussant* – *sifflant* dès l'aube.
d. Cachés dans leurs troncs, les chouettes et les hiboux se mettent à *hurler* – *hululer* à la tombée de la nuit.
e. Les hirondelles volent bas aujourd'hui, elles *gazouillent* – *gargouillent* pour nous annoncer la pluie.
f. Quand ils sont mécontents, les corbeaux *chantent* – *croassent* d'une manière très désagréable !

7 • La faune et la flore

245. RÉVISER Associez ces verbes au nom de la même famille.

a. caqueter • • 1. le croassement
b. cancaner • • 2. le hululement
c. siffler • • 3. le sifflement
d. croasser • • 4. le gazouillis
e. hululer • • 5. le cancanage
f. gazouiller • • 6. le caquet

246. SE TESTER Vrai ou faux ? Si faux, justifiez votre réponse.

a. Un corbeau croasse et une poule caquette.

→ .... → ....

b. Le coq ne glousse que le matin.

→ .... → ....

c. Les pies qui sont si bavardes pépient sans cesse.

→ .... → ....

d. La nuit, le hululement des chouettes et des hiboux peut effrayer les jeunes enfants.

→ .... → ....

e. Le ramage est un mot littéraire qui signifie « le chant des oiseaux ».

→ .... → ....

f. Les pigeons et les moineaux roucoulent sur les places publiques.

→ .... → ....

 « Les insectes »

Drôles de bêtes que les insectes avec leurs **antennes** sur leur tête et leurs étranges **mandibules** qui leur servent à se nourrir ! On les aime ou on les déteste ! Les **guêpes**, en général, on les évite car elles risquent de vous piquer avec leur **dard**. On préfère, et de loin, les abeilles formant des essaims qui **butinent** et vous préparent du bon miel. Les **mouches** nous agacent parce qu'elles **tourbillonnent** en **bourdonnant** sans cesse.
Mais l'insecte roi est sans nul doute le papillon dont le développement nous fascine : la **chenille** se changera en **chrysalide** à l'intérieur d'un **cocon** d'où sortira ce merveilleux insecte. Quelle métamorphose ! Et vous ? En quel insecte pourriez-vous vous réincarner ? Seriez-vous, selon la célèbre fable de La Fontaine, plutôt **fourmi**, travailleuse et économe, ou **cigale**, artiste et dépensière ?

B. Les oiseaux et les insectes

247. S'EXERCER **Soulignez la bonne réponse.**

a. Ces agaçantes mouches ne cessent de *tambouriner – tourbillonner – butiner* autour des vaches et des chevaux.
b. Les *mâchoires – gueules – mandibules* sont les organes qui servent aux insectes à manger.
c. J'observe une magnifique *chenille – chrysalide – cheville* se déplacer dans le feuillage.
d. Si vous vous faites piquer par une abeille, ôtez son *phare – lard – dard* pour ne pas avoir d'infection !
e. Le chant des *sirènes – cigales – guitares* est très apprécié en Provence, car c'est la région où elles aiment vivre.

248. S'EXERCER **Complétez les phrases avec les mots qui conviennent.**

a. Les .... possèdent deux .... qui leur permettent de communiquer au sein de la fourmilière comme si elles se parlaient.
b. Les abeilles aiment .... les fleurs de pissenlit.
c. Ce sale moustique .... autour de mon lit, il veut certainement me piquer !
d. Les chenilles tissent leur .... avant de se transformer en papillon !
e. Cet .... d'abeilles va quitter la ruche pour aller s'établir ailleurs et former une nouvelle colonie.

249. RÉVISER **Reliez les mots et leur définition.**

- **1.** Mâchoires inférieures des insectes.

a. bourdonner •   • **2.** S'élancer dans un mouvement rapide qui tourne sur lui-même.
b. une cigale •   • **3.** Faire entendre un bruit sourd et monotone en battant des ailes.
c. un cocon •   • **4.** Enveloppe soyeuse où se cachent les chenilles pour s'y transformer
d. des mandibules •   en chrysalide.
e. tourbillonner •   • **5.** Insecte qui vit dans les régions méditerranéennes et dont le chant
                              n'est pas celui d'un coq.

250. SE TESTER **Barrez l'intrus.**

a. Chenille – chrysalide – miel
b. Dard – guêpe – bec
c. Butiner – abeille – confiture
d. Cornes – mandibules – antennes
e. Cigale – fourmi – cocon

« Quelques expressions usuelles »

Clouer le bec à quelqu'un
= empêcher quelqu'un de répliquer
À vol d'oiseau = en ligne droite
Il ne ferait pas de mal à une mouche
= il est très gentil, inoffensif

Prendre la mouche = se vexer
Voler de ses propres ailes = se débrouiller tout
seul pour vivre et ne dépendre de personne
Tomber dans un (sacré) guêpier
= se trouver dans une situation très difficile.

7 • La faune et la flore

251. À VOUS ! Corrigez les erreurs qui se sont glissées dans les phrases suivantes.

a. La distance à saut d'insecte entre Paris et Saint-Pétersbourg est de 2.365 km.

   → ....

b. Tu attrapes toujours la guêpe quand je te dis que tu n'es pas un bon conducteur.

   → ....

c. Ouf ! Mes enfants s'envolent avec leur plumage, je vais enfin être libre et faire des économies.

   → ....

d. Je lui ai cousu la bouche avec ses idées racistes et homophobes.

   → ....

e. Mes pauvres amis, en vous lançant dans ce concours de danse, vous êtes descendus dans une sacrée fourmilière.

   → ....

f. Cet hercule très musclé est adorable, il ne tuerait pas une fourmi.

   → ....

C. Les animaux domestiques

« Le chat »

Le chat, ce **félin** malicieux, on l'adore : c'est l'animal de compagnie préféré des Français. Pourquoi ? Parce que sa **fourrure** et ses **moustaches** le rendent beau. De plus, c'est un gros dormeur : après une nuit de dix heures, vous le verrez **s'étirer** puis faire **patte de velours** et vous réclamer ses croquettes en **miaulant**. Le repas terminé, il vérifiera si sa **litière** est propre et se précipitera sur votre canapé pour y **faire ses griffes**. Vous le gronderez afin qu'il les **rétracte**, c'est-à-dire qu'il les rentre. Si vous avez un jardin, vous pourrez le laisser sortir. Il risque cependant d'y rencontrer un rival, ce qui lui fera **faire le gros dos**. Son poil **se hérissera** et surtout il va **feuler** très fort contre l'intrus. Pour un chat, le territoire, c'est sacré ! Une fois calmé, il rentrera avec élégance sur ses **coussinets**, fera le charmeur pour vous réclamer d'autres friandises. Enfin, il **se pelotonnera** sur vos genoux et **ronronnera** afin de vous rappeler que c'est lui le plus beau et qu'il vous aime presque autant que lui-même. Sacré matou !

252. S'EXERCER Complétez les phrases avec les mots qui conviennent.

a. Mon chat marche avec élégance et souplesse sur ses .... ! Quelle grâce !

b. Notre matou vient de rencontrer un toutou, il ouvre sa gueule, se met à ....

   et tous ses poils se .... sur son dos !

c. Quelle corvée ! Tous les matins et tous les soirs, je dois nettoyer la ....

   sinon mon chat me fait la tête !

d. Dans ma cuisine, j'ai un panier rond en osier et je ne sais pas pourquoi mais notre matou adore s'y ....

   ....

C. Les animaux domestiques

e. Mon chat Théophile .... si fort quand on le caresse que l'on dirait le bruit de mon scooter au démarrage.

253. S'EXERCER Soulignez la bonne réponse.

a. Mon chat *fait – rétracte* ses griffes sur mon sofa en velours, je le gronde mais comme je l'adore, tant pis pour ce beau meuble !

b. Le matin, après une longue nuit de sommeil, Pollux *miaule – s'étire* de tout son long.

c. Tous les *félins – fennecs* ne sont pas des animaux de compagnie, le lion en est un, par exemple.

d. Ma minette Zouzou fait *le gros dos – patte de velours* tous les matins, car elle attend son morceau de beurre !

e. Selon des recherches scientifiques, caresser la *fourrure – moustache* d'un chat est un excellent antistress. Il paraît que la ronronthérapie est très à la mode !

254. RÉVISER Vrai ou faux ?

a. Faire ses griffes est le contraire de rétracter ses griffes. □ vrai □ faux
b. Les moustaches du chat sont appelées des vibrisses* et servent à le guider. □ vrai □ faux
c. Le chat fait le gros dos quand il est rassuré. □ vrai □ faux
d. Les coussinets se trouvent sous les oreilles des chats. □ vrai □ faux
e. Les moyens des chats pour communiquer avec l'homme sont le miaulement et le ronronnement. □ vrai □ faux

* Les hommes portent des moustaches, les chats ont des moustaches appelées scientifiquement « vibrisses ».

255. SE TESTER Charades : De quels mots parle-t-on ?

a. Mon premier est un être imaginaire féminin doté de pouvoirs magiques, mon second est une sorte de tissu en toile : mon tout est la race à laquelle appartient le chat.
→ ....

b. Mon premier est l'un des quatre éléments, mon second est le pluriel de « le » : mon tout est le verbe qui exprime que le chat est en colère.
→ ....

c. Mon premier est le troisième son de la gamme du solfège en musique, mon second est une exclamation de joie espagnole : mon tout c'est quand le chat fait entendre son cri.
→ ....

d. Mon premier se trouve dans votre baignoire si vous utilisez du savon, mon second se trouve sur votre chemise si vous la salissez : mon tout est le synonyme de « vibrisses ».
→ ....

e. Vous dormez dans mon premier, mon second est plus grand que le quart : mon tout est le sable pour les besoins du chat.
→ ....

7 • La faune et la flore

 « Le chien »

La race **canine** est très attachée à l'être humain : compagnon fidèle et dynamique, le chien suit son maître partout. Il **dresse** ses oreilles au moindre bruit et **aboie** dès qu'on sonne à la porte. En revanche, il faut le **dresser** afin qu'il ne sorte pas ses **crocs** lorsqu'il rencontre ses semblables. En attendant qu'il vous obéisse, il sera peut-être nécessaire de lui mettre une **muselière** pour qu'il ne **morde** pas. Mais ce qu'il adore, ce sont les promenades et les jeux : rapporter la balle que vous lui avez lancée et dénicher des objets cachés grâce à sa **truffe**.

On dit que le chien est un animal sociable et c'est vrai, car il a pour habitude de **vivre en meute** comme les loups et reconnaît en vous le chef. Si vous avez un chien **de race** – un bouledogue français par exemple – il faudra le faire **vacciner** et **tatouer** en sortant du **chenil**. Une fois par semaine, n'hésitez pas à le **toiletter** pour éviter qu'il ne devienne un **sac à puces** ! N'oublions pas non plus que grâce à son excellent **flair**, le **canidé** sauve souvent des vies humaines lors d'avalanches ou de tremblements de terre. Quel animal courageux !

256. S'EXERCER Relevez dans l'encadré les mots qui correspondent aux définitions suivantes.

a. C'est l'extrémité du museau d'un chien, c'est aussi un champignon recherché.

→ ....

b. Qui est relatif au chien.

→ ....

c. Appareil qui emprisonne le museau de certains animaux, dans le but d'éviter des accidents.

→ ....

d. C'est immuniser un humain, un chien ou un chat contre certaines maladies.

→ ....

e. Ce sont les dents les plus visibles et les plus dangereuses du chien.

→ ....

f. C'est faire acquérir certaines bonnes habitudes à un chien.

→ ....

g. C'est le lieu où naissent et sont élevés les chiens de race.

→ ....

257. S'EXERCER Soulignez la bonne réponse.

a. Dès qu'il y a des bruits de pas devant la porte, notre chien Médor *aboie – mord* et il nous casse les oreilles !

b. Comme les chiens aiment vivre en *meule – meute*, nous en avons adopté trois : Milou, Maboul et Mirette.

c. Afin qu'on puisse le retrouver si jamais il se perd, j'ai fait *toiletter – tatouer* Hector, mon adorable labrador.

d. Mon Jack Russell, qui s'appelle Mistigri, est un vrai *sac à main – sac à puces*, il se gratte sans cesse. Alors je dois le *toiletter – raser* avec des produits antiparasitaires.

e. Les canidés ont un *flair – air* extraordinaire et repèrent le moindre bruit en *dressant – baissant* les oreilles ; c'est ainsi qu'ils découvrent des vies humaines sous les décombres.

C. Les animaux domestiques

258. RÉVISER Remplacez l'intrus souligné par le mot qui convient.

a. Le chien n'est pas comme le chat un animal solitaire, il aime vivre <u>en groupe</u> avec ses congénères.

→ ....

b. Mon chien <u>brosse</u> ses oreilles s'il entend des bruits étranges dans le jardin. → ....

c. J'ai mis à mon chien <u>un collier</u> car avec ses <u>dents</u>, j'ai peur qu'il ne morde un enfant !

→ .... → ....

d. Il faut faire <u>piquer</u> ton chien contre la rage, c'est obligatoire ! → ....

e. Nous avons visité un <u>enclos</u> où sont élevés des Fox-Terriers pour en adopter un.

→ ....

259. SE TESTER Devinettes : De quoi parle-t-on ?

a. C'est une expression imagée pour dire que votre chien est plein de petits parasites au point qu'il ne cesse de se gratter.

→ ....

b. Le chat miaule et le chien, que fait-il ?

→ ....

c. Les chiens de chasse doivent en avoir un excellent pour dénicher leurs proies.

→ ....

d. C'est le contraire de « bâtard ».

→ ....

e. Si vous aimez que votre chien soit lavé, brossé et parfumé, vous devez le faire.

→ ....

« Le cheval » 60

Si vous êtes passionné(e) de chevaux, il vous faudra choisir entre un **étalon**, qui se reproduira avec une **jument** pour vous offrir de jolis **poulains**, ou un **pur-sang**, si vous le destinez aux **courses hippiques**. Cependant, ces **équidés** dotés de belles **crinières** ne sont pas faciles à **dompter**. Pourquoi ? Tout d'abord, le cheval **hennit** bruyamment s'il est contrarié. Furieux, il va **se cabrer** en se dressant sur ses membres postérieurs ou au contraire **ruer** en les lançant avec force en arrière. De plus, si on ne le laisse pas partir, il va rester sur place et **piaffer** d'impatience. Enfin, il faudra **ferrer** votre cheval, c'est-à-dire garnir ses sabots de fers, et l'**étriller** quotidiennement avec une brosse pour rendre sa **robe** soyeuse. Patience donc ! Une fois dressé, à vous de jouer : installez une **selle** sur son dos et **enfourchez-le** mais sans vous faire **désarçonner** ! Après cela, offrez-lui de longues promenades où il **ira au pas**, **trottera** et **galopera**. Après l'effort, ramenez-le dans son **box** pour qu'il puisse se reposer sur une litière remplie de paille. Il l'aura mérité !

7 • La faune et la flore

260. S'EXERCER Soulignez la bonne réponse.

a. Un *poulain – étalon – hanneton* est un *canidé – félin – équidé* reproducteur.

b. Afin de nettoyer sa *jupe – peau – robe*, il faudra l'*étriller – éviter – émincer* avec une brosse.

c. Ma belle *mini-jupe – jumelle – jument* a une *chevelure – crinière – dentelle* blanche que tout le monde admire dans l'écurie.

d. Mieux vaut ne pas vous faire *désaccorder – désarçonner – désarmer* lorsque vous *enfoncez – enfourchez – enfournez* votre cheval devant des cavaliers afin de ne pas vous ridiculiser !

e. Si vous aimez l'allure moyenne des chevaux, vous *galoperez – irez au pas – trotterez* à travers champs pour votre plus grand plaisir.

f. Avant de pouvoir monter votre pur-sang et le préparer aux courses, il sera indispensable de le *diriger – dominer – dompter*.

g. Ce cheval refuse de participer aux courses *hippiques – félines – canines*. Pour nous le faire savoir, il n'arrête pas de *gémir – hennir – frémir*.

261. S'EXERCER Choisissez dans l'encadré les mots qui correspondent aux définitions suivantes.

a. Lancer vivement avec force et violence ses membres postérieurs (pour les équidés).

→ ....

b. Lieu dans l'écurie où se repose le cheval.

→ ....

c. Frapper alternativement le sol de chacune de ses pattes avant sans avancer (pour un cheval).

→ ....

d. Garnir de fer les sabots des chevaux et des mules.

→ ....

e. Se dresser sur ses membres postérieurs (pour un cheval).

→ ....

f. Siège du cavalier posé sur la monture du cheval.

→ ....

262. RÉVISER Vrai ou faux ?

a. Le poulain est le petit du cheval et de l'ânesse. ☐ vrai ☐ faux

b. Ferrer un cheval, c'est garnir ses sabots de fers. ☐ vrai ☐ faux

c. Le galop est le pas lent du cheval. ☐ vrai ☐ faux

d. Un cheval qui se cabre se dresse sur ses membres antérieurs. ☐ vrai ☐ faux

e. Désarçonner, c'est jeter un cavalier hors de la selle, le faire tomber de sa monture. ☐ vrai ☐ faux

263. SE TESTER Barrez l'intrus.

a. Galoper – hennir – trotter

b. Ruer – se cabrer – avancer

c. Un âne – un étalon – un pur-sang

d. Étriller – la robe – les sabots

e. Dompter – dresser – désarçonner

f. La crinière – la robe – la selle

C. Les animaux domestiques

« Quelques expressions usuelles »

S'entendre comme chien et chat = s'entendre très mal au point de ne pas pouvoir se supporter
Quand le chat n'est pas là, les souris dansent = quand le chef est absent, tout le monde en profite !
Il n'y a pas un chat = il n'y a absolument personne
Appeler un chat « un chat » = ne pas avoir peur des mots, parler franchement
Avoir un caractère de chien = avoir un caractère épouvantable, insupportable

Se regarder en chiens de faïence = se regarder sans rien se dire avec une certaine hostilité
Entre chien et loup = le moment du crépuscule où l'on commence à ne plus distinguer ce qui nous entoure
Monter sur ses grands chevaux = s'emporter, être arrogant
Être à cheval sur ses principes = ne pas s'écarter de ses principes, être rigide
C'est son cheval de bataille = c'est l'idée favorite sur laquelle il revient sans cesse

264. À VOUS ! Corrigez les erreurs qui se sont glissées dans les phrases suivantes.

a. Il a grimpé sur sa jument car je lui avais dit qu'il ne travaillait pas très bien !
→ ....

b. Elle est très à étalon sur ses règles, surtout si ses enfants rentrent après 2 h du matin.
→ ....

c. Ce moment de la journée entre renard et ours, je l'adore, c'est le moment des rêveries !
→ ....

d. Cet enfant a un tempérament de loup, je ne comprends pas que ses parents le laissent tout faire !
→ ....

e. C'est bizarre, ce restaurant est totalement vide, il n'y a pas un lapin, tu crois que c'est parce qu'ils ne servent que du congelé ?
→ ....

265. À VOUS ! Remplacez les mots soulignés par une expression du tableau ci-dessus.

a. Ce ministre écolo n'a qu'une envie : interdire la chasse ; c'est une obsession !
→ ....

b. Au bureau, Mélie et Mélo ne se supportent pas au point de vouloir s'arracher les yeux.
→ ....

c. Le P.D.G. est en vacances et les employés s'en donnent à cœur joie : ils arrivent à 11 heures et boivent du champagne toute la journée !
→ ....

d. J'adore Roselyne B, elle parle avec une franchise déconcertante, même sur des sujets tabous.
→ ....

e. Laquelle de ces actrices va remporter la Palme d'or à Cannes ? Elles ne se parlent pas avec sympathie, cela se voit dans leurs yeux !
→ ....

7 • La faune et la flore

D. Les animaux sauvages

 « La vie des animaux sauvages » 61

Pour leur survie, les animaux sauvages ont développé des stratégies très diverses : les **herbivores**, comme les antilopes et les gnous, sont protégés par un **pelage** très dru et des **cornes** très pointues. Ils vivent souvent en **troupeaux** afin de distraire les **prédateurs** qui les chassent. La tortue, le crocodile et les crustacés s'abritent derrière une **carapace** protectrice. Les poissons ont des **écailles** brillantes et des **nageoires** très performantes, ce qui leur permet de former des **bancs** pour disparaître dans la masse. Les flamants roses et les manchots vivent en **colonies** pour les mêmes raisons.
Les mollusques, les escargots, sont protégés par une **coquille**.
Les lapins, les blaireaux et les marmottes, qui elles **hibernent**, se réfugient tous dans leur **terrier**. Même les loups et les lions ont parfois besoin de se retirer dans leur **tanière**. Le moment le plus délicat est cependant la saison de reproduction : après la **parade nuptiale** et la période de gestation, la femelle **met bas** sa **portée** et doit se battre pour que ses petits ne deviennent pas la **proie** des **carnassiers**. S'il reste des morceaux, ce sont les **charognards** qui s'en chargent... alors ce sera une fin tragique !

266. S'EXERCER Complétez les phrases avec les mots qui conviennent.

a. En Nouvelle-Calédonie sur notre voilier, nous avons aperçu une vingtaine de ....
sortant de l'eau. Sans doute des requins. On a eu peur !

b. Une belle gazelle du Tibet a mis bas une .... de deux petits qu'il a fallu
absolument protéger car c'est une espèce en voie de disparition.

c. On dit que les tigres, les lions et les guépards qui chassent sont des ....
mais n'oublions pas que l'être humain en est un aussi !

d. Dès qu'arrive la saison des amours, on peut observer en Camargue ....
des flamants roses : une pure merveille pour les yeux !

e. Dans la savane, j'ai vu un .... de zèbres traverser une rivière,
tout près de gracieuses grues couronnées vivant en ....

267. S'EXERCER Soulignez la bonne réponse.

a. Une famille de blaireaux peut vivre dans trois ou quatre *terriers – terroirs* différents !

b. La particularité des tortues, c'est d'avoir une *carcasse – carapace* épaisse !

c. Les antilopes, les gnous, les girafes sont des *insectivores – herbivores*, comme nous car on mange de la salade verte.

d. Le jaguar est un fameux *carnassier – pâtissier*, il adore la chair fraîche !

e. La baleine bleue serait, d'après les scientifiques, la chasseuse de *proies – pois* la plus vorace du monde car elle engloutit quatre tonnes de nourriture par jour, par exemple un *ban – banc* de harengs tout entier !

f. L'animal sauvage au *pelage – pelotage* le plus doux, c'est la loutre des mers, alors que chez les animaux domestiques, c'est bien sûr sa majesté le chat !

D. Les animaux sauvages

268. S'EXERCER Relevez dans l'encadré les mots qui correspondent aux définitions suivantes.

a. Oiseau rapace, comme le vautour, ou mammifère, comme le chacal, qui se nourrissent de cadavres.
→ ....

b. Enveloppe dure d'un mollusque comme celle des escargots.
→ ....

c. Moyens de défense qui poussent sur la tête de certains animaux comme le taureau.
→ ....

d. Petites lames minces et plates qui recouvrent le corps des poissons.
→ ....

e. Passer l'hiver dans un état de vie ralentie, d'endormissement et de torpeur. La marmotte en est le symbole.
→ ....

f. Lieu d'habitation où se réfugient les bêtes sauvages comme le lion.
→ ....

269. RÉVISER Vrai ou faux ?

a. Le pelage est l'ensemble des poils d'un animal. ☐ vrai ☐ faux
b. La coquille sert de protection aux tortues. ☐ vrai ☐ faux
c. Les animaux carnassiers se nourrissent de poissons morts. ☐ vrai ☐ faux
d. Un banc est un groupe de petits animaux marins de la même espèce se déplaçant ensemble. ☐ vrai ☐ faux
e. Les charognards se nourrissent uniquement de viande morte et pourrissante. ☐ vrai ☐ faux
f. Hiberner, c'est pour les petits mammifères une période de pleine activité. ☐ vrai ☐ faux

270. SE TESTER Charades : De quels mots parle-t-on ?

a. Mon premier est ce que l'on fait dans un mur avec une perceuse, dans mon second on peut mettre du lait ou de la moutarde : mon tout est un groupe d'animaux vivant ensemble.
→ ....

b. Les vaches broutent dans mon premier, mon second est celle de votre anniversaire, mon troisième en compte 24 dans une journée : mon tout est un animal de proie dangereux.
→ ....

c. Mon premier relie deux mots, mon second est un petit oiseau que l'on peut manger farci : mon tout recouvre les poissons et certains reptiles.
→ ....

d. Mon premier est là où le bateau arrive, mon second est une boisson qui se boit en Asie : mon tout est l'ensemble des petits d'une maman mammifère.
→ ....

e. Mon premier est un récipient pour l'eau, mon second est l'impératif singulier du verbe « aller », mon troisième est un mot égocentrique : mon tout est le contraire de l'animal domestique.
→ ....

7 • La faune et la flore

 « Le cri des animaux sauvages »

Lors de nos promenades, il arrive souvent que l'on ne voie pas les animaux sauvages mais qu'on les entende. Quels drôles de bruits ils font ! Dans la forêt, nous entendons **bramer** un cerf et des biches, parfois même au clair de lune. Plus loin, un loup qui **hurle** et un renard qui **glapit**. Les deux rôdent autour d'un troupeau de moutons et de chèvres qui **bêlent** de désespoir pour avertir le berger. Puis, en nous rapprochant d'un étang, quel concert : des centaines de grenouilles qui **coassent** à tue-tête ! À la tombée de la nuit, c'est le hibou qui se réveille et hulule d'une façon inquiétante, tout comme les chauves-souris qui **grincent** en passant au-dessus de nos têtes. Dans la savane, les bruits sont encore plus impressionnants : entre le lion qui **rugit** et l'éléphant qui lui répond en **barrissant**, nous avons de quoi rêver la nuit ! Mais le plus surprenant, ce sont les bruits que font les chameaux : ils **blatèrent**. Étonnant, non ?

271. S'EXERCER Indiquez l'animal qui correspond aux verbes suivants.

Exemple : Barrir → l'éléphant

a. Rugir → ....
b. Hurler → ....
c. Coasser → ....
d. Bramer → ....
e. Blatérer → ....

272. S'EXERCER Remplacez l'intrus souligné par le mot qui convient.

a. Le renard bêle d'énervement quand il ne voit pas de poule à l'horizon.
→ ....

b. Attention mesdames ! La chauve-souris brame au moment de survoler votre chevelure.
→ ....

c. L'éléphant hulule quand il se retrouve face à face avec un hibou.
→ ....

d. Les dromadaires glapissent avant d'arriver dans une oasis.
→ ....

e. Le mouton hurle s'il voit une tondeuse s'approcher pour lui enlever la laine du dos !
→ ....

273. RÉVISER Vrai ou faux ?

a. La biche brame au clair de lune. ☐ vrai ☐ faux
b. Les crapauds bêlent la nuit. ☐ vrai ☐ faux
c. Le loup barrit comme l'éléphant. ☐ vrai ☐ faux
d. Le chameau rugit quand il rencontre un dromadaire. ☐ vrai ☐ faux
e. Les vieilles portes dans les châteaux, c'est comme les chauves-souris, ça grince ! ☐ vrai ☐ faux

D. Les animaux sauvages

274. SE TESTER Charades : De quels mots parle-t-on ?

a. Mon premier est le membre supérieur de l'homme, mon second est le pluriel de « mon/ma » : mon tout est le verbe du cri des cerfs.

→ ....

b. Mon premier est un petit golfe sur le littoral, mon second est le pluriel de « la » : mon tout est le verbe du cri incessant de nos chèvres adorées.

→ ....

c. Mon premier c'est la semence des céréales, mon second est le pluriel de « ce » ; mon tout est le verbe du cri étrange des chauves-souris.

→ ....

d. Mon premier se met sur les jambes, mon second vous le faites si on vous raconte des histoires drôles : mon tout c'est ce que les éléphants font quand ils s'expriment.

→ ....

> **« Quelques expressions usuelles »**
>
> **Être connu comme le loup blanc** = être très connu
> **Se tailler la part du lion** = prendre la part la plus importante dans un partage
> **Prendre le taureau par les cornes** = affronter avec courage une grande difficulté
>
> **Se jeter dans la gueule du loup** = se mettre dans une situation dangereuse par imprudence
> **Hurler avec les loups** = avoir le même avis que les autres

275. À VOUS ! Complétez les phrases avec les expressions ci-dessus.

a. Même si ce ne sont pas tes vraies convictions, tu dis toujours la même chose que les autres : tu .... Comme tu es conformiste !

b. Quand on a vendu la biscuiterie de ma grand-mère, mes vieilles tantes se sont .... Elles sont vraiment redoutables !

c. Ce vétérinaire formidable ne peut passer incognito dans son quartier, il ....

d. Maintenant vas-y ! Il faut .... sinon tu vas devenir fou à force de réfléchir à ce problème et de te tourmenter sans cesse.

e. Franchement, en allant dans la jungle pleine de serpents venimeux avec tes petites sandales, c'est comme si tu te ....

Bilan

Complétez avec les mots qui conviennent.

1. Au lieu d'arbres, j'ai planté dans mon jardin plein d' .... car je n'ai pas envie qu'ils grandissent trop.
2. Il y a eu une tempête terrible et, hélas, mon chêne a été .... , il faudra le replanter.
3. En hiver, je dois .... ces grosses branches pour en faire du bois pour la cheminée.
4. J'adore arracher un à un les .... des fleurs pour connaître mes sentiments amoureux !
5. Ce serait une bonne idée d'offrir un .... de fleurs à ton père pour son anniversaire.
6. C'est l'automne, mes roses de septembre se .... , vivement le printemps prochain qu'elles refleurissent !
7. Le .... pointu et crochu des aigles fait peur aux agneaux et aux marmottes.
8. Les paons qui font la roue pour séduire ont un .... d'une rare beauté. On ne peut pas en dire autant de leur ramage !
9. Dès l'automne, les oiseaux .... prennent leur envol vers des contrées lointaines.
10. Les pigeons qui .... tendrement sur mon balcon, je supporte. Mais leur caca, beurk !
11. Si la nuit vous êtes seul(e) dans un bois et vous entendez un hibou .... , n'ayez pas peur !
12. Les abeilles .... les fleurs pour vous offrir du bon miel.
13. Quelle merveille que cette .... qui va se transformer en un papillon multicolore !
14. Félix, arrête de .... si fort ! Je vais te donner tes croquettes. Quel chat gourmand tu es !
15. Mon chat, quand je le caresse, n'arrête pas de .... tellement il est content. Quel moteur !
16. Mon chien Boris a un .... extraordinaire, il découvre les champignons grâce à sa truffe.
17. J'ai adopté mon boxer dans un .... spécialisé dans les chiens de cette race.

18. Ma jument Alizée est un .... , elle va gagner toutes les courses hippiques, j'en suis certain !

19. Quand mon cheval part au .... à toute vitesse dans les champs, je retiens mon souffle.

20. La .... sur la nuque de mon étalon est si belle qu'on le surnomme Crin-Blanc.

21. J'ai dû .... mes deux Bergers allemands, Mehdi et Loulou pour qu'ils arrêtent d'aboyer chaque fois qu'ils voient passer notre gentil postier en uniforme.

22. J'oublie toujours le mot « vibrisses » pour parler scientifiquement des .... de mon chat !

23. Ma tortue Boulette se retire dans sa .... quand elle veut être tranquille.

24. Yodie et Grison, les deux marmottes, ... durant l'hiver. Quelle chance elles ont de dormir si longtemps !

25. La biche .... car elle appelle son petit qui a disparu dans la forêt.

26. Près de l'étang, les grenouilles .... sans arrêt, mais que peuvent-elles bien se raconter ?

Expressions

27. Bruna est vraiment très .... bleue, pourtant elle sait très bien qu'être trop sentimentale, ça fait mal.

28. Gaston, mon gros labrador, est vraiment adorable, il ne ferait pas de mal à ....

29. Génial, il n'y a pas un .... sur cette plage, on va pouvoir bronzer nus sans être dérangés.

30. Ne te jette pas dans .... en grimpant tout seul sans matériel ni équipement sur le sommet de la montagne. C'est très risqué !

Mon score : .... /30

8 • L'écologie

A. Le climat

 « Le temps qu'il fait »

Dans les zones tempérées, le climat est plutôt **clément** et les températures sont rarement extrêmes. Durant chaque saison se succèdent des périodes de beau temps où le ciel est **pur** et **dégagé** et des périodes de mauvais temps où le ciel **se couvre** et des nuages de pluie **s'amoncellent**.

Rares sont encore les **intempéries** très violentes bien qu'avec le réchauffement climatique on ait l'impression qu'elles se multiplient. En été, cependant, il faudra **scruter** le ciel qui, notamment en fin de journée, peut vite **s'obscurcir** et devenir **menaçant**. Avant que l'orage n'éclate, mieux vaut se mettre à l'abri !

Là, vous pourrez tranquillement observer ce spectacle de la nature : quoi de plus beau que le grondement du **tonnerre** et un ciel **zébré d'éclairs** ! Et si vous avez de la chance, après le passage de l'orage, le ciel se pare d'un arc-en-ciel. La nuit, le temps peut à nouveau **se gâter** mais vous aurez le bonheur d'apercevoir un ciel parfaitement **étoilé** pendant une **embellie**, surtout si vous **dormez à la belle étoile** !

276. S'EXERCER Soulignez la bonne réponse.

a. Il fait 39 degrés aujourd'hui, le temps est à l'orage, le ciel *s'amoncelle – se jaunit – s'obscurcit*.

b. Une nuit de rêve sur un alpage : muni(e) de votre sac de couchage, vous allez dormir *dans une suite – à la belle étoile – en bord de mer*.

c. Depuis tout petit, dès que tu entends le *tambour – tremblement – tonnerre* au loin, tu trembles !

d. Il y a une heure, le ciel était bleu, maintenant des nuages apparaissent et il se *coupe – couve – couvre*.

e. Génial, plus un seul nuage, le ciel est totalement *dégagé – déchaîné – étoilé*, on pourra donc filer à la plage cet après-midi !

f. Le sud-ouest de la France est de plus en plus frappé par de violentes *émissions – intempéries – insolations*, c'est inquiétant.

277. S'EXERCER Complétez les phrases avec les mots manquants.

a. Regarde le ciel, je vois arriver de plus en plus de nuages remplis d'eau qui .... Prends le parapluie !

b. J'adore voyager en France parce qu'il ne fait ni trop chaud ni trop froid ; le climat y est .... et cela me convient !

c. Profitons de cette .... pour aller se balader avant que le temps ne se .... à nouveau.

d. La nuit, en haute montagne, le ciel étoilé est si .... que l'on peut distinguer la Voie lactée sans aucun problème !

A. Le climat

e. Le ciel devient ...., il est tout noir : vite, rentre les transats et les parasols !

f. Le .... gronde et le ciel est .... terrifiants : l'orage est prêt à éclater.

278. RÉVISER **Reliez les adjectifs et les noms correspondants.**

a. pur • • 1. le dégagement
b. dégagé • • 2. les étoiles
c. menaçant • • 3. une menace
d. zébré • • 4. la pureté
e. étoilé • • 5. les zébrures

279. SE TESTER **Vrai ou faux ? Si faux, justifiez votre réponse.**

a. Quand un ciel est zébré d'éclairs, il y a un arc-en-ciel.

→ .... → ....

b. Scruter le ciel, c'est regarder le ciel avec beaucoup d'attention et parfois d'inquiétude.

→ .... → ....

c. L'embellie, c'est quand le temps se gâte.

→ .... → ....

d. Si la nuit est étoilée, c'est que le ciel n'est pas couvert.

→ .... → ....

e. Dormir à la belle étoile, c'est dormir dans une auberge appelée « À l'étoile bleue ».

→ .... → ....

 « Les vents »

> Les régions polaires se caractérisent non seulement par des températures froides l'été et glaciales l'hiver mais aussi par des vents souvent très violents. Ceux-ci **balaient** les plaines du Canada et les toundras de Sibérie et hurlent – comme les loups – quand ils sont **déchaînés**. Ils font **ployer** les quelques arbres nains qui résistent dans ce climat rude. Il vaut mieux ne pas mettre le nez hors de l'**igloo*** si vous ne souhaitez pas sentir le vent **cinglant** qui fouette votre visage. Or, la force du vent varie sans cesse. Il peut donc **se lever** rapidement et arriver en **rafales** brèves et brutales avant de **faiblir** à nouveau. Quand ces coups de vent sont moins forts, il s'agit plutôt de **bourrasques**. En France, les trois principaux vents froids sont la **bise**, vent du nord-est qui rafraîchit l'atmosphère, le **mistral**, vent parfois violent qui descend à toute vitesse la vallée du Rhône, et la **tramontane**, vent du nord-ouest qui souffle sur le Languedoc et le Roussillon. Mais soyons poètes et rendons hommage au **zéphyr**, ce vent doux et agréable de la mythologie !
>
> *Selon l'Académie française, il existe deux orthographes pour la maison des Esquimaux / Inuits : *igloo* et *iglou*.

8 • L'écologie

280. S'EXERCER Indiquez les mots qui correspondent aux définitions suivantes.

a. Des vents très violents et de courte durée, mais plus forts que les bourrasques.

→ ....

b. Les vents le sont lorsqu'ils se libèrent avec une brutalité et une force inouïes.

→ ....

c. C'est un vent caractéristique du secteur nord-est soufflant en Suisse romande et sur l'est de la France.

→ ....

d. C'est le qualificatif d'un vent glacial qui vous fouette le visage d'une façon très désagréable.

→ ....

e. Un vent le fait quand il perd en force et en puissance.

→ ....

281. S'EXERCER Soulignez la bonne réponse.

a. Le vent, s'il est puissant et régulier, peut faire *ployer – noyer* les arbres, y compris les chênes !
b. La *tramontane – bourrasque* est un terme utilisé par les météorologues pour parler du vent de nord-ouest soufflant dans le midi de la France.
c. Des vents violents se *lèvent – balaient* constamment les régions du Grand Nord, c'est pour cela que la vie y est si rude.
d. En Provence, on le supporte ou on le déteste, ce fameux *zéphyr – mistral* !
e. Mon rêve serait de dormir dans un *îlot – iglou* auprès d'un esquimau qui me réchaufferait.

282. RÉVISER Reliez les verbes aux noms correspondants.

a. Déchaîner   • 1. Le balayage
b. Balayer   • 2. Le déchaînement
c. Ployer   • 3. L'affaiblissement
d. Se lever   • 4. Le lever
e. Faiblir   • 5. Le ploiement

283. SE TESTER Devinettes : De quoi parle-t-on ?

a. Ce vent souffle très fort et arrive soudainement mais ce n'est pas une bourrasque.

→ ....

b. Cet adjectif sert à qualifier non seulement un vent glacial mais aussi une réponse violente qu'un interlocuteur vous fera s'il est fâché contre vous.

→ ....

c. Bien sûr, c'est un vent froid qui souffle sur votre joue ; c'est également une marque d'affection que l'on se fait entre intimes.

→ ....

d. Dans la mythologie grecque, c'est la personnification d'un vent (d'ouest) doux et agréable.

→ ....

e. Ce vent violent souffle sur la Provence.

→ ....

A. Le climat

 « Les précipitations »

Les **précipitations** se font sous forme de pluie ou de neige. Quant à la pluie, s'agit-il d'une petite **ondée**, soudaine et brève, ou pleut-il **à verse**, c'est-à-dire fort et abondamment ? Dans le delta du Mékong, pendant la **mousson**, il faut s'attendre à se retrouver sous des **trombes d'eau**. Une pluie **torrentielle** s'abat sur cette belle région au point que l'on pourrait la qualifier de **diluvienne**. Plus au nord, au Laos et au Viêtnam, il peut y avoir du brouillard et un léger **crachin** pendant des jours, si bien qu'à chaque sortie, de petites **gouttelettes** se poseront sur vos lunettes. Pas grave, le beau temps reviendra vite. Quant à la neige, elle tombe sous forme de flocons qui **virevoltent** dans le ciel avant de se poser sur le sol froid. D'ailleurs, après des **chutes de neige** qui ont duré plusieurs jours, notre chalet s'est trouvé **enseveli** sous un épais **manteau neigeux** d'un blanc **étincelant** et **immaculé**. Mais dès que les températures sont remontées, il s'est formé des dizaines de **glaçons** qui pendaient du toit !

284. S'EXERCER Vrai ou faux ? Si faux, justifiez votre réponse.

a. Les gouttelettes sont de minuscules gouttes d'un liquide.
→ .... → ....

b. Les glaçons sont des tubes d'eau gelée attachés à une gouttière, mais aussi utiles en cubes pour rafraîchir les boissons.
→ .... → ....

c. Après de récentes chutes de neige, le manteau neigeux est sombre et tâché.
→ .... → ....

d. Le crachin est une pluie fine et légère associée au brouillard.
→ .... → ....

e. Une ondée est une pluie qui ne s'arrête jamais.
→ .... → ....

285. S'EXERCER Complétez les phrases avec les mots qui conviennent.

a. Après de fortes .... , les routes ont été bloquées. Un chasse-neige est passé ce matin pour les dégager.

b. Une pluie .... s'est abattue sur le Périgord, inondant vallées et champs et transformant les routes en rivières.

c. Hier, il a plu ...., et cela a duré des heures. On s'est trouvés sous des ....

d. La neige est tombée toute la nuit. En ouvrant les volets ce matin, j'ai découvert un magnifique manteau de neige .... et ...., comme si des étoiles s'étaient posées dessus.

e. Ce qu'on appelle les .... , ce sont les chutes de pluie ou de neige.

8 • L'écologie

286. S'EXERCER Relevez dans l'encadré les mots qui correspondent aux définitions suivantes.

a. Se dit d'une pluie abondante et torrentielle et qui a un rapport avec le déluge.

→ ....

b. Qui a disparu enterré sous une couche de terre ou de neige.

→ ....

c. Phénomène saisonnier qui touche l'Asie du Sud-Est et qui donne des pluies abondantes.

→ ....

d. C'est un verbe qui exprime un mouvement qui tourne rapidement sur lui-même et dans tous les sens.

→ ....

287. RÉVISER Complétez les phrases suivantes.

a. Si des masses d'eau s'abattent rapidement sur une région, on parle de ....
b. C'est une pluie d'une intensité extraordinaire, Noé la connaît bien, c'est une pluie ....
c. Elles sont toutes mignonnes quand elles tombent une à une, ce sont des ....
d. J'adore les voir virevolter en hiver dans le ciel, ce sont les ....
e. Je ne les supporte pas sur mon toit en hiver mais je les apprécie dans un verre en été quand il fait chaud, ce sont les ....

288. SE TESTER Barrez l'intrus.

a. Ondée – diluvienne – torrentielle
b. Crachin – gouttelettes – à verse
c. Étincelant – enseveli – immaculé
d. Mousson – trombes d'eau – manteau neigeux
e. Virevolter – glaçons – flocons

« Quelques expressions usuelles »

Passer en coup de vent
= passer très rapidement chez quelqu'un
Un vent à décorner les bœufs
= un vent très violent
Avoir vent de quelque chose
= entendre parler de quelque chose
Être au septième ciel = être parfaitement heureux

Parler de la pluie et du beau temps
= dire des banalités
Fondre comme neige au soleil
= disparaître très rapidement
Remuer ciel et terre = faire tout ce que l'on peut pour obtenir quelque chose

---

289. À VOUS ! Corrigez les erreurs qui se sont glissées dans les phrases suivantes.

a. Depuis la naissance tant attendue de leur enfant, Julie et Mathieu sont au huitième étage.

→ ....

b. Comme Karim était très pressé, il est passé nous dire bonjour en bourrasque.

→ ....

c. Hier, à Aix-en-Provence, il y a eu un mistral à arracher les oreilles des taureaux.

→ ....

A. Le climat

d. Pour faire reconnaître l'innocence de son amie, Madame Ducrime a agité feu et mer.

→ ....

e. J'ai eu bise d'un rapport concernant des licenciements dans notre entreprise : quel stress !

→ ....

f. Avec la crise économique, la fortune de ce riche couturier a disparu comme une tache sur du linge sale.

→ ....

g. Dans l'ascenseur, avec mes voisins, on parle toujours du gel et de la canicule.

→ ....

B. Les phénomènes naturels

« Les phénomènes naturels » 66

Le froid et la chaleur provoquent des **phénomènes naturels** qui ont parfois des incidences sur les végétaux et les humains. En hiver, le **givre** transforme les arbres en sculptures de cristal mais si vous ne l'enlevez pas de votre pare-brise, vous ne pourrez pas prendre le volant. De même pour le **verglas**, cette plaque de glace mince et transparente qui pourrait vous faire glisser sur la route. Quant au **gel**, s'il dure, il **fait éclater** les canalisations et **grille*** les plantes que vous aurez oublié de rentrer à l'automne. Au printemps, la **fonte des neiges** provoquée par un **dégel** rapide libère une quantité d'eau trop importante. Dans d'autres régions, en revanche, ce sont les fortes chaleurs qui posent problème : les canicules prolongées qui grillent les cultures et **assoiffent** le bétail, ainsi que les **sécheresses** répétées qui **dessèchent** la végétation et **assèchent** les **nappes phréatiques**. Vive la pluie !

* Le verbe « griller » s'utilise aussi bien pour les dégâts provoqués par le soleil que par le gel !

290. S'EXERCER Complétez les phrases avec les termes qui conviennent.

a. Le .... a fait fondre la neige si rapidement que nous avons dû traverser notre jardin inondé en bottes de caoutchouc.

b. Hier, en sortant de chez moi, j'ai glissé et suis tombé(e) sur le trottoir, en effet je n'avais pas vu cette plaque de .... toute transparente.

c. Quand il ne pleut plus depuis longtemps, c'est très dur pour les animaux : ils sont totalement .... et ne trouvent plus rien à boire.

d. À la fin de l'hiver, lors de .... , les rivières et les fleuves se remplissent d'eau.

e. À cause d'un grand froid et du .... , les canalisations ont explosé, privant les habitants d'eau potable durant plusieurs jours.

8 • L'écologie

f. Cette année, les .... , ces réserves d'eau naturelles dans les sous-sols, sont .... par le manque de précipitations l'hiver dernier.

g. Sans surprise, mon basilic a .... parce que bêtement j'avais oublié de rentrer le pot avant les premières gelées.

291. S'EXERCER Soulignez la bonne réponse.

a. Les phénomènes *naturels – surnaturels* ont des conséquences sur l'humain et le végétal.

b. Pas une goutte de pluie de mars à septembre : les champs de blé sont littéralement *grillés – givrés*. C'est triste !

c. En hiver, à moins zéro, j'observe les carreaux de ma fenêtre parce qu'ils sont décorés de *gel – givre*. On dirait des cristaux et des fleurs !

d. Il fait plus de 30 degrés depuis des jours et des jours, pas une goutte de pluie, mon pauvre jardin est complètement *desséché – asséché*.

e. Les *sécheresses – séchages* qu'ont subi certains pays ont provoqué d'effroyables incendies de forêt.

f. Oh là là ! Voulant déboucher les toilettes, j'ai utilisé un produit chimique tellement fort qu'il a fait *écraser – éclater* la cuvette. C'est malin !

292. RÉVISER Soulignez les mots mal orthographiés et écrivez-les correctement.

a. Le verrglas a fait déraper ma voiture. Résultat : j'ai percuté un platane et ma bagnole est foutue !

→ ....

b. Les degelles trop rapides sont redoutés par les montagnards qui craignent les avalanches et les inondations.

→ ....

c. La sècheraisse a encore fait des ravages en Afrique. C'est atroce !

→ ....

d. Mes chèvres et mes moutons sont açoifés car il ne pleut plus depuis des jours et les rivières sont assaîchées.

→ .... → ....

293. SE TESTER Vrai ou faux ? Si faux, justifiez votre réponse.

a. Le givre est un phénomène printanier.

→ .... → ....

b. Le dégel peut faire éclater les canalisations.

→ .... → ....

c. La fonte des neiges est un phénomène automnal.

→ .... → ....

d. La sécheresse grille les cultures en été et le gel grille les plantes en hiver.

→ .... → ....

e. Le verglas est dangereux pour les piétons et les cyclistes car il est invisible.

→ .... → ....

B. Les phénomènes naturels

 « Les catastrophes météorologiques naturelles »

Face aux phénomènes météorologiques extrêmes, l'homme se sent souvent très petit : quand une tempête se forme au-dessus des eaux tropicales et se déplace selon une **trajectoire** précise, les populations concernées sont **en alerte** dans les zones qui risquent d'être touchées. En effet, ces vents violents allant jusqu'à 100 km/h peuvent déraciner des arbres et **arracher** des toits, et les fortes pluies qui les accompagnent – souvent de vrais **déluges** – **provoquent** de terribles inondations. Mais il y a pire : des tempêtes avec des vents supérieurs à 118 km/h qui **ravagent** tout sur leur passage. Le lendemain, on découvre alors des cultures **saccagées**, des villages **dévastés** et des paysages **désolés** où il n'y a plus personne. Pourtant, ces énormes tempêtes portent de jolis noms selon leur lieu d'activité : elles s'appellent **cyclones** dans le Pacifique Sud et l'océan Indien, **ouragans** dans la partie nord de l'océan Atlantique ou **typhons** dans le nord-ouest du Pacifique. Mais dans tous les cas, il vaut mieux éviter de se trouver dans l'**œil du cyclone** avant d'**essuyer la tempête** !

294. S'EXERCER Indiquez les mots qui correspondent aux définitions suivantes.

a. Qui est désert et triste.

→ ....

b. Tempête violente en Extrême-Orient.

→ ....

c. Ligne (parabole) décrite par un objet lancé.

→ ....

d. Tempête violente caractérisée par des vents tourbillonnants, en général dans le Pacifique Sud.

→ ....

e. Causer des destructions, par l'effet de vents violents.

→ ....

f. Pluie torrentielle qui semble annoncer la fin du monde.

→ ....

295. S'EXERCER Soulignez la bonne réponse.

a. Les cultures de riz du Kyushu au Japon ont été *saccagées – arrachées* par un *déluge – typhon* de catégorie 2.

b. La population de la Floride est en *alerte – arrêt* car il semblerait qu'un *ouragan – typhon* s'approche des côtes.

c. Le voilier a *essuyé – nettoyé* une tempête d'une extrême violence mais heureusement, il a pu rentrer au port.

d. Le tsunami de 2004 a *déménagé – dévasté* des villages entiers en Indonésie.

e. L'*oreille – œil* du cyclone se trouve au centre même de la tempête.

8 • L'écologie

296. RÉVISER Complétez les phrases avec les mots manquants.

a. Des tremblements de terre ont .... ces contrées proches d'une fosse océanique en mouvement.

b. Je suis parti sur une mer d'huile, puis le temps a brusquement changé et j'ai essuyé une .... si violente que j'ai cru ma dernière heure venue !

c. Après avoir été .... par cet ouragan, ces petits villages sont à présent complétement .... Quelle tristesse !

d. Les toits des maisons de cette petite ville des Hautes-Pyrénées ont été .... suite à une violente tempête survenue cette nuit.

e. Ce cyclone semble changer de .... : avant il se dirigeait vers la Polynésie française, maintenant il s'oriente vers la Nouvelle-Calédonie.

297. SE TESTER Devinettes : De quoi parle-t-on ?

a. Un pays ou une population peuvent l'être lorsqu'ils sont prévenus d'un danger imminent.
   → ....

b. D'après la Bible, c'est une inondation universelle ; dans ce cas, ce mot prend une majuscule.
   → ....

c. C'est un quasi-synonyme de « dévasté » mais ce n'est pas « ravagé ».
   → ....

d. C'est une très forte tempête dans l'Atlantique Nord.
   → ....

e. C'est le centre du cyclone.
   → ....

 « Les catastrophes géologiques naturelles » 68

Si les catastrophes naturelles ne viennent pas du ciel, elles proviennent des profondeurs de la Terre. Il suffit de grimper sur un volcan pour s'en rendre compte. Lors d'une **éruption**, celui-ci peut **éjecter** une quantité incroyable de gaz et de **roches**. Souvent, il en **surgit** également une **coulée de lave** qui descend les flancs de la montagne. Souvenez-vous que plus d'une ville a été ensevelie sous une **épaisse** couche de **cendres**, comme Pompéi en l'an 79. Autre phénomène géologique dangereux : le **séisme**. Lorsqu'un tremblement de terre **se produit**, il **secoue** des villes entières, **fait trembler** les maisons, **fissure** les murs et **ébranle** les tours et les clochers. Il peut également **déclencher** une avalanche en montagne ou un **raz de marée**, voire un **tsunami**, qui **engloutiront** tous les ports du littoral concerné. Ainsi, le 1er novembre 1755, la ville de Lisbonne fut **anéantie** en quelques minutes ! Figurez-vous que ce désastre **sismique** a été d'une telle ampleur qu'il a provoqué une querelle entre Voltaire et Rousseau au sujet de l'optimisme. Et vous, restez-vous optimiste en toute circonstance ?

B. Les phénomènes naturels

298. S'EXERCER Soulignez la bonne réponse.

a. La ville de Lima a été *secouée – fissurée* par un *raz de marée – séisme* de magnitude 6,1. Sans trop de dégâts, Dieu merci !

b. Une terrible avalanche a *englouti – englobé* ce minuscule village de montagne. Cette catastrophe s'est *produite – détruite* en quelques minutes.

c. Un séisme a fait légèrement *trembler – surgir* ma maison durant quelques secondes ; étrange sensation mais rien de bien méchant !

d. Les *éruptions – irruptions* de l'Etna me font penser aux fumées des usines de charbon de Birmingham, me dit mon amie anglaise Petula.

e. Au large du Japon, un *tsunami – tiramisu* a été *déclenché – dévasté* par un puissant séisme sous-marin.

f. Aux Philippines, le volcan Taal s'est réveillé en 2020 et la ville de Laurel a été recouverte d'une *couche – poche* de cendres.

299. S'EXERCER Complétez les phrases avec les mots manquants.

a. Le volcan Pacaya au Guatemala inquiète les villageois qui vivent à côté : il en jaillit une .... qui s'approche peu à peu de leurs habitations.

b. Le 6 août 1945, la ville d'Hiroshima au Japon fut .... par une bombe nucléaire. C'est l'une des plus grandes tragédies du XXᵉ siècle.

c. En Équateur, depuis 2015, le volcan Tungu Hura a repris son activité et il .... régulièrement des gerbes de lave ainsi que des .... et des .... brûlantes.

d. Des vents violents ont .... ma maison, heureusement sans causer de dégâts.

e. Les secousses .... sont des phénomènes récurrents en Sicile et en Californie.

f. L'explosion de l'usine à gaz a .... de nombreuses façades qu'il faudra désormais refaire.

300. RÉVISER Remplacez le mot incorrect souligné par celui qui convient.

a. Les mesures annoncées par le premier ministre font trembloter tout le gouvernement, car on sait que les syndicats ne se laisseront pas faire !
→ ....

b. Pauvre Yvan, il a eu une irruption soudaine de vilains boutons sur le visage, vite chez le dermatologue !
→ ....

c. La fermeture de la seule boucherie-charcuterie a débranché toute l'économie de ce petit village du Limousin.
→ ....

d. Aujourd'hui, il s'est déclenché un événement rigolo : une tourterelle s'est mise sur le dos d'un chat. Quelle belle amitié !
→ ....

e. Les îles dans l'océan Indien craignent toujours qu'un rez-de-chaussée ne dévaste leurs côtes, et on les comprend !
→ ....

8 • L'écologie

301. SE TESTER Charades : De quels mots parle-t-on ?

a. Mon premier est le support de votre tête, mon second est le pluriel de « le » : mon tout peut être de lave.

→ ....

b. Mon premier est le petit mot que l'on met à l'infinitif devant les verbes pronominaux, mon second peut faire très mal, mon troisième relie deux mots : mon tout est un synonyme d'« agiter ».

→ ....

c. Mon premier est un rongeur nuisible, mon second est une particule nobiliaire, mon troisième est un phénomène maritime montant ou descendant : mon tout est une immense vague provoquée par un séisme sous-marin.

→ ....

d. Mon premier est la première lettre de l'alphabet, mon second est un vide existentiel, mon troisième est l'action d'une arme à feu : mon tout est un verbe qui exprime la destruction totale d'un lieu.

→ ....

« Quelques expressions usuelles »

Briser/rompre la glace = faire cesser une gêne provoquée par une rencontre
Il y a de l'orage dans l'air (fam) = il y a une tension qui annonce une explosion de colère
Après moi le déluge ! = exclamation qui signale que l'on considère sans importance ce qui se passera après sa propre disparition

Être terre à terre = ne voir que le côté matériel des choses
C'est un raz de marée = c'est un phénomène violent et irrésistible qui provoque des changements profonds
Recevoir une avalanche de (compliments) = recevoir un nombre incalculable de (compliments)

302. À VOUS ! Corrigez les erreurs qui se sont glissées dans les phrases suivantes.

a. Monsieur Tempête a l'air furieux, il fronce les sourcils et pince ses lèvres : je sens qu'il va y avoir du tonnerre dans l'atmosphère.

→ ....

b. Le monde peut bien s'écrouler et aller à sa perte, je dis donc haut et fort : après mon égo l'ouragan !

→ ....

c. J'ai reçu un raz de marée de félicitations pour la sortie de mon dernier livre !

→ ....

d. Bien que la première rencontre fût distante, j'ai fracturé le gel dès la seconde et depuis, je t'aime !

→ ....

e. Au deuxième tour des élections municipales, ce fut un véritable déluge du parti écologique.

→ ....

f. Tu es vraiment très père à père, tu ne t'intéresses qu'à la valeur marchande de cette maison alors que moi je sens qu'elle possède une âme !

→ ....

C. Le développement durable

 « Les crises écologiques »

Si les **décharges sauvages**, la **déforestation** et les **pénuries d'eau** sont des problèmes environnementaux que les hommes combattent depuis longtemps, nous découvrons depuis quelques décennies d'autres catastrophes : les **pluies acides** endommagent les écosystèmes forestiers et aquatiques tandis que les **marées noires**, dont la **nappe de pétrole** peut s'étendre sur des centaines de kilomètres, détruisent la flore et la faune des bords de mer. Si on ne voit pas le **trou dans la couche d'ozone** qui renforce l'**effet de serre**, on remarque immédiatement la **fonte** des glaciers et des **calottes glaciaires**. Enfin, en raison de la **disparition** des **milieux naturels**, un grand nombre d'espèces animales et végétales sont désormais **en voie d'extinction**. En revanche, l'espèce humaine ne l'est pas du tout, bien au contraire !

303. S'EXERCER Complétez les phrases avec les mots manquants.

a. Les émissions de méthane, ce très puissant gaz à ....
ont augmenté de près de 10 % ces vingt dernières années.

b. Le ministère de l'Écologie fait l'inventaire des facteurs qui causent la ....
des .... dans l'Hexagone.

c. La .... des .... est très alarmante car celles-ci perdraient en moyenne 200 gigatonnes d'eau par an. Si cela continue à cette allure, on pourra bientôt planter des vignes au pôle Nord et au pôle Sud.

d. Bonne nouvelle pour la planète : .... au-dessus de l'Antarctique s'est exceptionnellement rétréci cette année, selon les mesures satellitaires de la NASA.

304. S'EXERCER Vrai ou faux ? Si faux, justifiez votre réponse.

a. La déforestation, c'est la destruction des surfaces couvertes de forêts au profit d'activités non forestières.
→ .... → ....

b. Les pluies acides sont des pluies agréables et rafraîchissantes, elles font du bien à la nature en été.
→ .... → ....

c. Les décharges sauvages sont des endroits où l'on met ses déchets en toute légalité.
→ .... → ....

d. Les pénuries d'eau sont des torrents de pluies.
→ .... → ....

e. Les nappes de pétrole flottent sur la mer et salissent les côtes.
→ .... → ....

8 • L'écologie

f. Les espèces en voie d'extinction sont des espèces d'animaux qui perdent leur voix.

→ .... → ....

g. Les marées noires sont des marées qui ne sont montantes que la nuit.

→ .... → ....

305. RÉVISER Barrez l'intrus.

a. Le déboisement – la déforestation – le reboisement

b. Les calottes glaciaires – la fonte – la Méditerranée

c. Les nappes de pétrole – les nappes de table – les marées noires

d. Les pluies acides – les pluies contaminées – les pluies diluviennes

e. L'inondation – la pénurie d'eau – la sécheresse

306. SE TESTER . Devinettes : De quoi parle-t-on ?

a. C'est très beau quand elles sont en coton sur les belles tables, ça l'est beaucoup moins quand elles sont à la surface de la mer et qu'elles tuent des milliers de poissons et d'oiseaux.

→ ....

b. C'est un endroit où l'on met les poubelles en toute illégalité.

→ ....

c. Ce sont d'immenses glaciers recouvrant le pôle Nord et le pôle Sud.

→ ....

d. C'est un phénomène provoquant une augmentation de la température à la surface de notre planète.

→ ....

« Les gestes écologiques » 70

Pour lutter contre la pollution et favoriser le **développement durable**, il existe un système qui mesure l'impact de vos gestes de consommateurs sur l'environnement : l'**empreinte écologique**. Plus celle-ci est faible, moins vous polluez. Dépêchez-vous donc d'équiper votre voiture d'un **pot catalytique**, de faire le plein de **biocarburant**, d'installer des **panneaux photovoltaïques** sur votre toit, d'utiliser un **compost** pour vos déchets de cuisine, d'acheter des produits **biodégradables**, de réduire vos **émissions de gaz à effet de serre** et de proposer le **covoiturage** à votre voisin pour vous rendre au travail. Il est évident que vos efforts seront une goutte d'eau dans la mer si votre commune ne **traite** pas les **eaux usées** dans une **station d'épuration** ultramoderne, ne met pas en place un système de **tri sélectif** pour les ordures ménagères, ne rend pas la **traçabilité** agroalimentaire obligatoire, ne fait pas respecter les **normes environnementales** et ne propose pas un plan de **reboisement** sur plusieurs décennies. Et vous, votre empreinte écologique ?

307. S'EXERCER Soulignez la bonne réponse.

a. Les émissions de *télévision grand public – gaz à effet de serre* devront absolument diminuer ces prochaines années.

b. Le développement *durable – biodégradable* est une priorité absolue pour les gouvernements du monde entier.

C. Le développement durable

c. Il faut absolument *traiter* – *trier* les eaux *non potables* – *usées* pour les dépolluer !

d. Installez un pot *catalytique* – *catalyseur* sur votre véhicule pour ne plus encrasser les poumons des piétons que vous croisez.

e. La *traçabilité* – *tranquillité* des produits alimentaires devrait être obligatoire partout si vous voulez savoir ce que vous mangez.

f. Moi, j'adore le *bivoiturage* – *covoiturage* car je fais de nouvelles connaissances et je réduis *ma marque* – *mon empreinte* écologique.

g. Je suis ravi(e) que tous les habitants de notre région fassent un effort pour le *ratissage* – *reboisement* de nos forêts détruites l'an dernier par le feu.

308. s'exercer Indiquez le mot correspondant aux définitions suivantes.

a. C'est une sorte d'essence à base de végétaux.
→ ....

b. Cuve où vous récupérez des matières organiques vivantes pour fertiliser la terre de votre jardin.
→ ....

c. Action de séparer les déchets selon leur nature pour les récupérer à d'autres fins.
→ ....

d. Installation qui reçoit et traite les eaux usées des habitants d'une commune.
→ ....

e. C'est un assemblage de cellules noires, capables de transformer les rayons du soleil en électricité.
→ ....

f. Elles imposent certaines pratiques aux entreprises, aux États et aux collectivités locales, pour protéger la nature.
→ ....

g. Qui qualifie une substance ou un produit qui se décompose naturellement.
→ ....

309. réviser Repérez les mots mal orthographiés et écrivez-les correctement.

a. Mon pot catalitique a été volé, sans doute par un écolo sans argent !
→ ....

b. Tu as installé des panneaux fotovoltaiques, c'est écolo mais désolé, c'est moche !
→ ....

c. Les emiçions de gaz a éfait de cerf doivent être combattues pour les futures générations !
→ ....

d. Pauvre Marion, elle habite près de la stacion des purassion, il paraît que ça pue grave !
→ ....

e. Il n'y a aucune indication de trassabilités sur ce fromage sous plastique. D'où peut-il venir ? De l'autre côté de la planète ?
→ ....

8 • L'écologie

310. SE TESTER Vrai ou faux ? Si faux, justifiez votre réponse.

a. Le reboisement, c'est quand on rase tous les arbres d'une forêt.

→ .... → ....

b. Le covoiturage, ce sont deux voitures qui vont en même temps au même endroit.

→ .... → ....

c. Traiter les eaux usées, c'est dépolluer les eaux utilisées par les habitants d'une commune.

→ .... → ....

d. Le tri sélectif, c'est trier le verre, le plastique, le papier dans le but de les réutiliser.

→ .... → ....

e. La traçabilité d'un produit est une indication donnée sur l'emballage à propos de sa provenance, de son processus de fabrication et de l'origine des produits ajoutés.

→ .... → ....

« Quelques expressions usuelles »

Marquer de son empreinte = influencer profondément
Prononcer des phrases acides = dire des méchancetés
Sortir de son trou = sortir de son isolement
Se comporter comme un sauvage = se tenir très mal et de manière très impolie
C'est de la pollution visuelle = c'est quelque chose qui gâche la vue ou un beau paysage

---

311. À VOUS ! Complétez les phrases suivantes avec les expressions ci-dessus.

a. Aïcha a encore dit des choses désagréables à Anatole, elle .... qui ont attristé ce pauvre garçon !

b. Franchement, ces éoliennes atroces plantées n'importe où et qui gâchent le paysage, c'est de .... !

c. Tes enfants ne saluent personne et font sans cesse des caprices : ils se .... C'est insupportable !

d. Ce professeur m'a ...., notamment par sa culture, sa tolérance et sa compréhension du monde. Grâce à lui, je suis devenu(e) quelqu'un de bien.

e. Allez, remue-toi, il est temps de .... : tu dois voyager, rencontrer des amis et t'ouvrir au monde au lieu de rester cloîtré(e) chez toi !

Bilan

Complétez avec les mots qui conviennent.

1. J'ai photographié un ciel zébré d' .... cette nuit. C'était impressionnant !
2. Sept cents foyers sont privés d'électricité dans la Drôme suite aux .... de samedi soir.
3. Le .... a grondé bruyamment cette nuit, accompagné d'éclairs qui zébraient le ciel.
4. J'ai essayé de construire un .... avec mes enfants mais il s'est effondré : la neige était trop molle.
5. La .... est une salutation chaleureuse, c'est aussi un vent d'est soufflant sur le bassin lémanique en Suisse.
6. Nous nous promenions, une .... nous a surpris, on s'est donc abrités sous un chêne pendant cinq minutes.
7. Une .... terrible s'est abattue sur le Bangladesh, les pluies torrentielles ont duré une semaine sans interruption.
8. Au toit de mon chalet pendent des .... On dirait des glaces à l'eau !
9. En janvier, durant le gel, il y a eu plusieurs accidents d'automobiles provoqués par des plaques de ....
10. La .... a été particulièrement dramatique cet été : plus d'eau ni dans les rivières ni nulle part ailleurs !
11. À cause du réchauffement climatique, la .... arrive chaque année de plus en plus tôt. Bientôt il n'y aura plus d'hiver !
12. Dans ce petit village de Haute-Savoie, des arbres ont été .... par un orage très violent.
13. Attention, le .... Andry se dirige désormais vers la Réunion, Madagascar et Mayotte. On attend des rafales jusqu'à 130 km/h !
14. En Italie, les .... du volcan Stromboli sont toujours impressionnantes.
15. La terre a tremblé et Nina a été réveillée par ce violent .... en plein cœur de San Francisco.
16. Les habitants de cette région sont en .... car les autorités annoncent le passage d'un typhon.
17. La .... provoquée par le naufrage de l'Exxon Valdez a tué un millier de loutres en Alaska !
18. La dramatique .... inquiète les scientifiques : ceux-ci se retirent dans les vallées alpines des dizaines de mètres par an.

19. Le tigre de Sumatra comme le grand Hamster d'Alsace sont des espèces en .... Humains, que faisons-nous pour les sauver ?

20. Cette entreprise de location de camions s'est engagée pour l'environnement en renouvelant à 100% son parc de véhicules qui rouleront bientôt au .... Félicitations !

21. Peut-on mettre les peaux de bananes et les écorces d'agrumes dans le .... ? Voilà la question que le jardinier éco-responsable se pose.

22. Certains propriétaires de voiture préfèrent le .... aux transports en commun pour réduire l'impact environnemental.

23. La ville de Cambrai organise une journée « opération .... » en lançant un projet pour la plantation de 100 arbres. Belle initiative !

24. Les États-Unis envisagent d'instaurer des .... pour réglementer le secteur de l'aviation civile ; c'est une mesure inédite pour l'amélioration de la qualité de l'air !

Expressions :

25. Simon est passé en .... de .... hier pour boire un verre, il était très pressé !

26. Je suis au .... ciel : je suis amoureux, je vis dans une maison de rêve et autour de moi, tout le monde est heureux !

27. L'atmosphère est électrique, Gilles et Gilda ne cessent de se disputer depuis le début de la soirée, il y a de l'.................... !

28. Un .... touristique était attendu cet été sur les plages bretonnes mais en raison de la crise économique et sociale celui-ci n'aura pas lieu. Tant pis !

29. Allez ! Sors de .... ! Amuse-toi, cultive-toi, fais la fête, lis, cuisine ! La vie est belle !

30. Ces touristes se comportent comme des .... en laissant traîner leurs déchets dans la nature, c'est honteux !

Mon score : .... /30

9 • Les coutumes

A. Les origines et les traditions familiales

 « La généalogie »

Quoi de plus intéressant que de se plonger dans son **arbre généalogique** ! Dans les époques où les **cellules familiales** sont stables, il est aisé de remonter la **lignée** paternelle pour découvrir vos **ascendants** et leur **progéniture**, c'est-à-dire leurs **descendants**. Cependant, la recherche se complique quand il existait dans votre famille des **enfants naturels**, c'est-à-dire **illégitimes**, qui ne portaient pas le même nom. Elle s'avère encore plus compliquée lorsqu'on est issu d'une famille **éclatée** dont les membres avaient été **dispersés** partout dans le monde en raison de guerres ou de crises économiques. De nos jours, autre difficulté : dans les familles **recomposées** ou **homoparentales** avec des enfants **adoptifs** ou nés d'une autre union, la famille **biologique** et la famille adoptive se mélangent, ce qui complique les recherches du généalogiste. Aller à la recherche de vos **ancêtres** vous procurera donc du bonheur mais vous réservera aussi quelques belles surprises !

312. S'EXERCER Soulignez la bonne réponse.

a. À l'époque, beaucoup d'enfants étaient *illégitimes – légitimes*, donc pas reconnus, et finissaient abandonnés. Heureusement, les temps ont changé !

b. Ma copine n'a pas voulu que j'élève notre enfant bien que je sois son père *biologique – biométrique* ! Quelle complication !

c. Ma famille est *éclatée – multipliée* : ma sœur habite à Cuba, mon frère est pacsé au Cambodge, mes parents sont à la retraite à Bali et moi, je vis à Moscou.

d. J'espère que nos *ascendants – descendants* hériteront de mon intelligence et de mon humour mais aussi de ta beauté et de ta gentillesse !

e. J'adore ma famille *recomposée – recommencée* car j'ai deux mamans et deux papas et quatre fois plus de cadeaux à chacun de mes anniversaires.

f. Les parents d'Alexandre sont décédés peu après sa naissance, c'est pourquoi il est maintenant le fils *adoptant – adoptif* d'un couple adorable et il est très heureux !

g. Nos *ancêtres – androïdes* ont eu des vies marquées par deux guerres mondiales et pourtant ils furent heureux.

h. Les enfants *naturels – naturistes* n'ont pas le même statut juridique que les enfants adoptifs.

313. S'EXERCER Complétez les phrases avec les mots manquants.

a. Ma famille est totalement .... : j'habite à Paris, ma sœur en Espagne, mon frère au Portugal, ma mère à Bordeaux et mon père à Strasbourg.

b. En sociologie et en justice, on utilise le terme de .... pour parler de la famille proche avec père, mère, frère, sœur, oncle et tante.

c. Moi, je viens d'une famille où j'ai deux papas, je suis donc issu(e) d'une famille .... Et mes deux papas, je les adore !

9 • Les coutumes

d. En remontant mon .... j'ai découvert que j'avais des ancêtres vignerons en Bourgogne, c'est sans doute pour cela que j'aime autant le vin.

e. Clara ne savait pas comment élever sa .... sans devoir se justifier tout le temps : pas facile d'être mère de 5 enfants nés de 5 pères différents.

f. Il paraît que je descends d'une .... de gens riches, propriétaires terriens, banquiers, armateurs, et pourtant moi, je n'ai pas un sou !

314. RÉVISER Vrai ou faux ?

a. Les descendants sont nés avant nous, les ascendants après nous.	☐ vrai	☐ faux
b. Une famille homoparentale est constituée de deux papas ou de deux mamans.	☐ vrai	☐ faux
c. Un arbre généalogique est un arbre en bois.	☐ vrai	☐ faux
d. La famille biologique est formée d'un « vrai » parent et d'un parent adoptif.	☐ vrai	☐ faux
e. La lignée est l'ensemble des descendants d'une famille appartenant à la même branche.	☐ vrai	☐ faux
f. Les enfants illégitimes sont également appelés des enfants naturels.	☐ vrai	☐ faux

315. SE TESTER Devinettes : De quoi parle-t-on ?

a. Se dit familièrement des enfants, mais c'est aussi l'ensemble des petits d'une famille animale.

→ ....

b. Si tous les membres de votre famille désunie sont dispersés aux quatre coins du monde, la vôtre l'est.

→ ....

c. Si votre maman et votre papa vivent une seconde union et que vous avez des demi-sœurs et des demi-frères, vous appartenez à ce genre de famille.

→ ....

d. Ce sont des membres de votre famille qui ont vécu des décennies voire des siècles avant vous.

→ ....

e. C'est une science qui a pour objet la recherche des ascendants.

→ ....

« Les événements familiaux » 72

Parmi les événements familiaux, il faut bien sûr distinguer ceux qui sont heureux et ceux qui sont tristes. Quelle joie que la naissance des enfants ! Lorsqu'ils atteignent la **majorité**, vous regarderez avec nostalgie votre **livret de famille** pour vous écrier : qu'ils ont grandi ! Puis, vous suivrez le **PACS** de vos enfants, cette union **contractuelle** pour tester si la **vie en commun** est supportable, leur mariage, suivi d'une belle **nuit de noces**, et l'arrivée des petits-enfants. Que le temps passe vite ! Mais la vie apporte aussi des moments tristes : à votre mariage succède le **divorce** après un temps de **séparation** douloureuse, et surtout le **décès** de vos parents âgés pour lesquels vous organiserez des **obsèques** simples mais dignes. À présent, il s'agira de **régler la succession** entre vos frères et sœurs, moment difficile si vous ne voulez pas vous disputer avec le reste de votre famille. Seul espoir : si vous faites un gros **héritage**, c'est-à-dire que le **patrimoine** laissé par vos parents est important, ces **querelles** pourraient se transformer en bonheur !

A. Les origines et les traditions familiales

316. S'EXERCER Souslignez la bonne réponse.
a. Nous avons vécu une *sélection – séparation* difficile car nos enfants s'adaptaient mal à cette nouvelle situation.
b. En France, le livret *de famille – militaire* doit être mis à jour après chaque naissance, mariage ou décès.
c. Les notaires doivent régler pour les descendants la *succession – note* de la personne disparue.
d. Mon *divorce – patrimoine* m'a coûté une fortune, jamais plus je ne me remarierai !
e. Après la cérémonie de mariage, j'ai passé une nuit de *célibataire – noces* éblouissante avec ma/mon bien aimé(e).
f. J'ai appris avec tristesse hier le *décès – délai* de mon oncle.
g. Je vais faire une superbe fête car je viens de signer un *PACA – PACS* avec mon amoureux(se).

317. S'EXERCER Complétez les phrases avec les mots manquants.
a. Enfin, à 18 ans, j'ai atteint ma .... , je vais pouvoir voter, me pacser, puis me marier, ensuite divorcer et enfin me repacser. Trop chouette, la vie .... !
b. Que ce soit le mariage ou le PACS, ce sont des unions .... alors que pour l'union libre ou le concubinage on ne signe pas de contrat.
c. Quelle nouvelle fantastique ce matin : mon notaire me téléphone pour me prévenir qu'un .... de 2 millions d'euros m'attend. C'était la personne à qui j'avais sauvé la vie il y a deux ans. En tous cas, c'est sûr, je me rendrai aux ....
d. À chaque .... dans ma famille, il y a des .... stupides pour récupérer un service à vaisselle ou une vieille montre. Je n'en peux plus !

318. RÉVISER Soulignez le mot incorrect et remplacez-le par celui qui convient.
a. À la naissance de mon septième bébé, j'ai dû me présenter à la mairie avec mon livret scolaire.
→ ....
b. Nous assisterons aux obscénités de ce pauvre Paul, mort à 108 ans.
→ ....
c. Ces unions contractées, c'est compliqué, car il faut remplir des tonnes de papier !
→ ....
d. J'ai fait estimer mon patriotique immobilier et financier : il s'élève à 300 000 euros.
→ ....
e. Après son cinquième déménagement au tribunal, elle a décidé qu'elle préférait vivre en concubinage.
→ ....
f. J'ai reçu 27 euros et trois tasses à café lors de l'irritation de ma grand-tante.
→ ....

319. SE TESTER Devinettes : De quoi parle-ton ?
a. C'est un contrat entre deux personnes mais pas besoin de se rendre chez le juge si on souhaite le rompre.
→ ....

9 • Les coutumes

   b. C'est un synonyme de « disputes » ou, plus familièrement, de « prises de bec » !

   → ....

   c. On peut en recevoir un d'une personne dont vous héritez. C'est aussi le nom d'un parfum très célèbre de Guerlain.

   → ....

   d. Elle devrait être délicieuse, romantique, amusante et inoubliable, mais ce n'est pas toujours le cas.

   → ....

   e. C'est quand on vit avec quelqu'un, soit en union libre, soit pacsé, soit marié.

   → ....

   f. C'est une séparation qui est rendue définitive et officielle par un jugement.

   → ....

> **« Les expressions usuelles »**
>
> **Avoir un (petit) air de famille** = se ressembler
> **Avoir l'esprit de famille** = faire preuve de solidarité comme les membres d'une famille
> **Partager en frères** = tout partager équitablement avec plusieurs personnes
> **Trouver une famille de cœur** = se créer une famille non biologique, mais composée d'amis
>
> **Traiter quelqu'un en parent pauvre** = négliger une personne ou la traiter de manière indifférente
> **Recevoir (quelque chose) en héritage** = recevoir en cadeau quelque chose qui n'est pas forcément matériel

320. À VOUS ! Corrigez les erreurs qui se sont glissées dans les phrases suivantes.

   a. Quand mon frère a des difficultés financières, il peut compter sur moi. J'ai vraiment l'âme d'amis !

   → ....

   b. À cette réunion de famille, on m'a traité en cousin appauvri, comme si je n'existais pas ! Je les déteste tous, cette bande de radins !

   → ....

   c. J'ai accueilli l'amour en cadeau, c'est pour cela que je suis rayonnant(e) tout le temps !

   → ....

   d. Quand je la regarde, je trouve qu'elle a un petit nez familial et pourtant elle n'a aucun lien avec nous !

   → ....

   e. Avec mes amis, je divise tout en cousins, car je déteste l'injustice.

   → ....

   f. Ma famille de sang, ce n'est pas tout, j'ai besoin de trouver une tribu de foie pour m'épanouir et partager des passions communes.

   → ....

B. Les cercles amicaux

« Le sentiment d'amitié » 73

Le portrait d'un véritable ami est facile à tracer : c'est un être **de cœur** qui est généreux et loyal, et un **confident** qui est toujours à votre écoute et prêt à vous dépanner. La **tendresse** des échanges se manifeste dans des gestes pleins de **prévenance** et de **délicatesse**. Les **rapports** restent toujours simples et sans **sous-entendus**. Loin d'être un rival, il est votre **alter ego** dont vous êtes **inséparable**. C'est l'être dont vous êtes le plus proche. On voit bien qu'il ne s'agit pas d'un copain mais bien d'un ami. Ce n'est pas du tout le même degré d'**attachement** ! Mais hélas, même les amis les plus **intimes** peuvent s'éloigner de vous avec le temps, vous **abandonner** pour quelqu'un d'autre ou vous **trahir**. C'est la vie !

321. S'EXERCER Indiquez les mots qui correspondent aux définitions suivantes.

a. Personne de confiance qui peut vous remplacer en toute situation. Ce terme latin est aussi un autre moi-même.
→ ....

b. Personne à qui l'on confie ses pensées les plus secrètes.
→ ....

c. Sentiment d'affection durable qui nous lie à des personnes ou à des choses.
→ ....

d. Relation entre deux êtres qui peut être de nature très diverse : professionnelle, amicale, amoureuse ou sexuelle.
→ ....

e. Sentiment très affectueux pour quelqu'un.
→ ....

f. Cesser d'être fidèle à quelqu'un, avec perfidie.
→ ....

g. Quitter, laisser définitivement une personne ou un animal auquel on était attaché.
→ ....

322. S'EXERCER Soulignez la bonne réponse.

a. Théo est vraiment un ami de *cœur – corps*, je le sais car il est loyal, fidèle et présent en toute circonstance.
b. Sofia a toujours fait preuve de *délicatesse – délices* dans son amitié, même dans des moments difficiles. C'est simple : je l'adore !
c. Benoît est très attaché à sa grand-mère et à son ami Sven, les deux êtres les plus proches de lui. Ce sont vraiment ses *intimités – intimes*.
d. Tim et Tom sont *indispensables – inséparables* ; familièrement on dirait qu'ils sont comme « cul et chemise ».
e. Julie a fait preuve de beaucoup de *prévenance – prévention* parce qu'elle ne s'est pas mêlée de la séparation de ses deux amis.
f. Il n'y a eu aucun *sous-entendu – demi-mot* dans ce qu'a dit mon amie Hélène à Clément. Au contraire, elle a été franche.

9 • Les coutumes

323. RÉVISER Reliez les verbes aux noms correspondants.

a. Se confier à •   • 1. L'attachement
b. Sous-entendre •   • 2. La confidence, le/la confident(e)
c. S'attacher •   • 3. La trahison
d. Abandonner •   • 4. L'abandon
e. Trahir •   • 5. Le sous-entendu

324. SE TESTER Charades : De quels mots s'agit-il ?

a. Mon premier est un délice de la gastronomie française surtout celui du canard, mon second se trouve dans votre bouche et vous en avez 24 : mon tout est un ami à qui je dis des choses intimes.

→ ....

b. Mon premier est une notion qui englobe le présent, le passé et le futur, je fais le second avec un chien pour qu'il obéisse : mon tout est un fort joli sentiment qui unit deux êtres humains.

→ ....

c. Mon premier est la première lettre de l'alphabet, mon second se trouve sur votre chemise si vous ne mangez pas proprement, mon troisième c'est quelqu'un qui le fait s'il ne vous dit pas la vérité : mon tout est un lien d'affection ou de sympathie avec une personne, un animal, un objet ou un lieu.

→ ....

d. Mon premier est une exclamation, sur mon second on peut s'asseoir à plusieurs dans les jardins publics, mon troisième est un synonyme d'« offrir » : mon tout est un verbe négatif qui laisse quelqu'un tout seul.

→ ....

 « Se réunir en toute amitié » 🔊 74

> Afin de rendre concrets les bienfaits de l'amitié, les amis se réunissent dans des cercles plus ou moins **exclusifs**. Il s'agit d'une **équipe** si leur rencontre se fait autour d'une tâche commune ou dans un but sportif, d'une **tribu** quand les amis forment une sorte de grande et nombreuse famille ou d'une **corporation** si l'on se retrouve avec des amis exerçant le même métier. Si le groupe est petit et resserré autour d'une même idée, on parle de **clan** alors que si cette même idée est d'ordre religieux, on parle de **communauté**. Quel que soit le nom que porte le groupe d'amis, l'essentiel est de **se fréquenter**, de pouvoir **se confier** et d'**avoir des échanges** pour **s'apprécier** mutuellement. Or, ce n'est pas toujours facile. Parfois, il y a des **divergences** d'opinion et des **malentendus**, ce qui peut déclencher des **disputes**. Le pire, ce sont cependant les querelles incessantes qui finiront par faire éclater le groupe. C'est pourquoi, il est toujours intéressant de s'ouvrir au monde, de **se confronter** aux autres et de **fraterniser** aussi en dehors du **cercle intime** avec des gens avec lesquels on peut **s'entendre** malgré les différences !

325. S'EXERCER Soulignez la bonne réponse.

a. Je ne me *corrige – défie – confie* que dans mon cercle *intense – intime – polaire*.
b. Avec Olga et Kostas, on se *fréquente – confronte – familiarise* beaucoup. Nous sommes trois amis inséparables, un véritable *clan – club – clash* !

B. Les cercles amicaux

c. Je m'entends – écoute – auditionne vraiment bien avec mes amis italiens, espagnols et grecs car nous sommes une famille – équipe – écurie passionnée par l'huile d'olive !

d. Les disputes – discussions – disparitions font parfois partie de l'amitié, mais si l'on est vraiment une trilogie – tribune – tribu solidaire, on doit pouvoir se réconcilier sans souci !

e. Même si quelquefois nous avons des échecs – échanges – élancements un peu tendus en raison de divergences politiques, nous continuons de nous apprivoiser – apprécier – habituer, chacun doit être libre de penser ce qu'il veut.

326. S'EXERCER Complétez les phrases avec les mots manquants.

a. Avec mes collègues de travail, nous sommes membres d'une .... très unie : on boit des coups ensemble et on s'entraide si nécessaire.

b. Bien qu'au Sénat des .... politiques s'expriment entre les sénateurs, ils se retrouvent tous à midi autour d'un bon plat et d'un bon vin.

c. J'ai un gros défaut : je suis très .... avec mes amis, je ne veux les partager avec personne !

d. Appartenir à une .... religieuse ou ethnique, c'est bien, mais il faut savoir s'ouvrir aux autres et faire preuve d'universalisme.

e. Nous sommes vraiment désolés du .... qu'il y a eu avec nos amis hier soir, car on ne s'est pas bien compris sur ce sujet délicat.

f. .... avec tous les êtres humains est le rêve de chacun, mais est-ce possible ?

327. RÉVISER Vrai ou faux ?

a. Un clan est un groupe de personnes qui n'ont rien en commun. ☐ vrai ☐ faux
b. Une dispute, c'est un échange virulent entre personnes qui ne sont pas du même avis. ☐ vrai ☐ faux
c. Une tribu est un groupe familial dont les membres sont plus ou moins proches. Ce terme est souvent utilisé en anthropologie. ☐ vrai ☐ faux
d. Se confronter à quelqu'un, c'est appuyer son front sur celui de son meilleur ami. ☐ vrai ☐ faux
e. Se fréquenter, c'est avoir une relation suivie avec quelqu'un. ☐ vrai ☐ faux
f. Quelqu'un d'exclusif est quelqu'un d'ouvert et de tolérant. ☐ vrai ☐ faux

328. SE TESTER Devinettes : De quoi parle-t-on ?

a. C'est une incompréhension entre deux ou plusieurs personnes.
   → ....

b. C'est dévoiler à ses intimes des secrets plus ou moins inavouables.
   → ....

c. Ce n'est ni s'écouter, ni se parler, c'est simplement avoir un bon rapport avec quelqu'un.
   → ....

9 • Les coutumes

d. Elle est surtout sportive et professionnelle en plus d'être amicale.

→ ....

e. C'est un dérivé du latin « fraternus », c'est aussi tout simplement échanger des marques de sympathie et d'amitié avec quelqu'un.

→ ....

> **« Quelques expressions usuelles »**
>
> **Être facile à vivre** = être d'humeur égale, accommodant
> **Nouer une amitié avec quelqu'un** = établir un rapport amical avec une personne
> **S'entendre comme larrons en foire (fam)** = s'accorder pour faire ensemble des choses un peu folles
> **Être copains comme cochons (fam)** = être très ami avec quelqu'un
>
> **Avoir des atomes crochus avec quelqu'un** = avoir des passions et des intérêts communs
> **Faire ami-ami (avec qn) (fam)** = faire des démonstrations d'affection (souvent utilisé pour les enfants et les animaux domestiques)
> **Ne pas avoir élevé les cochons ensemble (fam)** = ne pas accepter de familiarité et montrer à quelqu'un qu'on ne vient pas forcément du même milieu social

329. À VOUS ! Corrigez les erreurs qui se sont glissées dans les phrases suivantes.

a. Ma copine Chantal, qu'est-ce qu'elle est aisée à exister. Elle est toujours d'humeur égale !

→ ....

b. Mes deux chats s'entendent comme chiens en fête pour voler des croquettes en haut de l'armoire.

→ ....

c. Mehdi, cessez de me parler sur ce ton familier, nous n'avons pas éduqué les chèvres ensemble !

→ ....

d. J'ai lié une affection très forte avec Arielle. Elle est merveilleuse de prévenance et de bonté !

→ ....

e. Ces deux-là, ils sont camarades comme moutons, surtout pour aller faire la fête en boîte de nuit.

→ ....

f. Ces deux gamins font câlin-câline dans l'aire de jeux, ils ont l'air adorables !

→ ....

g. Je n'ai aucun neurone accroché avec mes deux collègues, ils ne s'intéressent qu'à des bêtises et font la tête à longueur de journée !

→ ....

C. Les relations amoureuses

 « Les personnages amoureux » 75

Quand on rencontre deux amants passionnés qui sont follement **amoureux** l'un de l'autre, cela se voit du premier coup d'œil. Quand vous tombez sur un **séducteur** ou une **séductrice** qui vous **drague** plus ou moins subtilement, vous aurez vite compris aussi. D'ailleurs, ce n'est pas sans charme pour votre ego d'avoir un **don Juan** à vos pieds ! Il n'est pas difficile non plus de savoir qu'il s'agit d'un **coureur de jupons** : tout le monde est au courant ! En revanche, il est plus compliqué d'identifier la relation entre deux personnes dans une soirée : ce garçon, est-ce un simple **copain** ou le **petit ami** de votre ami Édouard ? Et ce jeune homme, s'agit-il de l'**amant** de votre tante Mathilde ? Cette belle femme serait-elle l'**amante** du maire de la ville ? Et cette jeune fille pourrait être la **maîtresse** du notaire ... qui sait ?
Là, je vois des **conjoints**, mariés ou pacsés, j'en suis presque sûre ! Mais alors, si l'on veut inviter une personne que l'on ne connaît pas intimement, qu'est-ce qu'il faut dire pour ne pas se tromper ? Moi, je dirais tout simplement : « venez avec votre **compagne**, votre **compagnon** ou votre chéri(e) ! »

330. S'EXERCER Soulignez la bonne réponse.

a. Fabian est le *compagnon – flirt* d'Élise, ils s'aiment et vivent ensemble sans être mariés.

b. Depuis toujours, on dit que les *heureux – amoureux* sont seuls au monde, et c'est vrai : l'amour est la plus belle chose dans la vie.

c. Omar est l'*amant – époux* d'Olympe car il vit une passion avec elle en union libre.

d. Le petit *ami – mari* de ma fille Bérénice de 18 ans est bizarre, il parle peu, n'est pas très beau, et pourtant elle l'aime comme une folle.

e. Pour les couples, on parle de *co-équipiers – conjoints* plutôt que de partenaires car ce dernier terme est utilisé dans le jeu, le sport et le commerce.

f. Maréva est l'*amante – ennemie* de Manéa, elle l'aime avec passion !

g. Baptiste est un *copain – contact*, c'est presque un ami, et Bastien, c'est mon petit *conjoint – chéri* car j'ai 17 ans et je flirte avec lui à la plage pendant les vacances !

331. S'EXERCER Indiquez les mots qui correspondent aux définitions.

a. C'est un séducteur, le plus souvent libertin et sans scrupules. Il porte le nom d'un seigneur espagnol.

→ ....

b. Familièrement, c'est faire du charme à quelqu'un dans le but d'avoir une aventure sexuelle.

→ ....

c. C'est une femme qui vit en couple, mariée ou non.

→ ....

d. Se dit d'une personne qui court après toutes les femmes.

→ ....

e. Une femme qui sait plaire et charmer, mais pas forcément dans un but sexuel.

→ ....

9 • Les coutumes

332. RÉVISER Barrez l'intrus.

a. Compagnon – conjoint – concurrent
b. Copine – petite amie – amie
c. Amoureux – aimé – estimé
d. Amante – maîtresse – copine
e. Dragueur – camarade – séducteur

333. SE TESTER Devinettes : De quoi parle-t-on ?

a. C'est à la fois l'enseignante des petits, celle qui exerce un pouvoir et la femme aimée.

→ ....

b. Au sens propre, un bateau de pêcheurs le fait pour ramasser des poissons et des coquillages et au sens figuré, une personne le fait pour séduire et partager des plaisirs sensuels.

→ ....

c. Ses synonymes sont : épouse, femme, compagne.

→ ....

d. C'est un garçon avec qui l'on partage une relation amoureuse quand on est jeune.

→ ....

e. En voyage, c'est la personne qui vous accompagne. En amour, c'est la personne qui partage votre vie amoureuse.

→ ....

« Le sentiment amoureux 76

Figure-toi, je **vis une passion** avec un homme qui a 15 ans de plus que moi et qui m'avait pourtant avertie qu'il était **volage**. C'est étrange mais j'ai été **attirée** par lui et on a **flirté**. Puis je me suis mise à lui **faire la cour** de façon assidue : je voulais savoir jusqu'où une telle aventure pouvait me mener. Peu après, on a commencé à échanger des **caresses** et à **faire l'amour**. La drague s'est transformée en **plaisir charnel**. On se disait plein de mots doux tels, « mon ange, mon chéri, mon trésor… ». Tu sais comme moi que c'est la **sensualité** des mots qui nous charme autant que tout le reste ! On s'offrait des fleurs, on passait des vacances ensemble. Les gens pensaient qu'on vivait un amour **romantique** que rien ne pouvait perturber. Pourtant, un jour, je suis **tombée raide dingue** de lui, comme on dit familièrement. Vraiment amoureuse, quoi ! Par la suite, je suis devenue terriblement jalouse. C'était ridicule. Ne supportant plus qu'il **me trompe**, j'**ai rompu**. Ai-je bien fait ? Et, malgré tout, ma passion pour lui continue…

334. S'EXERCER Complétez les phrases avec les mots manquants.

a. Nous avons .... folle durant deux ans, puis tout à coup, plus rien. On s'est lassés l'un de l'autre : c'est la vie.

b. Le plus joli moment de l'amour, c'est lorsque vous ....
à la personne aimée pour voir si elle va être sensible à votre charme. C'est romantique !

c. Moi qui suis d'un naturel tempéré, je suis .... de Basile, mais qu'est-ce qui m'est arrivé !

C. Les relations amoureuses

d. La fidélité absolue, je n'y crois plus trop ! Autour de moi, tant de gens ont des aventures et se .... que je ne sais plus quoi penser des relations amoureuses.

e. Au plaisir de la table et de la philosophie s'ajoute .... pour devenir un hédoniste* complet.

f. Il paraît que .... le plus longtemps possible dans la vie prolongera votre existence sur terre.

g. Cléo n'est .... que par les bruns, Simon que par les blondes et moi uniquement par les roux ! Chacun ses goûts !

* Un « hédoniste » est une personne qui recherche tous les plaisirs dans la vie humaine.

335. S'EXERCER Indiquez les mots qui correspondent aux définitions suivantes.

a. Attouchements tendres ou érotiques.
→ ....

b. Échanger des sentiments plus ou moins platoniques et passagers avec quelqu'un.
→ ....

c. Qui manifeste une attirance pour l'idéalisme et la sentimentalité.
→ ....

d. Mettre fin à une relation amoureuse.
→ ....

e. C'est l'aptitude à être réceptif aux sensations physiques et à goûter aux plaisirs des sens.
→ ....

f. Dont les sentiments sont changeants, qui est peu fidèle en amour.
→ ....

336. RÉVISER Choisissez dans la liste suivante le terme qui correspond aux groupes de mots ci-dessous : *passion – caresses – rompre – volage – faire l'amour – attirer.*

a. Amour fou – exaltation – frénésie → ....
b. Séduire – charmer – captiver → ....
c. Briser – casser → ....
d. Changeant – frivole – inconstant → ....
e. Coucher avec – s'envoyer en l'air (fam) → ....
f. Cajoleries – câlineries – gestes tendres → ....

337. SE TESTER Vrai ou faux ? Si faux, justifiez votre réponse.

a. Vivre une passion a un sens différent que vivre d'une passion.
→ .... → ....

b. Volage est un amant qui sait voler.
→ .... → ....

c. Les caresses peuvent être amicales, affectueuses, sensuelles ou sexuelles.
→ .... → ....

9 • Les coutumes

d. Rompre avec quelqu'un veut dire divorcer.

→ .... → ....

e. Tomber « raide dingue » est une expression populaire qui signifie « être amoureux d'un fou ou d'une folle ».

→ .... → ....

f. Un plaisir charnel est un plaisir sensuel.

→ .... → ....

338. SE TESTER Barrez l'intrus.

a. Infidèle – volage – voleur

b. Charnel(le) – spirituel(le) – sensuel(le)

c. Passionné(e) – pratique – romantique

d. Tomber par terre – tomber raide dingue – tomber follement amoureux

e. Draguer – quitter – rompre

« Quelques expressions usuelles »

Vivre d'amour et d'eau fraîche = se contenter de sentiments et ne pas se préoccuper des nécessités matérielles
Ce n'est pas de l'amour, c'est de la rage = se dit quand un amoureux est particulièrement expansif et passionné.
Tomber en amour (Québéc) = tomber amoureux

Avoir un coup de foudre = sentir lors d'une rencontre une attirance immédiate
Filer le parfait amour = s'aimer longtemps et avec constance
C'est un(e) vrai(e) tombeur(se) (fam.) = c'est quelqu'un qui fait craquer filles et/ou garçons

---

339. À VOUS ! Choisissez l'expression qui correspond le mieux aux situations suivantes.

a. À la boulangerie, il a suffi d'un regard pour que Lucas tombe amoureux de Lobna, et réciproquement.

→ ....

b. Ce garçon n'a pas un seul sou en poche mais il continue d'écrire des poèmes d'amour à sa bien-aimée.

→ ....

c. Tout le monde tombe systématiquement amoureux de Camille !

→ ....

d. Charlotte et Léo se sont rencontrés au bord du Saint-Laurent à Montréal, depuis ils s'aiment.

→ ....

e. Mes grands-parents sont mariés depuis 50 ans et ne cessent encore aujourd'hui de se faire des câlins très démonstratifs !

→ ....

f. Moi j'aime mon compagnon depuis 22 ans et cet amour est inchangé et inaltérable. Quel bonheur !

→ ....

Bilan

Complétez avec les mots qui conviennent.

1. J'ai demandé à un généalogiste de me faire mon ....
2. Comme je vis à Bruxelles, mon frère à Bangkok, ma sœur à Séoul et mes parents à Cannes, nous sommes vraiment une famille ...., mais on se voit deux fois par an, quoi qu'il arrive !
3. Mon demi-frère a deux mamans, il est donc issu d'une famille ....
4. Sur mon arbre généalogique, j'ai vu que mes .... étaient des Gaulois mais pas seulement !
5. Ouf ! j'ai 18 ans, c'est ma .... et je vais pouvoir me pacser avec mon petit ami.
6. Nous vivons en concubinage et nous ne voulons pas nous marier. Nous allons donc signer un ...., c'est plus simple.
7. Avec ma femme, nous avons vécu 15 ans de bonheur et maintenant c'est fini, on ne s'aime plus. Nous avons décidé de .... C'est dommage mais c'est ainsi.
8. J'ai reçu en .... une jolie maison à Reims en Champagne qui a appartenu à ma marraine décédée.
9. Dans la vie, on peut vivre sans un sou, mais pas sans .... , qu'elle vienne de notre amour, de nos amis ou de notre famille.
10. J'ai trouvé en toi mon ...., on se ressemble comme des jumeaux au niveau du caractère.
11. Plus jeune, j'ai souffert d'être .... par mes parents biologiques à ma naissance, mais à présent mes parents adoptifs me donnent tant d'amour que je suis très heureux.
12. Dans la vie, je n'ai que deux amis .... en qui j'ai une confiance absolue.
13. Avec mes copains, on forme une sacrée ...., en plus on joue au rugby ensemble, cela crée des liens !
14. Je ne peux pas me .... à ma mère car elle ne sait pas garder un secret.
15. Je ne supporte plus les .... incessantes de Caroline et Christophe, c'est pourquoi je ne vais plus dîner chez eux. L'ambiance y est toujours électrique !
16. On ne peut pas .... avec la terre entière car il y aura toujours des gens qu'on aime et d'autres moins.

17. Chimène est une vraie ...., c'est pourquoi tous les hommes sont à ses pieds, moi y compris !

18. Son petit .... l'adore mais il est jaloux comme un tigre. Il est jeune, ça lui passera.

19. J'ai eu des .... des deux sexes ! Mais, que voulez-vous, je ne sais jamais (qui) choisir entre les femmes et les hommes, et la vie est si courte !

20. Ma chérie n'est pas ma femme, et nous ne sommes pas pacsés. C'est donc tout simplement ma .... qui m'accompagne dans ma vie.

21. Dans ma vie, j'ai vécu des .... amoureuses très intenses. Mais je me suis assagi et maintenant je vis en toute quiétude avec l'homme que j'aime.

22. Elias adore aller en boîte et il .... sans arrêt. Pas une fille ne lui résiste, c'est un vrai don Juan !

23. Fabiola est .... : elle aime un peu, beaucoup, passionnément puis plus du tout ! Et ça recommence à l'infini. Sacrée Fabiola !

24. Quand j'ai appris que mon amant me .... avec ma sœur, j'ai été dégoûtée par ces deux cachotiers en qui j'avais toute confiance. La vie n'est pas facile !

Expressions

25. C'est fou ce que vous vous ressemblez ! Même si vous n'êtes pas cousins, vous avez un petit .... de ....

26. Je partage tout en .... avec mes intimes, les bonnes comme les mauvaises choses. Je suis généreux et juste.

27. Avec Frédéric et Fabien, on est .... comme .... ! On fait toujours des bêtises ensemble !

28. Guillermo est .... : il n'y a jamais de problème avec lui, que ce soit dans une ambiance chic, familiale, intellectuelle ou décontractée. Tout lui convient !

29. Pas de maison, pas de travail, juste ma chérie et moi ; faute d'argent, nous vivons d'.. et d'.. !

30. À la sortie d'un cinéma, j'ai croisé son regard, mon cœur s'est mis à battre comme un fou, j'ai tremblé, j'ai su que ce serait l'homme de ma vie : un vrai .... !

Mon score : .... /30

10 • Les loisirs

A. Le tourisme

 « Vacances au choix »

Les vacances servent à vivre un **dépaysement** loin de la routine du quotidien. Les uns, peu gênés par le **tourisme de masse**, réservent des **voyages organisés** où ils sont pris en main de A à Z. Les autres, privilégiant un tourisme **à visage humain**, s'adressent à leur **voyagiste spécialisé** pour que celui-ci leur organise des **périples** exclusifs sur mesure avec des **excursions** sur place. D'autres encore entreprennent tout simplement un **pèlerinage** à pied. Si vous aimez voguer sur un canal, vous ferez du **tourisme fluvial** ; si ce sont les gîtes et la campagne que vous préférez, on parle de **tourisme rural**. Dans tous les cas, si on souhaite limiter les dépenses, mieux vaut partir en **basse saison** qu'en **haute saison** où les prix risquent de doubler en raison de la forte demande ! Moi, j'évite systématiquement les endroits et les événements avec une forte **affluence** : si j'aperçois trop de monde, je fais immédiatement demi-tour !

340. S'EXERCER **Soulignez la bonne réponse.**

a. Nous sommes adeptes d'un tourisme à visage *découvert – humain – ouvert* afin de rencontrer des gens.

b. Quand c'est possible, mieux vaut partir en *basse – haute – médiane* saison : c'est moins cher, et plus agréable.

c. Aller à Mykonos, à Ibiza et à St Trop' en pleine période *de confluence – d'affluence – d'influence*, c'est génial !

d. Il paraît que le tourisme de *foule – masse – passage* fait des dégâts considérables sur l'environnement, ce qui me semble logique !

e. Les gens qui aiment voyager autrement font désormais de plus en plus appel à des voyagistes *spécialistes – spécialisés – spécifiques*.

f. Pour les Français de Métropole, c'est un vrai *dépassement – dépaysement – dépérissement* d'aller à Saint-Pierre-et-Miquelon où le climat et la nature sont différents.

g. Le tourisme *ruineux – rurbain* – rural* s'oppose au tourisme balnéaire.

* rurbain = contraction de « rural » et « urbain », c'est-à-dire qui appartient à une zone péri-urbaine.

341. S'EXERCER **Soyez plus précis. Remplacez les mots soulignés par le terme qui convient.**

a. L'agence nous a organisé un grand <u>voyage</u> sur mesure dans la mer Égée : on a visité une dizaine d'îles.

→ ....

b. C'est <u>la période du 1er juillet au 31 août</u> où tout le monde part en vacances. Moi, j'évite !

→ ....

c. Aujourd'hui, on part faire <u>un tour d'une journée</u> dans la ville gréco-romaine d'Éphèse en Turquie.

→ ....

10 • Les loisirs

d. C'est la grande mode maintenant de faire des activités touristiques sur les fleuves, les canaux et le long des voies d'eau. Et surtout en péniche !

→ ....

e. Franchement, les voyages tout compris où vous n'avez rien à décider ne m'intéressent pas : il n'y a jamais de surprises !

→ ....

f. Si vous faites une marche à but religieux à Saint-Jacques-de-Compostelle, il vous faudra du courage car vous ne serez pas le seul sur les chemins.

→ ....

342. RÉVISER Vrai ou faux ?

a. Un voyage organisé, c'est un ensemble de prestations (transport, logement, etc.) proposé par un voyagiste et qui est vendu à un prix « tout compris ». ☐ vrai ☐ faux

b. La basse saison, c'est une période où peu de touristes se déplacent car c'est en dehors des vacances scolaires. ☐ vrai ☐ faux

c. Une excursion, c'est un séjour touristique qui dure au moins une semaine. ☐ vrai ☐ faux

d. Le tourisme à visage humain permet de dévisager les gens du pays que vous visitez. ☐ vrai ☐ faux

e. Le dépaysement, c'est aller dans un autre pays pour se reposer. ☐ vrai ☐ faux

f. L'affluence, c'est une masse de gens qui se rendent au même moment au même endroit. ☐ vrai ☐ faux

343. SE TESTER Devinettes : De quoi parle-t-on ?

a. C'est un voyage que l'on effectue généralement à pied sur les traces d'un personnage légendaire.

→ ....

b. C'est un phénomène sociétal qui est apparu en raison de la généralisation des congés payés dans de nombreux pays industrialisés.

→ ....

c. C'est un voyage en plusieurs étapes qui nous fait découvrir beaucoup d'endroits différents.

→ ....

d. C'est un tourisme très à la mode où l'on partage la vie des agriculteurs et des vignerons.

→ ....

e. Il établit une relation privilégiée avec ses clients pour leur proposer un voyage sur mesure.

→ ....

A. Le tourisme

 « Les activités en vacances »

Même si les **vacanciers** font des activités très diverses, on pourrait les réunir autour de trois pôles : la culture, la nature et le sport. Les adeptes d'activités culturelles iront **voir des expositions**, logeront dans des **cités médiévales** avec leurs églises ou **cathédrales**, leurs **cloîtres** et leurs **synagogues**, visiteront des **sites archéologiques** avec leurs **mosaïques** et leurs **temples en ruines** et découvriront des **monastères** perdus au fond d'une vallée. Ceux qui aiment la nature se promèneront dans des **jardins botaniques**, visiteront des **grottes** et randonneront dans des paysages époustouflants.

Enfin, les sportifs iront là où ils peuvent exercer leur sport préféré en toute liberté. Et les enfants ? Sans doute, un **parc d'attraction** fera l'affaire pendant une journée. Ensuite, c'est à vous de leur faire découvrir les joies et bonheurs liés à la nature, à la culture et au sport.

Bonnes vacances à vous tous !

344. S'EXERCER Vrai ou faux ? Si faux, justifiez votre réponse.

a. Une mosaïque, c'est un assemblage fait de petits fragments multicolores de divers matériaux formant un motif décoratif.
→ .... → ....

b. Les cités médiévales sont des villes situées dans le midi de la France.
→ .... → ....

c. Une grotte, c'est un lieu sous terre où vivent des loups, des sorcières et des groupes de randonneurs.
→ .... → ....

d. Un monastère est un lieu où vivent des moines ou des religieuses.
→ .... → ....

e. Les temples en ruine sont des châteaux qui sont très grands et qui ruinent leurs propriétaires.
→ .... → ....

f. Voir des expositions, c'est voir des exhibitions d'animaux sauvages dans les cirques.
→ .... → ....

345. S'EXERCER Soulignez la bonne réponse.

a. Les *vacanciers* – *actifs* s'intéressent à la culture, à la nature, au sport ou… à rien !

b. Un *clocher* – *cloître*, c'est la partie d'un monastère constituée de galeries qui entourent un jardin carré ou une cour.

c. Un jardin *biologique* – *botanique* est un terrain aménagé pour la présentation d'espèces et de variétés végétales.

10 • Les loisirs

d. Les sites *architecturaux – archéologiques* les plus visités au monde sont le Machu Picchu, les temples d'Angkor et Pétra en Jordanie.

e. La *cathédrale – synagogue* est le lieu de culte juif.

f. Le Puy du Fou en Vendée est sans doute le parc d'*attirance – attraction* le plus apprécié en France, aussi bien par les petits que par les grands !

346. RÉVISER Reliez les éléments qui correspondent.

- **a.** Cité • • **1.** d'attraction
- **b.** Jardin • • **2.** botanique
- **c.** Parc • • **3.** en ruine
- **d.** Site • • **4.** médiévale
- **e.** Temple • • **5.** archéologique

347. SE TESTER Barrez l'intrus.

a. Citadins – touristes – vacanciers

b. Cathédrales – musées – synagogues

c. Temples – sites archéologiques – parc d'attraction

d. Cafés – grottes – cavernes

e. Monastères – cloîtres – caves

« Quelques expressions usuelles »

Changer d'air
= quitter sa résidence habituelle, voyager
Cela vaut le coup d'œil = cela mérite d'être vu
Le point de chute = c'est l'endroit où l'on s'arrête

Prendre du bon temps
= s'amuser, se reposer, ne rien faire
Partir à l'aventure
= partir vers l'inconnu

348. À VOUS ! Corrigez les erreurs qui se sont glissées dans les phrases suivantes.

a. La visite des pyramides de Gizeh en Égypte, cela coûte le clin d'œil.

→ ....

b. C'est décidé : cet été, je sors au hasard dans les Carpates en Roumanie.

→ ....

c. Pour mon immense périple dans le Pacifique, il me faut trouver un endroit de descente qui me servira de « base opérationnelle ».

→ ....

d. Après ces mois sans quitter la maison, j'ai hâte de modifier l'atmosphère.

→ ....

e. Durant les vacances, il n'y a qu'une chose qui m'intéresse, c'est d'attraper des délicieux moments.

→ ....

B. Les fêtes

« Faire la fête en privé » 79

Pour nos **noces d'argent**, fête d'anniversaire de nos 25 années de mariage, nous avons l'intention d'organiser une superbe « **fiesta** ». Nous **convierons** nos meilleurs amis et les membres de la famille que nous apprécions. Ceux qui veulent pourront **se déguiser** en châtelain, en Zorro ou en tortue géante. Il faudra aussi réserver un espace à part où les enfants seront libres **de faire la foire** sans déranger les adultes.
Mais le plus important, c'est la réussite du **festin**, ce grand **repas de fête** qui permet à tous les invités de **festoyer** et d'être **radieux** et **gais** grâce aux bons plats et aux bons vins. Ce dîner arrosé se prolongera tard dans la nuit sans que ce soit forcément une « **fête d'enfer** » comme disent nos jeunes. N'allez pas croire cependant que « les vieux » ne sachent pas **faire la fête**, nous sommes plus **fêtards** qu'il n'y paraît. Pour vous en persuader, venez nous voir pour nos **noces d'or** qui auront lieu dans 25 ans. À votre santé !

349. S'EXERCER Indiquez les mots qui correspondent aux définitions suivantes.

a. Dîner copieusement en joyeuse compagnie.
→ ....

b. C'est la fête des 25 ans de mariage.
→ ....

c. Qui est d'humeur joyeuse, qui a le sourire facile, le goût de plaisanter, de s'amuser.
→ ....

d. Se vêtir d'un costume inhabituel.
→ ....

e. Mot familier pour une soirée festive. Ce mot est d'origine espagnole.
→ ....

f. Qui aime faire la fête.
→ ....

g. Terme familier pour qualifier une fête exceptionnelle et très arrosée.
→ ....

10 • Les loisirs

350. S'EXERCER Soulignez la bonne réponse.

a. Mes amis Hortense et Hubert viennent de fêter leurs noces *d'or – de platine*. 50 ans qu'ils s'aiment, ça vaut une fête, non ?

b. J'ai reçu un courriel de Sonia, elle nous *convertit – convie* à sa pendaison de crémaillère, car elle veut fêter son déménagement.

c. Il y aura un grand *repas – plat* de fête organisé par notre association pour en fêter les 20 ans d'existence.

d. Hier, j'ai fait un tel *festin – festival* : apéritifs, entrées, plats, fromages et desserts, que ce matin je suis patraque. J'ai pris du bicarbonate pour digérer.

e. Tu es absolument *gracieuse – radieuse* ce matin, on voit que tu respires le bonheur. Tu as dû passer une nuit de noces très romantique !

f. Faire la *foire – folie*, c'est un terme familier qui a le même sens que faire la *cérémonie – fête* mais de manière plus intense et plus bruyante.

351. RÉVISER Remplacez le mot incorrect souligné par celui qui convient.

a. Vous êtes de fameux <u>festivaliers</u> tous les deux : tous les soirs, vous sortez chez des amis, dans les bars ou en boîte. Vous avez raison d'en profiter !

→ ....

b. Nous avons été invités à un <u>destin</u> royal avec caviar, homard et champagne. Que du bonheur !

→ ....

c. Vous <u>faites la tête</u> seulement en fin de semaine, c'est dommage ! Il faudrait la faire chaque fois que l'occasion se présente !

→ ....

d. Tu me sembles <u>irradiant</u> depuis quelques jours ! C'est l'amour ou c'est la perspective de tes vacances ?

→ ....

e. Je vous <u>confie</u> à mon 10ᵉ anniversaire de PACS. Je loue une péniche et nous ferons la « <u>fêta</u> » toute la nuit. On dansera le sirtaki, promis !

→ ....

352. SE TESTER Devinettes : De quoi parle-t-on ?

a. Elles ne sont ni de bronze ni de platine, elles sont juste faites d'un métal précieux. 50 ans d'amour, c'est génial !

→ ....

b. Ces fêtes sont merveilleuses, voire paradisiaques, même si leur nom dit exactement le contraire.

→ ....

c. Les enfants adorent le faire pour se mettre dans la peau d'un personnage héroïque, mythique ou drôle.

→ ....

d. C'est quelqu'un qui est joyeux, mais c'est aussi, en langue familière, un mot qui désigne un garçon qui en aime un autre.

→ ....

B. Les fêtes

 « Célébrer une fête officielle »

Madame notre maire organise toute l'année des **réjouissances publiques**. Tous les habitants de la commune en sont ravis et nous revoterons pour elle. En février, il y a le **carnaval** avec ses **cortèges** d'enfants costumés et ses **défilés** de chars fleuris. En juin est programmée la **célébration** du confiturier Nèfle mondialement connu qui est né dans notre commune. Elle consiste en une **cérémonie** officielle sur la place de la mairie qui est clôturée par un **vin d'honneur** rebaptisé chez nous « pot d'conf' » avant de se poursuivre, de façon moins formelle, dans la **salle des fêtes** communale. En septembre, c'est le moment de la **soirée de gala** où sont invitées toutes les vedettes qui ont tourné dans la célèbre émission « La star des patelins* ».

Enfin, en octobre a lieu la traditionnelle **fête foraine** avec ses **manèges** et ses **barbes à papa**. Vous remarquez que notre bourg n'est pas un trou perdu mais un endroit où l'on **se réjouit de** retrouver chaque année des **festivités** dont on ne se lasse pas. Et moi, je vais payer mes impôts locaux au mois de juin pour que ces réjouissances puissent continuer l'année prochaine !

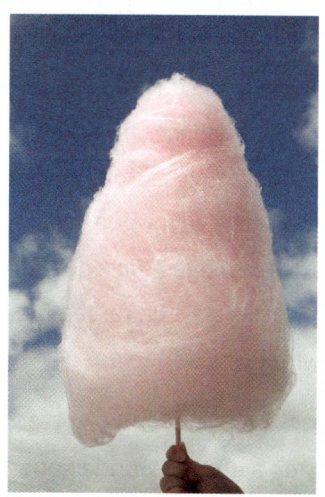

* Un patelin est un petit village perdu.

353. S'EXERCER Complétez les phrases avec les mots qui conviennent.

a. La mairie organise dans sa .... toutes sortes de .... : des concerts, des bals populaires, des projections de film, des foires, etc.

b. Les mariés sont sortis de la mairie, suivis d'un .... composé de leurs familles, des témoins et de leurs proches amis.

c. Quand j'étais enfant, j'adorais aller dans des .... où il y avait des .... qui tournaient et surtout où l'on pouvait s'acheter une gourmandise rose : .... C'était collant et plein de sucre, mais si bon !

d. Chaque 14 Juillet, on .... d'aller au bal à la caserne des pompiers. C'est populaire et très tendance à la fois.

354. S'EXERCER Soulignez la bonne réponse.

a. Le *bain – vin* d'honneur a clôturé la *cérémonie – noce* pour l'inauguration du projet « BIOCCITANIE ».

b. Les *carnivores – carnavals* de Rio, de Venise et de Nice sont les plus connus au monde, mais plein d'autres sont à découvrir, notamment en Belgique et en Suisse.

c. Brigitte Bardot se souvient avec émotion d'une soirée de *gala – salsa* organisée en son honneur par le Général de Gaulle en 1967 ! Quelle époque !

d. En 2020, le *défilement – défilé* militaire du 14 Juillet s'est déroulé sans *désobéissances – réjouissances* publiques à cause de la crise sanitaire. On a dû faire la fête chez soi.

e. La *célébration – concentration* des communions solennelles pour les jeunes catholiques de 13 ans et celle de la Bar Mitzvah pour les juifs du même âge auront lieu la semaine prochaine.

10 • Les loisirs

355. RÉVISER Vrai ou faux ?

a. Se réjouir de quelque chose, c'est éprouver de la tristesse et du désespoir. ☐ vrai ☐ faux

b. Un vin d'honneur est un vin offert et bu en commun en l'honneur de quelqu'un ou d'un événement. ☐ vrai ☐ faux

c. Les réjouissances publiques sont des festivités organisées par une ville ou une région, et ouvertes à tous. ☐ vrai ☐ faux

d. Dans une fête foraine sont regroupés, souvent en plein air, des attractions et des manèges, ainsi que divers stands pour les jeux de tir ou la vente de friandises. ☐ vrai ☐ faux

e. Un cortège est un rassemblement de personnes qui dansent ensemble de manière dispersée. ☐ vrai ☐ faux

356. SE TESTER Devinettes : De quoi parle-t-on ?

a. Il y en a dans le monde entier. On s'y déguise et on prépare des repas particuliers à cette occasion. Ils sont toujours colorés et festifs.
→ ....

b. Ce n'est pas celle de votre père ni de vos copains, encore moins celle de Victor Hugo ou celle de Conchita Wurst. Non ! Elles sont justes bonnes à déguster et les enfants les adorent.
→ ....

c. Ce sont des fêtes officielles avec un rituel et des codes. On les célèbre pour les fêtes nationales.
→ ....

d. Il tourne, il tourne sans cesse. Il est également utilisé pour les chevaux.
→ ....

e. C'est un événement mondain, souvent un peu snob, et on doit s'y rendre habillé !
→ ....

> **« Quelques expressions usuelles »**
>
> **Il y a comme un air de fête**
> = une atmosphère propice aux réjouissances
> **Sauter de joie** = manifester une joie excessive
> **Un trouble-fête** = personne qui gâche les réjouissances, qui dérange
> **Pendre la crémaillère** = fêter son installation dans un nouveau logement
> **Arroser un événement**
> = fêter un événement en offrant à boire
>
> **Ce n'est pas tous les jours fête (dimanche)**
> = dans la vie il y a des moments déplaisants
> **Ça va être ta fête ! (fam)**
> = expression de menace envers quelqu'un
> **Faire la noce, (ou la java, fam)**
> = faire la fête intensément en buvant et en mangeant beaucoup
> **Avoir la gueule de bois (fam)** = avoir mal à la tête après une fête bien arrosée

357. À VOUS ! Corrigez les erreurs qui se sont glissées dans les phrases suivantes.

a. Quand j'ai appris ma nomination au poste de direction, j'ai piétiné de bonheur !
→ ....

b. J'ai emménagé dans ma nouvelle maison, j'ai accroché des cuillères en invitant tous mes amis.
→ ....

B. Les fêtes

c. J'ai réussi ma thèse, nous allons déverser ce succès en débouchant une bouteille de champagne !

→ ....

d. Ce mec, quel empêcheur de fiesta ! Toujours à râler et à faire la tête.

→ ....

e. Hélas, dans la vie, ce n'est pas tous les mois foire, surtout si on doit payer ses impôts et qu'on se dispute au travail et en famille !

→ ....

358. À VOUS ! Choisissez l'expression qui convient aux situations suivantes.

a. Pour mon anniversaire, j'ai prévu d'inviter tous mes amis et des musiciens de flamenco, on boira du saké et on dansera comme des fous.

→ ....

b. Tu as raconté des mensonges au patron me concernant, gare à toi si je te croise dans les couloirs du bureau !

→ ....

c. Aujourd'hui dans la rue, je ne croise que des gens gais et heureux, il y a comme une atmosphère festive.

→ ....

d. Hier, j'ai bu de l'ouzo, du porto et du cointreau, ce matin j'ai la tête à l'envers !

→ ....

C. Le sport

« Le spectacle sportif » 81

Depuis l'Antiquité, les **compétitions sportives** sont des spectacles qui attirent une foule nombreuse. Pour admirer les **athlètes** en exercice, les curieux affluent dans des lieux spécialement aménagés pour les différentes **disciplines** sportives : le **stade**, entre autres, pour les matchs de football et de rugby, l'**hippodrome** pour le sport hippique, le **vélodrome** pour le cyclisme sur piste, le **court de tennis** pour les **tournois** dédiés à ce sport, le **gymnase** pour pratiquer la gymnastique artistique et les sports intérieurs, la piscine pour la natation, équipée d'un **bassin olympique** et qui se transforme en hiver en patinoire pour le **championnat** de hockey sur glace ou les compétitions de patinage artistique, ou alors la **salle d'armes** pour la pratique de l'escrime, la salle de boxe avec **ring** et la salle de judo avec **tatamis**. Que d'endroits pour s'adonner à la culture physique et au culte du corps ! Et vous, pourquoi vous vous y rendez ? Pour voir ou pour être vu(e) ?

10 • Les loisirs

359. S'EXERCER Soulignez la bonne réponse.

a. Chaque année, depuis 1928, au « stade Roland-Garros », Paris organise des *tournées – tournois* de tennis mondiaux.

b. Les *disqualifications – disciplines* sportives les plus populaires en France sont le football, le tennis et l'équitation.

c. Le boxeur Marcel Cerdan était célèbre pour ses performances sur le *ring – tatami* mais c'était aussi le grand amour d'Édith Piaf.

d. La finale du *challenge – championnat* de France de rugby se tiendra le 14 juin au stade de France.

e. Dès qu'il a plongé dans le bassin *olympien – olympique* de Chartres, il a su qu'il allait devenir champion du monde de natation !

f. Quand je rentre dans la salle d'*armatures – armes* avec mon épée, je dois me concentrer pour rester le meilleur épéiste de Guadeloupe.

g. Les *athlètes – artistes* comme Kevin Mayer, champion du monde de décathlon en 2018, doivent s'entraîner énormément pour garder leur titre.

360. S'EXERCER Complétez les phrases avec les mots qui conviennent.

a. Les .... existent depuis la nuit des temps, les Grecs en étaient des passionnés.

b. Allez, prends ta bicyclette et va t'entraîner au .... !

c. Les agoraphobes qui ont une phobie de la foule ne se rendront donc jamais dans un ....

d. Je me rends trois fois par semaine sur mon .... avec mes raquettes et mes balles.

e. Les huit courses de trot auront bien lieu à l'... de Langon en Gironde avec 87 participants.

f. Je vais au .... quotidiennement, car je prépare mon concours pour devenir professeur d'éducation physique.

361. RÉVISER Vrai ou faux ?

a. Un tatami est un tapis de sol pour le judo ou le karaté. ☐ vrai ☐ faux

b. Un tournoi est un terme également utilisé pour le golf et le tennis. ☐ vrai ☐ faux

c. Un stade est un musée où se trouve les statues des grands sportifs du passé. ☐ vrai ☐ faux

d. Les compétitions sportives sont organisées pour se mesurer intellectuellement. ☐ vrai ☐ faux

e. Une salle d'armes est le lieu où s'entraînent les épéistes. ☐ vrai ☐ faux

f. Un bassin olympique est une piscine pour les nageurs grecs. ☐ vrai ☐ faux

362. SE TESTER Devinettes : De quoi parle-t-on ?

a. Elles ne sont pas seulement sportives, elles désignent aussi les matières universitaires.

→ ....

b. C'est l'endroit où combattent les catcheurs et les boxeurs.

→ ....

C. Le sport

c. Ce sont des épreuves sportives mais aussi de jeux comme par exemple pour les échecs.

→ ....

d. C'est une piste entourée de gradins où se rendent les adorateurs de bicyclette.

→ ....

e. Lieu aménagé pour les courses de chevaux.

→ ....

« Les qualités d'un sportif » 82

Afin de pratiquer un sport **de haut niveau**, il est indispensable d'être **performant** au niveau physique et psychique. Pour les arts martiaux, il faut de la concentration et de la **souplesse**. Pour les sports de **combat**, surtout de la force. Pour les **sports de glisse**, si vous ne gardez pas l'équilibre, vous risquez de chuter dans l'eau ou la neige. Pour les sports d'**endurance**, comme le marathon, il vaut mieux avoir une volonté de fer. Pour les sports, comme le sprint, qui demandent un **effort** bref et **intense**, il est recommandé d'avoir un cœur solide. Dans tous les cas, vous devez développer des techniques psychiques pour **persévérer** dans votre **entraînement** sportif sur le long terme. Si vous abandonnez au moindre **obstacle**, vous n'arriverez jamais à établir un **record du monde** ! Mais avant tout, il vous faut avoir l'**esprit sportif**, c'est-à-dire que vous restez toujours loyal et digne y compris dans la **défaite**. Pas facile donc de devenir un excellent **sportif** malgré l'encouragement du baron Pierre de Coubertin, père des Jeux olympiques modernes : l'important, c'est de participer !

363. S'EXERCER Indiquez les mots qui correspondent aux définitions suivantes.

a. Préparation méthodique d'un sportif pour une épreuve ou une compétition.

→ ....

b. La planche à voile ou le ski en font partie.

→ ....

c. Perte d'une bataille, d'un combat. C'est également un échec sportif.

→ ....

d. Qualité d'un corps, ou de l'une de ses parties, qui se plie ou se déplace avec aisance.

→ ....

e. Mettre en œuvre sa volonté, user de patience pour poursuivre une action malgré les difficultés.

→ ....

364. S'EXERCER Remplacez le mot incorrect souligné par celui qui convient.

a. Je suis devenu un <u>supporter</u> accompli car je suis endurant et j'ai l'esprit d'équipe.

→ ....

b. Tu es <u>perforant</u> car tu t'entraînes chaque jour, tu ne manges pas de sucreries et tu ne bois pas de bière.

→ ....

c. À force de courir dix heures par jour, j'ai acquis de l'<u>endurcissement</u>, je peux désormais grimper sur le Mont-Blanc comme un chamois ! → ....

10 • Les loisirs

d. J'ai fait des effets immenses à l'entraînement. Maintenant je dors 8 heures pour me reposer. Je veux gagner le tournoi de sumo ! → ....

e. Tu n'as pas du tout la pensée compétitive, c'est pourquoi, malgré tes autres qualités, on ne peut pas jouer avec toi. → ....

f. À présent, tu as franchi la quasi-totalité des obstructions d'ordre physique et psychique. Plus que 3 mois d'entraînement intensif et tu seras un athlète de très grand degré.

→ ....   → ....

g. Nancy Siefker, une jeune californienne, a battu la performance de la planète du tir à l'arc avec ses pieds en lançant une flèche à une distance de 6,09 mètres. Chapeau !

→ ....

365. RÉVISER Vrai ou faux ?

a. Le mot « souplesse » s'utilise pour le corps, mais on parle aussi de souplesse d'esprit. Le contraire c'est psychorigide. ☐ vrai ☐ faux

b. Chez un sportif, un effort intense est en général de courte durée. ☐ vrai ☐ faux

c. L'entraînement est une préparation physique en vue d'une épreuve sportive. ☐ vrai ☐ faux

d. « Obstacle » est synonyme de « facilité ». ☐ vrai ☐ faux

e. Un esprit sportif, c'est une attitude honnête de quelqu'un qui accepte les règles du jeu. ☐ vrai ☐ faux

366. SE TESTER Charades : De quels mots s'agit-il ?

a. Mon premier est le contraire de « bas », mon second est la maison des petits oiseaux, mon troisième est le petit de la vache : mon tout se dit pour un sportif professionnel de grande qualité.

→ ....

b. Mon premier est votre papa, mon second est le contraire de « faible », mon troisième ne dit pas la vérité : mon tout est ce que doit être un excellent sportif.

→ ....

c. Mon premier est une préposition de lieu, mon second est ce que vous devez, mon troisième qualifie un beurre qui a un drôle de goût : mon tout est l'aptitude à résister à la fatigue.

→ ....

d. Mon premier se dit d'un nombre divisible par deux, vous l'êtes quelquefois avec mon second si vos enfants ne sont pas sages, mon troisième relie deux mots : mon tout se fait quand on est obstiné et que l'on veut réussir.

→ ....

e. Mon premier est un petit cube de jeu de un à six points, mon second vous la faites si vous avez gagné un championnat : mon tout est la débâcle d'une équipe sportive qui a perdu contre un adversaire plus fort.

→ ....

C. Le sport

« Quelques expressions usuelles »

Jeter l'éponge = ne plus continuer
Déclarer forfait
= ne pas disputer la partie, renoncer
Avoir un temps d'avance
= prévoir avant tout le monde

Pratiquer à outrance
= faire quelque chose exagérément
Monter sur le ring
= se mettre à nu et en difficulté, se battre
Être mauvais joueur
= ne pas accepter de perdre

367. À VOUS ! Corrigez les erreurs qui se sont glissées dans les phrases suivantes.

a. L'équipe adverse a dit stop avant de débuter le match, elle a eu trop peur quand elle s'est aperçue de nos qualités sur le terrain.
→ ....

b. Maintenant, tu dois nous convaincre que tu es le meilleur. Il va falloir grimper sur le plateau !
→ ....

c. Arrête un peu d'accomplir à la folie le jogging, ton cœur va lâcher !
→ ....

d. J'ai envoyé la serviette au bout de 15 kilomètres. Ce marathon, c'était trop dur pour moi !
→ ....

e. J'ai eu un moment d'avancement sur mes concurrents car j'ai commercialisé ma « DS électrique » avant les autres. Un vrai succès !
→ ....

f. J'ai un immense défaut, je l'avoue, mais je suis vraiment un méchant amuseur : vois-tu, je déteste ne pas gagner, c'est plus fort que moi !
→ ....

Bilan

Complétez avec les mots qui conviennent.

1. Moi qui habite au nord de la Norvège, quand j'arrive en Grèce, c'est un sacré .... !
2. J'aime bien être conseillé pour mes vacances, c'est pourquoi je vais toujours consulter un ....
3. Comme je travaille à mon compte, je peux partir en vacances en ...., ..., c'est moins cher et surtout il y a moins de monde.
4. Cet été, nous allons louer une péniche, nous sommes enchantés à l'idée de faire du tourisme ....
5. Je suis passionnée de peinture, alors je profite des vacances pour aller voir ....
6. Mes amis adorent les plantes et les fleurs, c'est pourquoi ils iront visiter le .... de Versailles.
7. Mes enfants aiment descendre dans des .... car ils sont passionnés par la préhistoire.
8. Je dois partir avec 5 enfants en vacances. Pour être un peu tranquille, j'ai choisi de les emmener dans un .... Le Parc Astérix fera l'affaire.
9. Samedi nous organisons une soirée costumée, tout le monde devra se ....
10. Mes parents fêtent leurs .... pour leurs 50 ans de mariage. Tout le monde sera là, des arrière-grands-parents jusqu'aux arrière-petits-enfants. Quelle joie !
11. Nous avons fait un sacré .... hier soir dans un restaurant 3 étoiles. Aujourd'hui ce sera la diète pour tous : thé vert et ananas !
12. Pour dignement fêter mes 30 ans, je vais organiser une .... avec un super bon DJ et ce sera champagne à gogo !
13. Je veux me rendre au .... de Venise parce que j'adore les costumes et les masques.
14. Lors de l'élection de la plus belle vache de Suisse, j'ai vu un .... avec des chars fleuris. C'était impressionnant et la gagnante a été ma préférée, elle s'appelle Heidi !
15. Nous organisons une cérémonie avec à la fin un .... pour recevoir cet artiste dans notre ville et nous baptiserons une place de son nom.

16. Je suis invitée à une .... demain et je n'ai aucune tenue chic à me mettre ! C'est une catastrophe !

17. Les .... du monde entier se donneront rendez-vous aux prochains jeux olympiques.

18. J'adore la gym en salle, alors je me rends toujours au .... pour en faire.

19. Nous n'assisterons pas au .... de tennis en juin car nous sommes invités pour une croisière.

20. Je fais du judo et je m'entraîne avec mon partenaire sur un vrai .... japonais.

21. Les .... du monde de ski alpin seront organisés au Canada l'hiver prochain.

22. Le ski et la luge, j'adore ! Parce que les sports ...., c'est mon dada !

23. Tu dois .... dans tes efforts si tu veux devenir le meilleur nageur de ton pays.

24. J'ai battu le .... du plus gros buveur de thé, j'en bois 15 litres chaque jour !

Expressions

25. Fatiguée et démoralisée, Cristina veut .... c'est pourquoi elle part au Portugal trois semaines pour se changer les idées.

26. J'adore découvrir des endroits insolites, c'est pourquoi je pars à .... sans trop connaître par avance ma destination.

27. J'ai sauté .... quand j'ai appris que je serais qualifié pour le championnat de France d'équitation.

28. Je vais pendre .... pour inaugurer mon nouvel appartement à Barcelone.

29. L'équipe de rugby de Lyon a .... car deux de ses joueurs se sont gravement blessés aux genoux avant la finale.

30. Même quand je perds au Monopoly, c'est plus fort que moi, je me fâche systématiquement. En fait, je crois vraiment que je suis .... Mais ça se soigne !

Mon score : .... /30

11 • Les nouvelles technologies

A. L'informatique

« L'équipement informatique » 83

Avant, on était dans la course aux armements, aujourd'hui, on est dans la course aux **équipements informatiques**. En effet, vous n'êtes plus un citoyen « valable » (et exploitable !) si vous n'êtes pas équipé d'un ordinateur avec **écran** plat, d'une **imprimante**, d'une tablette et d'un smartphone. Mais ce n'est pas tout : votre ordinateur, pour fonctionner, doit comporter un **disque dur** et des **logiciels**, dont un **traitement de texte**, que vous aurez **configurés**. Des **applications** spécifiques peuvent s'y ajouter pour effectuer certaines tâches en lien avec Internet. Ensuite, vous pourrez **brancher** d'autres appareils, qu'on appellera des **périphériques**, comme un **scanner**, une télé ou une **mémoire externe**. Pour cela, vérifiez que l'ordinateur possède plusieurs **ports** pour les différentes **clés USB** ou HDMI. À présent, vous croyez être tranquille ? C'est raté ! Toutes les semaines, vous devrez effectuer des **mises à jour**, et croisez les doigts pour que celles-ci soient **compatibles** avec les anciennes ! Puis, à force de cliquer partout, de **télécharger**, de désinstaller et d'installer des programmes, votre ordi « **bogue*** » : c'est l'écran noir et tout est bloqué ! Pauvre utilisateur !

* Le verbe **boguer** (Québec) se prononce souvent « beuguer » en France.

368. S'EXERCER Indiquez les mots qui correspondent aux définitions suivantes.

a. Programmes indispensables au fonctionnement de mon ordinateur, notamment pour le traitement de texte.

→ ....

b. Enregistrer des données sur son propre ordinateur depuis Internet.

→ ....

c. Programmer des éléments d'un système pour assurer son fonctionnement selon un certain mode.

→ ....

d. Support principal de stockage d'informations d'un ordinateur.

→ ....

e. Appareil que l'on peut connecter à un ordinateur pour compléter les fonctions de l'unité centrale.

→ ....

f. Appareil qui imprime sur papier des textes ou des éléments graphiques.

→ ....

g. Partie plate de l'ordinateur qui affiche le contenu.

→ ....

369. S'EXERCER Soulignez la bonne réponse.

a. Les équipements *informatiques – insolites – génériques* doivent être de plus en plus pratiques et de plus en plus performants.

b. Les mises à *part – jour – disposition* sont essentielles si vous ne voulez pas que votre ordinateur *bogue – blogue – gueule*.

c. J'ai installé un *cancer – scanner – skipper* qui n'est *compassé – compatible – corruptible* qu'avec mon PC, et pas avec ton Mac.

A. L'informatique

d. J'ai téléchargé sur mon smartphone une nouvelle *animation – application – clé* extraordinaire que j'ai pu *balancer – balayer – brancher* sur mon manuel « Pratique Vocabulaire B2 » et qui m'envoie des signaux dès que je me trompe dans les exercices. Génial !

e. Comme je suis romancier, je dois avoir un *affichage – découpage – traitement* de texte extrêmement efficace. En effet, j'écris 25 pages par jour que je sauvegarde sur ma *flèche – tige – clé* USB.

f. Il faut tout sauvegarder sur une mémoire d'*éléphant – externe – interne* au cas où votre ordinateur se planterait !

370. RÉVISER Vrai ou faux ?

a. Un disque dur, c'est un vinyle 45 tours. ☐ vrai ☐ faux

b. Un traitement de texte est un logiciel informatique permettant de créer et d'éditer des documents écrits sur un ordinateur. ☐ vrai ☐ faux

c. Les mises à jour, ce sont des messages que votre entreprise vous envoie chaque jour sur votre boîte mail. ☐ vrai ☐ faux

d. Configurer son ordinateur, c'est le décorer avec un ensemble de figures ! ☐ vrai ☐ faux

e. Une imprimante est un périphérique que vous branchez sur votre ordinateur, comme une clé USB. ☐ vrai ☐ faux

371. RÉVISER Soulignez le mot inapproprié et remplacez-le par le mot qui convient.

a. L'appréciation de mon service de livraison ne fonctionne jamais, cela me met en rage !

→ ....

b. Mon ordi vogue quand je vais sur trop de sites Internet à la fois.

→ ....

c. La nouvelle version de mon traitement de texte n'est plus combative avec mon ancien ordinateur.

→ ....

d. L'autre jour, j'ai perdu toutes les données stockées sur mon ordinateur car je les avais sauvegardées sur une cervelle extérieure.

→ ....

e. Il faut arrêter de vidéocharger illégalement des films, des livres et des chansons car les créateurs ne sont pas payés !

→ ....

372. SE TESTER Devinettes : De quoi parle-t-on ?

a. Elle peut être à laser ou à jet d'encre.

→ ....

b. Il n'existe pas seulement en informatique, il est immense pour le 7e art.

→ ....

c. En plus d'être utile en informatique, il l'est en médecine pour enregistrer des images du corps, repérer des anomalies et établir un diagnostic.

→ ....

d. Le clavier externe et la souris en font partie. Ce sont tout simplement des éléments qui ne sont pas au centre.

→ ....

11 • Les nouvelles technologies

e. « Connecter » en est le synonyme.

→ ....

« La messagerie électronique » 84

Grâce à mon abonnement Internet, que je paie de plus en plus cher, j'**ai accès à** ma **messagerie électronique** pour envoyer et recevoir des **courriels**. Après avoir rédigé mon message, **indiqué l'objet** de celui-ci, ajouté le **destinataire**, un deuxième en copie et un troisième **en copie cachée**, je **valide** l'envoi. Mince, j'avais oublié d'**insérer un lien** et d'**ajouter** un fichier **en pièce jointe**. Heureusement, j'ai gardé la dernière version dans les **brouillons** ! Avant de le renvoyer, je découvre dans la boîte des **pourriels** – ces courriers indésirables que certains appellent « spams » – un message qui me paraît fort sympathique : je l'ouvre et je clique sur le **fichier attaché**. Malheur à moi ! Ce dernier contenait non seulement un **virus** mais aussi un **logiciel malveillant** qui déréglaient tous mes programmes et neutralisaient mon **antivirus**. Et tout à coup, je vois apparaître une bulle qui tourne en boucle sur mon écran avec l'inscription suivante : IMBÉCILE ! IMBÉCILE !

373. S'EXERCER Soulignez la bonne réponse.

a. Il y a un logiciel *bienveillant – malveillant* qui perturbe mon ordi*, il faut que j'achète un *antiviral – antivirus* plus puissant.

b. Je t'ai envoyé un fichier *attaché – détaché* dans lequel j'ai *inséré – introduit* un lien qui te sera utile pour ta recherche à propos de l'origine des mots en français.

c. N'oubliez pas de bien *marquer – indiquer* l'objet de votre message lors de votre prochain envoi sinon je ne pourrai pas traiter votre demande.

d. Pour avoir *accès – passage* à votre messagerie, vous devez composer un code secret.

e. Comme ce message adressé à mon patron était confidentiel, je t'ai mis en copie *cachée – codée*.

f. J'ai ajouté un *fichier – filtre* en le mettant en pièce *ajoutée – jointe*, car je n'avais plus de place en bas du courriel que je viens de t'envoyer.

* Ordi est le mot familier pour ordinateur.

374. S'EXERCER Choisissez dans la liste les mots qui conviennent aux définitions suivantes : *un courriel – un destinataire – valider – un brouillon – un pourriel – un virus – une messagerie électronique.*

a. Personne à qui l'on adresse un message électronique, une lettre ou un colis.

→ ....

b. Rendre définitif un acte ou un envoi de mail.

→ ....

c. Première version d'un écrit qui sera ensuite mis au propre et envoyé.

→ ....

d. C'est l'abréviation de courrier électronique.

→ ....

e. En français du Canada et dans d'autres pays francophones, c'est un courrier électronique indésirable envoyé massivement aux internautes.

→ ....

A. L'informatique

f. C'est un programme malveillant dont l'objectif principal est de perturber le bon fonctionnement d'un appareil.

→ ....

g. Boîte qui reçoit des courriels et vous permet d'en envoyer.

→ ....

375. RÉVISER Complétez les phrases avec les mots manquants.

a. Quel imbécile je fais ! J'ai oublié mon mot de passe et je n'ai plus .... à ma .... électronique. C'est embêtant car je viens de recevoir des .... très importants de mes collègues.

b. Tous les .... de ce .... arrivé du Québec ne doivent surtout pas l'ouvrir et le lire.

c. Vous trouverez en .... le contrat pour votre nouveau poste de travail. Vous devez le signer et me le renvoyer.

d. J'avais oublié ce courriel dans les .... de ma messagerie, alors que j'étais certaine de l'avoir envoyé la semaine dernière.

e. Il faut .... votre code si vous voulez créer un compte donnant accès à votre espace personnel.

376. SE TESTER Devinettes : De quoi parle-t-on ?

a. C'est un mail peu apprécié, c'est la contraction de « pourri » et « courrier électronique ».

→ ....

b. Vous le jetez à la poubelle, après avoir validé la version définitive.

→ ....

c. C'est un document annexe attaché à votre message. On dit aussi PJ.

→ ....

d. Si vous voulez que votre ordi reste en bonne santé, il vaut mieux ne pas en attraper un !

→ ....

e. Si vous souhaitez que votre destinataire ne sache pas qu'une tierce personne lise le message envoyé, vous le faites.

→ ....

« Quelques expressions usuelles »

Ne plus être dans la course = ne plus pouvoir suivre l'évolution du monde
Être branché(e) = expression des années 80/90 pour dire être à la mode ou « tendance »
Être brouillon = être extrêmement désordonné

Être déconnecté de la réalité = ne pas être en phase avec la réalité des faits
L'ordinateur s'est planté (fam) = l'ordinateur ne fonctionne plus

11 • Les nouvelles technologies

377. À VOUS ! Corrigez les erreurs qui se sont glissées dans les phrases suivantes.

a. Romain ne sait jamais où est son portable, ses chaussettes et sa montre, il est vraiment papier froissé.

→ ....

b. Dans les années 80, c'était très câblé d'avoir un look un peu punk !

→ ....

c. Les élites politiques sont complètement débranchées du vrai, car elles ne sortent jamais de leurs institutions, ni de leur milieu.

→ ....

d. Une fois de plus, mon ordinateur s'est couché ! Je n'en peux plus de ce vieux Mac !

→ ....

e. Vous ne suivez plus du tout la compétition depuis que vous ne lisez plus les magazines de mode. C'est dommage !

→ ....

B. Le numérique et la robotique

 « Le numérique »

En quelques années, on est passés de l'analogique où les informations sont communiquées sous la forme d'ondes électriques continues, au **numérique** où elles sont **codées** puis copiées à l'infini. Ces données sont **stockées** automatiquement sur des **serveurs** consultables **à distance** en attendant qu'elles deviennent intéressantes pour être revendues. C'est notamment le cas pour vos **données personnelles**. Comme à chaque **connexion** à un site internet ou à un compte, le système procède à une **authentification** de l'utilisateur en l'**associant à** son **adresse IP**, votre **anonymat** ne peut plus du tout être garanti. Sachez que si un État policier, des entreprises malhonnêtes ou des **pirates informatiques** souhaitent remonter à la source de l'information, ils y parviennent toujours. Donc, gare à vous et à vos droits fondamentaux : tous vos mouvements sur Internet seront **enregistrés**, **surveillés** ... et monnayés !

378. S'EXERCER Soulignez la bonne réponse.

a. Le danger avec Internet, c'est que nous sommes désormais constamment *sensibilisés – surmenés – surveillés* et cela de façon ouverte ou cachée.

b. L'informaticien(ne) a transcrit un message *codé – collé – caché* à l'attention de ses collègues pour qu'ils puissent l'*associer – enregistrer – envelopper* dans le réseau intranet de leur société.

c. Les *voleurs – hackeurs – pirates* informatiques s'attaquent de préférence aux grandes multinationales qui stockent d'immenses quantités de données concernant les utilisateurs d'Internet.

d. Tout ce qui est consultable à *distance – écart – espacement* peut être intéressant pour l'ensemble des internautes y compris les plagiaires*.

e. Les *donations – données – identités* personnelles qui sont *réservées – sollicitées – stockées* quelque part ne devraient pas pouvoir être réutilisées sans votre autorisation !

*Un plagiaire est quelqu'un qui copie illégalement et vole des textes d'auteurs.

B. Le numérique et la robotique

379. S'EXERCER Choisissez dans la liste les mots qui conviennent aux définitions suivantes :
le numérique – un serveur – une connexion – une authentification – une adresse IP – l'anonymat.

a. État d'une personne dont on ignore le nom, l'identité.
   → ....

b. C'est un numéro d'identification qui est attribué à chaque ordinateur connecté à Internet.
   → ....

c. Opposée à l'analogique, c'est la représentation de données sous la forme de nombres.
   → ....

d. C'est un dispositif informatique (matériel et logiciel) qui offre des services à un ou plusieurs clients.
   → ....

e. Action de relier des choses entre elles.
   → ....

f. C'est un processus permettant de s'assurer de la légitimité d'une demande d'accès à un site.
   → ....

380. RÉVISER Complétez le tableau ci-dessous avec les mots qui conviennent.

NOMS	ADJECTIFS
Le codage	
	numérisé(e)
Le stockage	
	authentifié(e)
L'enregistrement	
La surveillance	

381. RÉVISER Barrez l'intrus.

a. Aligné – stocké – enregistré
b. Analogique – authentique – numérique
c. Authentification – adresse IP – adresse postale
d. Pirate informatique – utilisateur – virus
e. Enregistrés – effacés – surveillés

382. SE TESTER Devinettes : De quoi parle-t-on ?

a. En informatique, ce ne sont pas des garçons de café.
   → ....

b. C'est le contraire d'analogique.
   → ....

c. Ses synonymes sont « espionner » et « contrôler ».
   → ....

d. Elle peut être informatique, téléphonique ou électrique.
   → ....

e. C'est le contraire de « en présence ».
   → ....

11 • Les nouvelles technologies

« La robotique »

Avec la numérisation, toutes les données sont formatées avec précision et peuvent être **manipulées** par des **algorithmes** de façon automatique. Ceci permet à la **robotique** de se développer. Dans les usines, on rencontre désormais des **îlots robotisés** où un **robot industriel** accomplit le travail dans la **chaîne de production** à la place des ouvriers. Dans les hôpitaux aussi, les **robots médicaux** commencent à remplacer les infirmières pour exécuter des **tâches routinières** telles que la désinfection des chambres ou les consultations à distance. Dans la recherche scientifique – autre **domaine d'application** –, les robots servent à **explorer** l'espace ou les fonds sous-marins. Mais ce n'est pas tout : les robots ne travaillent plus tout seuls, ils s'intègrent aussi dans une équipe à l'aide de « l'**intelligence artificielle** ». On parle alors de **robotique collaborative**. En revanche, moi, personnellement, je préfère avoir affaire à des gens, et non à des robots, et je tiens à réserver la notion d'*intelligence* à l'être humain !

383. S'EXERCER Complétez les phrases avec les mots qui conviennent.

a. Les .... sont souvent composés d'un élément articulé et automatisé qui ressemble à un bras humain.

b. Tous les jours, on découvre de nouveaux .... d'.. pour les robots, bientôt vous n'aurez plus besoin de vous habiller tout seul, ni de réfléchir !

c. Dans les hôpitaux japonais, faute de personnel, les .... sont désormais très utilisés pour certaines tâches non spécialisées.

d. Souhaitant accélérer sa production, ce directeur d'usine fait appel à un ingénieur pour installer un .... qui remplacera le travail de toute une équipe d'ouvriers.

e. La .... tente d'associer la puissance et l'endurance du robot au savoir-faire de l'homme.

f. L'ensemble des opérations de fabrication nécessaires à la réalisation d'un produit, c'est la .... de.. .

384. S'EXERCER Choisissez dans la liste les mots qui conviennent aux définitions suivantes :

un algorithme – explorer – l'intelligence artificielle – manipuler – la robotique – une tâche routinière.

a. C'est manier avec soin une substance ou un instrument en vue d'une opération scientifique ou technologique.
   → ....

b. Ensemble de règles de calcul qui permet d'automatiser l'utilisation des données numériques.
   → ....

c. Ensemble des techniques permettant la conception et la réalisation de machines automatiques ou de robots.
   → ....

d. Procédure qui survient régulièrement et se fait de la même manière.
   → ....

B. Le numérique et la robotique

e. Parcourir un endroit afin d'y recueillir des informations d'ordre scientifique, économique ou ethnographique.

→ ....

f. Ensemble des théories et des techniques développant des programmes informatiques complexes pour imiter certains traits de l'intelligence humaine (raisonnement, apprentissage...).

→ ....

385. RÉVISER Vrai ou faux ?

a. Un robot médical est une aide non humaine pour la chirurgie. ☐ vrai ☐ faux

b. La robotique est un ustensile de cuisine qui hache, mixe et bat. ☐ vrai ☐ faux

c. L'intelligence artificielle est l'intelligence que l'on doit posséder pour allumer un feu d'artifice. ☐ vrai ☐ faux

d. Les domaines d'application sont des domaines forestiers et vinicoles. ☐ vrai ☐ faux

e. Les tâches routinières sont des actions que l'on fait de manière systématique sans réfléchir. ☐ vrai ☐ faux

386. SE TESTER Repérez les mots mal orthographiés et réécrivez-les correctement.

a. La robotic colaborative est désormais employée dans de nombreuses usines.

→ ....

b. Certains chercheurs scientifiques pensent que les algorytmes sont souvent trompeurs.

→ ....

c. Il y a beaucoup d'illots robeautisés dans l'industrie automobile et ferroviaire.

→ ....

d. J'ai aixploré tous les alentours d'Aix-les-Bains et d'Aix-en-Provence : deux régions merveilleuses.

→ ....

e. Les chênes de produksion pour la fabrication de vélos électriques sont totalement débordées, et c'est tant mieux !

→ ....

« Quelques expressions usuelles »

FAQ = Foire Aux Questions
TBI = Tableau Blanc Interactif
THD = Très Haut Débit
APN = Appareil Photo Numérique
ENT = Espace de Travail Numérique
NTIC = Nouvelles Technologies de l'Information et de la Communication

387. À VOUS ! Remettez les lettres des acronymes (sigles) dans l'ordre et indiquez leur signification.

Exemple : TEN = ENT = Espace de Travail Numérique

QAF = ... = ...   BTI = ... = ...

PAN = ... = ...   INTC = ... = ...

DHT = ... = ...

Bilan

Complétez avec les mots qui conviennent.

1. Quel malheur ! Nous n'avons plus de cartouches d'encre pour notre ....
2. Le .... de notre PC devient fragile, il va falloir tout sauvegarder sur une mémoire externe.
3. Nous autres auteurs, il nous faut travailler avec un .... efficace et rapide.
4. J'ai perdu ma souris et ma clé USB, les deux .... que je branche sur mon ordinateur et dont j'ai le plus besoin.
5. Je dois changer de .... ne sachant plus le code pour y accéder. Cela me contrarie car je ne peux plus lire mes courriels !
6. J'oublie toujours d'indiquer l'objet de mes messages, cela énerve mes ....
7. Dès que j'aurai attaché les PJ (pièces jointes), je .... l'envoi du mon message électronique.
8. Pour lutter contre les attaques virales, cette entreprise s'est équipée d'un .... très puissant.
9. Toutes les photos .... dans mon ordinateur ont été effacées par une mauvaise manipulation. Que faire pour les récupérer ?
10. Je déteste indiquer mes .... personnelles sur Internet, on peut être sûr qu'un espion malveillant va s'en servir à des fins publicitaires !
11. Comme je suis en haute montagne, aucune .... n'est possible, ni avec ma tablette, ni avec mon smartphone.
12. Impossible de rester dans l'... dès que l'on surfe sur Internet, on saura tout de vous et de vos goûts !
13. Les .... de notre usine nous amusent mais ils nous piquent notre boulot !
14. Dans l'usine de fabrication de CD, la .... de .... s'est interrompue car tout le monde télécharge illégalement sa propre musique. C'est dur pour les artistes !
15. L'... serait l'une des grandes avancées de notre siècle mais elle ne remplacera jamais l'intelligence des êtres humains.
16. Je suis infirmière et je travaille avec mon robot Koko. C'est ce qu'on appelle .... Nous formons une belle équipe même si parfois il me donne des coups de pied sans raison !

Expressions

17. Toi, tu vis dans ton monde sans téléphone ni ordinateur. De nos jours, c'est rare d'être si .... de la réalité. Mais tu es heureux car tu n'es pas du tout stressé.

18. Mon ordinateur s'est encore .... ! Je vais devoir en acheter un plus performant.

19. Dans notre campagne isolée, nous n'avons pas encore le « Très H............................ D.. » mais ce n'est qu'une question de mois selon le maire. Ensuite on pourra naviguer sur le net à toute vitesse !

20. Sur tous les sites que je consulte, afin de trouver les solutions aux nombreux problèmes que je rencontre, je clique toujours sur la « F.. A..............................Q.. ». Et cela m'aide parfois, souvent, beaucoup ou pas du tout.

Mon score : .... /20

12 • L'histoire

A. Les périodes historiques

« La datation »

Face à des événements ou des monuments historiques, on aimerait bien savoir les **situer** dans l'histoire. Voici les questions que je me pose : cette bataille **se déroula**-t-elle **avant** ou **après Jésus-Christ** ? Et ici, s'agit-il d'une civilisation de l'**Antiquité** ? Ce **témoignage** d'une querelle de voisinage, de quel siècle date-t-il ? Du XIIIe, XIVe ou XVe siècle ? Le **Moyen Âge** étant une **période** longue de près de mille ans, comment savoir ? Quant à la tour Eiffel, pas de doute, elle date de la **deuxième moitié** du XIXe siècle. Et ce dessin découvert dans une grotte ? Il est **préhistorique** et non pas **médiéval**, j'en suis sûre ! Mais ce n'est pas toujours évident quand on ne peut pas **consulter** les **archives**. L'autre jour, je me suis trouvée en face de **vestiges** sur un site où l'on effectuait des **fouilles archéologiques**. En raison de la végétation qui les avait envahies, j'aurais juré qu'elles **dataient** du XVIIe siècle. Pour avoir la confirmation, je me suis adressée à l'**historien** sur place qui m'a précisé qu'en réalité, ces **édifices** de pierre ne pouvaient être datés avant 1930. Quelle déception !

388. S'EXERCER Soulignez la bonne réponse.

a. La période de l'Égypte des pyramides se *déroule – déverse* bien *avant – après* Jésus-Christ, j'en suis sûr(e).

b. La période *médiévale – médicinale*, c'est la période *du Moyen Âge – de l'âge moyen*, à savoir de la fin du Ve jusqu'à la fin du XVe siècle, soit plus de 1000 ans, c'est énorme !

c. La pyramide du Louvre *vient – date* de 1989, c'est très récent en comparaison avec l'histoire du musée qui porte le même nom.

d. En Europe de l'Ouest, la deuxième *moitié – part* du XXe siècle a été plus calme que la première.

e. Les *affirmations – témoignages* des « poilus* » pour raconter aux historiens la guerre 14-18 sont désormais impossibles : le dernier est décédé en 2008.

f. Comme je suis journaliste spécialisé en histoire, je dois *consulter – brûler* les archives.

g. La mémoire humaine a besoin de *ranger – situer* les faits dans l'espace et le temps.

* « Les poilus » est le surnom donné aux soldats de la Première Guerre mondiale. À ne pas confondre avec l'adjectif (voir chapitre 1).

389. S'EXERCER Vrai ou faux ? Si faux, justifiez votre réponse.

a. Les vestiges, ce sont les restes d'une société disparue.

→ .... → ....

a. « Préhistorique » veut dire antérieur à l'apparition des témoignages écrits ou à l'usage des métaux.

→ .... → ....

A. Les périodes historiques

c. Lors des fouilles archéologiques, on recherche des minéraux comme de l'or ou du bronze.

→ .... → ....

d. Une période est un espace de temps. Son synonyme est « époque ».

→ .... → ....

e. L'Antiquité est un magasin où l'on vend des meubles anciens.

→ .... → ....

f. Un édifice est un bâtiment important.

→ .... → ....

g. Un historien est un homme qui adore lire des histoires aux enfants.

→ .... → ....

390. RÉVISER **Complétez les phrases avec les mots qui conviennent.**

a. C'est dans la .... du XVIIIe siècle qu'a eu lieu la Révolution française. Plus précisément, la prise de la Bastille .... de 1789.

b. La libération de Paris s' .... du 19 au 25 août 1944.

c. Chercheur, j'écris un ouvrage sur la Grèce antique, mais sans matériel chez moi, je dois aller .... à la BNF*.

d. Le .... m'a toujours passionné(e) avec ses personnages hors du commun : Charlemagne, les reines, les chevaliers, les sorcières.

e. Il commence en 100 avant J.-C. et se termine en l'an 1 avant J.-C. : c'est donc le premier siècle .... la naissance de .... Avez-vous compris l'abréviation ?

* **La BNF, la Bibliothèque nationale de France, est la plus grande bibliothèque de la République française.**

391. SE TESTER **Devinettes : De quoi parle-t-on ?**

a. Les plus célèbres sont la tour Eiffel, la cathédrale Notre-Dame de Paris, le château de Versailles et l'Arc de Triomphe ; on peut également les surnommer « monuments ».

→ ....

b. C'est la déclaration de ce que l'on a vu et entendu, et qui peut servir à reconstituer une réalité historique.

→ ....

c. C'est un adjectif qui qualifie quelque chose de très ancien et, dans le langage moderne, quelque chose de totalement passé de mode.

→ ....

d. Elle est auteur spécialisée d'ouvrages sur l'Histoire ou biographe d'un personnage historique.

→ ....

e. Je suis passionné(e) par l'archéologie, j'accompagne donc la mission française sur le site de Pétra en Jordanie pour en faire.

→ ....

12 • L'histoire

« Les courants historiques »

Si le découpage par siècles est la façon la plus neutre pour **segmenter** le **cours** de l'histoire, c'est aussi un procédé très abstrait. C'est pour cela que l'on fait parfois référence aux régimes politiques : Racine et Molière ont écrit **sous le règne** de Louis XIV, le Roi-Soleil ; l'école publique, obligatoire et gratuite a été instaurée **sous la IIIe République** ; le film *Le Corbeau* de Clouzot a été tourné **sous l'Occupation**. Mais le plus souvent, on fait appel aux **courants** esthétiques et historiques qui **dominaient** à une certaine époque : Léonard de Vinci représente l'idéal de **la Renaissance** ; Voltaire, Diderot et Rousseau ont **marqué** le **siècle des Lumières** ; Victor Hugo s'est opposé au classicisme français de l'**Ancien Régime**, préférant le romantisme après la **Révolution**. Certes, ces classifications nous rassurent, mais qui nous dit que le baroque n'a pas **perduré** en France au-delà du XVIIe siècle et que le classicisme n'a pas **survécu** jusqu'à aujourd'hui ? Tout cela n'est pas bien grave car chaque pays procède à son propre **découpage historique** !

392. S'EXERCER Choisissez dans l'encadré les mots qui correspondent aux explications suivantes.

a. Laisser une empreinte → ....
b. Continuer à durer très longtemps → ....
c. Régner, commander → ....
d. Résister au temps, exister encore après un temps très difficile → ....
....
e. Période où des mouvements philosophiques, littéraires et culturels ont diffusé les connaissances et fait avancer la tolérance → ....
f. Sous la gouvernance de → ....
g. Changement politique et sociétal radical en France entre 1789 et 1799
→ ....

393. S'EXERCER Soulignez la bonne réponse.

a. D'après mon arrière-grand-père, ce n'était pas très drôle de vivre sous *l'Occupation – la IIIe République*. De 1940 à 1944, la France a été sous le contrôle des nazis et de Vichy.
b. Pour l'étudier, les historiens *coupent – segmentent* toujours le *cours – court* de l'histoire, mais dans chaque pays, ils ont un *recoupement – découpage* historique différent. C'est normal : ce sont les différences culturelles qui veulent ça !
c. La *renaissance – Renaissance* a succédé au Moyen Âge et c'est un renouveau pour l'art et la philosophie grâce à la redécouverte de l'Antiquité.
d. Les différents *courants – segments* historiques de la France passionnent les enfants ; c'est pourquoi, dès l'âge de 10 ans, on suit des cours d'histoire à l'école élémentaire.
e. Ce que l'on nomme l'*Ancien – Antique* Régime, c'est une période qui débute au XVIe siècle et prend fin en 1789.

A. Les périodes historiques

394. RÉVISER Vrai ou faux ?

a. Vivre sous l'occupation, c'est subir la présence d'un régime politique étranger
   sur le territoire national. ☐ vrai ☐ faux

b. La Révolution (avec majuscule) est forcément celle de 1789 en France. ☐ vrai ☐ faux

c. Le siècle des Lumières est connu dans le monde entier grâce aux trois philosophes
   Diderot, Rousseau et Voltaire. Trois grandes figures mythiques ! ☐ vrai ☐ faux

d. Vivre sous le règne de Catherine de Médicis, c'est vivre en compagnie de cette reine. ☐ vrai ☐ faux

e. Segmenter le cours de l'histoire, c'est découper le temps en périodes historiques. ☐ vrai ☐ faux

395. SE TESTER Charades : De quels mots parle-t-on ?

a. Votre tête est posée sur mon premier, mon second est synonyme de place ou hiérarchie : mon tout est un mouvement de pensée.

   → ....

b. Mon premier est la partie arrière de votre corps, mon second est le participe passé du verbe mettre, mon troisième se trouve au milieu de votre visage : mon tout est un synonyme d'imposer sa supériorité.

   → ....

c. Mon premier est un papa, mon second est un temps prolongé au féminin : mon tout est un verbe qui veut dire durer toujours.

   → ....

d. Mon premier est un synonyme de certain, mon second veut dire exister : mon tout c'est échapper à la mort après une catastrophe.

   → ....

e. Mon premier est un préfixe qui exprime la répétition, mon second est le commencement de la vie : mon tout est la période historique pendant laquelle a vécu Léonard de Vinci.

   → ....

« Quelques expressions usuelles »

Être vieux comme Hérode = se dit de quelque chose d'extrêmement ancien
C'est une vraie renaissance pour lui/elle ! = c'est revenir au premier plan et revivre
Ce n'est pas une lumière ! = ce n'est pas quelqu'un de vif et d'intelligent

Retourner au Moyen Âge = revenir en arrière (sens péjoratif)
Il ne faut pas en faire toute une histoire ! = ce n'est pas grave du tout !
C'est de l'histoire ancienne ! = c'est du passé, on oublie tout cela !

---

396. À VOUS ! Corrigez les erreurs qui se sont glissées dans les expressions suivantes.

a. Tu dramatises tout ! Il ne faut pas en écrire tout un roman ! C'est une banale dispute.

   → ....

b. On oublie les mauvais jours, car tout cela, c'est de la vieille géographie !

   → ....

12 • L'histoire

c. Après trois échecs professionnels et sentimentaux, le voilà grand directeur et amoureux. C'est un réel renouvellement pour lui !

→ ....

d. Avec vos comportements extrémistes et intolérants, on a l'impression de revenir à la préhistoire !

→ ....

e. Ce garçon-là n'est pas une ampoule, il est un peu idiot et surtout très mou.

→ ....

f. Mon tailleur Chanel est ancien comme Homère, mais il m'est impossible de m'en séparer, c'est sentimental !

→ ....

B. Des moments clés de l'histoire de France

« Époque ancienne et moderne » 89

Qui n'aime pas l'histoire de France si **riche en** périodes de **ténèbres** et de lumière ? Clovis adore l'époque ancienne. Il l'appelle le temps des cathédrales car c'est à ce moment-là qu'on a **bâti** ces édifices **prodigieux** que l'on peut encore admirer aujourd'hui. Ce qui le fascine moins, c'est la guerre de Cent Ans et Jeanne d'Arc qui aurait sauvé la France avant d'être **brûlée vive** sur un **bûcher**. Par contre, Caterina s'intéresse à l'époque moderne.

Elle estime que c'est là où **se dessinent les contours** de la France contemporaine. En 1598, le roi Henri IV **promulgua** l'édit de Nantes pour **mettre fin** aux guerres de Religion dont la violence avait **culminé** avec le **massacre** de la Saint-Barthélemy en 1572. Puis l'administration moderne commença à **se forger** avec l'**instauration** de « L'État c'est moi » du Roi-Soleil. Moi, j'ai une passion pour les Lumières où les écrivains-philosophes ont **élaboré** l'immense *Encyclopédie* en **affrontant** le pouvoir royal et la censure **au risque de** leur vie. Quel courage pour combattre l'ignorance et enrichir les connaissances utiles à l'humanité !

397. S'EXERCER Indiquez les mots qui correspondent aux définitions suivantes.

a. Publier officiellement un texte de loi.

→ ....

b. Amas de bois sur lequel on brûlait les condamnés à mort et les livres dangereux.

→ ....

c. Ne pas reculer devant un adversaire ou un danger.

→ ....

d. Atteindre son plus haut degré, son maximum.

→ ....

e. Moment ou endroit sombre dépourvu d'humanité.

→ ....

B. Des moments clés de l'histoire de France

f. Se créer, se former, se construire.

→ ....

g. Qui est rare, exceptionnel, extraordinaire.

→ ....

398. S'EXERCER Soulignez la bonne réponse.

a. L'*instauration* – *instruction* d'un nouveau régime politique a *mis* – *fait* fin à vingt ans de révoltes.

b. Avec l'arrivée au pouvoir de cet empereur, on voit se *dessiner* – *fabriquer* les *coutures* – *contours* d'une nouvelle époque.

c. Les *massacres* – *massages* d'innocents accusés de sorcellerie et *brûlés vifs* – *incendiés vivants* n'étaient pas aussi courants au Moyen Âge qu'on pourrait le croire !

d. Les rois de France restaient souvent enfermés au Louvre *au danger* – *au risque* de perdre leur royaume.

e. Diderot a *élaboré* – *formé* son *Encyclopédie* pendant 21 ans, quel génie !

f. La France a été *luxueuse* – *riche* en inventions de toutes sortes au cours du XIXe siècle.

399. RÉVISER Vrai ou faux ?

a. Mettre fin à quelque chose est le contraire de débuter quelque chose.   ☐ vrai   ☐ faux

b. « Une période riche en inventions scientifiques » veut dire qu'il y avait beaucoup d'argent pour financer des inventions scientifiques.   ☐ vrai   ☐ faux

c. Une tuerie est le contraire de massacre.   ☐ vrai   ☐ faux

d. Prodigieux est le synonyme d'« extraordinaire » et d'« étonnant ».   ☐ vrai   ☐ faux

e. Affronter un ennemi, c'est oser s'exposer à lui.   ☐ vrai   ☐ faux

400. SE TESTER Charades : De quels mots parle-t-on ?

a. Mon premier s'enfile sur le pied et la jambe, mon second est l'impératif du verbe « tirer » : mon tout est un synonyme de « construire un édifice ».

→ ....

b. Mon premier est le féminin de « mon », mon second est un couronnement royal : mon tout est un synonyme de « tuerie ».

→ ....

c. Mon premier est le contraire de « contre », mon second est la petite du cheval et de l'ânesse, mon troisième est un synonyme de « joyeux » : mon tout veut dire : publier un texte de loi.

→ ....

d. Mon premier est la lettre qui commence l'alphabet, mon second est la partie supérieure de notre visage, mon troisième se boit chaud ou froid au petit-déjeuner : mon tout c'est combattre l'ennemi.

→ ....

12 • L'histoire

« Époque contemporaine »

Contrairement aux autres pays, la France fait **débuter** son histoire contemporaine à la **prise** de la Bastille et la Déclaration des droits de l'Homme et du Citoyen en 1789. C'est le début d'une longue série de **bouleversements** politiques : à la Révolution **succèdent** d'autres révolutions (avec minuscule !) qui **amènent** alternativement **au pouvoir** des empereurs, dont Napoléon 1er et Napoléon III, des rois et des présidents de la République. Pour **apaiser** le pays toujours au bord de la **guerre civile**, la **promulgation** de la loi de 1905 concernant la séparation des Églises et de l'État fut sans doute décisive. En même temps, liées au développement économique très rapide, les guerres **se multiplient** : **conquêtes** coloniales et **conflits** mondiaux. La première guerre mondiale, notamment, **a décimé** un tiers des hommes français qui avaient 20 ans en 1914. Une **hécatombe** ! Depuis la révolution de mai 68, la situation est plus calme et il n'y a plus que des **révoltes** ponctuelles et des grèves à répétition. La France est un pays **mouvementé**, il faut le savoir, mais tellement intéressant !

401. S'EXERCER **Soulignez la bonne réponse.**

a. La *proclamation – promulgation* est le fait de publier officiellement une loi.

b. Le XXe siècle *se termine – débute* le 1er janvier 1900.

c. Les *conquêtes – enquêtes* coloniales se sont *enrichies – multipliées* au XVIIe pour le Portugal et l'Espagne, et au XIXe pour la France et la Grande-Bretagne.

d. Georges Pompidou a *accédé – succédé* à Charles de Gaulle en 1968 à la présidence de la République française.

e. Mai 1968 a été un mois très *apaisé – mouvementé* en France avec des *révolutions – révoltes* dans les universités et les usines.

f. La population masculine a été *décimée – déminée* d'un bon tiers pendant la Grande guerre de 14-18, quelle *tombe – hécatombe* !

402. S'EXERCER **Complétez les phrases avec les mots qui conviennent.**

a. La .... de la Bastille fut un moment marquant de l'Histoire de France et le début de nombreux .... d'une rare violence entre le peuple et la monarchie.

b. L'Europe de l'Est a connu de grands .... politiques à partir de la disparition de l'URSS en 1991.

c. Ce ministre a été nommé pour .... les tensions entre les jeunes des quartiers et la police nationale.

d. La .... en Espagne a duré de 1936-1939.

e. En France, les politiques sont .... au .... suprême par le peuple qui vote pour eux aux élections présidentielles tous les 5 ans.

403. S'EXERCER **Barrez l'intrus.**

a. Décimer – abattre – dessiner – massacrer

b. Amener au pouvoir – conquérir – prendre le pouvoir – démissionner

c. Une révolte – une révolution – une dispute – un conflit politique

B. Des moments clés de l'histoire de France

d. Succéder – continuer – suivre – s'interrompre

e. Apaiser – tranquilliser – énerver – calmer

404. RÉVISER **Reliez les verbes aux noms correspondants.**

a. Débuter   • **1.** L'apaisement
b. Succéder   • **2.** La conquête, les conquérants
c. Apaiser   • **3.** Le début
d. Promulguer   • **4.** La multiplication
e. Se multiplier   • **5.** La promulgation
f. Conquérir   • **6.** La révolte
g. Se révolter   • **7.** La succession

405. SE TESTER **Devinettes : De quoi parle-t-on?**

a. C'est un nom qui indique que les systèmes politiques en place sont renversés.
→ ....

b. C'est une guerre interne, mais non contre un ennemi à l'extérieur du pays.
→ ....

c. C'est un grand nombre de personnes tuées lors d'un massacre ou d'une catastrophe.
→ ....

d. C'est la conquête d'une place forte ou d'une ville.
→ ....

e. Son contraire est « immobile et calme ».
→ ....

« Quelques expressions usuelles »

C'est un massacre ! (fam)
= c'est l'exécution catastrophique d'un travail
Faire une conquête = gagner l'affection ou l'amour de quelqu'un

Mettre hors de combat = rendre quelqu'un incapable d'agir
Partir à la conquête de = se mobiliser pour parvenir à un résultat important

---

406. À VOUS **! Corrigez les erreurs qui se sont glissées dans les phrases suivantes.**

a. Je m'en vais sur les mers pour devenir le meilleur skipper du monde !
→ ....

b. Lors du dernier débat télévisé, vous avez mis votre adversaire politique en dehors du ring. Bravo !
→ ....

c. Je sors de chez mon coiffeur. Tu as vu ma tête ? C'est un vrai désordre !
→ ....

d. Vous avez fait une séduction : votre voisin(e) est tombé(e) sous votre charme irrésistible. Quel est votre secret ?
→ ....

12 • L'histoire

C. L'histoire du temps présent

 « Les guerres conventionnelles »

Avec l'évolution des technologies et des intérêts économiques, les **stratégies de guerre** changent. Avant, si deux pays **entraient en conflit**, ils **mobilisaient** leurs troupes et cherchaient des **alliés** avant de **se déclarer la guerre**. Sur le front, les deux armées opéraient depuis des **tranchées**, qui sont des abris creusés dans la terre pour les soldats. On peut d'ailleurs encore en visiter autour de Verdun. Si la bataille n'était pas décisive, on **concluait** un **cessez-le-feu** pour arrêter les combats et **évacuer** les blessés. Puis on **engageait** des **pourparlers** pour négocier et signer un **traité** acceptable pour les deux **parties belligérantes**. En revanche, depuis la deuxième guerre mondiale, on vise les populations derrière les **lignes de front** que l'on bombarde sans cesse pour provoquer une **capitulation sans conditions** du pays ennemi. C'est ce qui a été fait avec les **bombardements** atomiques de Hiroshima et de Nagasaki. Il est évident que dans ces conditions, les victimes ne sont plus exclusivement militaires mais civiles, ce qui pourrait constituer un **crime de guerre** selon les Conventions de Genève.

407. S'EXERCER Complétez avec les mots qui conviennent.

a. Un .... a été conclu avant la signature d'un traité de paix entre les différentes ....

b. La Seconde Guerre mondiale prit fin en Europe le 8 mai 1945 avec la .... des forces armées allemandes.

c. Un djihadiste présumé, poursuivi pour .... commis au Mali en 2012, sera jugé devant la Cour pénale internationale (CPI) à La Haye.

d. La Grèce a fait savoir qu'elle était prête à .... avec la Turquie sur les zones maritimes.

e. Ces deux pays sont .... suite à un partage inéquitable d'îles avoisinantes.

f. Les .... poursuivent des objectifs non seulement militaires mais aussi économiques.

g. Huit soldats de l'armée de terre coréenne auraient été testés positifs au coronavirus dans une unité de la .... près de la frontière.

408. S'EXERCER Soulignez la bonne réponse.

a. Nos *alignés* – *alliés* américains et britanniques nous ont sauvés de la défaite en 1945.

b. Le Japon a subi les deux *bombardements* – *bombardiers* les plus atroces de l'Histoire à Hiroshima et à Nagasaki, ne l'oublions pas !

c. Il a fallu *mobiliser* – *mondialiser* des milliers de militaires alliés pour libérer les camps de concentration nazis où des millions d'êtres humains ont été exterminés.

d. Un *traitement* – *traité* de paix interlibanais a été signé le 22 octobre 1989 pour mettre fin à la guerre civile libanaise qui durait depuis 1975.

e. Pendant la guerre, on *évinçait* – *évacuait* les civils dans des abris avant les bombardements pour les protéger.

C. L'histoire du temps présent

f. Le massacre des soldats tués dans les *tranchées – fosses* à Verdun est resté dans la mémoire nationale.

g. On se *déclare – prononce* la guerre non seulement sur un champ de bataille, mais aussi parfois dans un couple, ce qui est très triste !

409. RÉVISER **Reliez les deux éléments qui correspondent.**

a. Conclure	•	• 1. un traité
b. Déclarer	•	• 2. en conflit
c. Engager	•	• 3. la guerre
d. Entrer	•	• 4. des pourparlers
e. Mobiliser	•	• 5. un cessez-le-feu
f. Signer	•	• 6. des troupes

410. RÉVISER **Vrai ou faux ?**

a. Une ligne de front est une ride sur votre visage. ☐ vrai ☐ faux

b. Un allié est un synonyme d'« ennemi ». ☐ vrai ☐ faux

c. Une capitulation sans conditions, c'est quand une armée se rend sans aucune revendication. ☐ vrai ☐ faux

d. Partir ou vider sont des antonymes d'« évacuer ». ☐ vrai ☐ faux

e. Dans les armées, ce sont les généraux qui s'occupent d'établir des stratégies de guerre. ☐ vrai ☐ faux

411. SE TESTER **Devinettes : De quoi parle-t-on ?**

a. Ses synonymes sont « réquisitionner » et « rassembler ».

   → ....

b. Ce sont deux États ou deux groupes d'hommes en état de guerre.

   → ....

c. Ce sont des fossés creusés sur le front où les soldats étaient à l'abri des tirs de l'ennemi. Celles de Verdun sont les plus connues.

   → ....

d. C'est l'action de lâcher des obus par voie aérienne.

   → ....

e. C'est un « contrat » dans lequel des États établissent des règles et fixent des décisions communes, souvent pour la paix.

   → ....

12 • L'histoire

« Les guerres cachées » 92

Au-delà des guerres traditionnelles, les États ainsi que des groupes d'intérêts **mènent des guerres cachées**, y compris à l'intérieur de leur propre pays. Les premiers, pour **élargir leur zone d'influence**, envoient des espions et des **agents secrets** qui **se mêlent à*** la population pour **déstabiliser** un pays concurrent. Ainsi, notamment grâce à cette tactique, la **guerre froide** a pris fin avec la **chute** du mur de Berlin en 1989 et l'**effondrement** de l'Union soviétique. Les seconds, pour tenter de **renverser un gouvernement** et **conquérir** le pouvoir, **commettent des actes terroristes**, comme ceux de New York, de Paris ou d'Alexandrie. Le danger est que si des groupes de fanatiques **s'emparent du pouvoir** d'un pays, le **vivre-ensemble** ne sera plus possible et toutes les personnes qui leur paraissent différentes seront systématiquement **persécutées** voire **exterminées**, ce que l'on peut qualifier de **génocide**. La Shoah en est l'exemple le plus connu. Et n'oublions pas une autre espèce de guerre cachée qui nous est imposée : l'horreur économique qui met constamment tous les citoyens en **concurrence** les uns avec les autres !

* Ne pas confondre « se mêler à » (= se joindre, se mélanger) et « se mêler de » (s'occuper de).

412. S'EXERCER Soulignez la bonne réponse.
a. Le déséquilibre du budget de l'État menace de *renverser – conquérir* le gouvernement.
b. Certains pays tentent de *déranger – déstabiliser* la région pour *élargir – étirer* leur zone d'influence.
c. Dans ce pays d'Amérique du Sud, l'armée se serait *emparée – encerclée* du pouvoir pour *mener – faire* une guerre contre les narcotrafiquants, écrit le journal « Les Échos ».
d. Des extrémistes *commettent – exécutent* des actes terroristes pour empêcher le *vivre-ensemble – vivre-heureux* des populations civiles dans le pays.
e. La *casse – chute* du mur de Berlin est le symbole de la réunification des deux Allemagne, mais c'était aussi un signal fort pour mettre fin à la guerre *fraîche – froide*.

413. S'EXERCER Choisissez dans l'encadré les mots qui correspondent aux définitions suivantes.
a. Tourmenter des gens de façon systématique par des traitements injustes et cruels.
   → ....
b. S'unir, se mélanger à (un ensemble de personnes).
   → ....
c. Crime commis dans l'intention de détruire en partie ou en totalité un groupe d'humains pour des raisons ethniques, raciales, religieuses, linguistiques ou sexuelles.
   → ....
d. C'est un individu qui pratique l'espionnage pour le compte d'un État.
   → ....
e. Écroulement d'un édifice ou d'une société.
   → ....
f. Rivalité dans des domaines proches.
   → ....
g. Tuer entièrement, jusqu'au dernier.
   → ....

C. L'histoire du temps présent

414. RÉVISER Vrai ou faux ?

a. Parfois, l'effondrement d'une civilisation se produit si rapidement que les historiens ont du mal à l'expliquer. Pensez par exemple à l'Empire du Milieu. ☐ vrai ☐ faux

b. Être persécuté, c'est être mis à part de façon généreuse. ☐ vrai ☐ faux

c. Un agent secret est un quasi-synonyme d'« espion ». Sans doute connaissez-vous James Bond, l'agent 007 ? ☐ vrai ☐ faux

d. S'emparer du pouvoir, c'est partager les mêmes opinions que le pouvoir en place. ☐ vrai ☐ faux

415. RÉVISER Reliez les deux éléments qui correspondent.

a. Commettre   1. une guerre
b. Déstabiliser   2. une zone d'influence
c. Élargir   3. l'économie d'un pays
d. Mener   4. un seau, un piéton ou un gouvernement
e. Renverser   5. des actes terroristes

416. SE TESTER Barrez l'intrus.

a. Déséquilibré – déstabilisé – instable – fixe
b. La cohabitation – la guerre civile – la paix – le vivre-ensemble
c. La chute – l'écroulement – l'effondrement – la reconstruction
d. Se distinguer – se mélanger – se mêler – s'unir
e. Adversaire – allié – concurrent – rival

« Quelques expressions usuelles »

À la guerre comme à la guerre ! = il faut savoir se débrouiller dans les situations les plus difficiles !
Être sur le pied de guerre = être prêt à faire quelque chose
Enterrer la hache de guerre = faire la paix
Changer son fusil d'épaule = changer de méthode pour arriver à un résultat
Battre à plate couture = battre largement

---

417. À VOUS ! Complétez les phrases suivantes avec une expression de l'encadré ci-dessus.

a. Ouf ! Après tant d'années de conflits, ces deux pays ont définitivement enterré ....

b. Ce soir, je ne rentre pas faire à manger, j'ai beaucoup de travail. On se contentera des restes : à .... !

c. Il faut que je .... , puisque ma première stratégie n'a pas fonctionné.

d. Pauvres militaires, suite aux conflits au Moyen-Orient, il va falloir qu'ils soient sur .... jour et nuit !

e. Dans cette partie de tennis, désolé, mais je t'ai ....

 **Bilan**

Complétez avec les mots qui conviennent.

1. Il n'y a que l'époque .... qui m'intéresse avec les mammouths, la pierre et le silex.
2. La cité .... de Carcassonne est à visiter pour ceux qui adorent le Moyen Âge.
3. C'est décidé, j'ai choisi ma profession : je serai .... car je suis passionnée par la recherche dans les archives.
4. J'ai participé aux .... de Pompéi. C'est un site exceptionnel !
5. Mes grands-parents sont nés sous l'................................ nazie, cela les a un peu traumatisés !
6. Le grand truc des Français, c'est la .... avec son hymne *La Marseillaise* !
7. Mon aïeul a .... à deux guerres mondiales. Demain il fêtera ses 110 ans.
8. Sous le .... du Roi-Soleil à Versailles, tout n'était que fêtes, festins et libertinage avant le déclin.
9. Au temps des cathédrales, on a bâti des édifices .... Aujourd'hui encore, on en est tout ébloui !
10. Jeanne d'Arc fut .... sur un bûcher à Rouen : pour cela on y a érigé un monument à sa gloire.
11. Les hommes d'État .... quelquefois des lois étranges qui ne plaisent pas à tous !
12. Au .... de se faire tuer, des milliers de soldats courageux ont débarqué sur les côtes normandes dès le 5 juin 1944. Beaucoup en ont payé le prix fort.
13. Le Yémen est en guerre .... depuis 2014, mais quand donc cela cessera-t-il ?
14. Les guerriers adorent partir à la .... d'autres territoires, c'est dans leurs gênes de conquérant.
15. En mai 1968, il y a eu la .... des ouvriers et des étudiants qui se sont associés contre le pouvoir en place.
16. La France, jamais calme, a toujours eu une histoire .... : des crises économiques, des révolutions mais aussi des moments glorieux !
17. Il vaut mieux déclarer l'amour que déclarer ...., comme le dit ma copine Sylvie !

18. Le 11 novembre, en France, on rend hommage aux « poilus » qui ont perdu la vie au front pendant la Grande Guerre dans les ....

19. Il faudrait que tous les pays du monde signent des .... de paix, ce serait merveilleux !

20. Nagasaki, Hiroshima et Dresde sont les trois villes qui déplorent le plus de victimes civiles à cause des .... Ce fut une hécatombe !

21. Je suis ...., et pour devenir une espionne accomplie au service de l'État, j'ai subi jour et nuit un entraînement complet, en judo et en karaté !

22. Ce pays est menacé par plusieurs groupes extrémistes, capables de ....des actes terroristes sur le territoire.

23. L'extermination des juifs par les nazis est un .... Mais il y en a d'autres ! Hélas !

24. Le .... est menacé, c'est pourquoi il faut se battre contre la barbarie « quotidienne » qui empoisonne désormais la cohabitation entre les gens.

Expressions

25. Cet individu n'est pas .... ! Il a mis 10 minutes pour comprendre le fonctionnement de cette machine à café !

26. Il ne faut pas en faire .... C'est une banale querelle entre Karen et Kevin qui ne sont pas d'accord sur la politique menée par leur président, et c'est tout !

27. Hier, j'ai fait .... d'un nouveau public que j'ai su charmer grâce à mon humour et à mon intelligence. Je suis un chanteur formidable.

28. J'ai voulu tenter une opération de chirurgie esthétique et maintenant, je ne reconnais plus mon visage : c'est un vrai .... Je ressemble à toutes les vedettes américaines !

29. J'ai oublié mon smartphone et mon ordinateur et je suis perdu sur une île lointaine. Eh bien, ce sera à la ...., je vais tenter de me débrouiller.

30. Maintenant c'est fini, il est temps de se réconcilier : enterrons ...., faisons la paix, buvons un coup et après, tout ira mieux !

Mon score : .... /30

13 • La politique et la société

A. La vie démocratique

 « L'organisation de l'État » 🔊 93

> Afin de garantir le bon fonctionnement d'un État et d'**empêcher les abus** liés à l'exercice du pouvoir, les **constitutions** s'appuient sur un principe de base pour la vie démocratique : la **séparation des pouvoirs**. De quoi s'agit-il ? De séparer les fonctions de l'État en trois domaines distincts et indépendants : l'**exécutif**, le **législatif** et le **judiciaire**. À la tête du pouvoir exécutif, il y a le président. Il **nomme** le Premier ministre, qui **forme un gouvernement** constitué de **ministres**. Le Parlement, qui est **composé de** deux **chambres** – l'Assemblée nationale avec ses **députés** et le Sénat – détient le pouvoir législatif et **vote les lois**. Le troisième pouvoir a pour mission de veiller à l'application des lois et de **rendre la justice**. Oh, que la théorie est belle ! En réalité, c'est plus complexe et une séparation stricte peut **paralyser** un État et **déboucher sur** des **coups d'État**, comme ce fut le cas en France au XIXᵉ siècle. Peut-être serait-il plus juste de parler de collaboration des pouvoirs ? Peu importe le terme employé, c'est à vous, chers citoyens, de veiller à ce que vos **représentants** respectent et fassent respecter dans tous les domaines vos droits et vos libertés !

418. S'EXERCER Soulignez la bonne réponse.

a. Les *ministres – ministères – minutieux* sont *nominalisés – nominés – nommés* par le président sous la conduite du Premier ministre pour *formater – fournir – former* un gouvernement.

b. Nos *présidents – présentateurs – représentants* politiques ne sont pas toujours à l'écoute de nous autres citoyens !

c. Les *ministres – maires – députés* siègent à l'Assemblée nationale, qui compose l'une des deux *pièces – chambres – salles* du Parlement.

d. Il est essentiel pour le bon fonctionnement de la démocratie qu'il y ait la *ségrégation – séparation – segmentation* des pouvoirs afin d'empêcher les *abus – fuites – vols*.

e. Le renversement du pouvoir par un coup *de chaud – d'État – de poing* serait désastreux en France car il y aurait des grèves et cela *paniquerait – paralyserait – planterait* le pays.

f. Un cabinet ministériel est *composé – comparé – formaté* de ministres et de secrétaires d'État.

419. S'EXERCER Complétez les phrases avec les mots qui conviennent.

a. La liberté d'expression est garantie par les ....

b. Tout en haut du pouvoir .... il y a notre cher Président. Et pour les actes ...., c'est l'Assemblée nationale qui prend la décision finale en cas de désaccord avec le Sénat.

c. En France, les crises sociales et économiques .... souvent sur des grèves.

d. Un député est très en colère contre le pouvoir .... car une enquête a été ouverte contre lui pour abus de biens sociaux.

e. Comment .... de manière efficace et équitable ? Telle est la question que se posent tous les juges.

A. La vie démocratique

f. Ce qui me ferait vraiment plaisir, c'est que les députés ....
une loi qui rende obligatoire l'utilisation de ce livre dans toutes les institutions qui défendent la langue
et la culture françaises.

420. RÉVISER Vrai ou faux ?

a. La constitution définit l'organisation, le fonctionnement et les valeurs d'un État. ☐ vrai ☐ faux

b. Le Sénat, pouvoir législatif, est composé de deux chambres. ☐ vrai ☐ faux

c. Les représentants politiques sont les ministres, les sénateurs, les députés ...
et le président. ☐ vrai ☐ faux

d. Former un gouvernement, c'est nommer ses amis aux postes de ministres. ☐ vrai ☐ faux

e. La séparation des pouvoirs pose comme principe que les trois grandes fonctions
de l'État, à savoir l'exécutif, le législatif et le judiciaire, sont chacune exercée
par une autorité indépendante. ☐ vrai ☐ faux

421. SE TESTER Devinettes : De quoi parle-t-on ?

a. C'est un verbe qui exprime le fait de bloquer et arrêter le fonctionnement d'un système politique.
→ ....

b. L'Assemblée nationale et le Sénat ne le font pas en dehors des sessions !
→ ....

c. C'est lorsqu'un gouvernement est renversé tout à coup par un pouvoir brutal et autoritaire, souvent d'origine militaire.
→ ....

d. On pourrait dire de manière familière « barrer la route aux mauvais usages ».
→ ....

« Les élections » 94

Cette année, le calendrier électoral est chargé : en avril, il y a les **élections municipales** pour élire le maire de ma commune, et en juin, les présidentielles pour choisir le chef de l'État au **suffrage universel**. Je suis avec intérêt les **campagnes électorales** qui présentent les programmes des partis politiques. Le jour indiqué, je **me rends aux urnes**. Au **bureau de vote**, je prends plusieurs **bulletins de vote** et je me dirige vers l'**isoloir** pour en choisir un. Le vote secret, c'est sacré ! Puis je glisse l'enveloppe dans l'urne. Le lendemain, je constate qu'il y a eu un **taux d'abstention** record et qu'une candidate, qui n'est ni de gauche ni de droite, a **remporté les élections**. Ayant obtenu 50% des voix, elle a été **élue à la majorité des voix**. Et un an plus tard, il s'avère qu'elle ne **défend** pas du tout les **valeurs citoyennes** de la société qu'elle est censée représenter, mais uniquement les intérêts économiques des grandes entreprises internationales et des fonds d'investissement étrangers qui ne savent même pas où j'habite. Quelle déception ! **En signe de protestation**, au prochain **scrutin**, je vais **voter blanc** !

13 • La politique et la société

422. S'EXERCER Complétez les phrases avec les mots qui conviennent.

a. En général, en France, les .... sont installés dans les mairies et les écoles. Ils sont ouverts les dimanches d'élections de 9 h à 20 h.

b. Avant chaque élection, les .... durent des semaines et mobilisent les militants de chaque parti politique.

c. Quand un candidat ou un parti politique ...., il y a toujours une fête organisée après ce triomphe.

d. En ce premier dimanche de mai, peu d'électeurs se sont ...., en effet il paraît que les Français commencent à se désintéresser de la politique !

e. Ce candidat a été .... des voix dès le premier tour. Pourquoi ? Car il a su convaincre plus de 50% des électeurs. Mais continuera-t-il à .... comme il l'a promis ? C'est ce que l'on va voir !

f. Contrairement au suffrage restreint, qui est réservé à une partie de la population, tout le monde a le droit d'aller voter et cela s'appelle le ....

g. Je ne suis d'accord avec aucun candidat, j'ai donc décidé de .... ! Les hommes politiques devraient comprendre qu'il s'agit d'une réaction en .... !

423. S'EXERCER Indiquez les mots correspondant aux définitions suivantes.

a. C'est le petit endroit discret où vous vous cachez pour faire votre devoir électoral.
→ ....

b. Ce sont les élections où vous élisez le maire de votre commune pour une durée de 6 ans.
→ ....

c. C'est l'ensemble des opérations électorales. Il peut être proportionnel ou majoritaire.
→ ....

d. C'est le morceau de papier où est inscrit le choix de l'électeur. Il est déposé dans l'urne.
→ ....

e. C'est le pourcentage d'électeurs qui n'est pas allé voter.
→ ....

424. RÉVISER Associez les verbes et les compléments.

a. Se mettre à l'écart   1. un candidat
b. Voter   2. une campagne électorale
c. Se rendre   3. dans l'isoloir pour voter
d. Élire   4. des valeurs républicaines
e. Suivre   5. aux urnes
f. Défendre   6. blanc
g. Calculer   7. le taux d'abstention

A. La vie démocratique

425. SE TESTER Barrez l'intrus.

a. Les élections municipales – les campagnes de prévention – les campagnes électorales
b. Un scrutin majoritaire – un bureau de vote – un bulletin de vote – se rendre aux urnes
c. Un sondage – une opinion – un questionnaire – un vote blanc
d. Remporter les élections – être élu à la majorité – être battu par son adversaire
e. Défendre les valeurs citoyennes – soutenir les grandes entreprises mondialisées – investir dans les valeurs boursières

> **« Quelques expressions usuelles »**
>
> **C'est de l'abus !** = c'est vraiment exagéré et disproportionné !
> **Manier la langue de bois** = parler d'autre chose pour ne pas répondre à la question posée
> **Aller dans le sens de l'opinion** = tout faire pour plaire à la majorité des gens
>
> **Remplir son devoir électoral** = aller voter
> **Ne pas avoir voix au chapitre** = ne rien pouvoir dire de ce que l'on pense, devoir se taire
> **Une vraie girouette !** = une personne qui change constamment d'avis dès que la situation du moment évolue

426. À VOUS ! Corrigez les erreurs qui se sont glissées dans les phrases suivantes.

a. Cet homme politique sait très bien utiliser ses dents de plastique, il est très habile pour ne jamais trancher à propos d'une question polémique posant problème. Un vrai politicien, quoi !
→ ....

b. Pauvre candidat, il a perdu les municipales et maintenant, au sein de son parti, il n'a plus de regards sur la cathédrale.
→ ....

c. Trois mois après son élection, ce député est accusé de fraude fiscale, c'est de l'absolu !
→ ....

d. J'ai exécuté ma tâche de vote, je suis donc allée voter car c'est une chance de pouvoir le faire dans un pays démocratique.
→ ....

e. Avant de lancer une campagne électorale, les partis politiques analysent avec précision les sondages afin de pouvoir partir dans le sentiment des gens.
→ ....

f. Ce ministre est un jour de gauche, un jour de droite, puis du centre. C'est une véritable alouette !
→ ....

13 • La politique et la société

B. La justice

« Les infractions » 🔊 95

Connaissez-vous la famille « **Infraction** » ? Tous ses membres sont des habitués des tribunaux : la mère, spécialiste du **délit**, est régulièrement **citée à comparaître** devant le tribunal correctionnel. Elle a déjà **écopé** de plusieurs mois de prison **avec sursis** pour vol et port d'armes. Le père a été condamné par la **cour d'assises** à 15 ans de prison ferme pour **braquage** et **meurtre**. On lui a accordé les **circonstances atténuantes**. Une chance pour lui, car normalement, un homicide volontaire est **passible** d'une **peine de prison** de 30 ans. Le grand-père, lui, est le champion incontesté du **crime** : il a été **reconnu coupable d'assassinat** et condamné à la **réclusion criminelle à perpétuité**. Les jurés de la cour d'assises ont retenu la **préméditation**. Et la plus jeune de la famille, âgée de 18 ans, a été **convoquée** au **tribunal de police**, qui juge les auteurs de **contraventions**, **pour avoir commis** un **excès de vitesse**. Elle a dû payer une **amende**. Quelle drôle de famille !

427. S'EXERCER En vous aidant du texte ci-dessus, classez les mots suivants dans les colonnes correspondantes du tableau : ~~une contravention~~ – un assassinat – un crime – ~~la cour d'assises~~ – un délit – ~~un vol~~ – le tribunal correctionnel – ~~le port d'armes~~ – le tribunal de police – un meurtre – un excès de vitesse – ~~un braquage~~.

Degré d'infraction	Nom de l'infraction	Juridiction compétente
1. (infraction très grave)	– .... (= homicide volontaire avec préméditation) – .... (= homicide volontaire sans préméditation) – un braquage	– la cour d'assises
2.	– un vol – le port d'armes	– ....
3. une contravention	–	– ....

428. S'EXERCER Soulignez la bonne réponse.

a. Ce criminel a tué deux personnes. Reconnu coupable d'assassinat, il a été condamné à la *réclusion – résolution* criminelle à *proximité – perpétuité*.

b. Au final, tu n'auras été condamné qu'à un an de prison *avec sursis – ferme*, tu évites donc l'incarcération. Quelle chance !

c. Le mot *contravention – infraction* est le terme générique pour expliquer la violation d'une loi.

d. Vous allez comparaître devant la cour *d'assises – de récréation* pour avoir organisé un trafic de stupéfiants.

e. J'ai encore dû payer une *préméditation – amende* parce que je roulais sur le trottoir avec mon vélo !

B. La justice

429. S'EXERCER Complétez les phrases avec les mots qui conviennent.

a. La tentative d'enlèvement d'un mineur est un délit .... d'une .... de prison de 4 ans.

b. Vous allez être .... devant le tribunal de police parce que vous avez renversé un cycliste avec votre voiture.

c. C'est votre deuxième procès. Vous avez déjà .... de plusieurs mois de prison avec .... pour avoir agressé sauvagement des chauffeurs de bus en refusant de payer votre transport. Cette fois-ci c'est la récidive*, ça va être la prison .... !

d. Les juges vont .... à ce délinquant car il avait été battu toute son enfance et ses parents étaient tous deux des toxicomanes dangereux.

e. Maurice Papon a été .... de complicité de crimes contre l'humanité par la cour d'assises de Bordeaux en 1998. Il a donc fini ses jours en prison.

f. J'ai été .... au tribunal de police pour avoir insulté un gendarme.

g. La police de la répression des fraudes m'a arrêté(e) pour avoir .... plusieurs tentatives de piratage de sites bancaires. Mince alors !

* La « récidive » est le fait de commettre une nouvelle infraction.

430. RÉVISER Remplacez le mot incorrect souligné par celui qui convient.

a. On vous a accordé les circonstances <u>aggravantes</u> car vous avez été vous-même victime de violence.
   → ....

b. Accusée d'homicide volontaire avec <u>sursis</u>, elle risque la prison à vie !
   → ....

c. Tu seras cité(e) à <u>disparaître</u> devant le tribunal la semaine prochaine.
   → ....

d. Il sera <u>convaincu</u> au tribunal pour avoir prononcé des propos racistes et homophobes envers son voisin.
   → ....

e. Les accusés de crimes contre l'humanité sont souvent condamnés à la réclusion criminelle <u>à pérennité</u>.
   → ....

431. SE TESTER Vrai ou faux ? Si faux, justifiez votre réponse.

a. La prison ferme s'oppose à la prison avec sursis.
   → .... → ....

b. Une contravention est un crime.
   → .... → ....

c. En droit pénal, le crime est une infraction très grave, plus grave que la contravention ou le délit.
   → .... → ....

13 • La politique et la société

d. La réclusion criminelle à perpétuité est la prison à vie.

→ .... → ....

e. Comparaître devant le tribunal de police, c'est être invité à passer devant le juge pour discuter avec lui.

→ .... → ....

> **« Le procès »** 96
>
> J'adore les procès en cour d'assises. Quand ils ne se déroulent pas **à huis clos**, je m'installe au fond de la **salle d'audience** et j'assiste aux **débats contradictoires** : au milieu, sur une **estrade**, il y a le président et ses **assesseurs**, entourés des **jurés** qui sont tirés au sort. À gauche, le **greffier** lit l'**acte d'accusation** et rédige le procès-verbal des débats. À droite, il y a le **banc des accusés** où est assise Jacqueline « l'ogresse ». Elle est accusée d'assassinat et de guet-apens. Le président l'interroge. Elle **nie les faits**, **proteste de son innocence**, parle d'**erreur judiciaire**. Ensuite, l'**huissier** introduit un **témoin à charge**, qui témoigne en défaveur de l'accusé, et un **témoin à décharge**, en sa faveur. On réalise leur **audition**. Puis, on entend la **plaidoirie** de la **partie civile** et le réquisitoire de l'**avocat général** qui réclame la perpétuité. En dernier, c'est l'avocat de la défense qui parle. Une belle plaidoirie. Mais l'Ogresse craque et **passe aux aveux**. La cour se retire pour les **délibérations**. De retour, le président **prononce le verdict** : surprise, Jacqueline est **acquittée** ! En fait, la défense avait révélé un **vice de forme**, c'est-à-dire une formalité administrative oubliée dans la procédure. Quel coup de théâtre !

432. S'EXERCER Complétez le tableau avec les mots suivants : *les jurés – prononcer le verdict – l'avocat général – l'huissier – le greffier – passer aux aveux – ~~délibérer~~ – rédiger le procès-verbal – introduire les témoins – le président de la cour – prononcer le réquisitoire – l'accusé.*

Acteur	Action
	délibérer

433. S'EXERCER Indiquez les termes qui correspondent aux définitions suivantes.

a. Action d'entendre les dépositions des témoins.

→ ....

b. Exposé oral d'un avocat devant les juges pour défendre les droits de son client.

→ ....

c. Personnes qui assistent le président au tribunal dans ses fonctions.

→ ....

B. La justice

d. Erreur dans une procédure qui entraîne sa nullité.

→ ....

e. Réunion des juges et des jurés pour prendre une décision de justice.

→ ....

f. Qui n'est pas ouvert au public, en parlant d'une audience.

→ ....

g. Discours de l'avocat général pour défendre les intérêts de la société.

→ ....

h. Lieu au palais de justice où se déroule un procès.

→ ....

434. S'EXERCER Soulignez la bonne réponse.

a. Les débats *contradictoires – contraignants* permettent à toutes les parties de se faire entendre devant le tribunal.

b. Je viens d'être *acquitté(e) – quitté(e)*, quelle joie ! Tout au long du procès, je n'avais pas arrêté de *protéger – protester* de mon innocence.

c. La partie *civile – adverse*, qui défend les intérêts des victimes, est furieuse contre le verdict final qu'elle juge trop clément. Elle fera appel pour que l'affaire soit rejugée.

d. Le témoin à *charge – décharge* a affirmé qu'il connaissait bien l'accusé et qu'il savait parfaitement qu'il était accusé à tort.

e. La plus grande *erreur – horreur* judiciaire en France est celle de P. Dils condamné à perpétuité en 1989 pour le meurtre de deux enfants. Innocenté en 2002, il a été indemnisé d'1 million d'euros. Ce n'est que justice !

f. Dans une salle d'*audition – audience*, il y a une *estrade – chaise* où siègent les magistrats qui rendent la justice.

g. Sur le *banc – parquet* des accusés depuis plus de 3 ans, le tueur *refuse – nie* tous les faits qui lui sont reprochés.

435. RÉVISER Reliez les verbes aux compléments.

a. Être	•	• **1.** l'acte d'accusation
b. Lire	•	• **2.** aux aveux
c. Nier	•	• **3.** de son innocence
d. Passer	•	• **4.** acquitté(e)
e. Prononcer	•	• **5.** les faits
f. Protester	•	• **6.** le verdict

436. SE TESTER Barrez l'intrus.

a. À huis-clos – ouvert au public – ouvert aux journalistes

b. Acquitté – condamné – puni

c. L'avocat général – les jurés – la victime

d. Le banc des accusés – le banc de la partie civile – une plaidoirie

e. Un vice de forme – un vice de procédure – un vice caché

205

13 • La politique et la société

437. SE TESTER Qui parle ? Indiquez la personne qui correspond.

a. « Je suis innocent, je n'ai rien fait ! »

   → ....

b. « En conséquence, je réclame 10 ans de prison ferme pour l'accusé. »

   → ....

c. « J'ai vu un individu hystérique courir sur le trottoir, et c'est bien lui qui est devant nous. »

   → ....

d. Il lit à haute voix : X est accusé(e) de complicité de meurtre. »

   → ....

e. « J'ai vu l'assassin sortir de la maison, il était blond et grand et l'accusé est brun et petit. Je doute que ce soit lui ! »

   → ....

« Quelques expressions usuelles »

Ce n'est pas un crime (fam)
= ce n'est pas vraiment grave
Être innocent comme l'enfant qui vient de naître
= être d'une extrême innocence
Être en sursis = bénéficier d'une pause avant un événement inévitable

Le verdict est tombé = une décision brutale et définitive a été prise
Vivre en huis clos = vivre portes fermées, sans visiteurs
Être pris en flagrant délit = être surpris au moment où l'on commet un acte condamnable

438. À VOUS ! Corrigez les erreurs qui se sont glissées dans les phrases suivantes.

a. Maria est blanche comme l'agneau qui vient d'arriver au monde. Pour elle, tout le monde est adorable et gentil.

   → ....

b. Depuis le début de l'épidémie, Marceau, Sophie et leurs enfants sont contraints de vivre fenêtres fermées. Ce n'est pas drôle pour une famille !

   → ....

c. Si je rate mes examens en juin, je serai en suspens jusqu'au rattrapage en septembre. Ce n'est pas rassurant !

   → ....

d. Pauvre Mathieu ! Le jugement est arrivé : il doit rembourser sa dette de 50 000 euros.

   → ....

e. Ils ont été surpris en évident crime : ils volaient encore de l'argent dans mon sac pour acheter des bêtises ! Ah les ados !

   → ....

f. Franchement, ce n'est pas un délit : notre fils a juste dérobé quelques pommes dans le jardin du voisin. Et d'ailleurs, elles sont excellentes !

   → ....

C. Les relations internationales

 « La diplomatie »

J'habitais à l'étranger depuis trois ans et mon passeport **arrivait à expiration**. Comme je voulais retourner dans mon pays pour voir une dernière fois ma grand-mère très âgée, il fallait que je me rende à l'**ambassade** à mille kilomètres d'ici pour **effectuer les démarches** nécessaires pour son **renouvellement**. Le **consulat** situé dans ma ville de province avait été fermé il y a longtemps. Or, trois jours avant mon départ, un **incident diplomatique** s'est produit. Puis, il y a eu une **escalade** de la crise : un **embargo** sur les marchandises et les services a été **décrété**, les **relations diplomatiques** entre les deux pays ont été **rompues** et les **ressortissants** des deux pays n'étaient plus autorisés à voyager. La **diplomatie** était **dans l'impasse** et aucune **issue** à ce conflit n'a pu être trouvée. En conséquence, j'ai dû me résoudre à m'installer définitivement dans mon **pays hôte**, à apprendre la langue de façon plus approfondie et à demander ma **naturalisation**. Après tout, la fermeture des frontières pendant une certaine période, ce n'est pas une si mauvaise chose !

439. S'EXERCER Complétez les phrases avec les mots qui conviennent.

a. Les .... sont toujours très tendues entre ces deux pays. C'est pourquoi un .... sur le pétrole et les matières premières a été ....

b. Aïe ! Mon passeport .... et je dois me rendre en Birmanie où le visa est obligatoire ! Il va falloir que je contacte l' .... pour son ....

c. Le conflit entre ces deux nations dure depuis une décennie et, malgré des réunions et des pourparlers, la .... reste .... Il est regrettable qu'il n'y ait aucune .... possible à ce désaccord qui persiste.

d. Pour se déplacer dans l'Union européenne, les .... européens n'ont pas besoin de présenter un passeport ni d' .... administratives auprès de leurs ambassades.

e. Un .... entre la Suisse et le Sénégal a fait scandale dans la presse pour bien peu de choses, et d'ailleurs le problème s'est résolu en quelques jours.

440. S'EXERCER Vrai ou faux ? Si faux, justifiez votre réponse.

a. Une escalade de la crise veut dire que la crise s'aggrave et ne s'arrange pas.
   → .... → ....

b. Un consulat est un service diplomatique implanté dans un pays étranger qui suit administrativement les ressortissants. Hiérarchiquement, il se trouve placé sous la responsabilité de l'ambassade.
   → .... → ....

c. Un pays hôte est un pays où il y a de nombreux hôtels.
   → .... → ....

d. Rompre les relations diplomatiques, c'est cesser toute relation officielle entre deux nations.
   → .... → ....

e. La naturalisation, c'est demander la protection de la nature du pays dans lequel vous vivez.
   → .... → ....

13 • La politique et la société

441. RÉVISER Barrez l'intrus.

a. L'ambassade – le bureau de change – le consulat

b. Les citoyens – les ressortissants – les vacanciers

c. Une annulation – une expiration – un renouvellement

d. La courtoisie – le conflit – la diplomatie

e. Accomplir des formalités – démarcher une entreprise – effectuer des démarches

442. SE TESTER Devinettes : De quoi parle-t-on ?

a. C'est arrêter les relations diplomatiques ou amoureuses.

→ ....

b. C'est la représentation permanente la plus importante d'un pays auprès d'un État étranger.

→ ....

c. C'est l'art des négociations entre gouvernements.

→ ....

d. C'est quand la date de validité de vos pièces d'identité prend fin.

→ ....

e. Son synonyme serait « être dans une voie sans issue ».

→ ....

 « La Francophonie »

Parmi toutes les **organisations internationales**, il en est une qui se distingue par son concept original : l'Organisation internationale de la Francophonie (OIF). En effet, créée en 1970, elle **regroupe** 88 pays **répartis** sur les cinq continents dont le point en commun est l'amour et le partage de la langue française. L'organisation est composée de 54 **membres**, 7 **membres associés** et 27 **observateurs**. Les décisions sont prises lors des rencontres des pays de la **Francophonie** qui ont lieu tous les deux ans. Ainsi, en 1997, au VIIe **Sommet** de Hanoï, une **charte** a été **adoptée** pour renforcer la **coopération multilatérale** francophone. L'OIF **a pour** principale **mission** le soutien de l'enseignement en français et du français **en partenariat avec** les acteurs universitaires de la francophonie et TV5 Monde. Quel projet que de réunir des pays si différents et contrastés autour d'une belle langue, le français !

443. S'EXERCER Soulignez la bonne réponse.

a. En principe, les *orientations – organisations* internationales ont pour *fonction – mission* de promouvoir la paix entre les pays.

b. Ce serait génial qu'une loi soit *adoptée – adaptée* pour que le français devienne, derrière la langue locale, la deuxième langue enseignée dans tous les pays de l'OIF.

C. Les relations internationales

c. Les membres *associés – de plein droit* sont invités aux réunions du sommet de la Francophonie mais ils n'ont pas le droit de vote.

d. La *Francofolie – Francophonie* travaille en *partenariat – partage* avec les institutions culturelles francophones telles que TV5 Monde et RFI (Radio France Internationale).

e. La langue française est officiellement *repartie – répartie* sur les cinq continents. C'est magnifique !

f. Une coopération *multilatérale – unilatérale* entre pays francophones est plus que nécessaire pour dynamiser et promouvoir l'utilisation de la langue française dans les universités.

444. S'EXERCER Indiquez le mot correspondant aux définitions suivantes.

a. Document officiel d'une institution qui fixe les principes fondamentaux de son bon fonctionnement.
→ ....

b. Mettre ensemble des éléments autonomes.
→ ....

c. Agent envoyé par un gouvernement pour suivre des négociations sans qu'il y prenne part.
→ ....

d. Rencontre, au niveau le plus élevé, entre responsables gouvernementaux ayant les plus hautes fonctions.
→ ....

e. Personne ou État qui font partie d'une institution, et de plein droit.
→ ....

445. RÉVISER Repérez le mot mal orthographié et écrivez-le correctement.

a. Nous avons pour mition de faire partager notre amour pour le vocabulaire français.
→ ....

b. Tous les deux ans, un sommet de la Frankofonie est organisé quelque part dans le monde.
→ ....

c. Les mambres de mon association « Vive le français ! » sont tous des francophiles convaincus.
→ ....

d. Les Alliances françaises et les Instituts français travaillent en copération avec la revue « Le Français dans le Monde ».
→ ....

e. Le prochain sommait de la Francophonie devra se tenir en Tunisie.
→ ....

446. SE TESTER Vrai ou faux ? Si faux, justifiez votre réponse.

a. Les membres associés de l'OIF sont au nombre de 7, dont Chypre, la Serbie et le Ghana.
→ .... → ....

b. Les pays francophones sont répartis sur les cinq continents.
→ .... → ....

c. L'OIF a pour mission de promouvoir l'alsacien, l'auvergnat, le breton et le provençal.
→ .... → ....

13 • La politique et la société

d. Une charte est une habitante de la ville de Chartres.

→ .... → ....

e. Une coopération multilatérale est plus complexe à gérer qu'une coopération bilatérale.

→ .... → ....

> « Quelques expressions usuelles »
>
> **Se montrer diplomate** = être adroit, habile, souple, subtil dans une situation officielle
> **Prendre des gants** = faire attention à la susceptibilité de la personne à qui vous vous adressez
>
> **Arrondir les angles** = arranger les choses lors d'un désaccord
> **Se faire le porte-parole de** = parler au nom de quelqu'un ou d'un groupe et en défendre les idées

447. À VOUS ! Complétez les phrases suivantes avec les expressions de l'encadré ci-dessus.

a. Cet ambassadeur est très compétent, il sait .... dans toutes les situations délicates où cela s'avère nécessaire.

b. Le chef de l'État a dû .... entre ces deux consuls qui vraisemblablement n'avaient pas la même opinion sur l'avenir du français à Saint-Marin.

c. Il va falloir .... quand tu t'adresseras au nouvel ambassadeur de France, il est très snob et susceptible. Utilise surtout un français élégant et impeccable sinon il risque de ne pas te répondre.

d. Pas de problème, je vais me .... de notre institution auprès de la ministre de la Francophonie pour lui demander de nous accorder plus de crédits permettant l'achat de matériel pédagogique pour l'apprentissage du français.

Bilan

Complétez avec les mots qui conviennent.

1. L'exécutif, le législatif et le judicaire marquent la .... en France.
2. Il appartient au président soutenu par son Premier ministre de .... en nommant les ministres et les secrétaires d'État.
3. À l'Assemblée nationale, ce sont les .... qui votent les lois.
4. Un .... a mis le pouvoir aux mains de l'armée. Un désastre pour la démocratie !
5. Les .... sont organisées pour choisir le maire de la commune qui restera en fonction pendant 6 ans.
6. Lors des élections, vous vous rendez dans l'.. où vous pouvez voter à l'abri de tous les regards indiscrets.
7. Le .... a battu des records, seuls 35 % des électeurs ont voté !
8. Même si je me rends aux urnes, aucun candidat n'aura ma voix. En effet, je vais ....
9. Ce cambrioleur a écopé d'une .... de 5 ans de ...., pas de sursis pour lui.
10. Ce meurtre avec .... commis par cet assassin mérite la prison à vie.
11. Comme j'ai mal garé ma voiture, je vais recevoir une ....
12. Je suis .... au tribunal en tant que témoin à charge.
13. Ce procès aura lieu à ...., sans journalistes, ni public. Il faut protéger la vie privée du délinquant mineur.
14. Les ...., même s'ils ne sont pas des juristes professionnels, ont rendu leur verdict à l'issue des délibérations.
15. La .... de cet avocat fut brillante ! Quel orateur !
16. Accusé de meurtre, tu as été .... car tu étais innocent. C'est logique !
17. Je dois me rendre à .... En effet, pour m'installer au Japon, j'ai besoin d'un visa.
18. Il y a souvent des .... diplomatiques entre la Chine et les États-Unis, c'est tendu entre eux.
19. Ce pays .... va vous recevoir pendant votre mission de 3 ans à l'étranger.

20. Mon passeport arrive à .... , je dois le renouveler pour mon prochain voyage au Liban.

21. La ...., c'est l'ensemble des pays qui ont le français en partage.

22. 88 pays sont .... au sein de l'Organisation Internationale de la Francophonie (OIF).

23. Une .... a été signée pour rendre obligatoire l'utilisation du français dans les universités francophones.

24. Les Instituts français travaillent en .... avec TV5 monde et RFI.

Expressions

25. Roland Quezvaux est une vraie .... Il change de parti politique comme de chemise !

26. Oui, c'est vrai, je prends le taxi gratuitement dans l'exercice de ma fonction, mais tout de même, ce n'est pas .... ! il y a plus grave !

27. Ce ministre manie ...., il dit à chacun ce qu'il a envie d'entendre. C'est insupportable !

28. Jules est innocent comme .... Il croit tout ce qu'on lui dit.

29. Attention, il faut prendre .... avec cet officiel, il est susceptible et très à cheval sur les principes !

30. En tant que ministre des Affaires étrangères, je dois souvent .... les angles pour calmer deux pays en conflit.

Mon score : .... /30

14 • Les études et le travail

A. La scolarité

 « La vie scolaire »

Tout le monde se souvient de son **parcours scolaire** et des établissements que l'on a **fréquentés**. Voici le mien : après la **crèche**, dont bien sûr je n'ai gardé aucun souvenir, et le **jardin d'enfants**, où l'on a surtout fait des jeux, je suis **entré** à l'**école primaire**, qui comprend l'**école maternelle** suivie de l'**école élémentaire** où les **écoliers** commencent à apprendre à lire et à écrire. C'est le **directeur d'école** qui y veille. Les jeux ne se font désormais plus dans la salle de classe mais sous le **préau** durant les **récréations**. Ensuite, comme mes parents ont déménagé dans une autre région, je suis devenu **interne** au **collège** et au **lycée**, c'est-à-dire que j'y dormais et y prenais tous mes repas. Oh, je me rappelle très bien la tête du **principal** du collège qui m'a sanctionné plusieurs fois pour mes bêtises ! Après avoir **passé le brevet**, je **me suis inscrit** au lycée dans le but de passer le bac. J'ai gardé un vif souvenir du **proviseur**, très brillant helléniste, qui tout en dirigeant l'**établissement** permettait à tous les **élèves** de débattre et de philosopher avec lui. Quels moments heureux de bonheur et d'insouciance !

448. S'EXERCER Complétez les phrases avec les mots qui conviennent.

a. Pour tous les .... de France, de l'âge de 3 ans à l'âge de 11 ans, la rentrée scolaire début septembre est à la fois un moment de joie et d'angoisse !

b. Quand on .... à la fin du collège, c'est toujours un peu le stress car c'est le tout premier examen officiel.

c. L'école .... englobe à la fois l'école maternelle et l'école ....

d. En tant que chef d'établissement, le .... de mon .... était très sévère mais tous les élèves qui s'y étaient .... ont réussi leur baccalauréat !

e. Je suis devenu .... quand je suis entré au .... Je vivais à l'école du lundi matin au vendredi soir, ce qui était encore impossible en primaire.

f. Le moment le plus agréable de la journée pour les écoliers, c'est la ...., moment où chacun peut jouer et se détendre dans la cour ou sous le .... s'il fait mauvais temps.

g. Au collège, la .... qui le dirigeait nous attendait tous les matins devant la porte de l' .... entre 8 h 20 et 8 h 30. Après, les portes restaient fermées. Tant pis pour les retardataires.

449. S'EXERCER Soulignez la bonne réponse.

a. En France, les enfants peuvent entrer à *la crèche – l'école* dès l'âge de deux mois et jusqu'à 3 ans. Au Québec, cela s'appelle « la garderie ».

b. En France, les *trajets – parcours* scolaires sont organisés par cycles et la scolarité est obligatoire jusqu'à 16 ans.

c. On *fréquente – remonte* le cycle primaire de la maternelle à l'élémentaire, puis le cycle secondaire du collège au lycée. Ensuite, c'est le supérieur.

14 • Les études et le travail

d. La personne qui dirige les établissements primaires est un(e) *directeur(trice) – instituteur(trice)* d'école.

e. Vous pouvez mettre votre enfant dans un jardin *d'enfants – public*, ce qui lui permet de découvrir la vie en collectivité. Mais ce n'est pas l'école *maternelle – élémentaire* !

450. RÉVISER Vrai ou faux ?

a. La personne qui dirige un collège est le/la principal(e). ☐ vrai ☐ faux

b. Un enfant qui fréquente un lycée est un étudiant. ☐ vrai ☐ faux

c. Le préau est le lieu où est enseignée la « géo ». ☐ vrai ☐ faux

d. L'établissement où l'on passe le bac, c'est le collège, celui où l'on passe le brevet, c'est le lycée. ☐ vrai ☐ faux

e. Un interne mange et dort à l'école, un demi-pensionnaire y déjeune et un externe ne mange ni ne dort dans l'établissement scolaire. ☐ vrai ☐ faux

451. SE TESTER Devinettes : De quoi parle-t-on ?

a. C'est celle ou celui qui supervise et dirige un lycée.

→ ....

b. C'est un moment où les écoliers crient ou se tirent les cheveux, jouent au ballon ou à la marelle. Bref, le meilleur moment de la journée !

→ ....

c. C'est le terme que l'on utilise pour tous les enfants qui vont à l'école primaire.

→ ....

d. C'est l'établissement que l'on fréquente jusqu'à la fin de la scolarité obligatoire.

→ ....

e. On doit s'y inscrire quand on a passé son brevet et que l'on souhaite rentrer en seconde. On y reste trois ans, c'est-à-dire jusqu'au bac.

→ ....

 « Le travail scolaire »

En tant que parents, on suit de près le travail de nos enfants à l'école. D'abord, l'emploi du temps. Il nous **renseigne** sur les **matières** enseignées – le français, le latin, les maths, l'histoire-géo, etc. – et **en option**, les horaires de l'**étude** qui, en fin de journée, permet aux élèves de faire leurs devoirs **sous la surveillance** d'un assistant d'enseignement que tout le monde appelle « **pion** ». On y voit également apparaître les cours des **TP**, ces fameux **travaux pratiques** qui, contrairement aux **cours magistraux**, ont besoin de matériels spécifiques et se déroulent dans un laboratoire. Il vaut mieux être équipé quand il faut **manipuler** des substances chimiques ! Par ailleurs, nous **consultons** régulièrement le **cahier de texte** de notre fille où elle **note*** les devoirs à faire. Oh, notre fils semble avoir fait une bêtise : dans le **carnet de correspondance**, qui existe aussi en ligne, nous venons de lire que le prof lui a mis une heure de **retenue** où il doit effectuer un travail écrit supplémentaire. Il y est également précisé que, s'il continue ainsi, il risque de **passer en conseil de discipline** ! En fin d'année, on reçoit à signer les **bulletins scolaires** de nos bambins où, on l'espère, brilleront les notes suivantes : 20 sur 20 partout ! Si c'est le cas, bravo !

* Ne pas confondre « noter » (= écrire), « la note » (= un écrit bref), « la note » (de musique) et la note qui évalue de 0 à 20 le travail des élèves.

A. La scolarité

452. S'EXERCER Soulignez la bonne réponse.

a. Dans le laboratoire de sciences naturelles et de biologie où se déroulent les *TP – TGV*, nous *manœuvrons – manipulons* des produits toxiques pour faire des expériences. J'adore ça !

b. Mon emploi du temps de première L (première littéraire) *m'enseigne – me renseigne* sur les *matériaux – matières* que je vais devoir étudier cette année en priorité : la philo, le français, l'histoire-géo, l'espagnol et le grec moderne que j'ai choisi en *option – orientation*.

c. Sur mon carnet de *correspondance – coordination*, mon prof de maths a *noté – choisi* qu'il fallait vraiment que je m'améliore car mes résultats ne sont pas brillants. Mes parents ne vont pas être contents !

d. En *consultant – corrigeant* mon cahier de *texte – test*, j'ai vu que jeudi j'ai un contrôle d'instruction civique. Il va falloir que je bosse demain mercredi !

e. Comme ça fait trois fois que j'arrive en retard au cours de gym, mon prof m'a collé deux heures de *retenue – revenu* pour mercredi prochain. Zut !

453. S'EXERCER Complétez les phrases avec les mots qui conviennent.

a. Tous les soirs, je reste à l'.. pour faire mes devoirs et après, je suis libre pour écouter mes chanteuses préférées.

b. Chaque fin de mois, je tremble quand je dois faire signer .... à mes parents. Si j'ai des notes en dessous de 8/20, je suis puni(e) et je dois essuyer la vaisselle pendant un mois !

c. « Comme vous avez mal répondu à votre professeur, vous allez passer en .... et croyez-moi, c'est grave », m'a dit le proviseur.

d. Pendant l'étude, quand on fait nos devoirs .... de Patrick, tout se passe bien, car c'est un .... très cool !

e. Pendant les .... de latin où il n'y a que le prof qui parle, je vois toujours plein d'élèves qui bâillent. Moi aussi d'ailleurs !

454. RÉVISER Remplacez le mot incorrect souligné par celui qui convient.

a. J'ai rapporté mon <u>carnet littéraire</u> pour le faire signer à mes parents afin qu'ils voient les super notes que j'ai eues en musique et en sport !
→ ....

b. En chimie, pour des questions de sécurité, on <u>manifeste</u> différentes pipettes avec une blouse et des gants.
→ ....

c. Contrairement au latin qui est une matière obligatoire, j'ai choisi le portugais comme matière en <u>oignon</u>.
→ ....

d. Il faut absolument que je <u>négocie</u> dans mon <u>album de tests</u> les devoirs que je dois faire en français pour la semaine prochaine, sinon j'oublie !
→ .... → ....

e. Le cours de travaux <u>pragmatiques</u> que je préfère, c'est la géologie.
→ ....

14 • Les études et le travail

455. SE TESTER Devinettes : De quoi parle-ton ?

a. C'est une pièce avec laquelle on joue aux échecs. C'est aussi celui qui vous surveille pendant vos heures d'étude.

→ ....

b. C'est ce que l'on vous enlève sur votre bulletin de salaire. Et vous en avez eu à l'école quand vous faisiez des bêtises.

→ ....

c. Vous les suivez en université dans de grands amphithéâtres !

→ ....

d. Ce sont les matières que vous choisissez selon votre envie, elles peuvent vous sauver si vos notes dans les matières obligatoires sont mauvaises.

→ ....

e. C'est le cahier personnel de l'élève qui sert de lien entre le professeur et les parents.

→ ....

« Quelques expressions usuelles »

Être à rude école = apprendre la vie dans des conditions sévères ou pénibles mais profitables sur du long terme
Faire la leçon à quelqu'un = gronder sévèrement
Prendre le chemin des écoliers = choisir un chemin plus long qui permet de flâner

Faire l'école buissonnière = prendre du « bon temps » en n'allant pas à l'école ou au travail
N'avoir de leçon à recevoir de personne = ne pas devoir subir de critiques
Être à bonne école = être avec des personnes capables de bien vous former

456. À VOUS ! Corrigez les erreurs qui se sont glissées dans les phrases suivantes.

a. Je déteste que quelqu'un me dise le cours, je trouve cela arrogant et je ne suis plus un enfant !

→ ....

b. Tu travailles avec un grand chef dans un restaurant de renommée internationale : tu es à belle étoile pour devenir l'un des meilleurs ouvriers de France !

→ ....

c. Selon elle, et je l'approuve, elle n'a de devoirs à prendre de quiconque, elle est sûre de travailler super bien !

→ ....

d. Quand j'étais petit et comme j'étais rêveur, je marchais toujours sur le sentier des élèves et c'est pour cela qu'aujourd'hui encore j'arrive toujours en retard à mes rendez-vous !

→ ....

e. Et aujourd'hui, si on n'allait pas bosser ? Faisons le collège forestier !

→ ....

f. Mon parrain était sévère et strict. Avec lui, j'ai été à forte maternelle, mais je ne le regrette pas car aujourd'hui je suis devenu(e) quelqu'un de bien.

→ ....

B. L'enseignement supérieur et la formation professionnelle

« L'enseignement supérieur » 101

Le premier jour de la rentrée universitaire, j'arrive sur le **campus** et je me dirige, un peu perdu, vers l'**amphithéâtre** où se fait l'accueil des étudiants de première année. Une vraie jungle, surtout à cause de toutes ces abréviations sur le **programme des cours**. On m'explique que UFR est le nouveau sigle pour **faculté**, que les CM, les **cours magistraux**, sont facultatifs, au contraire des TD, les **travaux dirigés**, où la présence des étudiants est contrôlée. À midi, je vais déjeuner au **resto U**, où l'on croise plein d'étudiants qui ont choisi d'autres **disciplines**, et l'après-midi j'emprunte des livres à la **BU*** de ma faculté. Vous me suivez ? Ce que tout le monde craint, ce sont les **contrôles continus** durant le **semestre**, que l'on appelle des **partiels** car on **applique un coefficient** pour le calcul de la note finale, et bien sûr l'examen de fin d'année. Comme le parcours sera long – licence, master et doctorat –, il me faudra réfléchir **à long terme**, surtout si je veux **soutenir une thèse** avec **mention** ! Au bout de ma première journée, je retourne épuisé à la **cité U*** où je dormirai comme une marmotte. Oh, que c'est chouette d'être inscrit à la fac de lettres !

* Cité U = cité universitaire et BU = bibliothèque universitaire

457. S'EXERCER Indiquez les mots qui correspondent aux définitions suivantes.

a. Science qui fait l'objet d'un enseignement spécifique en université.

→ ....

b. Ensemble de bâtiments comprenant locaux d'enseignements, restaurants et résidences universitaires.

→ ....

c. Période de l'année universitaire qui dure environ 5 mois.

→ ....

d. Section de l'université qui regroupe les enseignements et la recherche concernant des domaines proches.

→ ....

e. Salle de cours en gradins dans une université, réservée aux cours magistraux.

→ ....

f. C'est un examen intermédiaire au cours du semestre et portant sur une partie du programme.

→ ....

g. Ensemble de bâtiments où on loue des chambres aux étudiants.

→ ....

458. S'EXERCER Soulignez la bonne réponse.

a. Les travaux *dirigés – disciplinés*, qui sont surveillés, s'opposent aux cours *magistraux – magiques* auxquels les étudiants sont libres d'assister ou non.

b. *La programmation – le programme* des cours* me permet de vérifier le numéro de la salle des cours et les horaires.

c. Rédiger une thèse est un travail à *long – court* terme car cela peut prendre 6 ans.

d. J'espère que pour ce partiel que j'ai brillamment réussi avec une note de 18/20, on appliquera un *coéquipier – coefficient* double.

14 • Les études et le travail

e. Je passe ma vie à consulter des livres *à la BU – au resto U*.

f. Pour éviter les mauvaises surprises lors de l'examen de fin d'année, les universités ont instauré le *contrôle continu – test intermédiaire*.

g. Je vais *soulever – soutenir* ma thèse le 3 février. Il faut absolument que j'obtienne une *mention – réponse*.

* En Suisse, en Belgique et au Canada, « le programme des cours » est la brochure officielle de l'université qui répertorie tous les cours proposés par les facultés. En France, une telle brochure n'existe pas.

459. RÉVISER Reliez les verbes aux compléments qui conviennent.

a. Traverser   1. sur les bancs de l'amphithéâtre
b. Appliquer   2. le campus
c. Déjeuner   3. un coefficient
d. S'asseoir   4. à long terme
e. Réfléchir   5. au resto U
f. Soutenir   6. une thèse
g. Suivre   7. des travaux dirigés

460. SE TESTER Barrez l'intrus.

a. À long terme – de longue durée – à court terme

b. Les cours magistraux – les devoirs – les travaux dirigés

c. Avoir une mention – passer un partiel – soutenir une thèse

d. Les disciplines – les domaines de recherche – le matériel pédagogique

e. La BU – le resto U – le campus

« La formation professionnelle » 102

Il existe la **formation professionnelle initiale** et la formation professionnelle continue. La première s'adresse aux jeunes désireux d'apprendre un métier et d'obtenir un diplôme au terme d'un **apprentissage**. La formation se fait souvent **en alternance**, qui **articule** cours théoriques et **stages** en entreprise. C'est notamment le cas des lycées professionnels qui préparent au « **bac pro*** » et des universités qui proposent des diplômes universitaires (DU). En revanche, la seconde formation professionnelle concerne les salariés. Elle leur permet d'évoluer tout au long de leur carrière professionnelle. Suite à un **bilan de compétences**, la **formation continue** est mise en place soit **en interne**, c'est-à-dire par l'entreprise, soit par un **prestataire**, par exemple un **organisme de formation**. Elle se fait **en présentiel** ou **à distance**. Que c'est beau d'apprendre tout au long de sa vie ! De plus, votre employeur est ravi car vous serez au top de vos compétences professionnelles au moment où vous partirez à la retraite !

* « Bac pro » est l'abréviation familière de « baccalauréat professionnel ».

461. S'EXERCER Soulignez la bonne réponse.

a. Avant de partir en formation *initiale – continue*, il faut faire un bilan de *compétences – connaissances* pour que votre entreprise puisse vous évaluer et vous orienter.

b. Beaucoup de jeunes font un *apprentissage – voyage* pour apprendre un métier.

B. L'enseignement supérieur et la formation professionnelle

c. J'ai suivi une formation en *présentiel – présence* dans mon entreprise, mais j'étais sans cesse dérangé. J'aurais préféré la suivre *à distance – en interne* pour pouvoir mieux me concentrer.

d. Il y a beaucoup d'*organisations – organismes* de formation en France, car la formation continue est obligatoire.

e. La formation professionnelle *initiale – initiative* est destinée à celles et à ceux qui veulent apprendre un métier sans passer par des études purement théoriques.

462. S'EXERCER Complétez les phrases avec les mots manquants.

a. Je viens de passer mon .... pour devenir pâtissier dans mon lycée professionnel. J'ai été reçu avec mention.

b. Pendant nos études en fac, nous sommes obligés de faire un .... en entreprise pour valider le cursus.

c. Deux jours par semaine, j'étudie dans mon lycée pro, et je travaille trois jours chez un menuisier .... car je veux devenir ébéniste.

d. Cet .... de formation coûte très cher à l'entreprise. La directrice dit qu'elle veut trouver un .... moins cher.

e. Mon emploi du temps à la fac s' .... ainsi : je donne 6 heures de cours de français par semaine, je fais de l'administratif 4 heures par semaine et 10 heures de recherche sur la Francophonie. Quel programme !

463. RÉVISER Barrez l'intrus.

a. Articuler – séparer – combiner
b. En interne – au sein de l'entreprise – chez un prestataire
c. Un emploi fixe – un stage – une formation continue
d. En présentiel – en visioconférence – à distance
e. Un « bac pro » – un apprentissage – un organisme de formation

464. RÉVISER Vrai ou faux ?

a. Un organisme de formation est une entreprise où l'on formate les esprits. ☐ vrai ☐ faux
b. Un « bac pro » est un bac de programmation numérique. ☐ vrai ☐ faux
c. Faire un apprentissage, c'est apprendre un métier tout en suivant des cours théoriques. ☐ vrai ☐ faux
d. Une formation en présentiel a lieu en interne ou en externe mais avec un formateur en face de soi. ☐ vrai ☐ faux
e. Un prestataire est une entreprise spécialisée qui vend des services à une autre entreprise. ☐ vrai ☐ faux

465. SE TESTER Devinettes : De quoi parle-t-on ?

a. C'est une évaluation que l'on fait en entreprise pour permettre au salarié de suivre une formation continue.
→ ....

b. C'est le contraire de la formation « en présentiel ».
→ ....

14 • Les études et le travail

c. On pourrait l'appeler « l'apprentissage » tout au long de sa carrière.

→ ....

d. C'est la formation initiale que choisissent ceux qui souhaitent travailler dans l'artisanat (en France).

→ ....

e. C'est quand la formation associe cours théoriques en classe et stage(s) en entreprise.

→ ....

> **« Quelques expressions usuelles »**
>
> **Il n'est point de sots métiers, il n'y a que de sottes gens** = tous les métiers sont respectables mais pas forcément toutes les personnes
> **Connaître les ficelles du métier** = savoir exactement de quoi on parle et comment faire
> **Apprendre à tout âge** = il n'y a pas de limite d'âge pour apprendre
>
> **Ne pas être orfèvre en la matière** = ne pas être spécialiste dans un domaine précis
> **Se faire la main** = s'entraîner
> **C'est à l'œuvre qu'on connaît l'artisan** = c'est par la qualité d'un travail que l'on peut reconnaître le talent d'une personne

466. À VOUS ! Complétez les phrases avec les expressions de l'encadré ci-dessus.

a. Le charcutier Fabien Kayser maîtrise à la fois la fabrication et la promotion de ses produits. Il connaît vraiment ....

b. Pour devenir un grand poète, il faut écrire tous les jours un poème. Ce n'est que de cette façon que l'on arrive à ....

c. Je suis sûr(e) que c'est mon amie violoniste Martina qui a joué ce morceau avec une telle maîtrise et une telle émotion : ....

d. Éric est artisan boulanger mais je ne comprends pas pourquoi car son pain est fade et mou. Franchement, il ....

e. À 87 ans, Marie-Ange prend des cours de russe au niveau A1. C'est bien la preuve qu'on peut ....
....

f. Il est vrai que toutes les professions, sans exception, sont respectables, bien que quelquefois on ait affaire à des imbéciles. Grand-mère a raison de le dire : ....

C. Le monde de l'entreprise

« Le marché du travail 103

La concurrence sur le marché global du travail est si **rude** que réussir à **décrocher un poste** relève du miracle. Moi-même, j'en ai fait l'expérience : après un bac+6, 10 stages en entreprise, du **bénévolat** pendant 5 ans, 235 **dossiers de candidature** envoyés et une quinzaine d'**entretiens d'embauche**, j'ai enfin été **engagé** par un cabinet de conseil en tant que **cadre supérieur**. C'est le robot Véra, responsable du **recrutement**, qui avait jugé que mon **profil** correspondait à l'**offre d'emploi**. Merci ! Pour rester flexible et capable de **me plier** aux **desideratas** changeants du marché, j'ai effectué 4 formations continues par an. Or, l'économie est une éternelle insatisfaite : plus on **s'approche de** la cinquantaine, plus on devient trop cher pour l'entreprise. J'ai été **licencié** au bout de 8 ans. Pour ne pas devenir **chômeur de longue durée**, j'ai changé de métier. Aujourd'hui, **à 10 ans de la retraite**, je travaille à la supérette du coin. Quel difficile **parcours professionnel** !

467. S'EXERCER Soulignez la bonne réponse.

a. Je suis à 8 ans de la *retraite – reprise* et après, je ferai du *bénéfice – bénévolat* pour des associations qui me tiennent à cœur.

b. Pour les *licenciés – chômeurs* de longue durée, la situation est *aride – rude* car ne pas pouvoir travailler, cela signifie souvent que l'on est rejeté par la société.

c. J'ai effectué un *chemin – parcours* professionnel sans faute et malgré tout, mes compétences ne sont pas reconnues.

d. Dans votre *dossier – domaine* de candidature, vous avez certes mis la lettre de motivation et le CV, mais il manque la photocopie de vos diplômes.

e. On doit se plier aux *desideratas – envies* de son employeur si l'on souhaite obtenir une promotion.

f. Après mon *entrevue – entretien* d'embauche qui s'est très bien passé, j'espère de tout cœur que je vais être *dégagé(e) – engagé(e)* pour ce poste de libraire !

g. Quand on *s'approche – éloigne* de la quarantaine et que l'on veut changer d'horizon professionnel, c'est très difficile de *décrocher – découvrir* un poste intéressant et bien rémunéré.

468. S'EXERCER Indiquez les mots qui correspondent aux définitions.

a. Message diffusé par un employeur sur le marché du travail pour exprimer son intention d'embaucher.
→ ....

b. Congédier une personne d'une entreprise.
→ ....

c. Un dirigeant dans une entreprise qui est hiérarchiquement au-dessus du simple employé.
→ ....

d. Fait d'engager du personnel pour un poste de travail.
→ ....

e. Paramètres et caractéristiques d'une candidature par rapport à un poste à pourvoir.
→ ....

14 • Les études et le travail

469. RÉVISER Barrez l'intrus.

a. Un cadre supérieur – un dirigeant – un ouvrier

b. Un cursus universitaire – un CV – un parcours professionnel

c. Être engagé – passer un entretien d'embauche – obtenir un poste

d. Passer un concours – passer un examen – faire un recrutement

e. Se plier aux desideratas – se plier aux exigences – se plier en quatre de rire

470. SE TESTER Devinettes : De quoi parle-t-on ?

a. C'est ce que fait une personne qui exerce une fonction non rémunérée dans un but social ou pour défendre une cause.

→ ....

b. C'est le contraire de « s'éloigner de ».

→ ....

c. Vous vous y rendez si vous postulez pour un emploi.

→ ....

d. Ses synonymes sont « dur » et « âpre », ses antonymes sont « doux » et « clément ».

→ ....

e. Quand on arrive à le faire, on est si heureux que l'on peut même fêter cet événement en débouchant une bouteille de champagne.

→ ....

« Les relations professionnelles »

Quand les relations professionnelles sont harmonieuses, vous pouvez compter sur des collègues prévenants, une équipe de travail efficace et une direction qui **valorise** votre travail. Vous travaillez avec une grande **conscience professionnelle** et tous les ans, après l'**entretien d'évaluation**, vous obtenez une **augmentation de salaire**. En revanche, quand elles sont tendues, vous vous adressez aux **délégués syndicaux** pour vous assister lors des **négociations salariales** ou quand vous subissez du **harcèlement** de votre **hiérarchie**. Dans une entreprise de plus de 50 salariés, ce sont les élus du **comité d'entreprise** qui vous représentent. Mais, pour conclure un **accord d'entreprise**, qui fixe les conditions de travail, seuls les syndicats sont **habilités** à le faire. Parfois, pour **faire pression sur** l'employeur, une grève du personnel est utile. En cas d'**emploi précaire**, il est difficile de **dénoncer** les mauvaises conditions de travail et vous risquez le licenciement. Un conseil donc : si vous ne supportez pas le rapport salarial, **démissionnez** et choisissez une **profession libérale** !

471. S'EXERCER Complétez les phrases avec les mots qui conviennent.

a. Soutenus par les .... , nous allons ....
sur notre direction afin que notre collègue ne soit pas victime d'un licenciement abusif.

b. J'ai une grande .... C'est la raison pour laquelle, lors des ....
de fin d'année, mon supérieur me fait toujours d'excellentes remarques. Malgré tout, on ne m'accorde jamais
une .... L'entreprise évite toujours la question en disant que c'est la crise !

C. Le monde de l'entreprise

c. En tant que directeur adjoint, je suis .... à signer à la place de ma directrice quand celle-ci est absente.

d. À Noël, notre .... nous a distribué à tous des chèques-cadeaux pour acheter du vin. Très sympathique !

e. Au cours des ...., les syndicats de notre entreprise et leurs représentants ont obtenu une augmentation de 2% de salaire pour tous ! Bravo !

f. Dans le nouvel ...., il est indiqué que chacun d'entre nous pourra travailler à 20% en télétravail, mais quelle bonne nouvelle !

472. S'EXERCER Indiquez les mots qui correspondent aux définitions suivantes.

a. Donner une importance accrue à quelque chose, le mettre en lumière.
→ ....

b. Organisation fondée sur des rapports de subordination.
→ ....

c. Conduite abusive qui, par des paroles ou des comportements répétés et systématiques, vise à dégrader les conditions de travail d'une personne.
→ ....

d. Attirer l'attention sur une situation négative.
→ ....

e. Renoncer officiellement à un emploi, par sa propre décision.
→ ....

f. Profession exercée individuellement, sous sa propre responsabilité.
→ ....

g. Un poste dont le contrat peut prendre fin à tout moment.
→ ....

473. RÉVISER Vrai ou faux ?

a. L'entretien d'évaluation sert à recruter un employé.   ☐ vrai   ☐ faux

b. Un accord d'entreprise est une convention signée entre la direction et les délégués syndicaux.   ☐ vrai   ☐ faux

c. Les médecins et les avocats exercent une profession libérale.   ☐ vrai   ☐ faux

d. Être habilité, c'est être autorisé officiellement à accomplir les tâches d'autrui.   ☐ vrai   ☐ faux

e. La conscience professionnelle, c'est prendre conscience que la profession que l'on exerce est merveilleuse.   ☐ vrai   ☐ faux

14 • Les études et le travail

474. SE TESTER Devinettes : De quoi parle-t-on ?

a. C'est l'une des organisations au sein de l'entreprise dont les membres sont élus par le personnel.

→ ....

b. Si vous êtes épuisé(e) par votre travail, harcelé(e) à longueur de journée et tout près du burn-out et qu'en plus, on vous propose ailleurs le poste de vos rêves, alors vous le faites sans hésiter.

→ ....

c. Quand vous allez voir le grand directeur pour lui vanter votre conscience professionnelle et votre investissement au sein de l'entreprise et que vous avez le projet d'acheter une maison, vous la lui demandez.

→ ....

d. Ce sont des emplois à court terme, mal rémunérés et peu considérés. On les occupe quand on n'en trouve pas d'autres plus stables.

→ ....

e. C'est un élu (souvent politisé) qui se charge de représenter et de défendre un collègue qui serait en conflit avec la direction.

→ ....

« Quelques expressions usuelles »

Avoir du pain sur la planche = avoir énormément de travail à effectuer immédiatement
Travailler d'arrache-pied = travailler dur dans le but de réussir quelque chose
Travailler du chapeau = souffrir mentalement

Ne plus savoir où donner de la tête = être débordé et désorienté tant il y a de choses à faire
Se tuer au travail = travailler au point d'en tomber malade

475. À VOUS ! Choisissez l'expression qui correspond le mieux aux situations suivantes.

a. Quentin travaille nuit et jour car il veut ouvrir son propre restaurant l'année prochaine.

→ ....

b. Régina est en arrêt maladie, elle travaillait 65 heures par semaine.

→ ....

c. Sylvain devient fou, il ne sait pas si l'entreprise va supprimer ou non son poste d'ici la fin de l'année !

→ ....

d. Il nous reste encore six chapitres à écrire pour terminer le livre. Il faut s'y mettre tout de suite !

→ ....

e. Pour Ulysse et Tatiana, quel tourbillon d'activités : faire le marché, préparer un dîner pour six, amener le chat chez le vétérinaire et passer l'aspirateur. Ils ne savent plus par quoi commencer !

→ ....

Bilan

Complétez avec les mots qui conviennent.

1. Christelle amène Léo à la ...., car il a 6 mois et ne va pas encore à l'école.
2. Maintenant, Léo a grandi, il a 4 ans, il va à l'... .
3. Moi, à l'école, j'adorais les .... parce qu'on pouvait bouger et s'amuser.
4. Adolescent, je restais au lycée du lundi matin au vendredi en tant qu'................................... . Je dois avouer que j'ai bien aimé cette période loin des parents !
5. Au lycée, les .... préférées de mon fils Igor, ce sont la géographie, le français, l'espagnol et le russe.
6. C'est terrible ce que vit ce pauvre .... à l'étude, aucun élève ne lui obéit !
7. Pour des centaines d'élèves, devoir montrer son .... à ses parents n'est pas une partie de plaisir. Surtout pour les mauvais !
8. Voilà, tu n'as pas fait tes devoirs de maths deux fois de suite, tu vas donc devoir effectuer 3 heures de .... mercredi matin au collège au lieu de faire la grasse matinée !
9. C'est impressionnant d'assister aux cours magistraux dans les .... et de voir tous ces étudiants sur les gradins.
10. Lorsque j'étais un étudiant « sans le sou », je déjeunais quatre fois par semaine au .... Maintenant, je dîne trois fois par semaine dans un restaurant étoilé !
11. Passer des ...., c'est stressant mais on peut toujours rattraper les examens ratés au second semestre.
12. Romain a soutenu une .... sur le mythe de Cassandre, et moi, j'en ai fait une sur le concours Eurovision de la chanson. On est tous les deux docteurs ès lettres !
13. Olivier a fait son .... de chocolatier, puis il est devenu meilleur ouvrier de France !
14. À la fin du lycée professionnel, Paola a été reçue à son .... avec mention très bien. À présent, elle est conductrice de train à grande vitesse.
15. Il paraît que certains .... de formation gagnent beaucoup d'argent avec les grandes entreprises en facturant très cher des séances de yoga, de méditation et de respiration.
16. Suivre des cours ...., je déteste cela. Moi, j'aime le contact humain, le présentiel !

17. Lors de mon ...., j'étais si stressé(e) que je n'arrivais pas à regarder mon recruteur dans les yeux.

18. C'est extraordinaire, je viens de décrocher le .... de directeur artistique à l'Opéra de Milan, la célèbre Scala !

19. La chose la plus cruelle pour un salarié, c'est de devenir .... car ne pas trouver de travail pendant deux ans, ça déprime.

20. Zineb est une fille fantastique : elle fait du .... pour un journal satirique puisqu'elle ne reçoit aucun salaire pour ce travail !

21. Comme je voudrais une ...., j'ai pris rendez-vous avec le DRH. Va-t-il me l'accorder ? Pas sûr !

22. Suite à mon ...., l'entreprise me paie une formation continue de 3 mois en Grèce. Chouette !

23. J'en ai assez de cette entreprise, de mes collègues médisants et d'une ambiance de travail épouvantable, c'est décidé, je .... Je trouverai bien un autre travail ailleurs !

24. Si j'ai choisi une ...., c'est parce que je tiens à mon indépendance. Impossible pour moi d'être salarié dans une entreprise !

Expressions

25. Allez ! On n'ira pas bosser aujourd'hui, on fait l'école .... !

26. Ne me dis rien, je sais ce que je fais, je n'ai de leçon à .... !

27. On apprend ...., la preuve : mon oncle Auguste qui a 87 ans s'est remis à apprendre le grec, l'arménien et l'hébreu.

28. Si on veut bien faire les choses, il faut s'entraîner tous les jours, c'est ce qu'on appelle « se faire .... ».

29. Beaucoup de travail m'attend pour ce nouveau poste, je vais avoir du ....

30. Je travaille d'... pour rendre le manuscrit dans les plus brefs délais. C'est un véritable défi !

Mon score : .... /30

15 • L'économie

A. Le commerce et l'industrie

 « Le commerce »

Comme j'aime l'idée du **commerce de proximité**, j'ai racheté dans mon quartier une boutique de mode **en faillite** pour y installer une papeterie. Pour démarrer mon activité, je dois trouver un **fournisseur** qui non seulement me **livre** la **marchandise** mais qui reprenne aussi les **invendus**. Puis, il est temps de me **constituer** un **stock** que j'entreposerai dans un **local** au fond du magasin et d'installer la vitrine. Avant l'ouverture du magasin, chaque article doit être pourvu d'une **étiquette** avec le prix et d'un **code-barres** pour **encaisser** les achats et faciliter la comptabilité. Je vendrai les articles abîmés avec un **rabais** de 5% et, pour m'excuser auprès du client d'une **erreur de commande**, je **ferai** un **geste commercial** en accordant une **remise** sur le prix ou en offrant un bon d'achat. Enfin, il faudra prévoir un site Internet où je pourrai vendre **par correspondance** en **expédiant** les commandes directement chez le client, ce qui me permettra de **dégager des bénéfices** supplémentaires et d'être **rentable**. Bon, je crois que je suis prêt(e), j'attends mon premier client !

476. S'EXERCER Soulignez la bonne réponse.

a. Comme vous m'avez *apporté – donné – livré* la marchandise en mauvais état – le frigo était plein de bosses et de rayures –, vous pourriez faire un *mouvement – local – geste* commercial pour compenser les dégâts !

b. J'achète mes CDs par *coïncidence – correspondance – connaissance*. Pourquoi ? Parce qu'hélas les magasins de disques n'existent plus. Il paraît qu'ils ne sont plus *rentables – semblables – vendables*.

c. J'ai *dégagé – déplumé – découvert* des bénéfices suite au succès de la vente de mes glaces artisanales et pourtant je n'ai qu'un petit commerce de *proximité – probabilité – porte à porte*. Profitez-en car l'offre promotionnelle ne durera que deux jours !

d. Le *code de la route – code-barres – code pénal* nous permet de connaître le prix et la provenance des articles achetés.

e. Le produit commandé est en rupture de stock chez le *livreur – client – fournisseur*.

f. Pour éviter la concurrence déloyale, le vendeur doit indiquer le prix de l'article sur une *raquette – étiquette – moquette*, y compris sur les sites Internet !

477. S'EXERCER Soyez plus précis. Remplacez les mots soulignés par les termes qui conviennent.

a. Qu'allons-nous faire de tous ces <u>vêtements que nous n'avons pas pu vendre</u> à cause de la canicule ? Si cela continue, l'entreprise sera <u>incapable de payer les factures</u>.

→ .... → ....

b. Monsieur, je vais immédiatement <u>enregistrer en caisse l'achat de</u> votre article, car il y a derrière vous beaucoup de clients qui attendent.

→ ....

c. Après avoir <u>acheté un nombre précis de livres</u>, le libraire va l'entreposer dans un <u>lieu de rangement</u> à l'arrière du magasin.

→ .... → ....

15 • L'économie

d. Nous avons fait une <u>faute dans ce que nous avons fait livrer pour vous</u>, pourriez-vous nous contacter au plus vite ?

→ ....

e. <u>Faites-nous parvenir</u> au plus vite les chaises longues que nous avons commandées il y a trois semaines. Merci !

→ ....

f. Comme la livraison a pris du retard par notre faute, nous vous accordons <u>un pourcentage de réduction</u> sur l'achat d'un deuxième article.

→ ....

478. RÉVISER Vrai ou faux ?

a. Faire faillite, c'est quand un commerce est en pleine expansion.   ☐ vrai   ☐ faux
b. Si l'on fait un rabais à un client, on lui vend un article moins cher que son prix initial.   ☐ vrai   ☐ faux
c. Un commerce de proximité s'oppose à une grande surface ou à un supermarché.   ☐ vrai   ☐ faux
d. Un code-barres, c'est une étiquette imprimée sur un produit qui permet son identification.   ☐ vrai   ☐ faux
e. Dégager des bénéfices, c'est perdre de l'argent dans une affaire commerciale.   ☐ vrai   ☐ faux
f. Un geste commercial, c'est un avantage offert au client soit dans le but de le fidéliser, soit pour compenser un désagrément ou un article abîmé.   ☐ vrai   ☐ faux

479. SE TESTER Barrez l'intrus.

a. Une remise – une augmentation – un rabais
b. Un commerce de proximité – un local – un entrepôt
c. Une boutique en ville – une vente en ligne – une vente par correspondance
d. Un bénéfice – une faillite – une rentabilité
e. Expédier – livrer – commander
f. Un immense stock – les invendus – une rupture de stock

« L'industrie » 106

L'industrie du verre se divise en deux secteurs : la **fabrication** du verre mécanique et industrielle et la fabrication **artisanale** de verres. Les **usines** produisent des verres **en masse** à partir d'un mélange de sable, de calcaire et de carbonate de sodium. Cette **composition** est versée dans un **four** pour être **fondue** à haute température. C'est ce que l'on appelle la **fusion**. Puis, la pâte de verre en fusion est soufflée dans un **moule** et refroidie délicatement. Un robot contrôle la qualité des verres et éjecte ceux qui ont des **défauts**.
En revanche, dans l'**atelier** d'un souffleur de verre, le travail est plus artistique car on fabrique des **pièces uniques**. Au moyen d'une **canne** creuse, l'artisan souffle dans la masse de verre liquide pour en former une bulle qui sera ensuite **façonnée** avec différents **outils** : **pinces**, **chalumeau**, **tour**. Le résultat est souvent spectaculaire et vous pourrez faire l'acquisition d'un magnifique objet d'art en verre soufflé !

A. Le commerce et l'industrie

480. S'EXERCER Vrai ou faux ? Si faux, justifiez votre réponse.

a. La fabrication artisanale s'oppose à la fabrication industrielle.
   → .... → ....

b. L'atelier est le lieu où travaillent en général les artisans et les artistes.
   → .... → ....

c. Les articles comportant des défauts de fabrication sont gardés et vendus.
   → .... → ....

d. Les pinces sont des outils servant à tenir et à serrer. Ce sont aussi les membres antérieurs d'un crabe.
   → .... → ....

e. Le synonyme de « façonner » est « démolir ».
   → .... → ....

f. Une pièce unique n'existe qu'en un seul exemplaire.
   → .... → ....

g. Dans l'industrie, la fusion est le passage d'un corps solide à l'état liquide sous l'action de la chaleur.
   → .... → ....

h. La porcelaine de Limoges est fabriquée à partir de 50% de kaolin, de 25% de feldspath et de 25% de quartz. C'est ce que l'on appelle sa composition.
   → .... → ....

481. S'EXERCER Soulignez la bonne réponse.

a. On dit que pour être un bon ouvrier, il faut être équipé de bons *fusils – outils*.

b. Dans l'industrie, après la *fascination – fabrication* d'un objet, on vérifie s'il est conforme aux normes avant de le lancer sur le marché.

c. Le *four – tour* est une machine-outil sur laquelle les artisans potiers ou verriers fixent la pièce qu'ils veulent faire tourner sur elle-même pour la travailler.

d. Les grandes usines fabriquent en *marge – masse* afin d'être rentables sur un marché très concurrentiel. Mais la qualité en souffre !

e. Une *cane – canne* est à la fois l'outil qui permet de réaliser le soufflage du verre, mais aussi un appui pour une personne qui a de la difficulté à se déplacer.

f. Certaines matières sont d'abord *fendues – fondues* et ensuite refroidies pour redevenir dures, le chocolat par exemple.

g. Un *chalumeau – cheminot* est un appareil terminé par un tube qui produit une flamme.

h. Un *moulin – moule* sert à donner une forme à une matière plus ou moins liquide.

482. RÉVISER Classez les mots de cette liste dans les trois catégories indiquées ci-dessous :
l'artisanat – le chalumeau – la composition – façonner – fondre – la fusion – le moule – la pince – la haute température.

a. Le four : ....

b. Les outils : ....

c. Le savoir-faire : ....

15 • L'économie

483. SE TESTER Devinettes : De quoi parle-t-on ?

a. Le grand-père l'utilise pour marcher, les pêcheurs pour attraper des truites et le verrier pour souffler du verre.

→ ....

b. Il faut en avoir un excellent à la maison si l'on aime cuisiner, le pizzaiolo et le boulanger ne peuvent s'en passer et dans l'industrie métallurgique il est indispensable.

→ ....

c. Cela peut être un regroupement de deux entreprises en une société nouvelle, une union très étroite entre deux personnes et le passage du solide au liquide à haute température.

→ ....

d. Pour cuire des tartes au citron, des cakes à l'orange et des gâteaux au chocolat, il est très utile.

→ ....

e. Vous en faites un si vous allez faire une petite promenade, et c'est la machine-outil de base du potier et du verrier.

→ ....

> **« Quelques expressions usuelles »**
>
> **Être en rupture de stock** = c'est quand le stock est épuisé et que le produit est indisponible
> **Se vendre comme des petits pains** = se vendre extrêmement bien
> **Avoir la bosse du commerce** = être très doué pour le commerce et les affaires
>
> **Cela n'a pas de prix !** = c'est quand quelque chose a une valeur humaine et sentimentale inestimable
> **Ne pas pouvoir être à la fois au four et au moulin** = ne pas pouvoir faire plusieurs choses en même temps

484. À VOUS ! Corrigez les erreurs qui se sont glissées dans les phrases suivantes.

a. *Pratique Vocabulaire B2* ? Mais cela s'achète comme des chaussons aux pommes !

→ ....

b. Je ne peux pas faire les courses, la cuisine, travailler 10 heures par jour, m'occuper de belle-maman et sortir le chien quatre fois par jour. En effet, je ne peux pas être au micro-ondes et à la pizzeria !

→ ....

c. Désolé, nous sommes en cassure d'objets, il n'y a plus de vélos électriques à vendre !

→ ....

d. Sophie a l'enflure du magasin, elle vendrait des frigos à des esquimaux !

→ ....

e. Ma grand-mère disait toujours : l'amour et la santé, cela ne possède aucune étiquette !

→ ....

B. La finance

« La banque » 107

Une fois par mois, je reçois de la part de ma banque un **relevé bancaire** qui détaille les mouvements sur mon compte. Si la colonne intitulée « **crédit*** » est assez vide, à part le **versement** de mon salaire, la colonne « **débit** » est souvent bien remplie : toutes mes dépenses y sont ! Ce mois-ci, j'ai même dépensé plus que je n'aurais dû et le **solde** est négatif, je **suis à découvert**. Contrairement à moi, la banque se réjouit et me prélève des **agios**. De plus, le fournisseur d'électricité insiste pour avoir mon **RIB****, c'est-à-dire mes coordonnées bancaires, afin de pouvoir effectuer un **prélèvement** automatique et je dois **rembourser des dettes** arrivant à **échéance** lundi prochain. Auparavant, la banque avait déjà refusé de m'accorder un **prêt immobilier** pour l'achat de ma maison de rêve. Suffit ! J'ai donc décidé de **résilier** l'assurance-vie que j'avais **souscrite** il y a cinq ans, et de demander à ma banque de **solder mon compte**, c'est-à-dire de le clôturer. Au cas où il resterait deux sous, je les mettrai sous mon matelas. Ce sera le meilleur **placement** qui soit !

* Un « crédit » est à la fois une somme d'argent sur votre compte (un avoir) mais aussi un « prêt » contracté auprès d'une banque (avec des « intérêts » à payer).
** RIB = relevé d'identité bancaire

485. S'EXERCER Soulignez la bonne réponse.

a. Pour *souscrire – soustraire* un forfait « internet-téléphonie mobile », je suis obligé(e) de donner mon *relevé bancaire – relevé d'identité bancaire (RIB)*.

b. Il faut absolument que *j'encaisse – je rembourse* mes dettes auprès de la banque sinon je vais devoir *délivrer – résilier* mon assurance-vie, c'est le seul compte où il me reste encore quelques euros !

c. Chaque trimestre, le fisc effectue un *enlèvement – prélèvement* sur mon compte courant. Pour cela, je suis à *découvert – nu* et je dois payer des *adagios – agios* à ma banque, qui est ravie !

d. La dernière mensualité pour le remboursement de mon *parti – prêt* immobilier arrive à *déchéance – échéance*, et c'est tant mieux car après cette date, je vais enfin pouvoir me payer des vacances à Tahiti.

e. J'ai fait un *placement – lancement* en bourse et j'ai perdu tout mon argent. Plus jamais !

486. S'EXERCER Indiquez les mots qui correspondent aux définitions suivantes.

a. Partie du compte bancaire où figurent les sommes d'argent non (ou pas encore) dépensées.
→ ....

b. Retirer tout l'argent de son compte bancaire pour le fermer.
→ ....

c. Ensemble des sommes qui ont été déduites du compte bancaire (achats par carte bancaire, retraits d'argent dans les distributeurs, prélèvements automatiques, frais bancaires, etc.).
→ ....

d. Action d'ajouter de l'argent sur un compte.
→ ....

e. Différence positive ou négative entre le total du débit et le total du crédit d'un compte.
→ ....

15 • L'économie

487. RÉVISER Barrez l'intrus.

a. Arriver à échéance – un prêt immobilier – un RIB

b. Le crédit du compte – les dépenses – être à découvert

c. Les agios – un avoir – les dettes

d. Une carte bancaire – un chéquier – un relevé bancaire

e. Ouvrir un compte d'épargne – résilier un compte – solder un compte

488. SE TESTER Devinettes : De quoi parle-t-on ?

a. C'est le mot qui vous indique que vous avez de l'argent sur votre compte. Dans un autre contexte, il faut le rembourser auprès de votre banque quand il arrive à échéance.

→ ....

b. C'est un débit qui est effectué automatiquement sur votre compte, mais également une action dans le domaine de la santé afin de faire une analyse de vos cellules.

→ ....

c. Au pluriel, c'est une période de l'année où vous pouvez tout acheter moins cher et, au masculin, c'est ce qui vous reste sur votre compte bancaire en fin de mois.

→ ....

d. Pour un contrat, le contraire de ce verbe est « poursuivre », « reconduire ».

→ ....

e. Ce sont des frais prélevés par votre banquier si vous avez le malheur d'être à découvert.

→ ....

« La fiscalité »

Une fois par an, le **fisc** se manifeste pour vous réclamer vos impôts : les **impôts** directs, c'est-à-dire sur le **revenu** de l'année dernière, ainsi que les impôts indirects, comprenant la **taxe d'habitation** et la **taxe foncière** pour les propriétaires. De plus, il y aura la **redevance audiovisuelle** à payer et la taxe sur la poubelle. Si vous êtes un **contribuable** fortuné, vous serez **soumis** à l'Impôt sur la fortune dont le **barème** de calcul est fixé pour chaque période fiscale. Il existe différentes façons de **contourner** le fisc, mais ce ne sont que les grandes entreprises mondiales qui y parviennent. Si vous êtes **exonéré** d'impôts, c'est que vos revenus nets **imposables** sont inférieurs au SMIC annuel. Pour éviter les **fraudes** fiscales, de nombreux États **perçoivent** les impôts **à la source**, ce qui arrive lorsque les impôts sont prélevés directement sur votre salaire : plus besoin de remplir votre **déclaration d'impôts**. Désormais, c'est moins compliqué !

489. S'EXERCER Complétez les phrases avec les mots qui conviennent.

a. Afin qu'il n'y ait plus de .... , le fisc vous prélève les impôts ...., c'est-à-dire directement sur votre bulletin de salaire.

b. En France, on doit remplir chaque année en mai sa .... en indiquant précisément la totalité de ses .... professionnels, immobiliers et boursiers.

c. Si vous êtes propriétaire d'un ou de plusieurs logements, il vous faudra payer la .... et croyez-moi, c'est cher ! Surtout s'ils sont situés dans une ville classée « Art et Histoire » !

d. Il devient difficile de .... le fisc, à moins de « travailler au noir » ou de mentir sur ses revenus, ce qui n'est pas conseillé !

e. Les personnes qui gagnent moins que le SMIC sont .... d'impôts sur le revenu.

f. Tout le monde est obligé de payer la .... , à moins de n'avoir ni Internet ni télévision. Elle fait partie de la .... que vous payez où que vous habitiez.

g. Toute entreprise qui est active sur le sol français est normalement .... à l'impôt, mais certaines réussissent à y échapper en prétextant de payer les impôts ailleurs !

490. S'EXERCER Indiquez les mots qui correspondent aux définitions suivantes.

a. Ce sont les prélèvements obligatoires qu'effectue l'État auprès des citoyens, des entreprises et sur les marchandises. Certains sont directs, d'autres indirects (comme la TVA par exemple).

→ ....

b. C'est être soumis(e) à l'impôt.

→ ....

c. C'est un « tableau » qui fixe le mode de calcul de vos impôts.

→ ....

d. C'est la personne qui paie des impôts.

→ ....

e. C'est recueillir et encaisser les montants d'un impôt.

→ ....

f. C'est le service de l'État qui s'occupe des impôts.

→ ....

491. RÉVISER Vrai ou faux ?

a. Un barème, c'est la bénédiction de votre enfant dans la culture judéo-chrétienne.   ☐ vrai   ☐ faux

b. Le fisc récolte les données financières de tous les citoyens et de toutes les entreprises.   ☐ vrai   ☐ faux

c. Contourner le fisc, c'est essayer d'échapper aux impôts.   ☐ vrai   ☐ faux

d. La taxe foncière est obligatoire pour les locataires.   ☐ vrai   ☐ faux

e. Les impôts à la source concernent exclusivement les entreprises qui vendent des eaux minérales.   ☐ vrai   ☐ faux

492. SE TESTER Reliez chaque élément à son contraire.

a. Un revenu non imposable • • **1.** Un calcul arbitraire

b. Un barème • • **2.** Déclarer tous ses revenus, sans exception

c. Contourner le fisc • • **3.** Un revenu soumis à l'impôt

d. Percevoir les impôts • • **4.** Être prélevé à la source

e. Calculer et déclarer soi-même ses impôts sur le revenu • • **5.** Payer ses impôts

B. La finance

15 • L'économie

« Quelques expressions usuelles »

En avoir pour son argent = être satisfait de ce que l'on a obtenu pour le prix qu'on y a mis
Ne prêter qu'aux riches = attribuer à quelqu'un des actions ou des comportements en fonction de sa réputation
Rendre la monnaie de sa pièce = se venger
Jeter l'argent par les fenêtres = dépenser inutilement son argent
Être un panier percé = être extrêmement dépensier
Se solder par un échec = se terminer par une défaite

493. À VOUS ! Choisissez l'expression qui correspond le mieux aux situations suivantes.

a. C'est injuste : Alphonse, fils d'une famille réputée, obtient toujours tout ce qu'il veut tandis que moi, issue d'un milieu plus modeste, je dois prouver mille fois que je mérite ce que je veux !
→ ....

b. Franchement, nous avons payé notre séjour à l'hôtel peu cher et tout y était parfait, encore mieux que ce que l'on attendait : une chambre sublime, une salle de bains géniale, bref une merveille !
→ ....

c. Quand j'avais perdu mon boulot, tu ne m'adressais même plus la parole. Depuis, j'ai retrouvé un poste bien rémunéré et c'est toi qui es au chômage. Eh bien, à présent, ne compte pas sur moi pour t'aider !
→ ....

d. Mamie, arrête de donner de l'argent à tout le monde : la Croix-Rouge, la ligue contre le cancer et je ne sais quelle association qui vient frapper à ta porte, c'est du gaspillage !
→ ....

e. Valentine pensait vraiment gagner ce concours de chansons, mais elle est arrivée avant-dernière. La pauvre !
→ ....

f. C'est dans mon caractère ; j'adore acheter des milliers de choses, je ne peux pas m'en empêcher !
→ ....

C. Les sources d'énergie

 « L'énergie fossile »

L'**énergie fossile** est une énergie produite par la **combustion** du pétrole, du gaz ou du charbon. Après avoir localisé un **gisement**, les compagnies pétrolières et gazières procèdent à des **forages** et installent des **puits** pour **extraire** le pétrole brut ou le gaz naturel du sous-sol. Puis, ceux-ci sont acheminés dans des ports par **oléoduc** ou **gazoduc** avant d'être transportés par **pétroliers**. Sur les marchés mondiaux, le pétrole s'achète en **baril** et le gaz en volume. En revanche, pour l'utilisation quotidienne, il faut que des **raffineries** les transforment en produits finis.

Quant à **l'extraction** du charbon, elle se fait soit en **galeries** souterraines soit **à ciel ouvert**.
Dans le nord de la France et en Belgique, ce secteur économique a été très important, puis il a peu à peu disparu à partir des années 1960, les grèves des **mineurs** ne pouvant empêcher la fermeture des **mines**. Aujourd'hui, on prend conscience de l'importance du **bassin minier** pour l'histoire et le patrimoine de toute la région.

494. S'EXERCER Indiquez les mots qui correspondent aux définitions suivantes.

a. Arrachage, par une opération mécanique, d'un élément de son milieu naturel.
→ ....

b. Tonneau contenant du pétrole.
→ ....

c. Usine où s'effectue la transformation du pétrole brut en produit fini.
→ ....

d. Couloir sous terre qui permet d'accéder aux couches de charbon.
→ ....

e. Endroit dans la terre où une ressource naturelle s'est accumulée en quantité suffisante pour être exploitée.
→ ....

f. Navire-citerne conçu pour le transport en vrac du pétrole.
→ ....

g. Trou obtenu par une opération de forage et nécessaire à l'exploitation de la ressource naturelle.
→ ....

h. L'action de brûler entièrement.
→ ....

i. C'est une personne qui travaille dans une mine.
→ ....

15 • L'économie

495. S'EXERCER Soulignez la bonne réponse.

a. Il y a encore quelques *mimes – mines* en Europe qui sont exploitées *à ciel ouvert – en plein ciel*, ce qui rend les écologistes mécontents car cela détruit les paysages.

b. Les ONG montrent du doigt les banques européennes qui financent le commerce du pétrole responsable de la destruction de la forêt amazonienne. En effet, on y *déterre – extrait* l'or noir de façon intensive.

c. Malheureusement, l'énergie *facile – fossile* représente encore 78% de l'énergie produite dans le monde.

d. *Le gazoduc – l'oléoduc* est un gros tuyau qui permet de transporter le pétrole.

e. Depuis 2012, le *creux – bassin* minier du Nord-Pas-de-Calais est inscrit au patrimoine mondial de l'UNESCO.

f. Un programme de *forage – formation* a été décidé en Alaska dans une zone naturelle protégée, ce qui va mettre en danger la vie des ours polaires et des caribous. C'est honteux !

496. RÉVISER Remplacez le mot incorrect souligné par celui qui convient.

a. Au centre du Mexique, on craint les voleurs de pétrole qui percent les <u>pétroliers</u> et provoquent des explosions.
   → ....

b. En Lorraine, dans les années 30, il y avait encore un tiers de la population masculine qui exerçait la profession de <u>majeur</u>.
   → ....

c. Plusieurs <u>volumes</u> de pétrole se sont échoués sur une plage en Bretagne, ce qui a provoqué la colère des habitants.
   → ....

d. C'est fantastique, j'ai trouvé un <u>gémissement</u> de pétrole au milieu de mon jardin. Vais-je donc devenir milliardaire ?
   → ....

e. Au Burkina Faso, l'<u>extinction</u> de l'or se fait de plus en plus souvent à ciel ouvert, ce qui détruit le paysage.
   → ....

497. SE TESTER Devinettes : De quoi parle-t-on ?

a. C'est un immense tuyau servant à transporter le gaz.
   → ....

b. Il y a celle des crayons à papier et celle où travaillent les mineurs, puis vous en avez une mauvaise quand vous êtes épuisé(e).
   → ....

c. Certaines servent à exposer des tableaux, d'autres sont creusées dans les sous-sols.
   → ....

d. Il y en avait à l'époque dans les cours des vieilles maisons et on y allait avec un seau pour chercher de l'eau.
   → ....

e. Ce n'est ni un bateau de croisière ni un voilier, c'est juste un moyen pour transporter le pétrole.
   → ....

C. Les sources d'énergie

« L'électricité »

L'électricité est produite dans des **centrales électriques** où des **générateurs** transforment l'énergie issue de combustibles fossiles ou du nucléaire. De nos jours, on favorise les énergies **renouvelables** : d'abord, l'**hydroélectricité**, produite soit à l'aide d'une **turbine** actionnée par l'eau d'un **barrage** soit par une **usine marémotrice** qui tire son énergie de la force de la marée ; puis, l'énergie éolienne dont les **éoliennes**, après avoir remplacé les moulins à vent, sont les principales productrices ; enfin, l'énergie solaire qui est fournie par des centrales où le **rayonnement** solaire est transformé en électricité grâce à des cellules photovoltaïques regroupées en **panneaux solaires**. Mais il ne suffit pas d'en produire, il faut transporter l'électricité. Ceci se fait au moyen de **lignes à haute tension** dont les **champs magnétiques** ne sont cependant pas sans risques pour la santé. Si vous voulez devenir indépendant **énergétiquement**, revenez à la **dynamo** de vélo et pédalez pour éclairer vos maisons. C'est bon pour la santé !

498. S'EXERCER Complétez les phrases avec les mots qui conviennent.

a. Les Français ne sont pas du tout contents car ils pensent que les .... , qui ont remplacé les moulins à vent, abîment les paysages.

b. Les .... sont indispensables dans les .... pour transformer l'énergie fossile en électricité. Mais, comme de nos jours on préfère les énergies .... , on invente des procédés plus écologiques.

c. J'ai installé sur le toit de ma maison des .... qui grâce au .... solaire me fournissent de l'électricité.

d. Il est étrange de voir les campagnes traversées par des .... et il paraît que leurs .... sont nuisibles pour la santé.

e. Une .... est un dispositif rotatif qui produit de l'électricité en tournant à grande vitesse.

499. S'EXERCER Soulignez la bonne réponse.

a. Grâce aux marées, il existe des usines *marémotrices – matrimoniales* qui produisent de l'énergie de manière naturelle.

b. En Suisse, le plus haut *barrage – fromage* du monde a été transformé en piste de danse pendant l'été, voilà une innovation amusante !

c. La nuit, la *dynamique – dynamo* alimente la lampe de mon vélo mais dès que j'arrête de pédaler, plus de lumière ! Alors, chers cyclistes, prudence !

d. Il faut vraiment progresser *économiquement – énergétiquement* dans l'intérêt de la planète, alors pensez à débrancher vos appareils électriques quand vous quittez votre domicile.

e. Notre nouveau maire du parti des Verts nous assure que *le charbon – l'hydroélectricité* est une énergie renouvelable, il doit le savoir !

15 • L'économie

500. RÉVISER Vrai ou faux ?

a. Les champs magnétiques sont des champs où l'on cultive du magnésium. ☐ vrai ☐ faux

b. Un barrage est un ouvrage construit en travers d'un cours d'eau et destiné à en réguler le débit et à stocker de l'eau. ☐ vrai ☐ faux

c. Les générateurs produisent de l'eau et du gaz. ☐ vrai ☐ faux

d. Le panneau solaire est un dispositif qui vous permet de bronzer dès les premiers rayons de soleil. ☐ vrai ☐ faux

e. Une turbine est une sorte de roue actionnée par un fluide pour produire de l'électricité. ☐ vrai ☐ faux

501. RÉVISER Barrez l'intrus.

a. Le champ magnétique – la dynamo – la turbine

b. Des cellules photovoltaïques – des éoliennes – des panneaux solaires

c. Un barrage – une ligne à haute tension – un mur

d. Une centrale électrique – une conduite de gaz – un générateur

e. Marémoteur – mer – vent

502. SE TESTER Devinettes : De quoi parle-t-on ?

a. Elle existe grâce aux mouvements des marées et produit de l'énergie propre.

→ ....

b. Celui du soleil est agréable, et quand la culture d'un pays a du succès à l'étranger, on parle aussi de lui.

→ ....

c. Le dieu grec des vents lui a donné son nom, et elle produit de l'électricité.

→ ....

d. Dans le domaine de l'environnement, c'est l'adverbe dérivé du mot « énergie ».

→ ....

e. Son synonyme est « qui peut se reproduire ».

→ ....

« Quelques expressions usuelles »

Être sur des charbons ardents
= être très impatient et anxieux en attendant quelque chose d'important

C'est une mine d'or = c'est une affaire grâce à laquelle on peut gagner beaucoup d'argent

Une usine à gaz = une tâche complexe qui est difficile à réaliser

Être sous (haute) tension = être dans un état de grande nervosité et dans une situation très difficile

Faire barrage
= s'opposer de toutes ses forces à un projet

Un puits sans fond = projet ou situation qui est sans issue, sans limite et sans fin

C. Les sources d'énergie

503. À VOUS ! Corrigez les erreurs qui se sont glissées dans les phrases suivantes.

a. Je viens de racheter un restaurant où toutes les célébrités se rencontrent et où l'argent coule à flots : ce resto, c'est un puits d'argent.

→ ....

b. Il est hors de question d'installer une éolienne sur cette colline, je vais produire une barrière.

→ ....

c. Le président l'a dit et répété : ce projet est une entreprise à pétrole ! Selon lui, il est impossible à réaliser.

→ ....

d. Michel, tu es sur des feux brûlants, tu attends avec angoisse la réponse positive pour le financement de ta nouvelle pièce de théâtre.

→ ....

e. Ne commence surtout pas à investir dans cette affaire, je t'assure que c'est une fontaine trop profonde !

→ ....

f. Le tourisme est en grande frayeur car un typhon est annoncé et personne n'y est préparé.

→ ....

Bilan

Complétez avec les mots qui conviennent.

1. J'ai commandé 100 paires de chaussures et je n'en ai vendu que 20. Que vais-je faire avec les .... ? Les renvoyer au fournisseur ?

2. Comme c'est la période des soldes, nous accordons un .... de - 30 % sur tous nos articles.

3. Le magasin de vêtements en bas de chez moi est en ...., c'est vrai qu'il n'y avait jamais aucun client.

4. Maintenant, nous achetons nos livres et nos CDs par ...., car nous habitons en pleine campagne et nous n'avons pas l'opportunité d'aller dans des librairies.

5. Le fer récupéré a été fondu dans un ...., on le réutilisera pour fabriquer des jouets pour les enfants.

6. Quand je suis allé(e) voir l' .... de mon menuisier, j'ai été impressionné(e) par la quantité de bois qui y était entreposée.

7. J'ai commandé à un verrier une .... d'un vase « Art déco » pour l'offrir à mes parents qui vont fêter leurs noces d'or. Il faut que personne d'autre ne possède le même !

8. Mon oncle Paul est un grand bricoleur, dans son grenier il y a des dizaines d'………………………………………… : des marteaux, des perceuses, des pinces, des tournevis, des scies.
9. Chaque mois, quand je reçois mon ………………………………, je suis surpris par le montant de mes dépenses, alors que je suis économe comme une fourmi. Je ne comprends pas !
10. Je suis à nouveau à découvert et je vais devoir payer des ……………………………… Ma banque va s'enrichir !
11. Je viens d'acheter un château dans la Loire. Comme je n'avais pas la somme suffisante, j'ai souscrit un ……………………………… sur 15 ans auprès de ma banque pour m'aider à le financer.
12. Le meilleur ……………………………… selon les gens, c'est l'acquisition d'un bien immobilier dans une grande ville. C'est sans aucun doute le meilleur moyen de faire fructifier votre argent.
13. J'en ai marre de payer à l'État une ……………………………… énorme tout simplement parce que l'appartement que je loue fait 140 m² et qu'il est situé dans une ville d'art et d'histoire !
14. J'ai oublié de signaler l'héritage de tante Agathe quand j'ai rempli ma ……………………………… en mai. Zut ! Le fisc va me pénaliser.
15. Tom gagne moins que le Smic, il sera donc non ……………………………… .
16. En France, depuis 2018, les impôts sur le revenu sont prélevés directement à ……………………………… Vous le remarquerez sur votre bulletin de salaire !
17. Le transport du pétrole présente des risques. C'est pourquoi les ……………………………… qui traversent les déserts sont constamment surveillés afin qu'il n'y ait pas d'explosion.
18. Un ……………………………… s'est échoué en Méditerranée et tout le pétrole s'est déversé dans la mer, ce qui a provoqué une marée noire sur plus de 300 kilomètres de côtes !
19. Un ……………………………… d'uranium vient d'être découvert au Cambodge, voilà qui fera les bonnes affaires des investisseurs !
20. Il ne reste que très peu de ……………………………… qui poussent encore des wagonnets remplis de charbon, tout est désormais électrifié !
21. Il y a eu une catastrophe dans cette vallée ; un ……………………………… d'eau s'est rompu et tous les villages en contrebas ont été inondés par cette masse d'eau gigantesque.
22. Les ……………………………… sont certes une bonne invention écologique pour produire de l'électricité grâce au vent, mais leur installation est très critiquée par les défenseurs du patrimoine naturel car elles enlaidissent nos paysages.

23. Mon voisin a installé des .... sur son toit et maintenant, grâce au soleil, il est indépendant énergétiquement. Je crois que je vais faire comme lui !

24. J'ai dû faire réparer la .... de ma vieille bicyclette car quand je roulais la nuit, le phare ne fonctionnait plus et je risquais tout le temps de me faire écraser par les voitures.

Expressions

25. Il paraît que les livres de Romain et Jean-Charles se vendent comme .... Pourquoi à votre avis ?

26. Trop, c'est trop ! Je ne peux pas être au ...., je suis débordé de travail, mes journées n'ont que 24 heures et impossible d'être partout à la fois !

27. Ma grand-mère Madeleine jette son .... car elle veut profiter au maximum de sa vie sur terre. En revanche, en ce qui concerne l'héritage de ses descendants, elle s'en contrefiche !

28. Dans la vie, on prend parfois sa revanche : si une personne vous a fait souffrir, le jour où elle sera en difficulté, vous lui rendrez la monnaie ....

29. Il y a 5 ans, j'ai acheté cette petite maison en bord de mer pour rien et aujourd'hui, je peux la revendre quatre fois son prix. Ce placement dans l'immobilier, c'est une vraie ....

30. Je suis sur les .... car j'attends à la fois le résultat de ma thèse et la réponse de l'amour de ma vie à ma demande de PACS. Quel stress !

Mon score : .... /30

16 • Les médias et l'actualité

A. La radio et l'télévision

 « La radio »

Chaque matin, j'allume mon poste de radio car j'adore écouter des **émissions radiophoniques**. Cela me rappelle l'époque de mon enfance où je possédais mon **transistor** qui pouvait se régler sur des **ondes** longues, moyennes ou courtes. En général, je **me branche** sur une **station** dont la **grille des programmes** me plaît et qui fait des **parts d'audience** très importantes. À neuf heures, le **chroniqueur** fait une **revue de presse** pleine d'humour et, après sa chronique, il laisse les **auditeurs** commenter l'actualité sous forme de **libre antenne**. Dans ma voiture, mon autoradio **diffuse** de la chanson française et cela me met de bonne humeur même s'il y a beaucoup de **jingles publicitaires**. Le soir, je découvre les **podcasts** sur les sujets susceptibles de me passionner pour créer ma propre **playlist** que je partage avec mes amis. Il y a même un **directeur d'antenne** qui m'a contacté afin que je devienne **animateur** d'une de ses émissions. Voilà !

504. S'EXERCER Indiquez les mots qui correspondent aux définitions suivantes.

a. Il est l'auteur d'une rubrique de radio régulière et personnelle sur un sujet littéraire, sportif ou politique.

→ ....

b. Il présente et anime une émission radiophonique.

→ ....

c. C'est une personne qui écoute un programme radiophonique.

→ ....

d. Poste récepteur portatif de radio, moins utilisé de nos jours, mais qui revient à la mode.

→ ....

e. Émettre par ondes hertziennes.

→ ....

f. Service public, associatif ou commercial, qui émet par ondes sur une ou plusieurs fréquences précises.

→ ....

g. Émission de radio qu'un internaute peut télécharger et transférer sur son ordinateur ou son baladeur.

→ ....

505. S'EXERCER Soulignez la bonne réponse.

a. Ce matin, j'ai entendu dans *l'entrevue – la revue de presse* des infos de 8 h que le quotidien « Le Monde » pourrait être racheté par un groupe de presse américain.

b. La *grille – vision* des programmes de France Culture propose désormais des moments *d'antenne libre – de libre antenne* où les auditeurs peuvent débattre sur des faits de société tous les soirs du lundi au vendredi de 20 h à 21 h.

A. La radio et la télévision

c. Je ne me *branche – câble* plus sur la bande FM parce que les *jingles – jungles* publicitaires sont trop répétitifs et cela me fatigue les oreilles.

d. Les *émissions – omissions* radiophoniques sont diffusées via des *ondes – vagues* courtes ou longues.

e. Le directeur d'*onde – antenne* de Brigitte FM est ravi ; ses parts d'*audience – audition* ont encore augmenté !

f. Je viens de me faire une *liste d'écoute – playlist* de chansons disco. Ce soir, la boule à facettes va tourner pour la fête que j'organise avec le meilleur DJ de France !

506. RÉVISER Vrai ou faux ?

a. La grille des programmes, c'est la liste des émissions hebdomadaires d'une station de radio. ☐ vrai ☐ faux

b. Les podcasts ne peuvent pas se télécharger, on doit les écouter en direct. ☐ vrai ☐ faux

c. Une station de radio peut émettre sur des ondes courtes, longues ou moyennes. ☐ vrai ☐ faux

d. Les parts d'audience sont le nombre d'auditeurs que chaque station de radio gagne. ☐ vrai ☐ faux

e. Un directeur d'antenne est un fabricant d'antennes. ☐ vrai ☐ faux

507. SE TESTER Devinettes : De quoi parle-t-on ?

a. C'est une personne qui écoute une conférence, un cours, un concert ou la radio. Son féminin est « auditrice ».
   → ....

b. Ce verbe est utilisé pour un parfum, une idée nouvelle, un tract ou pour de la musique via la radio.
   → ....

c. Il rédige des petits articles ou des rubriques pour la radio, la télévision et la presse écrite.
   → ....

d. Ce sont des messages à caractère publicitaire pour faire la promotion d'une émission ou d'un produit et qui sont diffusés sur les ondes plusieurs fois par jour.
   → ....

e. C'était un objet portable très à la mode dans les années 50, 60, 70 et 80. C'est à nouveau « tendance », paraît-il !
   → ....

« La télévision » 112

> Quand Antoine repasse, il allume le **petit écran** pour regarder différents **feuilletons**. Il **zappe** donc sans cesse avec sa **télécommande** pour passer de l'un à l'autre. C'est vrai qu'il aurait préféré voir une autre série, mais elle est sur une **chaîne cryptée** à laquelle il n'est pas **abonné**. C'est le seul moment où il allume le **poste de télévision**. Ce sont plutôt ses parents qui sont des **téléspectateurs** assidus. Tous les soirs à 20 heures, ils regardent le **journal télévisé** et s'énervent quand le **présentateur** ou la **présentatrice** se trompe, même si son texte défile sur le **prompteur** ! Par ailleurs, ils adorent les **variétés** en direct et les **téléfilms** mais ne supportent pas que leur programme soit interrompu par des **spots publicitaires**. Plus l'émission fait de l'**audimat**, plus il y en a, et c'est très pénible ! Ils ont juré que, si le nombre de pubs augmentait encore, ils se mettraient à visionner leurs émissions préférées **en différé** !

16 • Les médias et l'actualité

508. S'EXERCER **Soulignez la bonne réponse.**

a. Les personnes qui regardent la télévision plus de trois heures par jour sont des *téléspectateurs – téléviseurs* assidus.

b. Cette émission sera diffusée en *différé – direct* parce qu'elle a été enregistrée il y a deux mois.

c. Les *journaux – magazines* télévisés de 13 h et de 20 h sont regardés par un très grand nombre de Français et la personnalité *du prompteur – du présentateur/de la présentatrice* y est pour beaucoup.

d. Comme je n'ai pas de patience, j'ai tendance à *bouger – zapper* avec ma *souris – télécommande* parce qu'en général les programmes proposés ne sont pas intéressants.

e. Je ne suis *abonné(e) – arrêté(e)* à aucune chaîne payante. Celles-ci sont *chiffrées – cryptées* et je ne peux voir que les chaînes libres d'accès.

f. J'adore les *feuilletés – feuilletons* mais il ne faut pas en manquer un, sinon on ne comprend plus l'intrigue.

509. S'EXERCER **Choisissez dans la liste les mots qui conviennent aux explications suivantes :** *un(e) abonné(e) – l'audimat – le petit écran – des spots publicitaires – les téléfilms – un poste de télévision – les variétés.*

a. Expression populaire pour désigner la télévision et faire la distinction avec le cinéma.

→ ....

b. Personne qui souscrit un forfait mensuel pour des chaînes cryptées.

→ ....

c. C'est le synonyme de « téléviseur ».

→ ....

d. Ce sont des émissions où se produisent des chanteurs, c'est un programme de divertissement.

→ ....

e. Ce sont des films réalisés uniquement pour le petit écran, ils sont en général très populaires.

→ ....

f. Ce sont des mini-films diffusés aux heures de grande écoute pour promouvoir un produit.

→ ....

g. C'est un appareil qui permet de mesurer l'audience des chaînes de télévision.

→ ....

510. RÉVISER **Complétez les phrases avec les mots manquants.**

a. Je me suis énervé, j'ai cassé le .... avec un marteau. Je ne supportais plus les .... me vantant l'achat de couches-culottes, de biscuits pour l'apéritif et de lessives. Je crois que la télé rend fou ou idiot !

b. En France, le match de rugby sera diffusé .... en raison du décalage horaire, en effet il se déroule en Nouvelle-Zélande et aucun Français n'a envie de se lever à 5 heures du matin !

A. La radio et la télévision

c. Chaque dimanche à 20 h, toute la famille est réunie autour du « petit écran » pour regarder le .... parce que sa .... est charmante et après, il y a la météo de la semaine.

d. Arrête un peu de ...., tu m'agaces à changer de programme toutes les cinq minutes ! Autrement, je t'enlève la .... des mains.

511. SE TESTER Devinettes : De quoi parle-t-on ?

a. Ce n'est pas une série mais ça y ressemble et cela existe aussi à la radio et dans la presse.

→ ....

b. Ce sont des chaînes de télévision thématiques que l'on ne peut visionner que si l'on y est abonné.

→ ....

c. C'est une machine utile pour celles et ceux qui oublient leur texte à la télévision ou sur les scènes de spectacles. L'équivalent au théâtre est le souffleur.

→ ....

d. Le Concours Eurovision de la chanson diffusé chaque année en mai est une émission de ce genre.

→ ....

e. Toutes les chaînes veulent en avoir un excellent, pour cela il faut séduire un maximum de téléspectateurs.

→ ....

> **« Quelques expressions usuelles »**
>
> **Se faire un plateau télé** = se préparer un dîner que l'on prendra assis devant le petit écran
> **Être sur la même longueur d'onde** = être d'accord sur les mêmes sujets
> **Être à l'écoute** = être très attentif à la parole des autres
>
> **Avoir des antennes** = deviner avant les autres, avoir de l'intuition
> **C'est tout un programme !** = cela laisse prévoir une quantité de choses intéressantes
> **Être aux abonnés absents** = ne pas être présent du tout, ni physiquement ni mentalement

512. À VOUS ! Corrigez les erreurs qui se sont glissées dans les phrases suivantes.

a. Anjomara et Béranger sont toujours d'accord sur tout. Ils sont vraiment sur la même largeur d'antenne.

→ ....

b. Cléo et Cédric nous ont préparé une soirée d'enfer. C'est toute une émission !

→ ....

c. Djibril devine toujours ce qui va se passer : par exemple, si tel film aura du succès, si telle émission sera un bide ou si tel couple sera amoureux plus de deux mois ou se quittera au bout de 10 jours. Bref, il est incroyable, il possède des émetteurs !

→ ....

d. Notre adorable amie russe Eugenia a un cœur en or, elle est à l'audition de nous tous, c'est pourquoi elle est entourée de tant d'amis.

→ ....

16 • Les médias et l'actualité

e. Flavien, Gaëlle, Hortense et Boris sont tous aux inscrits transparents, mais où sont-ils donc ? Sur une île ou dans un village perdu en montagne ? C'est vrai qu'ils ne supportaient plus le stress citadin !

→ ....

f. Après une grève de métro, Lobna est vite rentrée chez elle. Épuisée, elle s'est préparé une planche-radio et elle a pu enfin se détendre. Quelle journée !

→ ....

B. La presse écrite

 « Le journal » 113

> La presse en France, nationale, régionale ou locale, reste importante pour le public. Sa **diffusion** diminue parce qu'elle est concurrencée par Internet qui reprend bêtement des articles publiés ailleurs, notamment par les **agences de presse** comme l'AFP*. Le grand public aime les magazines d'actualité ainsi que les journaux **à scandale** pour lesquels des **paparazzis traquent** les personnalités dans le but d'en faire des **scoops**. Ce genre de presse fait encore de **gros tirages** ! La **périodicité** de ces magazines est en général hebdomadaire, car tout va vite ! Quant à moi, je reste attachée à la presse papier. J'aime acheter le journal le matin, y découvrir le **sommaire** puis m'attarder dans mes **rubriques** préférées : la politique internationale et la culture. D'abord, je **jette un coup d'œil** sur le **chapeau** en dessous du titre. S'il me plaît, je lis l'article en entier. Mais ce que je préfère, c'est le **billet d'humeur** de l'**éditorialiste** et le **dessin de presse**. Quel plaisir que de découvrir la **une** des **hebdos**, des **bimensuels** et des mensuels présentée dans les **kiosques** et de comparer les gros titres des quotidiens !
>
> * AFP = Agence France Presse

513. S'EXERCER Soulignez la bonne réponse.

a. Le Figaro, Paris-Match et Télé 7 jours sont les journaux qui font les plus gros *chapeaux – tirages* en France.

b. Les paparazzis *braquent – traquent* les membres du gouvernement pour tenter de faire des *flashs – scoops* dans la presse à *scandale – sentiment*.

c. L'*abdo – hebdo* Marianne publie toujours des *dessins – croquis* de presse très drôles.

d. Tous les matins, mon père Édouard *jette – lance* d'abord un coup d'œil à la presse locale avant de lire avec attention les *rubriques – rumeurs* de la presse nationale.

e. Les *billets d'humeur – carnets d'humour* du journaliste Benoît Duteurtre sont toujours très percutants et pleins d'humour.

f. L'APQ est l'agence de *presse – voyages* du Québec et REUTERS celle du Royaume-Uni.

514. S'EXERCER Indiquez les mots qui correspondent aux définitions suivantes.

a. Journal qui paraît deux fois par mois.

→ ....

b. Texte bref placé sous le titre et qui introduit un article.

→ ....

B. La presse écrite

c. Action de distribuer la presse au public et dans les magasins de journaux.

→ ....

d. Journaliste appartenant à la rédaction et qui exprime son point de vue par rapport à l'actualité.

→ ....

e. Petit magasin situé sur une place qui vend des journaux.

→ ....

f. Caractère de ce qui revient régulièrement à intervalle fixe.

→ ....

g. Brève annonce en première page des principaux articles contenus dans le journal.

→ ....

h. La première page d'un journal avec un gros titre.

→ ....

515. RÉVISER Vrai ou faux ?

a. Un scoop, c'est une nouvelle sensationnelle donnée en exclusivité par un journaliste. ☐ vrai ☐ faux

b. L'éditorialiste est un éditeur de livres. ☐ vrai ☐ faux

c. Les journaux à scandale sont également appelés « presse à sensation ». ☐ vrai ☐ faux

d. Le billet d'humeur est un article écrit par un journaliste qui est toujours d'excellente humeur. ☐ vrai ☐ faux

e. Un paparazzi est un photographe qui prend des photos indiscrètes d'une personnalité. ☐ vrai ☐ faux

f. Un hebdo est le mot familier pour un hebdomadaire qui paraît une fois par semaine. ☐ vrai ☐ faux

516. SE TESTER Devinettes : De quoi parle-t-on ?

a. C'est un endroit dans un journal où sont regroupés les articles consacrés à un sujet déterminé.

→ ....

b. C'est le contraire des tirages « confidentiels ».

→ ....

c. Ce sont des organismes qui vendent de l'information aux médias (textes, photos, vidéos).

→ ....

d. Il peut se porter sur la tête, comme le béret basque, mais dans la presse, il précède et annonce l'article.

→ ....

e. C'est une expression familière qui veut dire qu'on lit un texte très, très rapidement.

→ ....

f. Il paraît une fois tous les quinze jours.

→ ....

16 • Les médias et l'actualité

 « Le métier de journaliste »

Vinciane est **rédactrice en chef** des pages culturelles et voyages du **supplément** « week-end » d'un grand quotidien belge. Son **directeur de publication** est sur tous les fronts alors que dans son équipe, chacun a sa spécialité : il y a Séverine, la **chroniqueuse** des soirées bruxelloises, puis Tamara, qui est journaliste **en free-lance** et s'occupe des **faits divers**. Ensuite Aloïs, grand reporter, qui part aux quatre coins du monde et rapporte toujours des **reportages** passionnants. Sans oublier Youssef, rédacteur de rubrique, qui publie des **articles de fond** très éclairants. Et il y a Géraldine, la **maquettiste**, qui fait une **mise en page** magnifique. Ils ont tous une **carte de presse** et sont **accrédités** comme professionnels. Tous les vendredis, c'est le stress car c'est le **bouclage** du magazine, c'est-à-dire qu'il faut relire les articles pour y découvrir d'éventuelles **coquilles**, y inclure les publicités, **mentionner** le nom des photographes dans les **crédits photos** et envoyer le tout finalisé à l'**impression**. Enfin, quoi qu'il arrive, le supplément sera **distribué** le samedi dès l'aube en kiosque et chez les lecteurs abonnés soit sur papier soit en ligne. Quel métier de dingue !

517. S'EXERCER Complétez les phrases avec les mots qui conviennent.

a. Julian et Anne-Laure sont des journalistes ...., car ils exercent leur métier à plein temps.

b. C'est terrible, j'ai perdu ma .... et je dois faire un reportage ce soir pour la sortie d'un film. Va-t-on me croire si je dis que je suis journaliste ?

c. Avant le .... final du journal et l'envoi à l'impression, s'il vous plaît Laurence, n'oubliez pas de mettre les .... sous les illustrations.

d. Le .... de cette revue est en colère : son journal est sorti mais la .... est ratée car les photos sont à l'envers et il y a plein de .... dans le texte. Le .... et les relecteurs vont se faire sermonner !

e. Mona, la .... de notre magazine, est très brillante, elle écrit toujours des .... très documentés. C'est pourquoi elle est très appréciée par la direction !

f. J'aime être libre, c'est pourquoi je travaille en ....

518. S'EXERCER Choisissez dans la liste suivante les mots qui correspondent aux explications :

le fait divers – le reportage – le supplément – distribuer – mentionner – la chroniqueuse – l'impression.

a. Magazine qui est ajouté à un journal → ....

b. Collaboratrice d'un journal chargée de commenter régulièrement l'actualité politique ou culturelle
→ ....

c. Événement insignifiant de la vie quotidienne qui est mentionné dans une rubrique spécifique du journal
→ ....

d. Article qui mélange informations et impressions recueillies sur le lieu même de l'événement
→ ....

B. La presse écrite

e. Citer un nom ou signaler un événement → ....

f. Assurer la diffusion matérielle → ....

g. Action de reproduire sur papier des textes ou des images → ....

519. RÉVISER Vrai ou faux ?

a. Un maquettiste dispose le texte et les illustrations sur une page à imprimer. ☐ vrai ☐ faux

b. Le crédit photo est une somme d'argent que la banque vous prête pour réaliser des reportages-photos. ☐ vrai ☐ faux

c. La mise en page désigne le fait de rédiger un texte sur une feuille de papier. ☐ vrai ☐ faux

d. Un chroniqueur est une personne atteinte d'une maladie chronique. ☐ vrai ☐ faux

e. Le cambriolage d'une banque est un fait divers. ☐ vrai ☐ faux

f. Le bouclage est un appareil qui sert à faire des boucles dans votre chevelure. ☐ vrai ☐ faux

520. SE TESTER Reliez les éléments qui correspondent.

a. Distribuer • • 1. un commentaire écrit très approfondi

b. Un article de fond • • 2. une faute de frappe

c. Un supplément • • 3. fournir, livrer

d. Une coquille • • 4. de manière indépendante

e. Mentionner • • 5. évoquer

f. En free-lance • • 6. une publication annexe

« Quelques expressions usuelles »

Avoir bonne/mauvaise presse
= avoir une bonne ou une mauvaise réputation
La rubrique des chiens écrasés = appellation humoristique de la rubrique des faits divers
Ça vaut le coup d'œil
= cela en vaut vraiment la peine

Faire du sensationnalisme
= attirer les lecteurs en leur donnant des informations supposées sensationnelles
C'est un vrai matraquage médiatique
= c'est la diffusion insistante et répétitive d'une information dans les médias

---

521. À VOUS ! Corrigez les erreurs qui se sont glissées dans les phrases suivantes.

a. Ce journaliste ne sait faire que du fantastique pour que l'on parle de lui.

→ ....

b. Tu devrais acheter cette revue consacrée à la cuisine thaïlandaise, ça mérite le cou d'une girafe.

→ ....

c. Ce paparazzi a méchante renommée, en effet il est prêt à tout pour prendre des photos intimes du premier ministre et de sa compagne !

→ ....

d. J'ai lu dans la colonne des hamsters tondus qu'une vache avait traversé les Champs-Élysées hier et qu'elle avait bloqué la circulation pendant trois heures. Que c'est drôle !

→ ....

16 • Les médias et l'actualité

e. On ne parle plus que de cela, du scandale de cet homme politique qui avait laissé sa pauvre mère dans la misère alors qu'il était milliardaire. C'est un terrible abattage acoustique car, au fond, tout le monde s'en fiche !

→ ....

C. Internet et les réseaux sociaux

« Les réseaux sociaux » 115

Avec mon **forfait nomade**, dès que je suis dans une **zone Wifi**, je me connecte aux réseaux sociaux et je vérifie tout de suite si j'ai de nouveaux « **j'aime** » et de nouveaux « **abonnés** » qui suivent mes activités sur la toile. J'adore **réseauter**. Quand j'ai une question qui me traverse l'esprit, je cherche une réponse sur des **forums** de discussion. Pour faire passer le temps, je parcours des **blogs** où les gens **commentent** les faits du jour avec plus ou moins de bon goût. Parfois, un tweet **fait le buzz**, alors tous les **internautes** en parlent pendant une journée et le lendemain, c'est déjà oublié. Ces réseaux, c'est le royaume de l'**éphémère** ! En revanche, ce qui est plus grave à long terme, c'est qu'ils servent à diffuser une quantité incroyable d'**infox** – mot astucieux qui combine info et intox – et qu'ils constituent une **plateforme** favorisant le **cyberharcèlement** contre lequel il faut **se prémunir** en protégeant ses données personnelles et en **filtrant** les messages. Mission quasi impossible ! En gros, il n'y a qu'une possibilité pour échapper à cette continuelle surveillance : arrêter la **webcam** et fermer l'ordinateur. En êtes-vous capable plus de deux jours ?

522. S'EXERCER Soulignez la bonne réponse.

a. Sur Internet, on ne sait jamais si les informations sont vraies ou si l'on a affaire à des *infox – intox*. C'est très problématique !

b. Nous utilisons notre *webmail – webcam* seulement dans un but professionnel, jamais en privé. Filmer sa vie intime, c'est trop dangereux !

c. Alex a fait le *bruit – buzz* en publiant sur des *forums – fromages* comment il a réussi à voler via Internet 1 million d'euros à la Banque nationale.

d. Avec mon *prix – forfait* nomade, c'est formidable : où que je sois, je peux me connecter et *resauter – réseauter* quand j'en ai envie.

e. Détestant le monde virtuel, ce monde de l'*éphémère – essentiel*, je ne consulte aucun *bloc – blog*. J'ai besoin d'échanges réels et concrets. Bref, je suis un *navigateur – internaute* très nul.

f. Si nous allons sur la *terrasse – plateforme* d'apprentissage de notre université, c'est pour y trouver des informations qui nous serons utiles pour notre cours.

523. S'EXERCER Complétez les phrases avec les mots qui conviennent.

a. Il faut absolument .... contre les dangers du ...., cette délinquance virtuelle, en évitant de dévoiler son identité et sa vie privée et en fréquentant le moins possible les réseaux sociaux.

b. Dans notre nouvelle gare, la .... est toujours pleine de monde car les gens veulent profiter de cette offre pour naviguer gratuitement sur le web.

C. Internet et les réseaux sociaux

c. Sur mes réseaux sociaux préférés, j'ai des milliers de « .... » et des centaines d'... du monde entier qui me suivent parce que je ne poste que des sujets très intéressants et des informations vérifiées !

d. Comme j'ai été piraté, je limite l'accès à mon compte sur le réseau social en .... tous les messages des personnes qui me sont inconnues.

e. Dès que je me connecte sur un blog, je ne peux pas m'empêcher de .... les avis des autres internautes. Cela me fait perdre un temps fou !

524. RÉVISER Vrai ou faux ?

a. Un blog, c'est comme « un journal intime « sur le Net, mais il peut être lu par tout le monde. ☐ vrai ☐ faux

b. « Se prémunir contre » veut dire « se protéger de quelque chose ». ☐ vrai ☐ faux

c. Un forum est un espace de discussion sur Internet. ☐ vrai ☐ faux

d. « Réseauter » signifie que l'on saute d'un site à un autre, comme un zapping sur le Net. ☐ vrai ☐ faux

e. La zone Wifi est un endroit où vous pouvez fumer une cigarette, votre téléphone portable à la main. ☐ vrai ☐ faux

525. SE TESTER Devinettes : De quoi parle-t-on ?

a. Il peut être moral, sexuel ou scolaire, il est présent sur le Net et il est dangereux !

→ ....

b. Ce sont des informations fausses qui ne sont ni fondées ni vérifiées, hélas elles sont nombreuses sur Internet.

→ ....

c. Vous le faites avec de l'eau pour la boire pure, vous le faites aussi avec vos messages reçus pour éliminer ceux qui sont douteux.

→ ....

d. C'est un abonnement souscrit auprès d'un opérateur qui vous permet d'être connecté presque partout.

→ ....

e. On utilise cette expression quand une information circule rapidement sur les réseaux sociaux et fait de la publicité pour son émetteur.

→ ....

16 • Les médias et l'actualité

 « La téléphonie mobile » 116

Voilà, j'ai mon smartphone dernier cri. Plus personne ne pourra dire que je ne suis pas **dans l'air du temps** ! D'abord, j'installe la carte SIM, la **puce** qui stocke les informations liées à mon abonnement. Puis, je compose un code PIN pour accéder à mon compte et **activer les fonctions** utiles. Mais lesquelles sont utiles ? Ensuite, j'en **sécurise** l'accès à l'aide d'un code secret. Pour le tester, j'envoie immédiatement à Delphine un **texto**, d'autres disent SMS, et à Claire-Lise un **message multimédia**, d'autres disent MMS. Au cinéma avec mon copain Mathieu, il est urgent que je mette mon appareil non pas **en mode vibreur** mais **en mode silencieux** pour **désactiver** le son et ne pas déranger les autres spectateurs. Et où pourrais-je le brancher pour le **recharger** ? Dès que le film est terminé, je **déverrouille** l'appareil pour **clavarder*** avec mes copines, comme disent les Québécois. Ah, j'ai reçu un **post** de Laure m'informant que tout ce que je fais avec cet appareil est enregistré. La **non-protection** de mes données me stresse et je le mets en **mode veille**. Mais vais-je pouvoir survivre un quart d'heure sans le **consulter** ? Je suis déjà devenue dépendante ! C'est grave, docteur ?

* En France, on dira plutôt : textoter.

526. S'EXERCER Indiquez les mots qui correspondent aux définitions suivantes.

a. En français du Canada, cela signifie « dialoguer avec d'autres internautes ».

→ ....

b. Regarder quelque chose pour y trouver des informations.

→ ....

c. Faire cesser certaines fonctions de son appareil.

→ ....

d. Enlever le dispositif d'arrêt pour rendre son téléphone à nouveau actif.

→ ....

e. Boîtier minuscule qui contient des données pour le fonctionnement de votre appareil électronique.

→ ....

f. C'est un message sur un forum ou un blog, c'est un anglicisme.

→ ....

g. Réalimenter en énergie électrique.

→ ....

h. Rendre plus sûr, protéger.

→ ....

527. S'EXERCER Remplacez les mots incorrects soulignés par ceux qui conviennent.

a. Je mets toujours mes appareils numériques en mode vieille pour ne pas avoir à les rallumer.

→ ....

b. La non-connexion de mes données personnelles m'agace, car je ne veux pas que l'on connaisse mon identité et mes goûts. → ....

c. Sur mon téléphone, je n'alarme que les formations qui me sont vraiment utiles !

→ .... → ....

C. Internet et les réseaux sociaux

d. Pendant les repas avec nos amis, pour ne gêner personne, tout le monde met son téléphone en mode vibration. → ....

e. Pour être constamment dans l'ère du tant, il ne faut surtout pas oublier de se tenir chaque jour au courant de toutes les « révolutions » numériques ! → ....

f. Cela me fatigue d'ouvrir sans cesse mes massages multiformes sur mon portable !
→ ....

g. Vous envoyez encore des totems ? Moi, je n'envoie plus que des MMS !
→ ....

h. Dans les salles de spectacles ou dans les transports en commun, par respect pour les autres, il est fortement recommandé de mettre son téléphone en mode muet. → ....

528. RÉVISER Reliez les verbes aux noms correspondants.

- **a.** Activer • • **1.** Le déverrouillage
- **b.** Sécuriser • • **2.** L'activation
- **c.** Recharger • • **3.** La consultation
- **d.** Déverrouiller • • **4.** Le rechargement
- **e.** Consulter • • **5.** La sécurisation
- **f.** Clavarder (Québec) • • **6.** Le clavardage

529. SE TESTER Vrai ou faux ? Si faux, justifiez votre réponse.

a. Consulter ses courriels ou ses textos, c'est les lire.
→ .... → ....

b. Mettre son portable sur mode silencieux, c'est le faire sonner mais doucement.
→ .... → ....

c. Recharger son téléphone, c'est y installer de nouvelles fonctions.
→ .... → ....

d. Une puce n'est pas seulement nécessaire pour votre appareil électronique, c'est également une petite bête qui aime se cacher dans les poils de votre chat ou de votre chien.
→ .... → ....

e. Déverrouiller son téléphone, c'est le bloquer.
→ .... → ....

530. SE TESTER Devinettes : De quoi parle-t-on ?

a. Ses synonymes sont : « à la mode », « en vogue », « à la page », « tendance ».
→ ....

b. Vous le faites quand certaines fonctions de votre smartphone ne vous sont plus utiles.
→ ....

c. Le MMS en est l'abréviation.
→ ....

16 • Les médias et l'actualité

d. Quand votre téléphone ou votre ordinateur fait une petite sieste en attendant d'être réveillé, il est dans cet état-là.

→ ....

e. C'est l'absence de mesures qui a pour conséquence l'insécurité.

→ ....

> **« Quelques expressions usuelles »**
>
> **Recharger ses batteries**
> = retrouver sa pleine forme
> **S'exprimer sans filtre**
> = dire tout ce que l'on pense sans se censurer
> **Se mettre en mode veille (fam)** = ne plus vouloir rien faire, se déconnecter de tout
>
> **Mettre la puce à l'oreille**
> = éveiller le doute chez quelqu'un
> **Faire de l'intox**
> = manipuler en faisant circuler des informations erronées

531. À VOUS ! Corrigez les erreurs qui se sont glissées dans les phrases suivantes.

a. Nous sommes épuisés ! Nous avons tant travaillé sur nos ordinateurs que nous allons nous mettre quelques jours en fonction dodo.

→ ....

b. Léa me fait rire parce qu'elle dit vraiment ce qu'elle pense, même si ce n'est pas toujours politiquement correct : elle chante sans parachute !

→ ....

c. Chers consommateurs, attention ! Les grandes entreprises font souvent de l'info pour vendre leurs produits en publiant de fausses études scientifiques.

→ ....

d. J'ai découvert que Thierry était un drôle de type. Pourtant, ma copine Alessandra m'avait signalé le moustique à l'œil !

→ ....

e. David n'a pas pris un seul jour de vacances pendant trois ans. Maintenant, il part deux semaines dans le désert pour rebrancher ses piles.

→ ....

Bilan

Complétez avec les mots qui conviennent.

1. D'après un sondage, il y aurait plus d'...
qui écoutent Radio Nostalgie que Radio Gaga.

2. Ma station FM préférée, c'est Radio Monde car elle ....
des chansons grecques et espagnoles et pas seulement des chansons anglo-saxonnes.
C'est cela, la vraie diversité !

3. Le week-end, au moyen des .... que je télécharge,
j'écoute les émissions de radio que je n'ai pas pu suivre durant la semaine.

4. Cet .... de radio est génial : il programme
uniquement les chansons que choisissent ses auditeurs.

5. La télé m'ennuie, c'est pourquoi, quand je l'allume, je ....
sans arrêt d'une chaîne à l'autre.

6. Le dimanche soir, tous les .... sont devant
leur petit écran pour suivre les enquêtes de l'inspecteur Carotte.

7. Il paraît que le .... de 20 heures est regardé
par un très grand nombre de personnes. C'est ce que nous dit l'audimat !

8. Pour des problèmes techniques, l'émission de variétés n'a pas pu être diffusée hier en
direct, elle sera donc retransmise samedi prochain en ....

9. Les gens adorent lire les .... pour connaître la vie
privée des vedettes et surtout leurs secrets inavouables. Leurs malheurs les rassurent !

10. Un paparazzi du journal *Voilà !* a fait un ....,
en effet il a publié une photo qui prouve la liaison cachée entre le ministre de la
communication et une jeune chanteuse belge !

11. La première rubrique que je lis dans *Le Monde*, c'est le petit texte en première page écrit
par l'..., qui exprime toujours son point de vue
sur l'actualité avec une douce ironie.

12. Le journal *Plaisir de la Cuisine* paraît deux fois par mois, c'est donc un ....
....

13. Hélène de Ribeiro est la .... de *Méditerranée Magazine*,
elle passe son temps au bord de la mer pour écrire ses articles de fond et coordonner le
travail des chefs de rubriques.

14. Ma grand-mère adore les ...., par exemple
cette histoire de lapins et de poules qui se sont échappés d'un camion tombé en panne
en plein centre-ville.

15. Tout journaliste doit avoir sur lui sa ...., surtout s'il doit faire des interviews.

16. À Paris, il y a toujours eu sur les trottoirs des .... où l'on vend toutes sortes de journaux et dont l'architecture est souvent charmante.

17. Depuis que j'ai souscrit un .... nomade, je peux me connecter partout et tout le temps !

18. Quand je skype avec mes amis du monde entier, je branche ma .... pour qu'ils me voient en vrai.

19. J'ai toujours apprécié les .... où l'on peut échanger avec d'autres internautes sur nos passions communes.

20. Je subis du .... de la part d'un soi-disant ami que j'avais accepté sur mon réseau social et qui me poursuit de ses posts méprisants nuit et jour. Je vais porter plainte !

21. Ce matin, j'ai reçu sur mon smartphone un joli .... (MMS) avec une petite vidéo où tous mes amis me faisaient un coucou pour mon anniversaire.

22. En aucun cas je ne souhaite être dérangé le dimanche, c'est pourquoi je mets mon téléphone mobile en mode .... Surtout pas de bruit !

23. Il faut vite que je .... mon smartphone, ma batterie est à plat.

24. J'avais totalement coupé mon téléphone pendant une semaine mais depuis, j'ai oublié mon code pour le .... Quelle galère !

Expressions

25. Anton, Yvan, Boris et moi, on est tous sur la même .... car on partage nos passions communes : la musique, le ski et les dîners bien arrosés.

26. Ce soir, je n'ai pas envie de faire la cuisine et comme je suis seule à la maison, un .... fera l'affaire. Manger un morceau en regardant ma série préférée, cela me relaxe.

27. Émilie a bonne .... auprès de tous car elle se montre toujours charmante, discrète, intelligente et peine d'humour.

28. Va voir le dernier film d'Almodovar, ça vaut le .... !

29. Après trois mois de stress, il est temps de .... Au programme : randonnées, vélo, piscine et repos pendant trois semaines pour retrouver la forme.

30. Quand tu m'as dit que Valère était amoureux de moi, tu m'as vraiment mis la ...., même si je m'en étais vaguement douté avec sa façon de me regarder.

Mon score : .... /30

17 • Les arts visuels

A. L'architecture et la sculpture

 « L'architecture »

Annie est historienne de l'art et s'intéresse à tous les styles d'architecture mais également aux **méthodes de construction**. Pour cela, elle se rend souvent sur le site de Guédelon en Bourgogne, où l'on a entrepris d'**édifier** un château médiéval selon les techniques de l'époque. Comment **élever** une **voûte** pour la chapelle, construire un **arc en plein cintre**, qui est un arc en demi-cercle utilisé surtout dans l'art **roman**, ou un **arc en ogive**, qui est un arc brisé utilisé plus tard dans l'art **gothique** ? Des **colonnes** et d'autres **ornements** nous renseignent sur le style architectural : les **motifs floraux** pour l'Art nouveau de la Belle Époque et les **motifs géométriques** pour l'Art déco des Années folles. Et qui ne reconnaît pas le **style haussmannien** des immeubles parisiens ? Ils possèdent tous six étages dont le deuxième est pourvu d'un balcon en **fer forgé**. Quand Annie se promène dans les rues, elle remarque des ambiances très différentes parce que les façades sont parfois plus **sobres**, parfois plus **décorées**. Et vous, quel est le **style architectural** que vous préférez ? Le style, c'est la vie !

532. S'EXERCER Soulignez la bonne réponse.

a. Claude Monet a peint 30 tableaux de la cathédrale de Rouen qui a été construite dans le style *comique – gothique*.

b. Maria, adepte du style classique, adore les façades *sobres – solides* alors que Marin, fan du baroque, préfère les façades *décorées – déguisées*.

c. Nous sommes fascinés par les *colombes – colonnes* monumentales de l'Antiquité romaine à Palmyre en Syrie !

d. Les trois architectes les plus célèbres qui ont *édifié – élevé* le château de Versailles avaient pour nom de famille, Le Brun, Le Nôtre et Le Vau. Amusant, n'est-ce pas ?

e. Il y a à Bordeaux de très beaux balcons en fer *forgé – formé* qui font la fierté de la ville.

f. Les motifs *géographiques – géométriques* sont très utilisés par les designers contemporains.

g. On peut trouver que certains *ornements – organismes* de façade sont trop kitsch. Mais souvent, ça plaît !

h. Un arc en *plein cintre – ogive* est un arc en demi-cercle appartenant à l'art roman.

533. S'EXERCER Vrai ou faux ? Si faux, justifiez votre réponse.

a. Les plans d'architecture et les concepts des architectes témoignent de leurs méthodes de construction.
→ .... → ....

b. Le style haussmannien a été créé par l'urbaniste Haussmann et a métamorphosé l'architecture de Paris au milieu du XIXe siècle. On retrouve ce style dans des villes du monde entier, de Lausanne à Alger et du Caire à Bucarest.
→ .... → ....

17 • Les arts visuels

c. Pour construire des voûtes, il faut des colonnes et des arcs bien solides.

→ .... → ....

d. Les motifs floraux sont des ornements avec des animaux.

→ .... → ....

e. L'art roman s'étend du XIe siècle jusqu'au milieu du XIIe, juste avant l'art gothique.

→ .... → ....

f. Le style architectural permet de situer un édifice dans une époque.

→ .... → ....

534. RÉVISER Complétez les phrases avec les mots qui conviennent.

a. L'art roman est suivi de l'art .... , qui dure jusqu'au début du XVIe siècle.

b. La façade de l'immeuble en face de chez moi est .... avec un certain nombre d'ornements étranges : des poissons, des coquillages et des méduses !

c. Les arcs .... sont facilement reconnaissables car ils sont ronds.

d. Le .... que je préfère, c'est l'Art nouveau du début du XXe siècle.

e. J'avais un balcon en bois, je l'ai fait reconstruire en .... , maintenant c'est du solide !

535. SE TESTER Devinettes : De quoi parle-t-on ?

a. C'est un support droit et vertical. Il y en a des célèbres dans l'Antiquité égyptienne et gréco-romaine.

→ ....

b. Son synonyme est « construire vers le haut et jusqu'en haut ».

→ ....

c. Ce sont des ornements qui représentent des fleurs, vous en trouverez beaucoup dans l'art déco et dans l'art japonais.

→ ....

d. C'est un style qui a transformé Paris, mais aussi d'autres villes françaises comme Dijon, Toulouse ou Lille.

→ ....

e. Elles sont montées en briques ou en pierres naturelles sur des colonnes. Mais à la moindre erreur de construction, elles s'effondrent !

→ ....

A. L'architecture et la sculpture

 « La sculpture »

Aujourd'hui, j'ai rendez-vous avec un célèbre sculpteur : Sonja K. Elle va me montrer son atelier où elle fabrique ses sculptures qui sont souvent en **bronze**, en **marbre** ou en aluminium **poli**. Elle utilise aussi des **matériaux** de récupération comme le **polystyrène**. On y rencontre des **statues** ailées, des **statuettes** et plein d'animaux. On voit tout de suite qu'elle préfère l'**art figuratif** à l'**art abstrait**. En général, ses créations sont grandes et **volumineuses**, ou alors très **pesantes**. Rares sont celles qui ont des dimensions réduites et le **poids d'une plume**. Un insecte a même dû être transporté en hélicoptère tellement il était grand et lourd ! Elle m'explique qu'au départ, elle fabrique un **modèle** en **plâtre** ou en **cire** avant de le **couler** en bronze. Pour sculpter la pierre, elle utilise un **burin**. Mais le plus important est, selon elle, l'inspiration. Celle-ci lui vient en faisant des **croquis** au **fusain**, qui est un bâtonnet de charbon dont le trait s'efface facilement. Ce n'est pas étonnant car avant d'être sculpteur, elle était styliste de mode dans une maison de haute couture. Une artiste magnifique qui voit tout en grand !

536. S'EXERCER Indiquez les mots qui correspondent aux explications suivantes.

a. C'est un outil en acier que l'artiste pousse à l'aide d'un marteau et qui sert à sculpter du bois et de la pierre.

→ ....

b. C'est un synonyme de « lourd ».

→ ....

c. C'est une roche calcaire très lourde qui est capable de prendre un beau poli dans les arts sculpturaux.

→ ....

d. C'est une matière plastique très légère et surtout utilisée dans l'isolation.

→ ....

e. C'est un métal lourd composé de cuivre (métal rouge) et d'étain (métal gris blanc) qui est distribué sous forme de médaille aux Jeux olympiques au cas où vous n'auriez pas gagné celle en or ou en argent.

→ ....

f. C'est du charbon comprimé qui sert à dessiner.

→ ....

g. Qui occupe beaucoup de place, qui a de grandes dimensions.

→ ....

537. S'EXERCER Soulignez la bonne réponse.

a. On parle d'art *abstrait* – *figuratif* quand il représente les formes de la nature.

b. Une *statue* – *statuette* est de petite taille.

c. Un grand nombre d'architectes et de sculpteurs font des *croquettes* – *croquis* pour mettre sur papier leur œuvre avant exécution.

d. Le sculpteur *pâlit* – *polit* sa statue pour lui donner une surface lisse et luisante.

e. J'ai rencontré un mécène très riche qui me finance, j'ai donc *couché* – *coulé* ma statue en or massif.

17 • Les arts visuels

f. Pour fabriquer mes *exemples – modèles*, je préfère *la cire – le plâtre* car ce *matériel – matériau* ne fond pas quand je m'approche avec le chalumeau.

g. Ma statuette a le poids d'une *prune – plume* car elle est fabriquée en coton !

538. RÉVISER Vrai ou faux ?

a. Le burin est indispensable au sculpteur et au menuisier, cet outil s'utilise avec un marteau. ☐ vrai ☐ faux

b. Les statues sont moins volumineuses que les statuettes. ☐ vrai ☐ faux

c. Les statues en cire peuvent fondre au contact de la chaleur. ☐ vrai ☐ faux

d. L'art figuratif s'oppose à l'art abstrait. ☐ vrai ☐ faux

e. Le béton et l'acier sont des matériaux de construction. ☐ vrai ☐ faux

539. SE TESTER Charades : De quels mots parle-t-on ?

a. Mon premier est le début du mot « stable », mon second est le contraire de la forme de politesse « vous », mon troisième est le verbe conjugué qui suit « nous sommes » : mon tout est plus petit qu'une statue.

→ ....

b. Mon premier recouvre tout votre corps, mon second est l'activité que vous faites en ouvrant un livre : mon tout veut dire rendre lisse et brillant.

→ ....

c. Si vous recevez le premier sur la tête vous aurez une bosse, mon second est le pluriel de « le » : mon tout est l'action de fondre des métaux et de les verser dans un moule.

→ ....

d. Mon premier est la dent dangereuse des loups et des chiens, mon second est le pronom relatif pour le sujet : mon tout est un dessin qui fournira la base d'une œuvre sculpturale ou picturale.

→ ....

e. Mon premier est le début du mot « fumier », mon second est le contraire de « malade » mais ne se prononce pas exactement de la même façon : mon tout sert à dessiner.

→ ....

« Quelques expressions usuelles »

Essuyer les plâtres = subir les conséquences de quelque chose de nouveau
Rester de marbre = rester froid et indifférent face à une situation
Être la clef de voûte de = être la partie la plus importante de quelque chose

C'est un modèle de patience = c'est quelqu'un qui sait rester calme dans n'importe quelle situation
Être changé en statue de sel = être très choqué au point de rester figé

A. L'architecture et la sculpture

540. À VOUS ! Corrigez les erreurs qui se sont glissées dans les phrases suivantes.

a. Des spécialistes prétendent que le Liban est le trou de colonne de la politique française au Proche-Orient. Est-ce vrai ?

→ ....

b. Ce coureur cycliste est resté de plomb devant l'accident de son concurrent, quelle dureté !

→ ....

c. Quand j'ai appris que tu avais braqué une banque et volé 4 millions d'euros, j'ai été transformé(e) en sculpture de sucre. Toi qui semblais si calme et si gentille !

→ ....

d. Ma cousine Véronique sait rester calme en toutes circonstances, c'est un mannequin de douceur.

→ ....

e. Nous sommes inquiets car nous allons laver les bronzes pour les premiers essais de ce vaccin.

→ ....

B. La peinture et la photographie

« La peinture » 119

Récemment, j'ai visité l'**exposition temporaire** d'un peintre dont j'adore l'œuvre. J'ai assisté au **vernissage** et au **finissage** de l'exposition. La galerie montrait ses **nus** et ses **natures mortes**. Un enchantement ! Aujourd'hui, je visite son atelier pour voir comment il travaille.
En y pénétrant, je découvre le peintre debout devant son **chevalet** où est installée la **toile** qu'il est en train de peindre. Dans une main, il a le **pinceau** et dans l'autre, la **palette** sur laquelle il mélange ses couleurs. Un peu plus loin, il y a le **modèle** qui **pose** pour lui.
Dans un autre coin, on trouve des corbeilles de fruits et des légumes prêts à être peints. Il m'explique que pour le nu, il utilise la **gouache**, qui est une sorte d'**aquarelle** moins transparente, et pour la nature morte le **pastel**, qui est un bâtonnet de couleurs. Pour que le tableau ne s'abîme pas, on applique plusieurs couches de **vernis** avant de l'**encadrer**. Bon, me dit-il, il faut que je retourne à mon chevalet car le Musée d'Orsay m'a commandé deux **peintures à l'huile** pour une **exposition permanente**. Je vous enverrai un **carton d'invitation**. À bientôt donc !

541. S'EXERCER Indiquez les mots qui correspondent aux définitions suivantes.

a. Principal outil du peintre qui lui sert à étaler la peinture sur le tableau.

→ ....

b. Meuble sur lequel est fixée l'œuvre en cours de création.

→ ....

c. Tableau peint avec des couleurs composées de pigments et d'huile.

→ ....

17 • Les arts visuels

d. Couche de protection transparente que l'on applique sur les tableaux pour qu'ils se conservent.

→ ....

e. Représentation artistique du corps humain totalement ou largement dévêtu.

→ ....

f. C'est à la fois une peinture à l'eau très transparente et le résultat sur papier.

→ ....

g. Sorte de crayon de couleur en général épais et gras.

→ ....

542. S'EXERCER Soulignez la bonne réponse.

a. Claire-Lise a fait *encadrer – entourer* ses tableaux parce qu'elle va exposer ses *toiles – voiles* dans une galerie d'Aix-en-Provence à l'occasion d'une exposition *secondaire – temporaire*.

b. Plus jeune, pour gagner un peu d'argent de poche, je *passais – posais* pour les étudiants des Beaux-Arts comme *mannequin – modèle*.

c. En Belgique, en Suisse et dans le nord de la France, le *finissage – finissement* est la fin d'une exposition au contraire du *polissage – vernissage* qui la débute.

d. Les œuvres principales de Gustave Courbet sont en exposition *continuelle – permanente* au Musée d'Orsay.

e. Le peintre mélange sur sa *mallette – palette* de la *boue – gouache*, qui est une peinture à l'eau faite de matières colorantes non transparentes.

f. J'ai reçu un *cahier – carton* d'invitation pour le vernissage de l'expo Jean-Baptiste Siméon Chardin, qui est pour moi le meilleur peintre de *paysages vivants – natures mortes*. C'est fantastique !

543. RÉVISER Vrai ou faux ?

a. L'aquarelle est une peinture à l'eau très transparente.	☐ vrai	☐ faux
b. Une exposition temporaire est une exposition sans fin.	☐ vrai	☐ faux
c. La palette est l'objet sur lequel le peintre pose sa toile.	☐ vrai	☐ faux
d. Un carton d'invitation vous permet d'assister à un vernissage.	☐ vrai	☐ faux
e. Le modèle est une personne qui aide le peintre à mélanger ses peintures.	☐ vrai	☐ faux

544. SE TESTER Charades : De quels mots parle-t-on ?

a. Mon premier est la couleur de l'herbe, mon second est une double négation, mon troisième est le contraire de désobéissant : mon tout est l'inauguration d'une exposition dans une galerie.

→ ....

b. Mon premier est le « je » mal prononcé, mon second est l'impératif du verbe « aller », mon troisième est une boisson blanche : mon tout est le support sur lequel est posée la toile du peintre.

→ ....

c. Mon premier est la base de la tartine, mon second est un récipient pour l'eau : mon tout est primordial pour l'artiste peintre.

→ ....

B. La peinture et la photographie

d. Mon premier est l'impératif de « passer », mon second est le nom de famille du héros suisse Guillaume : mon tout est un bâtonnet de couleur pour le dessinateur.

→ ....

« La photographie »

Avant, avec les appareils analogiques, la photographie était un art réservé aux photographes. Il fallait savoir **zoomer** avec un **objectif** et **cadrer** précisément chaque photo au moyen du **viseur** avant d'appuyer sur le **déclencheur**. Puis, pour **développer** la **pellicule**, qui est très sensible à la lumière, on s'isolait dans la **chambre noire**, sinon le développement des **négatifs** ne pouvait se faire. Ensuite, on procédait au **tirage** des **clichés** sur un beau papier d'art. Aujourd'hui, avec les appareils numériques, c'est devenu un jeu d'enfant : on touche à peine le déclencheur et on fait des centaines de photos que l'on peut agrandir quand elles sont **nettes** ou effacer quand elles sont **floues**. D'ailleurs, j'ai réussi la photo d'un escargot de Bourgogne dont j'ai fait faire par un spécialiste un **agrandissement** de 2 mètres de large sur 1,50 mètre de haut. Je l'ai **mise sous cadre** et accrochée dans la salle à manger où j'en mange quasiment tous les jours !

545. S'EXERCER Soulignez la bonne réponse.

a. J'ai conservé les *négatifs – apéritifs* de mes vieilles photos pour pouvoir les numériser plus tard.

b. Si tu veux réussir les portraits, il faut apprendre à *zapper – zoomer* avec ton *positif – objectif* !

c. Mes photos sont *nettes – brutes*, mais dès que j'en fais un *agrandissement – doublage*, elles deviennent *fades – floues*. Je ne comprends pas pourquoi !

d. Les plus beaux *clichés – clips* que j'ai pris avec mon appareil analogique sont ceux de mon voyage au Cambodge. Depuis, je les ai mis *sur cadre – sous cadre*.

e. Ce qui est toujours difficile pour les photographes amateurs, c'est de bien *cacher – cadrer* les photos pour respecter les proportions. Sinon, c'est raté.

546. S'EXERCER Complétez les phrases avec les mots qui conviennent.

a. La pièce obscure où travaille le photographe professionnel s'appelle ....

b. J'appuie toujours trop vite sur le ...., c'est pourquoi je dois toujours refaire une seconde photo.

c. Je vais au studio photo pour faire .... de mon appareil photo analogique, car à la maison, je ne suis pas équipé(e) pour le faire.

d. Tu as fait un magnifique .... sur papier des photos que tu as prises lors de ta promenade en forêt.

e. Le .... de l'appareil photo permet à l'artiste de délimiter son champ de vision avant de prendre la photo.

17 • Les arts visuels

547. RÉVISER Transformez les mots suivants selon l'indication.

a. Le développement → verbe : ....

b. Le cadrage → verbe : ....

c. Tirer → nom : ....

d. Agrandir → nom : ....

e. Le zoom → verbe : ....

548. SE TESTER Barrez l'intrus.

a. Un cliché – une peinture – une photo

b. La chambre à coucher – la chambre noire – développer les pellicules

c. Cadrer – le viseur – le tirage

d. Flou – net – trouble

e. Un agrandissement – une amplification – un rétrécissement

> **« Quelques expressions usuelles »**
>
> **Noircir le tableau**
> = ajouter à une situation des éléments négatifs
> **Ne plus pouvoir voir quelqu'un en peinture**
> = ne plus supporter quelqu'un
> **S'emmêler les pinceaux**
> = se tromper, en général oralement
>
> **Employer des clichés** = utiliser des stéréotypes
> **Une riche palette de**
> = un grand choix de quelque chose
> **Brosser le tableau d'une situation**
> = décrire globalement une situation

549. À VOUS ! Corrigez les erreurs qui se sont glissées dans les phrases suivantes.

a. Ce peintre, je ne peux plus le regarder en gouache : son arrogance et son mépris des autres sont insupportables.

→ ....

b. Je suis allé(e) dans une papeterie où il y avait un immense tirage de cahiers et de stylos.

→ ....

c. Lors du discours d'ouverture de son vernissage, le pauvre Damien, qui est très timide, s'est mélangé les pastels. On lui pardonne car ses tableaux sont magnifiques !

→ ....

d. J'ai très peu de temps à vous consacrer, alors je vais vous peindre la toile de l'événement en quelques mots seulement.

→ ....

e. Lorsqu'on parle de cultures qu'on ne connaît pas bien, il faudrait s'efforcer de ne pas trop utiliser de photos.

→ ....

f. Chaque fois que je dis quelque chose de positif, tu ne peux pas t'empêcher de brunir la toile. Qu'est-ce que tu es pessimiste !

→ ....

C. Le cinéma

 « La technique et les métiers »

François, mon ami **réalisateur**, a déjà 20 **longs métrages** à son actif. Il a débuté sa belle carrière en tournant des courts et moyens métrages. Aujourd'hui, il choisit ses acteurs avec un **directeur de casting** qui fait **passer des essais** aux comédiens pour un rôle. Diplômé d'une école de cinéma, il **maîtrise** parfaitement la **caméra** aussi bien pour les **gros plans**, afin de cadrer au plus près les visages de ses personnages, que pour les **travellings**, ce qui signifie que la caméra se déplace, contrairement aux **plans fixes** où elle reste immobile. À l'aide de son **éclairagiste**, il crée des ambiances très variées. Après le **tournage**, il travaille avec sa **monteuse** pour finaliser son film. Par ailleurs, il est **scénariste** et fait des **films intimistes** plutôt que des films à grands budgets. C'est pourquoi il y a peu de **figurants** et de **cascadeurs** dans ses œuvres. Comme ses films s'exportent bien, ils **sortent** en **version originale**, en VO avec **sous-titres**, ou directement dans la langue du pays au moyen d'un **doublage**. Mais sa force, c'est le choix de ses **bandes originales** composées d'anciennes chansons françaises remises au goût du jour. Bref, il a beaucoup de talent !

550. s'EXERCER Complétez les phrases avec les mots qui conviennent.

a. Ce .... a une particularité : il ne fait que des .... avec sa caméra qui ne cesse de bouger mais jamais de .... On a l'impression d'un mouvement perpétuel dans ses films.

b. Le dernier film de cette réalisatrice italienne .... en VO avec des .... en français.

c. Le cinéaste André Téchiné est aussi ...., il écrit lui-même ses scénarios pour être plus libre dans le choix de ses sujets.

d. Pour son prochain ...., qui sera un film à gros budget, James Ivory aura besoin de beaucoup de .... qui joueront un groupe d'étudiants révoltés et de trois .... très sportifs qui effectueront des sauts en moto.

e. Claude Giraud était un acteur qui faisait surtout du .... : il a doublé les voix de Will Smith, d'Antonio Banderas et même d'acteurs coréens.

f. Dominique Besnehard cherche des acteurs pour la distribution de rôles de nombreux films français, c'est le le plus célèbre .... de France.

551. s'EXERCER Soulignez la bonne réponse.

a. La *bande* – *version* originale de ce film est juste géniale, la musique fait vraiment ressortir les émotions des personnages !

b. Ce jeune réalisateur ne *maîtrise* – *marie* pas encore très bien ses mouvements de *cinéma* – *caméra*, c'est parce qu'il fait du cinéma expérimental, selon lui !

c. Avant un *tournoi* – *tournage*, le réalisateur fait toujours passer des *essais* – *essayages* aux acteurs pour choisir celle ou celui qui correspondra le mieux au rôle.

17 • Les arts visuels

d. Certains acteurs et actrices ont horreur des *grands – gros* plans sur leur visage parce qu'ils redoutent de voir leurs rides à l'écran !

e. L'*éclairagiste – électricien* engagé pour ce film est venu sur le plateau de tournage avec ses propres projecteurs.

f. Il faut être très sérieux et méticuleux pour exercer le métier de *menteuse – monteuse* car elle assemble les séquences du film que l'on verra à l'écran.

g. François Truffaut a toujours tourné des films *intimes – intimistes*, pourtant il est connu dans le monde entier.

552. RÉVISER Reliez les deux parties de la phrase.

- **a.** Un cascadeur
- **b.** Un directeur de casting
- **c.** Un éclairagiste
- **d.** Une monteuse
- **e.** Un réalisateur
- **f.** Un scénariste

- **1.** coupe la pellicule et assemble les séquences pour la finition du film.
- **2.** double les acteurs dans les scènes difficiles à effectuer physiquement.
- **3.** écrit les dialogues d'un film.
- **4.** fait passer des essais aux acteurs.
- **5.** s'occupe de la lumière sur le plateau de tournage.
- **6.** tourne un film.

553. SE TESTER Devinettes : De quoi parle-t-on ?

a. Ce sont les dialogues traduits que l'on peut lire en bas de l'écran pour les films tournés en langue étrangère.

→ ....

b. Ces films racontent des situations du quotidien, ainsi que les mouvements de l'âme et des sentiments de leurs protagonistes. Par ailleurs, ils coûtent moins cher au producteur que les grosses productions.

→ ....

c. Ce sont des acteurs mais on ne les entend pas parler, on les voit le plus souvent de loin, en silhouette et rarement en gros plan.

→ ....

d. C'est le nom donné à la musique accompagnant un film. Son sigle est BO.

→ ....

e. C'est un moment de stress pour les acteurs car ils doivent tourner de minuscules scènes avec le réalisateur et le directeur de casting. Si le résultat est satisfaisant, ils seront choisis pour un rôle.

→ ....

C. Le cinéma

« Les genres cinématographiques » 122

Chacun préfère un genre de film différent : Angelo adore les **comédies**, qui le font rire, tandis que Christophe, qui est plus intellectuel, apprécie les **comédies dramatiques**, qui mettent en scène la tragi-comédie de l'existence. Eleni est passionnée de **documentaires** sur les animaux marins et Georgeta, mon amie roumaine, ne regarde que des **mélodrames**, qui la font pleurer. J'ai remarqué aussi que les jeunes adorent les **films d'horreur** avec plein d'**effets spéciaux** où les personnages se font couper en morceaux. Les nostalgiques, eux, raffolent des **péplums** avec des costumes d'époque, même si c'est un peu kitch. Beaucoup préfèrent simplement un bon **suspense** et les enfants se dépêchent d'aller voir sur **grand écran** des **dessins animés** ou des **films d'animation**. Et moi, je suis **cinéphile** : j'aime tous les films, du **navet** – mot familier pour dire qu'il est complètement raté – au **film culte**, comme certains **grands classiques**. Il me suffit de voir la **bande-annonce** et de consulter le **générique** pour savoir si le film me plaira. Vive le 7ᵉ art !

554. S'EXERCER Soulignez la bonne réponse.

a. Comme j'aime avoir un peu peur au cinéma et attendre avec impatience la fin de l'intrigue, je suis fan des films à *suspense – surprise*.

b. Avant d'aller voir un film au cinéma, je regarde systématiquement la bande *annonce – originale* pour m'en faire une idée et me donner envie de le découvrir.

c. Il est vrai que je suis plus sensible aux comédies *dramatiques – tristes* qu'aux films *horribles – d'horreur*.

d. Je vais toujours revoir les *gros films – grands classiques* quand ils ressortent sur *grand – petit* écran, car je suis nostalgique et j'adore les salles obscures !

e. « Métropolis », « King Kong » et « 2001 l'Odyssée de l'Espace » sont trois chefs-d'œuvre en ce qui concerne les effets *spéciaux – spectaculaires*.

f. En général, les films d'*agitation – animation*, qui mettent en scène des figurines filmées, sont appréciés par les adultes et les enfants alors que les *cartons – dessins* animés le sont plutôt par les enfants en bas âge.

g. Pour se divertir, le grand public va voir des *comédies – tragédies* pleines d'humour, et tant pis si c'est un *concombre – navet* complet !

555. S'EXERCER Indiquez les mots qui correspondent aux définitions suivantes.

a. Film à grand spectacle jouant dans l'Antiquité gréco-romaine.
→ ....

b. Parties au début et à la fin du film où sont indiqués les noms de ceux qui ont participé à sa réalisation.
→ ....

c. Connaisseur en matière de cinéma.
→ ....

d. Films extrêmement tragiques et dramatiques qui mettent en avant l'émotion à l'état pur. Allez voir ceux du réalisateur japonais Kenji Mizoguchi !
→ ....

17 • Les arts visuels

e. Film qui présente des faits authentiques, il s'oppose au film de fiction.

→ ....

f. Film qui est resté dans la mémoire collective et qui est mis en avant par un groupe d'admirateurs.

→ ....

556. RÉVISER Vrai ou faux ?

a. Les films d'horreur sont des films qui ne sont pas violents et que les enfants peuvent regarder. ☐ vrai ☐ faux

b. Un navet est un film d'une grande qualité esthétique et qui est considéré comme un chef-d'œuvre. ☐ vrai ☐ faux

c. On peut verser beaucoup de larmes en regardant des mélodrames. ☐ vrai ☐ faux

d. Un film culte est très apprécié par un grand groupe de fans et reste intemporel. ☐ vrai ☐ faux

e. Les péplums sont des films qui mettent en scène des événements du XXIe siècle. ☐ vrai ☐ faux

557. SE TESTER Barrez l'intrus.

a. Un grand classique – un chef-d'œuvre – un navet

b. Le grand écran – le cinéma – la vidéo

c. Un documentaire – une comédie dramatique – un dessin animé

d. Un mélodrame – une comédie – un film comique

e. La bande-annonce – le générique – les effets spéciaux

558. SE TESTER Devinettes : De quoi parle-t-on ?

a. Elle doit être courte et alléchante afin de vous entraîner dans une salle obscure.

→ ....

b. Peu de spectateurs regardent celui de la fin du film jusqu'au bout, mais il est indispensable pour mentionner le nom de tous les participants au film.

→ ....

c. Comme des chefs-d'œuvre de la littérature, on dit de ces films qu'ils le sont, car ils font partie du patrimoine culturel.

→ ....

d. Si vous en voyez un au marché, vous serez content(e). En revanche, si vous en voyez un au cinéma, vous serez déçu(e) !

→ ....

e. C'est une tunique grecque qui a donné son nom à des films à grand spectacle sur l'Antiquité.

→ ....

C. Le cinéma

« Quelques expressions usuelles »

Faire du cinéma
= exagérer dans le but de se faire remarquer
Mettre sur le même plan
= mettre sur un pied d'égalité
Avoir le beau rôle = être à son avantage, exercer l'activité la plus facile

Se faire tout un film = se raconter des histoires en imaginant des choses fausses
Ne pas être dans le bon film = ne pas se trouver à la bonne place au bon moment
Prendre son rôle au sérieux
= faire très bien ce que l'on doit faire

559. À VOUS ! Complétez les phrases suivantes avec une expression de l'encadré ci-dessus.

a. Désolé, mais moi je ne peux pas .... les comédies populaires et les films intimistes. Ce sont deux choses totalement différentes !

b. Dans cette soirée, je me suis senti mal à l'aise, je ne savais pas quoi dire ni quoi faire, bref, je .... !

c. Ces gens se sont ...., ils pensaient qu'on était des stars parce qu'on connaissait un ou deux acteurs à la mode.

d. Fabrice, je t'en prie, arrête un peu de .... : tu fatigues tout le monde avec tes jeux de mots et tes imitations !

e. Clément, brillant scénariste, a toujours ...., même lorsqu'il a dû rédiger un scénario à la dernière minute pour un collègue tombé malade.

f. Toi, tu as toujours le ...., tu parles bien, tu fais rire tout le monde, tandis que moi, je suis à la cuisine et je dois m'occuper de tout. J'en ai assez de toujours passer en deuxième position !

Bilan

Complétez avec les mots qui conviennent.

1. L'ingénieur-architecte Gustave Eiffel a .... la tour Eiffel. Elle a été inaugurée en 1889.
2. À Paris, beaucoup d'immeubles sont construits dans le .... qui a été imposé par le baron Haussmann, préfet de Paris.
3. Habitant au 5ᵉ étage, je me suis fait installer un beau balcon en ....
4. En ce qui concerne l'esthétique des bâtiments, chacun a son .... préféré, le mien, c'est celui de Louis XVI.
5. J'ai acheté une statue qui n'est ni en or ni en argent. Elle est coulée en .... et elle est très lourde !
6. Comme j'habite un petit appartement, impossible d'avoir des statues de grande taille chez moi, alors je collectionne des ...., plus petites mais tout aussi belles.
7. Au musée de Madame Tussauds à Londres comme au musée Grévin à Paris, tous les personnages sont en .... : il ne faudrait pas qu'il y ait un incendie sinon ils fondraient !
8. L'outil absolument nécessaire au sculpteur est le ...., mais sans le marteau, il ne sert à rien !
9. Je suis invité au .... de mon ami Emmanuel dans une galerie à Saint-Germain-des-Prés. Le premier jour de l'exposition, il y a toujours beaucoup de monde !
10. Tous les peintres du monde posent leurs toiles sur des .... en bois ou quelquefois en fer.
11. Dans la .... que le peintre utilise pour mélanger sa peinture, il y a un petit trou où il peut passer son pouce pour mieux tenir cet objet indispensable à son travail d'artiste.
12. Hélène, pourrais-tu m'envoyer un .... pour le vernissage de ta prochaine exposition sur Caspar David Friedrich ?
13. Le photographe .... avec son objectif pour agrandir ce qu'il veut photographier.
14. Quand un photographe travaille dans sa .... pour développer sa pellicule, il ne faut surtout pas le déranger et ouvrir la porte, sinon les photos sont ratées !

15. Catastrophe : toutes les photos que j'ai prises en Sardaigne sont .... ! Moi qui, d'habitude, suis le spécialiste de la netteté !

16. Le portrait que j'ai fait de toi est magnifique ! Je vais en faire un .... et le mettre sous cadre.

17. Après trois courts métrages, cette talentueuse réalisatrice est prête pour son premier .... Bonne chance !

18. Izdihar, ma ...., est extraordinaire car elle travaille avec beaucoup de précision sur des kilomètres de pellicule. Elle coupe, elle colle, elle a des doigts de fée. Sans elle, pas de film !

19. Pour mieux saisir l'ambiance présente dans les films étrangers, je préfère les VO avec des .... plutôt que les films qui sont doublés.

20. Avant d'être un acteur connu, Louis avait été ...., il ne parlait pas mais son image passait à l'écran et maintenant c'est une star !

21. Étrangement, les œuvres de fiction m'ennuient un peu, mais je suis passionnée par les .... historiques, culturels et animaliers.

22. J'adore les ...., et chaque fois que j'en visionne un, je garde mon paquet de mouchoirs en main pour sécher mes larmes.

23. Hier soir, quel .... ! Cela faisait longtemps que je n'avais pas vu un film aussi raté. Mauvais acteurs, scénario inexistant et quel ennui !

24. Chaque fois que je découvre le nom de mon actrice préférée au .... d'un film, je me précipite au cinéma.

Expressions

25. C'est la première fois que je fais cette expérience. J'ai peur car c'est toujours un peu risqué quand on doit essuyer .... !

26. Cédric est un .... de patience avec ses enfants, il ne s'énerve jamais ! Quel bon exemple !

27. Hakim n'est pas quelqu'un de joyeux. Même quand tout va bien, il faut toujours qu'il .... le tableau. C'est agaçant !

28. Depuis qu'elle m'a volé mon fiancé, je ne peux plus la voir en ....

29. Je t'en prie, Hugo, arrête un peu de faire .... Je sais que tu aimes te faire remarquer. Mais là, c'est trop !

30. Même en dehors du cinéma, cet acteur à la mode a toujours le beau ...., tout le monde ne s'occupe que de lui. Moi, je suis figurant et personne ne s'intéresse à moi. C'est la vie !

Mon score : .... /30

18 • Le spectacle vivant

A. La musique

 « La chanson »

Avant d'être chanteuse, me dit mon amie Chimène, il faut savoir si l'on **chante juste** ou **faux**. Ensuite, pour bien chanter, il faut travailler sa voix. Le rêve d'un chanteur, c'est d'enregistrer un disque et de **sortir un album**, avec des titres agréables à écouter. Si l'un d'eux fait un **succès**, c'est bien ; s'il devient un **tube**, c'est génial ! Pour cela, il est indispensable que le titre **passe à la radio** et soit téléchargeable sur les plateformes musicales. Mais créer une bonne chanson est difficile, car c'est un mariage délicat entre des paroles écrites par un **parolier** qui expriment des émotions et une belle **mélodie** imaginée par un **compositeur**. Puis, la chanson a besoin d'**arrangements musicaux** soignés et, bien sûr, d'un bon **interprète** capable de chanter **en direct**. Le **play-back** est en principe réservé aux clips. Moi, j'adore les chansons françaises et je les écoute **en boucle**, du coup, je **connais** plein de titres **par cœur**. Et après, je peux me faire des **compilations** avec tous mes **morceaux** préférés. La chanson, c'est voir la vie en rose !

560. S'EXERCER Soulignez la bonne réponse.

a. Un *interprète – compositeur* crée de belles *mélodies – harmonies* sur des paroles.

b. Les chanteurs connus sortent des *compilations – consolations* de leurs vieux *succès – bides** parce qu'ils sont sûrs de les vendre !

c. S'il chante en *direct – play-back*, un interprète doit chanter *faux – juste*, sinon c'est la catastrophe !

d. Quand je *mets – pose* de la musique très fort, mes voisins ne sont pas très contents !

e. C'est la rentrée, j'écoute en *boucle – continuation* cette chanson grecque car elle me rappelle les vacances !

* Dans la chanson, un titre est un « bide » lorsqu'il n'a aucun succès.

561. S'EXERCER Complétez les phrases avec les mots qui conviennent.

a. Ma copine Arielle est ravie, sa chanson .... à la radio plusieurs fois par jour. Je crois qu'elle va faire mieux qu'un succès, ... énorme !

b. Comme j'écoute toujours les mêmes .... des années 80, je les connais .... et je les chante à longueur de journée.

c. Afin d'écrire un beau texte pour une chanson, un .... doit avoir des idées et savoir faire des rimes !

d. Le grand Serge va .... un nouvel .... Comme ce sera le dernier de sa carrière, il veut des .... de grande qualité pour rendre les chansons encore plus belles.

562. RÉVISER Vrai ou faux ?

a. Un tube est un succès énorme. ☐ vrai ☐ faux

b. Chanter en play-back, c'est chanter avec un micro et un orchestre. ☐ vrai ☐ faux

c. Un/une interprète est le synonyme de « chanteur/chanteuse ». ☐ vrai ☐ faux

A. La musique

d. Les arrangements musicaux habillent une chanson de différents sons. ☐ vrai ☐ faux

e. Une compilation est faite uniquement de nouveaux titres de l'artiste. ☐ vrai ☐ faux

563. SE TESTER Devinettes : De quoi parle-t-on ?

a. Avec leur talent de mélodiste et de poète, ils créent de belles chansons.

→ ....

b. Si vous chantez de cette façon, tout le monde se bouchera les oreilles !

→ ....

c. C'est quand vous réécoutez dix fois, vingt fois la même chanson.

→ ....

d. C'est lorsque vous arrivez à chanter une chanson sans lire les paroles.

→ ....

e. C'est le contraire de chanter en play-back.

→ ....

« La musique classique » 124

Certains d'entre nous ont appris à jouer d'un instrument et suivi un cours de **solfège** au **conservatoire** afin de pouvoir déchiffrer les **partitions** de musique. Les uns ont choisi un instrument **à cordes** – violon ou violoncelle –, les autres un instrument **à vent** – flûte, clarinette ou trompette. Ou alors un instrument **à percussion** comme le triangle ou le tambour. Après des années de travail, on peut s'orienter soit vers la **musique de chambre**, jouée par un ou plusieurs **solistes**, soit vers la **musique symphonique**, jouée par un orchestre. Ce dernier est dirigé par un **chef d'orchestre** qui veille à la parfaite exécution des morceaux de musique. Pour cela, il organise des répétitions, qui sont indispensables si l'orchestre veut **se produire en concert**. Arrive le soir du concert : tous les instrumentistes **accordent** leur instrument sur une même note, le « la » donné par le hautbois. Moment magique ! Puis, on entend « **Maestro !** » et le chef d'orchestre, **baguette** à la main, se précipite à son **pupitre** et le concert commence !

564. S'EXERCER Reliez chaque instrument à la famille qui correspond.

a. Le tambour •

b. La clarinette •

c. La trompette •

d. Le violoncelle • • **1.** Les instruments à vent

e. La flûte traversière • • **2.** Les instruments à cordes

f. Le triangle • • **3.** Les instruments à percussion

g. La mandoline •

h. La guitare •

i. Le hautbois •

18 • Le spectacle vivant

565. S'EXERCER Indiquez les mots qui correspondent aux définitions suivantes.

a. Étude des principes élémentaires de la musique et de ses notes.

→ ....

b. Document qui porte la transcription d'une œuvre musicale.

→ ....

c. Bâton du chef d'orchestre pour diriger.

→ ....

d. École publique où l'on enseigne la musique ou le théâtre.

→ ....

e. C'est le synonyme de « chef d'orchestre ». C'est un mot italien qui signifie « le maître ».

→ ....

f. Petit meuble incliné où l'on pose sa partition à hauteur de vue.

→ ....

566. S'EXERCER Complétez les phrases avec les mots qui conviennent.

a. Pour éviter les fausses notes, tous les musiciens ....

sur celui qui donne le « la ».

b. Certains préfèrent la musique ....

parce qu'elle est plus intimiste.

c. Le but de chaque musicien ou instrumentiste, c'est de .... !

d. Les pianistes et les violonistes veulent toujours devenir ....

car c'est bien plus prestigieux que de disparaître au milieu d'un orchestre !

e. Beethoven est le grand maître de la .... ,

sa 5ᵉ symphonie en est la preuve !

567. RÉVISER Vrai ou faux ?

a. Le solfège, c'est l'étude que fait un flûtiste soliste.   ☐ vrai   ☐ faux
b. Se produire en concert, c'est donner un spectacle musical devant un public.   ☐ vrai   ☐ faux
c. La clarinette est un instrument à vent et le triangle un instrument à percussion.   ☐ vrai   ☐ faux
d. Les partitions sont les trois parties d'un concert.   ☐ vrai   ☐ faux
e. Le « la » sert à tous les musiciens d'un orchestre pour accorder leur instrument.   ☐ vrai   ☐ faux

568. SE TESTER Devinettes : De quoi parle-t-on ?

a. C'est une école où l'on apprend la musique et le théâtre.

→ ....

b. Il sert à l'écolier pour travailler et au musicien pour poser ses partitions.

→ ....

c. C'est une musique jouée par deux ou trois solistes, mais elle n'est pas jouée dans un lit !

→ ....

A. La musique

d. C'est un très joli nom donné au chef d'orchestre, en italien.

→ ....

e. Les Français en achètent tous les jours, mais ici c'est le chef d'orchestre qui la tient en main pour diriger ses musiciens.

→ ....

> **« Quelques expressions usuelles »**
>
> **Chanter comme une casserole**
> = chanter faux et très mal
> **Mener quelqu'un à la baguette**
> = diriger avec dureté
> **C'est toujours la même chanson**
> = c'est toujours la même chose
>
> **Accorder ses violons** = se mettre d'accord
> **Ne pas pouvoir aller plus vite que la musique**
> = ne pas devoir se précipiter au risque de mal faire
> **Connaître la chanson**
> = avoir déjà entendu ces propos, ces arguments

569. À vous ! Corrigez les erreurs qui se sont glissées dans les phrases suivantes.

a. La directrice de cette entreprise tient ses employés au col. Selon elle, il faut qu'ils soient enfin écolos, mobiles et rentables ! Horreur !

→ ....

b. Mon fils arrive régulièrement en retard à l'école. C'est toujours la mélodie répétitive. Rien à faire, il est incorrigible !

→ ....

c. Tout le monde me dit que je chante comme une poêle, alors je ne chante plus que sous la douche !

→ ....

d. Si l'on veut produire une œuvre de qualité et en faire un succès, on ne peut pas accélérer le rythme de la mélodie, et nous savons de quoi nous parlons !

→ ....

e. J'ai déjà entendu mille fois cette symphonie, ce n'est pas la peine de me répéter ces idioties !

→ ....

f. Il est temps que nous mettions nos instruments sur le même « la », sinon nous n'arriverons jamais à collaborer ensemble !

→ ....

18 • Le spectacle vivant

B. Le théâtre

« Sur scène » 125

Depuis son enfance, Faustine est passionnée par le théâtre, voilà pourquoi elle est devenue **comédienne**. Elle débute dans une **troupe de théâtre amateur** puis obtient un **second rôle** dans une **pièce** où on la remarque. Avant de **monter sur scène**, quand elle entend les **trois coups** qui annoncent le début du spectacle, elle a le **trac** au ventre. Mais dès que le **rideau s'ouvre**, elle est dans son élément et **entre dans la peau** de son personnage : Phèdre ou Chimène. Après avoir **donné la réplique** à ses partenaires, elle reste seule en scène à prononcer un **monologue**. Elle profite de l'**entracte** pour changer de costume. Au troisième **acte**, la tension monte au moment où elle **déclame** sa célèbre **tirade**, qui est un passage assez long avant le **dénouement** de l'intrigue. Puis le rideau se baisse et ce sont les **applaudissements** du public qui commencent. Et c'est alors que tous les spectateurs, du **parterre** au **balcon**, l'**ovationnent** debout car c'est une grande **tragédienne** ! Et d'ailleurs, ses pièces **se jouent à guichets fermés** car le théâtre est toujours complet. Merveilleuse Faustine !

570. S'EXERCER Soulignez la bonne réponse.

a. Le public attend toujours avec impatience le *dénouement – développement* de l'intrigue vers la fin de la pièce.

b. Si à la fin du spectacle le public *réceptionne – ovationne* debout les artistes, c'est le triomphe assuré !

c. Quand tu joues dans les *chambres – pièces* de Molière, tu es toujours extraordinairement drôle !

d. Pendant le deuxième *entracte – acte*, le comédien a eu un trou de mémoire. Heureusement, son partenaire qui lui donnait la *réponse – réplique* a improvisé pour sauver la situation.

e. Dans le milieu théâtral, on dit que Sarah Bernhardt fut la plus grande *théâtreuse – tragédienne* de tous les temps.

f. Seul sur scène, face au public, le comédien a prononcé un *dialogue – monologue* très émouvant. Bravo !

571. S'EXERCER Complétez les phrases avec les mots qui conviennent.

a. Au théâtre, on réserve un siège au .... si l'on veut être assis en bas face à la scène, ou au .... si l'on préfère être assis en hauteur.

b. On dit toujours que les artistes se nourrissent des .... que les spectateurs leur offrent à la fin de la représentation.

c. Quand j'étais jeune, j'ai longtemps appartenu à une .... de théâtre ...., c'est pourquoi je suis très à l'aise maintenant quand je dois parler en public.

d. Chaque soir à 21 heures, quand le ...., son cœur explose de joie car la comédienne retrouve la scène et son public adoré.

e. Les artistes attendent avec impatience en coulisse les .... qui annoncent le début du spectacle.

B. Le théâtre

572. S'EXERCER Reliez les deux parties de la phrase.

a. Avoir
b. Déclamer
c. Devenir
d. Entrer dans
e. Se jouer
f. Monter sur
g. Obtenir un second

1. comédien(ne)
2. la peau d'un personnage
3. rôle
4. le tract
5. une tirade
6. à guichets fermés
7. scène

573. RÉVISER Remplacez le mot incorrect souligné par celui qui convient.

a. Je me suis trouvé assis au <u>plafond</u> alors que je voulais absolument être placé au sixième rang du <u>plancher</u> pour être tout près de la scène. Tant pis !
→ .... → ....

b. Que cette pièce est longue ! J'attends avec impatience le <u>dévouement</u> de l'intrigue !
→ ....

c. Cette actrice reste seule en scène pendant ce <u>monolingue</u> qui dure plus de 70 minutes. Quelle performance !
→ ....

d. À l'<u>entre-temps</u>, nous allons toujours boire une petite coupe de champagne. C'est la tradition !
→ ....

e. Les comédiens disent que les <u>appauvrissements</u> des spectateurs sont leur plus belle récompense après le spectacle. Et je veux bien le croire !
→ ....

574. SE TESTER Vrai ou faux ? Si faux, justifiez votre réponse.

a. Un acte est l'une des parties d'une pièce de théâtre. Souvent, il y en a trois.
→ .... → ....

b. Si une pièce se joue à guichets fermés, toutes les places ont été vendues et elle remporte un très grand succès.
→ .... → ....

c. Le rideau s'ouvre à la fin du spectacle.
→ .... → ....

d. Avant le début d'une pièce de théâtre, on entend six coups de bâton, cela signifie que le public doit éteindre son portable.
→ .... → ....

e. Déclamer une tirade, c'est donner une longue réplique à son partenaire.
→ .... → ....

18 • Le spectacle vivant

 « Derrière le rideau »

Le théâtre, ce n'est pas que ce que l'on voit sur scène, c'est toute une **machinerie** qui se met en route et une multitude d'éléments qui se déroulent derrière les **coulisses**. Tout d'abord, c'est un **metteur en scène** qui décide de monter une pièce. Puis il y a les **accessoiristes** qui s'occupent du mobilier de la scène et des petits effets spéciaux sur scène, les **décorateurs** qui vérifient que les panneaux installés ne s'écroulent pas et la **régie** qui s'occupe du son et des lumières. Ensuite, dans les loges, les **habilleuses** ajustent les costumes des comédiens avant qu'ils n'entrent en scène **côté cour**, c'est-à-dire à droite, ou **côté jardin**, c'est-à-dire à gauche. Toute la troupe travaille énormément pendant les **répétitions** qui se terminent par la **générale**, avec ou sans costumes. Enfin, le directeur veille à ce que la pièce **ait un bon écho** dans la presse après la **première** afin que le public réserve des places pour un maximum de **représentations**. Et si le théâtre **affiche complet**, c'est gagné et il pourrait y avoir des **prolongations** !

575. S'EXERCER Indiquez les termes qui correspondent aux définitions suivantes.

a. Nom donné au côté gauche de la scène, vue de la salle.
→ ....

b. Première représentation publique d'une pièce avec des invités et des journalistes.
→ ....

c. Endroit où l'on règle le son et les lumières.
→ ....

d. Spécialiste qui est chargé de l'aménagement de l'espace scénique.
→ ....

e. Endroits de chaque côté de la scène, invisibles du public, où les artistes attendent avant d'entrer en scène.
→ ....

f. C'est la dernière répétition, costumée ou non, avant la première représentation publique.
→ ....

g. Personne employée dans un théâtre qui s'occupe des costumes des comédiens avant et pendant le spectacle.
→ ....

576. S'EXERCER Soulignez la bonne réponse.

a. Cette nouvelle pièce a reçu un excellent *bruit – écho* dans la presse, c'est bon signe pour les *fréquentations – représentations* à venir !

b. Comme le spectacle *affiche – annonce* complet depuis 10 jours, il y aura sûrement des *allongements – prolongations*.

c. Une pièce à monter, c'est tout une *industrie – machinerie* dont le *metteur en scène – réalisateur* surveille le bon fonctionnement.

d. Il n'y aura que deux *répétitions – représentations* de cette pièce. C'est un four* complet !

e. Comme il manque des bougeoirs sur la scène, les *accessoiristes – machinistes* devront, pendant l'entracte, aller les remettre dans le décor. Et vite !

* Au théâtre, un « four » désigne l'échec total d'un spectacle.

B. Le théâtre

577. RÉVISER Associez à chaque profession les deux activités correspondantes.

1. L'accessoiriste
2. Le décorateur, la décoratrice
3. L'habilleur, l'habilleuse
4. Le régisseur

a. installer le grand mobilier et les panneaux représentant des paysages pour situer la scène
b. repasser le col d'une chemise
c. apporter le poignard à Médée qui assassinera ses enfants au troisième acte
d. régler le son et les lumières
e. faire des effets de pluie et de fumée sur la scène
f. prendre en charge toute la technique du spectacle
g. s'occuper de l'aspect esthétique de la scène
h. faire des retouches sur les costumes des comédiens, comme recoudre un bouton

578. SE TESTER Barrez l'intrus.

a. Afficher complet – faire un four – les prolongations
b. La générale – la première – la dernière
c. Sur scène – côté cour – côté jardin
d. Un comédien – un décorateur – une habilleuse
e. Les coulisses – les répétitions – les représentations

« Quelques expressions usuelles »

Un coup de théâtre = un événement inattendu
Se retrouver dans le décor (fam) = avoir un accident de circulation (de vélo, de voiture, de ski)
Faire une scène à quelqu'un = se disputer avec quelqu'un

Faire un geste théâtral = exagérer un geste
Occuper le devant de la scène = avoir une position importante, se faire remarquer
Découvrir l'envers du décor = se rendre compte de la face cachée d'une situation

579. À VOUS ! Corrigez les erreurs qui se sont glissées dans les phrases suivantes.

a. Avec son scooter, Gilbert est entré dans les coulisses. Heureusement, ses blessures sont légères !
   → ....

b. Quand on remarque l'autre côté des accessoires, ce n'est pas très beau à voir : que de jalousies parmi ces personnalités !
   → ....

c. Cela fait vingt ans que cette politicienne est sur l'avant du décor. C'est logique car c'est une habile communicante !
   → ....

d. Il paraît que ce milliardaire s'est retrouvé SDF du jour au lendemain. Quel choc d'opéra !
   → ....

18 • Le spectacle vivant

e. Quand tu expliques quelque chose, tu fais toujours un mouvement de danse, tout cela pour te faire remarquer, espèce de prétentieux !

→ ....

f. Une fois encore, Anne-Sophie a joué une pièce à Benoît pour trois fois rien. Ce couple est insupportable, ils ne viendront plus dîner à la maison !

→ ....

C. L'opéra et la danse

« L'opéra » 127

L'opéra est un **art lyrique** au contenu sérieux, au contraire de l'**opérette** qui met en musique des sujets plus légers et parfois comiques, comme le fait Offenbach. Pour arriver à la perfection, les chanteurs sont obligés de **faire des gammes**, c'est-à-dire de passer rapidement de la note la plus basse à la plus haute et vice-versa. Avant chaque performance, ils doivent **chauffer leur voix** en faisant des **vocalises** et vérifier la justesse à l'aide d'un **diapason**.
Par ailleurs, il est important de respecter le **tempo** du morceau, par exemple **adagio**, qui veut dire lent et calme, **moderato**, c'est-à-dire modéré, ou **allegro**, qui signifie joyeux et rapide. Mais le plus difficile est de chanter **a cappella**, sans accompagnement musical.
Souvent, les **cantatrices** sont de véritables **divas** qui font des triomphes, surtout les **sopranos** qui parviennent à **monter** très haut **dans les aigus** tout en gardant une **technique vocale** irréprochable.
Pour les mêmes raisons, les **contre-ténors** sont également très fêtés, ces **chanteurs lyriques** qui chantent avec une **voix de tête**, c'est-à-dire extrêmement aiguë. Les amateurs d'opéra font des **ovations** à ces artistes exceptionnels, mais si leur prestation est médiocre, il se peut qu'ils soient **sifflés**. Le public de l'opéra est très démonstratif !

580. S'EXERCER Complétez les phrases avec les mots qui conviennent.

a. En musique, il faut respecter la vitesse du morceau, donc le .... : le .... qui n'est ni lent ni rapide, l'... qui est lent et l'... qui est gai, voilà !

b. Si un .... a une voix gave, il sera baryton-basse et s'il a une voix aiguë, il sera ....

c. Quand je travaille mes airs d'Offenbach, je suis obligé de faire mes .... , ma technique .... doit être parfaite !

d. Les grands chanteurs et les grandes .... savent chanter .... dès que les instruments cessent de jouer.

e. L'art .... s'oppose parfois à la chanson, car les deux ne touchent pas forcément le même public. Mais ces deux formes musicales sont respectables.

C. L'opéra et la danse

f. Monter très haut dans les .... est une performance que toutes les

.... à voix de cristal devraient maîtriser si elles veulent devenir de grandes divas !

581. S'EXERCER Vrai ou faux ? Si faux, justifiez votre réponse.

a. Un diapason est un outil produisant un son de référence, en général le « la ».

→ .... → ....

b. Les ovations, c'est l'expression d'un public mécontent.

→ .... → ....

c. Une diva est une cantatrice de très haut niveau et de très grande renommée.

→ .... → ....

d. L'opérette est une sorte d'opéra très sérieux et pas du tout rigolo.

→ .... → ....

e. Être sifflé à la fin d'un opéra, c'est le signe que le public a été ravi.

→ .... → ....

f. La voix de tête est la voix la plus aiguë chez l'homme, elle s'oppose à la voix de poitrine.

→ .... → ....

582. S'EXERCER Reliez le verbe et son complément.

- **a.** Chanter •
- **b.** Chauffer •
- **c.** Être sifflé •
- **d.** Faire •
- **e.** Monter •
- **f.** Respecter •

- • **1.** dans les aigus
- • **2.** a capella
- • **3.** des gammes et des vocalises
- • **4.** par le public
- • **5.** le tempo
- • **6.** sa voix

583. RÉVISER Barrez l'intrus.

a. L'art lyrique – la chanson – l'opérette

b. Chauffer sa voix – donner le « la » – faire des vocalises

c. Adagio – allegro – capuccino

d. Un contre-ténor – un chanteur lyrique – une diva

e. Les applaudissements – être sifflé – les ovations

584. SE TESTER Devinettes : De quoi parle-t-on ?

a. C'est la démonstration de joie extrême et les bravos d'un public conquis par un spectacle.

→ ....

b. C'est la voix la plus élevée chez les cantatrices.

→ ....

c. C'est chanter seul sur scène, sans aucun accompagnement musical.

→ ....

18 • Le spectacle vivant

d. C'est passer de la note la plus grave à la note la plus aiguë et vice versa.

→ ....

e. C'est un genre d'opéra léger et amusant où les mélodies sont joyeuses, la plus célèbre étant *La Vie Parisienne* de Jacques Offenbach.

→ ....

« Danse classique et danses de salon » 128

La danse classique est un métier artistique très exigeant : il faut travailler tous les jours **à la barre** pour arriver à maîtriser la technique sur **pointes**, nom donné également aux chaussons rigides que vous connaissez. Jeune élève, on vous appellera un **petit rat**. Un jour, après des mois d'entraînement, votre corps **s'assouplira** et pourra **faire le grand écart**. Le but est, bien sûr, de devenir d'abord soliste puis **premier danseur** ou **première danseuse** avant d'accéder au sommet : **danseur** ou **danseuse étoile** ! Toutefois, certains danseurs quittent le **corps de ballet** et le **tutu** pour intégrer une **compagnie de danse** contemporaine, dirigée par un grand **chorégraphe**. Enfin, n'oublions pas les **danses de salon**, comme la valse, le tango, la salsa ou, plus surprenant, le **menuet** qui revient à la mode. Celles-ci sont accessibles à tout le monde et font immensément plaisir !

585. S'EXERCER Soulignez la bonne réponse.

a. Pendant longtemps, j'ai appartenu *à l'équipe – au corps de ballet* de l'Opéra de Paris mais désormais, j'ai repris ma liberté.

b. Au conservatoire, Isabelle était d'abord petit *rat – chat*, puis elle est devenue *troisième – première* danseuse dans une *classe – compagnie* de danse très connue. Quelle carrière !

c. Quand les danseuses et les danseurs font leurs *extrémités – pointes*, elles/ils doivent faire preuve d'un parfait équilibre avec leur corps.

d. À Paris, les danseuses du Moulin Rouge font le grand *écart – départ* sur une musique d'Offenbach, pour le plus grand plaisir des spectateurs !

e. On voit que les danses de *chambre – salon* redeviennent à la mode car beaucoup d'écoles donnent des cours de valse, de polka, de tango, de rumba et de cha-cha-cha.

f. Naïma s'entraîne chaque jour à la *barre – baguette* car elle veut devenir danseuse étoile !

586. S'EXERCER Indiquez les mots qui correspondent aux définitions suivantes.

a. Devenir plus souple à force de faire travailler son corps.

→ ....

b. Costume de scène pour les danseuses classiques.

→ ....

C. L'opéra et la danse

c. Danse de salon adorée par le Roi-Soleil.

→ ....

d. C'est le degré le plus haut dans la hiérarchie de la danse. Rudolf Noureev en est le plus célèbre du monde.

→ ....

e. Personne qui compose et qui dirige les corps de ballet.

→ ....

587. RÉVISER Vrai ou faux ?

a. S'assouplir, c'est travailler son corps, en particulier ses membres supérieurs
et inférieurs, afin de le rendre très flexible. ☐ vrai ☐ faux

b. Une compagnie de danse est un groupe de danseurs classiques, contemporains
ou modernes. ☐ vrai ☐ faux

c. Une danseuse étoile ne danse qu'avec une étoile cousue sur son tutu. ☐ vrai ☐ faux

d. Le corps de ballet, c'est l'ensemble des danseurs sur scène. ☐ vrai ☐ faux

e. Le grand écart, c'est lorsque les jambes sont tendues l'une à l'oppposé
de l'autre. ☐ vrai ☐ faux

588. SE TESTER Devinettes : De quoi parle-t-on ?

a. C'est un costume de danse uniquement réservé aux danseuses classiques.

→ ....

b. Dans la hiérarchie de la danse, c'est le degré en dessous de la danseuse ou du danseur étoile.

→ ....

c. Ce n'est pas une souris bien que ce soit une petite fille (ou un garçon) qui apprend la danse.

→ ....

d. C'est l'art de se tenir en équilibre sur le bout de ses chaussons de danse.

→ ....

« Quelques expressions usuelles »

Se prendre pour une diva = se croire tout permis
Ne pas savoir sur quel pied danser
= hésiter sur les décisions à prendre
Mener la danse = diriger et entraîner les autres
Se mettre au diapason
= s'aligner sur une décision

Faire ses gammes = répéter mille fois ce que l'on apprend pour acquérir un savoir-faire
Faire le grand écart (entre ... et ...)
= faire en même temps deux choses éloignées l'une de l'autre

18 • Le spectacle vivant

589. À VOUS ! Complétez les phrases suivantes avec les expressions de l'encadré.

a. Bon, maintenant, il est temps de se .... , et de prendre une décision commune pour produire notre prochain spectacle.

b. Franchement, je ne sais plus .... : un jour c'est oui, un jour c'est non. Tu veux ou tu ne veux pas te pacser ? Mais enfin, dis-le-moi !

c. Ce couple de comédiens, il faut qu'ils arrêtent de se .... avec leurs caprices incessants, surtout qu'ils n'ont qu'un minuscule rôle dans le spectacle !

d. Je dois sans cesse faire .... entre mon métier d'auteur et celui de danseur, et franchement, en ce moment, je suis épuisé et je n'y arrive plus !

e. Bachir a .... comme apprenti-charcutier et maintenant il a un superbe restaurant à Biarritz où il sert les meilleures spécialités basques du monde. Chapeau !

f. Moi, j'ai tendance à ...., car j'adore prendre des décisions et entraîner les autres avec moi pour qu'ils partagent mes passions.

Bilan

Complétez avec les mots qui conviennent.

1. Grâce à ce beau texte, cette chanson est très réussie, le .... a su trouver les mots pour accompagner cette mélodie !

2. Cette chanteuse a fait d'énormes succès. Encore mieux, elle a une dizaine de .... à son actif !

3. Cet interprète adore les belles mélodies et sait choisir ses .... pour les créer.

4. C'est la dixième .... de ce chanteur mort : on en a marre d'entendre toujours les mêmes titres !

5. J'ai appris le .... dès mon enfance et maintenant je suis capable de lire une partition.

6. Ce musicien, avant d'être célèbre, a étudié le violoncelle pendant six ans au ....

7. Je préfère la .... à la musique symphonique, c'est plus doux et plus intime.

8. Quand le chef d'orchestre est prêt, on lui dit toujours en italien : « à vous, ... ! »

9. Au théâtre, avant le début de la pièce, on entend toujours les ………………………………………………………………………………………………………, puis le rideau s'ouvre.
10. Ce comédien travaille toujours en solitaire, c'est pourquoi il ne joue que dans des ……………………………………………, parce qu'il ne veut pas donner la réplique aux autres comédiens.
11. Nous sommes au troisième acte et nous attendons avec impatience le …………………………………………………………………… de cette pièce tragique.
12. Cette …………………………………………… ne joue jamais dans des comédies, c'est une grande tragédienne qui joue le rôle de Phèdre dans la pièce de Racine à merveille !
13. Ceux qui travaillent pour agencer le mobilier et le fond de la scène, ce sont les …………………………………………………………………………………………… .
14. Cette actrice a son …………………………………………… personnelle qui l'aide à se vêtir et à recoudre ses costumes.
15. J'ai le trac car aujourd'hui c'est la …………………………………………… et demain ce sera la première, et il y aura du public !
16. La pièce a tant de succès que la direction a décidé qu'il y aurait des …………………………………………………………………… au moins pendant trois semaines.
17. Je trouve l'opéra un peu austère, je préfère l'…………………………………………… qui, à mon avis, est plus joyeuse et distrayante.
18. Un chanteur lyrique doit travailler sa voix, c'est pourquoi il doit faire tous les jours des …………………………………………… pour chauffer sa voix !
19. On dit que c'est une diva, cette ……………………………………………………………………, car elle a une voix exceptionnelle mais qu'est-ce qu'elle est capricieuse !
20. Ce contre-ténor a si bien chanté que le public lui a fait une …………………………………………… incroyable. Les spectateurs ont applaudi durant dix minutes sans s'arrêter.
21. Ma fille prend des cours de danse à l'Opéra de Paris et va faire son premier spectacle, je lui ai donc acheté un …………………………………………… blanc.
22. Mon fils fait de la danse classique, ses copines sont toutes des …………………………………………………………………………………………… . Et lui alors, c'est un raton ?
23. Le grand …………………………………………… Maurice Béjart avait mis en scène le fameux *Boléro* de Ravel. Une merveille !
24. Savez-vous que les …………………………………………… redeviennent à la mode, on aime danser en duo d'anciennes danses comme la polka, la valse, la rumba et le menuet.

Expressions

25. Arrête de nous casser les oreilles, tu chantes comme ...., va vite prendre des cours de chant pour chanter juste !

26. Il faudra un jour .... violons et cesser de nous contredire tout le temps.

27. Ce ministre à peine nommé vient de démissionner. Quel .... de .... ! La classe politique en est choquée.

28. Christophe a encore .... une .... à sa femme car elle a osé regarder un beau brun qui passait dans la rue.

29. Certaines personnes aiment .... la ...., d'autres plus discrètes préfèrent suivre le meneur et laisser quelqu'un décider à leur place !

30. Mon amour, arrête de te .... une diva, car tu n'en es pas une avec ta toute petite voix !

Mon score : ..../30

19 • La littérature

A. Le monde de l'édition

 « Le livre »

Qu'est-ce qu'un livre ? C'est un écrit plein de savoir et de plaisir, conçu par un **auteur** et publié par un **éditeur**, qu'un **bouquineur** achète chez un **libraire** ou qu'un **bibliophage** emprunte dans une **bibliothèque**. Si c'est une fiction, il sera **rédigé** par un **écrivain**, plus précisément par un **romancier** pour les romans, par un **dramaturge** s'il écrit pour le théâtre ou par un **poète** s'il s'agit d'un **recueil** de poésie, comme *Les Fleurs du mal* de Baudelaire. Puis il y a aussi les **philosophes** écrivains qui nous aident à appréhender le monde depuis l'Antiquité, comme Platon. Les **essayistes** publient des **ouvrages** sur des sujets spécialisés, souvent universitaires. De plus, un livre peut faire partie d'une **collection** comme le **volume** *Pratique Vocabulaire B2* sur lequel vous travaillez. Vous adorez ce **bouquin** ? N'hésitez pas à en offrir un **exemplaire** à tous vos amis. Et si l'on se croise un jour, chers **lecteurs**, nous serons ravis de vous en faire une **dédicace** personnalisée !

590. S'EXERCER Complétez les phrases avec les mots qui conviennent.

a. La plupart des écrivains font des salons pour vendre leur dernier livre et ils signent avec leur plume des .... pour leurs ....

b. Molière était un grand .... parce qu'il écrivait des pièces de théâtre, notamment des comédies.

c. *Madame Bovary* est un très grand livre .... de 1851 à 1856 et publié en 1857 par Gustave Flaubert, l'un des plus célèbres .... du XIXᵉ siècle.

d. Le livre que vous tenez dans vos mains fait partie d'une .... d'ouvrages pour s'exercer sur le vocabulaire et la grammaire.

e. J'adore acheter des .... chez les bouquinistes sur les quais de Seine à Paris.

591. S'EXERCER Soulignez la bonne réponse.

a. Les grands *poèmes – poètes* ont la chance de voir leurs œuvres publiées dans un *modèle – recueil* de poésie.

b. Aujourd'hui, il y a moins de *philosophes – psychologues*, c'est dommage car ils nous aident intellectuellement à comprendre le monde dans lequel nous vivons.

c. Je me rends tous les jeudis *à la bibliothèque – chez le libraire* pour emprunter des *ouvrages – auteurs* que je vais devoir rendre dans 15 jours.

d. Françoise Sagan, la célèbre *romancière – essayiste* a publié une vingtaine de romans.

e. Marcel Proust a écrit son chef-d'œuvre « À la recherche du temps perdu » en sept *paquets – volumes* différents, soit 4215 pages ! Incroyable non ?

f. Il n'y a plus un seul *examen – exemplaire* de notre livre dans cette librairie, preuve que c'est un grand succès.

19 • La littérature

592. RÉVISER Vrai ou faux ?

a. Un romancier écrit des essais et des ouvrages philosophiques.   ☐ vrai   ☐ faux
b. Un bouquin, c'est le synonyme du mot « livre » en français familier.   ☐ vrai   ☐ faux
c. Un écrivain peut être également dramaturge, essayiste ou romancier.   ☐ vrai   ☐ faux
d. Un exemplaire est un livre qui montre des exemples d'un sujet précis.   ☐ vrai   ☐ faux
e. Un dramaturge écrit en général pour le théâtre.   ☐ vrai   ☐ faux

593. SE TESTER Devinettes : De quoi parle-t-on ?

a. C'est la signature d'un auteur apposée sur la première page d'un livre.
   → ....

b. Son synonyme est « penseur », et c'est quelqu'un qui fait preuve de sagesse.
   → ....

c. Vous le faites si vous écrivez un article, un mémoire ou un contrat.
   → ....

d. C'est une personne qui vous conseille un livre et peut vous le faire acheter.
   → ....

e. C'est vous, c'est moi, c'est nous tous, les passionnés dévoreurs de bouquins.
   → ....

« L'édition » 130

La **publication** d'un livre est une véritable entreprise : en premier lieu, les auteurs rédigent le **manuscrit** qui sera relu et corrigé par une **éditrice** ou un **éditeur** puis mis en page par un(e) **maquettiste**. La **maison d'édition** fixe la date de **parution** et détermine le **tirage**, c'est-à-dire le nombre d'exemplaires à imprimer. Enfin, le **responsable éditorial**, en accord avec les auteurs, valide le **BAT**, le **bon à tirer**, pour l'impression. Si le livre rencontre du succès, il y aura une **réimpression**. Si, au bout d'un certain temps, il n'est plus disponible, on dira qu'il est **épuisé** et en attente d'une **réédition**. En automne, la **rentrée littéraire** est un moment où des centaines de romans **paraissent** en vue de concourir aux **prix littéraires**. Parfois, il y a des scandales car on découvre que le livre **primé** n'a pas été écrit par l'auteur mais par un **prête-plume** qui l'a rédigé à sa place. Cette pratique est assez répandue parmi les personnalités publiques !

594. S'EXERCER Soulignez la bonne réponse.

a. Ce journaliste, afin de gagner sa vie, exerce le métier de *porte-plume – prête-plume*. Il rédige des livres pour des personnalités incapables d'aligner un mot devant l'autre.

b. La date de *parution – diffusion* est prévue pour le 4 novembre. Pourvu qu'il n'y ait pas de retard parce que nous n'avons pas envie de rater la *rentrée – sortie* littéraire.

c. Quelquefois, la *publication – publicité* d'un livre est compliquée pour des problèmes de droits d'auteurs ou de droits à l'image !

d. Notre *librairie – maison d'édition* va faire *apparaître – paraître* douze nouveaux titres cet automne.

A. Le monde de l'édition

e. C'est la 3ᵉ *précision – réimpression* de ce livre au succès vraiment inattendu !

f. Votre livre est très spécifique, un premier *nombre – tirage* de 500 exemplaires me semble raisonnable !

595. S'EXERCER Complétez les phrases avec les mots qui conviennent.

a. Il faut vite valider le .... pour que l'éditeur puisse faire imprimer le livre.

b. Ce livre est .... car il n'est plus du tout disponible. Mais, comme c'est un succès, il faut une .... urgente !

c. Notre .... est vraiment formidable, compétente, précise, elle relit avec une grande précision notre ...., c'est un plus pour le succès de notre livre.

d. Le .... doit savoir bien gérer une équipe d'auteurs et d'éditeurs, et dans un seul but : vendre en quantité des livres de qualité.

e. Pour mon nouveau roman, j'ai été choisi dans la première sélection d'un grand .... Ah ! Si seulement je devenais lauréat et que mon livre soit .... !

596. RÉVISER Remplacez le mot incorrect souligné par celui qui convient.

a. Le Goncourt et le Fémina sont des <u>félicitations de livres</u> qui peuvent lancer la carrière d'un écrivain.
   → ....

b. La <u>partition</u> de mon recueil de poésie est prévue pour les fêtes de fin d'année.
   → ....

c. Cette <u>électrice</u> doit relire et annoter le manuscrit pour éviter les coquilles.
   → ....

d. La <u>réinjection</u> de son livre doit se faire immédiatement étant donné son succès inattendu.
   → ....

e. Il nous faut vite valider l'<u>agréable à extraire</u>, si l'on veut que le livre soit sur les étalages le mois prochain.
   → ....

597. RÉVISER Barrez l'intrus.

a. Paraître – publier – rédiger

b. Épuisé – fatigué – indisponible

c. Une partition – une parution – un tirage

d. Primé – récompensé – réimprimé

e. Un écrivain – un éditeur – un prête-plume

598. SE TESTER Devinettes : De quoi parle-t-on ?

a. C'est le nombre d'exemplaires d'un livre qui sort de l'imprimerie et qui est décidé par la maison d'édition.
   → ....

b. C'est le surnom donné à un auteur anonyme qui écrit à la place de quelqu'un.
   → ....

c. C'est le texte original d'un auteur qui est encore parfois écrit à la main puis remis à l'éditeur pour publication.
   → ....

19 • La littérature

d. On le dit quand le livre est introuvable en librairie ou sur des sites marchands.

→ ....

e. C'est l'époque de l'année où toutes les maisons d'édition se surpassent pour sortir leurs nouveautés et tenter d'obtenir un prix.

→ ....

> **« Quelques expressions usuelles »**
>
> **Vivre de sa plume**
> = vivre des revenus de son écriture
> **C'est tout un poème !**
> = c'est une personne ou un événement remarquable par son originalité ou sa sottise
> **Être une bibliothèque ambulante**
> = être une personne très lettrée et érudite
>
> **Prendre les choses au pied de la lettre**
> = comprendre les choses dans leur sens strict, sans humour
> **Une histoire à dormir debout**
> = une histoire incroyable et impossible à croire
> **Une histoire sans queue ni tête** = une histoire incompréhensible qui n'a ni début ni fin

599. À VOUS ! Corrigez les erreurs qui se sont glissées dans les phrases suivantes.

a. Elle se croit intelligente mais Dieu qu'elle est sotte ! C'est tout un essai !

→ ....

b. Il m'a raconté un récit à s'endormir assis, selon lequel il aurait été ruiné par son banquier !

→ ....

c. Arrête de toujours tout prendre au bas des mots ! Sois plus décontracté(e) et aie un peu plus d'humour !

→ ....

d. Je suis très heureux pour Matthieu, il peut enfin exister de son stylo ! C'est mérité, il a tellement travaillé sur ses livres.

→ ....

e. On disait de Marguerite Yourcenar, première femme entrée à l'Académie française, qu'elle était une librairie volante.

→ ....

f. Désolé, je suis obligé de refuser votre manuscrit. Votre fiction sans bras ni jambes est illisible, incompréhensible et mal écrite ! Apprenez le vocabulaire !

→ ....

B. Les genres et le style

« Les genres littéraires »

Barbara écrit des romans **à l'eau de rose**, ces livres destinés à un public surtout féminin aimant les histoires d'amour. Agatha écrit des romans **policiers**, familièrement des **polars**, pour ceux qui aiment le **suspense**. Sarah lit des **romans historiques** : de la Révolution à la Deuxième guerre, tout ! Proust, lui, a écrit un **roman fleuve**, c'est-à-dire très long. La **biographie** explique la vie publique et intime d'une personnalité alors que dans l'autobiographie, les célébrités racontent la leur. Le **roman épistolaire** est la correspondance fictive de deux personnages, comme *Les Liaisons dangereuses*. Quand on est jeune, on **tient son journal intime** pour livrer ses pensées et ses impressions. Mais quel que soit le genre, il existe des **chefs-d'œuvre** absolus qui traversent le temps, même si tous n'ont pas été des **best-sellers**. Par ailleurs, la littérature est reine dans de nombreuses familles : les enfants adorent les **contes**, dont ceux de Perrault, et les animaux dans les **fables** de La Fontaine, alors que les parents lisent des récits courts qu'on appelle des **nouvelles**. Quant à moi, non seulement je dévore des bouquins mais j'en écris également : des textes **originaux** bien sûr car copier d'autres livres, ce serait du **plagiat** !

600. S'EXERCER Indiquez les mots qui correspondent aux définitions suivantes.

a. Œuvre basée sur la correspondance fictive de deux ou plusieurs personnages.

→ ....

b. Ouvrage qui a pour objet l'histoire de la vie d'une personne.

→ ....

c. Vol littéraire.

→ ....

d. Attente angoissée de ce qui va se produire.

→ ....

e. Court récit en vers ou en prose qui se sert d'animaux pour exprimer une vérité générale ou une critique socio-politique.

→ ....

f. Récit imaginaire souvent destiné à distraire et à faire rêver les enfants.

→ ....

g. Fiction narrative en prose qui se différencie du roman par sa brièveté, le petit nombre de ses personnages et l'intensité concentrée de l'action.

→ ....

h. Genre littéraire où l'on doit élucider un crime, souvent bâti sur l'observation et la déduction (nom familier).

→ ....

19 • La littérature

601. S'EXERCER Soulignez la bonne réponse.

a. On a retrouvé le manuscrit *optimal – original* d'un grand écrivain du XIXᵉ siècle.

b. La jeune Anne Franck a tenu son *journal intime – cahier intimiste*, et c'est devenu l'un des plus grands *tubes – best-sellers* du monde, avec 25 millions d'exemplaires vendus.

c. Les romans à l'eau de *pluie – rose* sont considérés en France, de manière péjorative, comme des romans sentimentaux remplis de clichés et sans surprises.

d. J'adore les *polars – romans historiques* où le mystère plane et où les personnages sont tous tour à tour suspects. Quel suspense !

e. Quel est le plus grand *chef d'orchestre – chef-d'œuvre* de la littérature française ? Difficile à dire ! Balzac, Hugo, Dumas, Flaubert, Zola, Maupassant, Proust, Camus, tous en ont écrit au moins un !

f. « Les Thibault », composé de huit volumes, est le roman *fleuve – policier* le plus lu en France, il a même reçu le prix Nobel de littérature : un chef-d'œuvre !

602. RÉVISER Vrai ou faux ?

a. Les fables sont de longs romans. ☐ vrai ☐ faux

b. Les romans historiques ont pour cadre un épisode de l'histoire auquel se mêlent des événements et des personnages réels ou fictifs. ☐ vrai ☐ faux

c. Les contes sont toujours des histoires imaginaires. ☐ vrai ☐ faux

d. Un roman fleuve est le contraire d'une nouvelle. ☐ vrai ☐ faux

e. Un plagiat est un texte original. ☐ vrai ☐ faux

603. SE TESTER Devinettes : De quoi parle-t-on ?

a. Une personne le fait quand elle confie ses pensées et ses émotions à des pages qui, en principe, ne sont pas destinées à la publication.
→ ....

b. Livre qui, d'un point de vue extérieur, relate la vie d'un particulier.
→ ....

c. On utilise ce mot familier en littérature et au cinéma pour parler du genre « policier ».
→ ....

d. Œuvre de grande importance, encensée par le public et les critiques littéraires !
→ ....

e. Roman très léger, très sentimental et généralement de faible valeur littéraire.
→ ....

f. Livres qui trouvent un gros succès auprès du public. Nous espérons que celui sur lequel vous travaillez en sera un !
→ ....

B. Les genres et le style

« Le style »

L'écriture est un art dont le style est la signature. Pour bien écrire, il faut commencer par définir son public pour choisir le **registre de langue** adapté : **familier** si je m'adresse à des copains, **courant** s'il s'agit d'une situation quotidienne ou **soutenu** si c'est dans un cadre très formel. Sachez que le registre **vulgaire** reste réservé pour des situations de communication extrêmement familières ! Ensuite, on rédige un **brouillon** – pas grave s'il est quasiment **illisible** et si les mots sont mal **orthographiés** ! – et on le corrige plusieurs fois afin d'**améliorer son style**. Tantôt il s'agit de **citer** une **tierce*** personne, tantôt d'introduire des **figures de style**, comme la métaphore. Mais attention : n'exagérez pas pour éviter que votre texte ne devienne **ampoulé** ! En revanche, ce qui plaît beaucoup, ce sont les **jeux de mots** qui permettent de passer du **sens propre** au **sens figuré** et vice versa. En définitive, on peut dire que l'humour est le **sel** de vos discours… et de la vie !

*Tiers, tierce signifie « troisième », c'est-à-dire qui est étranger à un groupe de deux personnes.

604. S'EXERCER Soulignez la bonne réponse.

a. Quand je dis « tu » à quelqu'un, j'utilise un langage *familial – familier*. Au travail, je préfère le registre *coulant – courant*.

b. Non seulement ton écriture est *illisible – invisible* mais en plus, tous les mots que tu utilises sont mal *orthographiés – photographiés*. Achète « Pratique Vocabulaire B2 » !

c. Nous faisons d'abord des *bouillons – brouillons* pour que nos manuscrits soient lisibles, compréhensibles et bien structurés.

d. Il est difficile pour les non-francophones de comprendre tous les sens *figurés – figuratifs* des mots et des expressions, mais c'est cela qui ajoute du *sel – sucre* aux discours !

e. Les bons dictionnaires indiquent d'abord le sens *propre – sale* des mots, puis le sens figuré.

f. Cet auteur n'arrête pas de *cacher – citer* des *tierces – tiers* personnes dans sa biographie sur Jules Verne pour diversifier ses sources.

605. S'EXERCER Complétez les phrases avec les mots manquants.

a. C'est vrai, j'écris très mal, je dois absolument .... quand j'envoie des candidatures pour un poste, sinon personne ne me répondra.

b. Ce diplomate possède un .... de langue très ...., et c'est normal. S'il employait un langage ...., il serait démis de ses fonctions immédiatement !

c. Cet écrivain est prétentieux, ses textes sont incompréhensibles et son style ...., on ne comprend pas le sens de ses phrases tellement il emploie de métaphores !

d. Au niveau du DELF B2, il est indispensable d'introduire dans vos rédactions des ...., comme la métaphore, pour montrer vos connaissances.

e. Nous adorons faire des .... avec nos amis car cela les fait rire !

19 • La littérature

606. RÉVISER Reliez les verbes aux compléments qui conviennent.

a. Améliorer
b. Choisir
c. Être
d. Passer
e. Rédiger

1. ampoulé
2. un brouillon avant de mettre le texte au propre
3. un registre de langue en fonction de la situation de communication
4. du sens propre au sens figuré
5. son style d'écriture

607. SE TESTER Barrez l'intrus.

a. Illisible – bien orthographié – incompréhensible
b. Vulgaire – familier – soutenu
c. Sens propre – sens figuré – sens contraire
d. Une figure de style – une métaphore – un brouillon
e. Le sel du discours – les jeux de mots – citer une tierce personne

« Quelques expressions usuelles »

Avoir toujours le dernier mot
= vouloir absolument avoir toujours raison
Ne pas avoir sa langue dans sa poche
= s'exprimer franchement
Ne pas mâcher ses mots =
dire avec un certain énervement les choses telles qu'elles sont

Être brouillon = être complètement désordonné
Savoir tenir sa langue = rester discret, garder un secret
Écrire noir sur blanc = rédiger de manière formelle afin d'éviter toute ambiguïté
Mettre son grain de sel
= exprimer son avis sans qu'on vous le demande

608. À VOUS ! Complétez les phrases avec les expressions de l'encadré ci-dessus.

a. Les gens qui veulent toujours .... sont insupportables car ils empêchent un véritable échange entre amis. Chez nous, toutes les opinions sont les bienvenues !

b. Très en colère lors de son entretien avec le DRH, il n'a pas .... pour expliquer le harcèlement dont il est victime de la part de ses collègues.

c. Je ne sais jamais où est mon téléphone, je mélange mes listes de courses et ma feuille d'impôts, je .... quelqu'un de très .... ! Mais j'écris très bien !

d. Dans ce restaurant, il est .... sur un panneau qu'il est interdit d'utiliser son téléphone portable pour le confort de ses voisins et pour l'atmosphère du lieu. Bravo !

e. La franchise, c'est une très belle qualité, mais quelquefois, si l'on n'a pas .... , cela peut se retourner contre vous !

f. J'aime bien Luu-Ly, mais elle ne peut s'empêcher de .... dans toutes les conversations même si le sujet lui est totalement étranger, c'est agaçant !

g. Cet ami est précieux car il sait .... dans n'importe quelle situation et pourtant il travaille dans le spectacle ou l'événementiel.

Bilan

Complétez avec les mots qui conviennent.

1. Je n'achète jamais de livres en ligne mais toujours en .... car la vente dans les magasins est plus humaine et cela donne du travail aux passionnés des livres.
2. Mon ami Mychel B. écrit pour le théâtre en Belgique. C'est un .... très brillant.
3. J'ai toujours un .... de mon livre préféré avec moi, c'est comme un porte-bonheur !
4. J'ai rencontré l'écrivain Amélie Nothomb et elle m'a fait une .... personnalisée sur son roman *La Nostalgie heureuse*. J'en suis enchanté !
5. Brigitte M. est notre ...., elle doit lire et relire notre manuscrit, quel courage !
6. Ce livre pourra devenir un succès. En tous cas, son .... de 4000 exemplaires nous le laisse croire.
7. Cet automne, la .... sera chargée car il y a au moins 30 excellents romans en concurrence pour les prix littéraires.
8. J'ai appris qu'un certain écrivain suisse, auteur de best-sellers, n'écrivait pas ses livres lui-même, ce serait un .... qui les rédige à sa place.
9. Je suis une lectrice passionnée de ...., particulièrement ceux qui parlent de Marie-Antoinette, de Louis XVI et de Versailles !
10. Comme je connais très bien cette chanteuse, on m'a demandé d'écrire sa .... pour raconter l'histoire de sa carrière et de sa vie privée.
11. Beaucoup d'adolescents tiennent leur .... dans lequel ils relatent leurs secrets les plus cachés.
12. Cet écrivain est accusé de .... par un confrère qui affirme qu'il a copié quasi intégralement l'un de ses chefs-d'œuvre.
13. Pour les étudiants, il est très intéressant de travailler les différents .... de langue car il faut savoir être à l'aise dans tous les milieux.
14. Avant de rédiger un mémoire ou une thèse, il vaut mieux faire un ...., cela permet de rendre un travail net et précis.
15. Franchement, ton écriture est ...., tu griffonnes comme un chat ! Tu penses un peu à celui qui doit te lire ?
16. Les gens qui manient bien la langue et qui ont de l'humour font souvent des ...., et c'est rigolo !

Expressions

17. Mon fils a une imagination débordante et comme c'est un comique, il nous raconte toujours des histoires à ....

18. Tu es vraiment susceptible et tu prends tout ce qu'on te dit au .... de la .... Je t'en prie, décontracte-toi et aie un peu d'humour !

19. Dans une époque où tout doit être politiquement et moralement correct, les gens qui n'ont pas leur .... dans leur .... et disent franchement ce qu'ils pensent ont la vie dure !

20. Comme mon père, je suis .... : impossible de mettre de l'ordre dans mes papiers, mon emploi du temps et mes idées !

Mon score : .... /20

20 • La gastronomie

A. Le savoir-faire culinaire

« Les produits phares du terroir » 133

La variété du territoire français – bords de mer et campagne étendue du nord au sud – a engendré une tradition **culinaire** très diversifiée. Sur le littoral, on pratique l'**ostréiculture**, c'est-à-dire l'élevage des huîtres, et la **mytiliculture**, celui des moules, ainsi que la pêche pour fournir au consommateur du poisson, des **crustacés** – comme les écrevisses – et autres **fruits de mer**. Dans les régions tropicales, on produit du sucre pour la célèbre **pâtisserie** française. Dans les terres, on trouve la chasse du **gibier** – chevreuils, sangliers et faisans – et l'élevage des animaux de la ferme. La production de lait pour le fromage et de blé pour le pain est également très importante, notamment celle du **sarrasin** pour la fabrication des crêpes salées. Sans parler d'une variété exceptionnelle de fruits, de légumes et de champignons – pêches, artichauts, **truffes** noires. Les simples cuisiniers ainsi que les **chefs étoilés** préparent des plats – **confits**, **magrets**, **terrines** et **pot-au-feu** avec son fameux bouillon – et composent des menus pour transformer ces **produits du terroir** en art culinaire. Ils aiment aussi travailler d'autres produits du terroir francophone, telles la **viande des Grisons** venant de Suisse et la pomme de terre bintje pour préparer les meilleures frites « à la belge », et même parfois remplacer les **herbes de Provence** par les **épices boréales** du Québec et le **sucre roux** par le **sirop d'érable** du Canada. On dit que dans la gastronomie française, on mange de tout, du plus grand au plus petit : cerf, cheval, pigeons, lapins, grenouilles, escargots, algues. Voilà ce qu'on appelle le **raffinement** du goût !

609. S'EXERCER Soulignez la bonne réponse.

a. On transforme le *quinoa – sarrasin* en farine pour en faire de bonnes crêpes salées !

b. Dans le sol du Périgord, il existe une spécialité qui se nomme la *pêche jaune – truffe noire* : râpée sur un œuf à la coque, c'est un délice !

c. Si le *maigre – magret* de canard ne fait guère mincir, c'est une bombe de protéines car il s'agit d'un filet très peu gras protégé par une couche de graisse très savoureuse ! Alors, mangez-en !

d. On pratique l'*ostréiculture – obstétrique* dans le bassin d'Arcachon, c'est là qu'elle est née !

e. Les *conflits – confits* de viande sont la spécialité majeure du Sud-Ouest, une méthode traditionnelle de cuisson pour conserver la viande dans sa propre graisse.

f. Que ce soit avec de la viande, du poisson ou des légumes, il existe des centaines de *tartines – terrines* délicieuses qui se cuisent facilement au four !

610. S'EXERCER Indiquez le mot qui englobe l'ensemble des produits.

a. Faisan, lièvre, cerf → ....

b. Religieuse, éclair, choux à la crème → ....

c. Homard, écrevisses, crevettes → ....

d. Coquillages, huîtres, moules → ....

e. Carottes, bouillon, morceaux de bœuf → ....

20 • La gastronomie

611. S'EXERCER Soyez plus précis. Remplacez les mots soulignés par le terme qui convient.

a. La cuisine française est connue dans le monde entier pour son <u>extrême délicatesse</u>.

   → ....

b. Tout ce qui est <u>en rapport avec la cuisine</u> passionne toutes les générations de gourmets !

   → ....

c. Sur le littoral atlantique ou dans la Manche, on rencontre une importante activité liée à <u>l'élevage des moules</u>. → ....

d. Dans toutes les régions de France, il y a des <u>productions authentiques</u> d'excellente qualité, du Nord au Sud et de l'Est à l'Ouest. → ....

e. En France, il existe 29 <u>immenses artistes cuisiniers</u> dont les restaurants sont des hauts-lieux de la gastronomie française. → ....

612. S'EXERCER Reliez le produit à sa description.

a. Les épices boréales •
b. La viande des Grisons •
c. Le sucre roux •
d. Les herbes de Provence •
e. Le sirop d'érable •

• 1. Plantes aromatiques fraîches ou séchées qui apportent les senteurs de la Méditerranée dans vos assiettes
• 2. Sève concentrée extraite de l'arbre emblématique du Canada
• 3. Morceau de bœuf séché, présenté sous la forme de lamelles fines, pour accompagner votre raclette
• 4. Feuilles et graines odorantes qui poussent à l'état sauvage dans des contrées septentrionales pour assaisonner vos plats
• 5. Produit provenant de La Guadeloupe et de la Martinique, idéal pour apporter de la douceur et une jolie couleur à vos desserts et à vos cocktails

613. RÉVISER Vrai ou faux ?

a. Un chef étoilé est un cuisinier qui a une étoile sur son tablier de cuisine. ☐ vrai ☐ faux
b. Un magret de canard est un filet de viande maigre entouré de gras. ☐ vrai ☐ faux
c. Le cabillaud, le crabe et le thon sont des fruits de mer. ☐ vrai ☐ faux
d. La truffe est un champignon parfumé, mais également l'extrémité du museau d'un chien. ☐ vrai ☐ faux
e. La terrine est à la fois un plat cuisiné, cuit au four, et un récipient pour faire la cuisine. ☐ vrai ☐ faux

614. SE TESTER Barrez l'intrus.

a. Culinaire – gastronomique – gastro-intestinal
b. Les myrtilles – la mytiliculture – les moules
c. Le pot-au-feu – le confit de canard – le bouillon
d. Le sarrasin – une crêpe – du cidre
e. Le raffinement – la délicatesse – la grossièreté

A. Le savoir-faire culinaire

« Les plats régionaux » 134

Chaque région a ses **produits locaux** et ses plats typiques. Dans le Nord et à Paris, on récolte des **endives** pour les **braiser** au four avec du jambon. Dans l'Est, on cultive du chou et on **cueille** des **mirabelles** pour en faire de la choucroute et des tartes. En Provence, on utilise les olives pour les **tapenades** et les **fines herbes**, comme la lavande et le thym, pour **relever** les plats. Dans le Sud-Ouest, les canards et les oies servent à la fabrication du **foie gras**, et les haricots blancs sont le principal ingrédient du **cassoulet**. En Bourgogne, les **graines de moutarde** entrent dans la préparation du lapin « à la moutarde » et le **bœuf charolais** dans celle du **bœuf bourguignon**.
Dans le Massif central, la volaille finit en **coq au vin** et le porc en **potée** auvergnate. À la Réunion et en Polynésie, le **mahi-mahi** est une recette à base de poisson cru et de vanille, et dans les Antilles, **le rhum est roi** pour en faire le célèbre cocktail « **ti-punch** ». La richesse des produits et la variété des plats sont incroyables !

615. S'EXERCER Vrai ou faux ? Si faux, justifiez votre réponse.

a. Le foie gras est fait à base de viande de canard et d'oie.

→ .... → ....

b. Le cassoulet est un plat accompagné de haricots verts.

→ .... → ....

c. Le coq au vin est un plat préparé avec du champagne.

→ .... → ....

d. La potée est une spécialité de la région d'Auvergne.

→ .... → ....

e. La fameuse moutarde de Dijon, fine et forte à la fois, est fabriquée à base de graines.

→ .... → ....

f. On utilise du sel, du poivre mais aussi des fines herbes pour relever les plats.

→ .... → ....

616. S'EXERCER Soulignez la bonne réponse.

a. Aux Antilles, le *rhume – rhum* est roi car on y prépare des *ti-punchs – mahis-mahis* délicieux à base de jus de fruits exotiques.

b. Les *andouilles – endives* que l'on *brise – braise* avec du jambon sont une spécialité parisienne très populaire.

c. Pour faire un délicieux bœuf *bourguignon – breton*, il faut de la viande de bœuf de race *charolaise – japonaise*.

d. Les *pêches – mirabelles* que l'on *cueille – cuit* en Alsace et en Lorraine sont un produit *local – international* très célèbre et on en fait des tartes, des confitures et de l'eau-de-vie.

e. La *moutarde – tapenade* est une recette à base d'olives noires ou vertes, de câpres, d'anchois et d'ail finement hachés, c'est sublime en apéritif sur du pain grillé avec un verre de rosé.

20 • La gastronomie

617. RÉVISER Reliez les deux parties de la phrase.

a. Yassine boit • • 1. des endives.
b. Joséphine braise • • 2. des mirabelles.
c. Hansy et Adélaïde cueillent • • 3. des olives pour la tapenade.
d. Madalena relève • • 4. ses plats avec des fines herbes.
e. Marius et Sylvain hachent • • 5. un ti-punch.

618. SE TESTER Devinettes : De quoi parle-t-on ?

a. C'est un plat traditionnel à base de bœuf dont les morceaux ont mariné dans du vin ; sa cuisson doit être très longue.

→ ....

b. C'est une spécialité du Languedoc à base de viandes différentes, de haricots blancs, et relevée de fines herbes, à déguster avec un vin rouge de la région.

→ ....

c. On prépare cette spécialité tahitienne avec de la daurade crue marinée dans du jus de citron vert et aromatisée à la vanille.

→ ....

d. On dit de cet alcool à base de canne à sucre qu'il domine toute la gastronomie antillaise.

→ ....

e. C'est un plat très rustique du Massif central qui a comme principal ingrédient le chou.

→ ....

« Quelques expressions usuelles »

Devenir rouge comme une écrevisse
= avoir le visage tout rouge suite à une émotion
C'est la fin des haricots
= c'est la fin de tout, il n'y a plus rien à faire
En faire tout un plat = dramatiser une situation

C'est de la mauvaise graine/herbe = un enfant, un adolescent dont on ne peut rien faire
Tourner autour du pot = user de détours inutiles au lieu d'aller au fait, ne pas oser dire franchement quelque chose

---

619. À VOUS ! Corrigez les erreurs qui se sont glissées dans les phrases suivantes.

a. Il n'y a rien à faire avec cet enfant qui n'obéit jamais, ne fait que des bêtises et parle mal, les voisins disent de lui que c'est de la méchante céréale !

→ ....

b. Bon, ça suffit maintenant, arrête de courir autour de la casserole et dis-moi la vérité : tu aimes quelqu'un d'autre !

→ ....

c. Franchement, ce n'est pas bien grave ce que tu me racontes là, pas besoin d'en cuisiner toute une terrine !

→ ....

A. Le savoir-faire culinaire

d. J'ai joué toute ma fortune au casino et j'ai tout perdu, il ne me reste plus que ma chemise, c'est le bout des carottes !

→ ....

e. On l'a complimenté pour son pot-au-feu délicieux et comme il est très timide, il est devenu gris comme une huître !

→ ....

B. Les vins et les fromages

« Le vin » 135

En France, on **cultive la vigne** depuis l'installation des Grecs à Marseille et la conquête de la Gaule par les Romains. Contrairement à la bière, le vin, **jouissant d'une grande renommée**, était très cher et réservé à l'élite locale, ce qui n'est plus le cas aujourd'hui. Les deux plus grandes régions **vinicoles***, donc **productrices** de vin, sont la Bourgogne et le Bordelais. La première produit des blancs **minéraux**, comme le Chablis, et des rouges **corsés**, c'est-à-dire bien présents **en bouche**, comme le Pommard. La seconde est mondialement connue pour ses rouges **ronds**, donc pas râpeux, et **tanniques**, c'est-à-dire boisés, comme le Saint-Émilion. En Provence, on trouve des vins **rosés** rafraîchissants **aux notes d'**agrumes, comme le Bandol. En Alsace, le vin le plus célèbre est le Riesling, blanc très **sec**. Afin de faire toutes ces distinctions subtiles, vous pourrez suivre une formation d'**œnologue***. En revanche, pour choisir une **bonne bouteille** comme simple amateur de vins, il suffit de repérer sur l'**étiquette** le sigle **AOC**, l'appellation d'origine contrôlée, qui est un **garant de qualité**. Mais le vin **effervescent** le plus apprécié au monde est le champagne qui **pétille**. Alors, on **trinque** : « à votre santé ! »

* « Vinicole » renvoie à la production de vin et « viticole » à la culture de la vigne.
*Attention à la prononciation d'œnologue/œnologie : « éno- » !

---

620. S'EXERCER Complétez les phrases suivantes avec les mots qui conviennent.

a. J'adore boire les Cabernet-Sauvignon de la Loire aux .... de fruits rouges.

b. Les grands crus classés du Médoc dans les vins de Bordeaux sont ceux qui ....
d'une grande .... en France et dans le monde entier !

c. Quand je bois des vins ...., que ce soit du Champagne, du Prosecco italien ou du Cava espagnol, tous me plaisent. J'adore les vins qui ...., c'est festif et joyeux !

d. Les tannins sont issus de la peau et des pépins de raisin, cela donne beaucoup de goût et de force au vin, c'est pourquoi on parle de vins ...., comme le sont les vins de Bordeaux.

e. Un vin .... ne vient pas de Corse mais c'est le contraire d'un vin léger qui ne reste pas en bouche.

20 • La gastronomie

f. On .... la .... partout en France sauf dans le Nord et en Bretagne. Les régions .... de vin sont le Bordelais, la Bourgogne, la Champagne, l'Alsace, le Rhône, la Loire et la Provence.

g. Viens chez nous ce soir pour fêter la réussite de ton examen grâce à ce livre, on va déboucher une ...., du rouge, du blanc ou du rosé. C'est comme tu voudras !

621. S'EXERCER Indiquez les mots qui correspondent aux définitions suivantes.

a. C'est celui ou celle qui supervise la production du vin. Ce spécialiste fait des dégustations et note les vins. Il faut faire des études supérieures pour le devenir.
→ ....

b. C'est le contraire d'un vin râpeux en bouche. Il est agréable à boire, comme le Lalande de Pomerol, ce célèbre vin de Bordeaux.
→ ....

c. Choquer légèrement son verre contre celui de vos convives avant de boire à la santé et au succès de tous.
→ ....

d. Morceau de papier collé sur une bouteille de vin et contenant toutes les informations nécessaires pour identifier sa provenance et sa qualité.
→ ....

e. Adjectif qui qualifie les vins blancs évoquant le terroir calcaire et le sol rocheux.
→ ....

f. Sigle qui garantit une certaine qualité du vin en certifiant sa provenance d'une région précise.
→ ....

g. Cet adjectif qualifie un vin blanc qui est le contraire d'un vin liquoreux, c'est-à-dire très doux.
→ ....

622. S'EXERCER Soulignez la bonne réponse.

a. En été, vous allez vous rafraîchir sur une terrasse en buvant avec des amis un délicieux vin *rosé – rose* aux notes de fruits rouges.

b. Les labels officiels sont un *gardien – garant* de qualité pour le consommateur.

c. L'industrie *vinicole – alcoolique* compte pour 15% de la production agricole française.

d. Le Madiran, notre vin rouge préféré, est puissant en *bouche – mâchoire* car il est corsé. Et en boire rendrait centenaire !

e. Génial ! Ce soir, on va *trinquer – tricher* pour fêter notre contrat avec un nouveau partenaire commercial.

623. RÉVISER Vrai ou faux ?

a. Le Champagne est un vin qui pétille.	☐ vrai	☐ faux
b. Un vin rond accroche en bouche.	☐ vrai	☐ faux
c. Les vignerons cultivent leurs vignes pour manger le raisin et pour faire du vin.	☐ vrai	☐ faux
d. Une étiquette est collée sur la bouteille pour indiquer d'où il vient et, parfois, comment le servir.	☐ vrai	☐ faux

B. Les vins et les fromages

e. Les vins tanniques sont très légers, peu présents en bouche et se boivent frais
comme les rosés. ☐ vrai ☐ faux

624. RÉVISER Remplacez les mots incorrects soulignés par ceux qui conviennent.

a. On peut dire que ce Saint-Émilion très présent en bouche est <u>caféiné</u>.
→ ....

b. Quand vous dégustez de la cuisine asiatique, ne vous privez pas d'un Menetou-Salon, ce bourgogne blanc qui <u>se réjouit d'une belle victoire</u>.
→ ....

c. Mon rêve serait de devenir un célèbre <u>océanographe</u>, il va donc falloir que je déguste de nombreux vins.
→ ....

d. Un crémant de Bourgogne, ce vin qui pétille, a été déclaré meilleur vin <u>somnolent</u> du monde l'année dernière !
→ ....

e. La Loire, ce n'est pas que des châteaux, c'est aussi une région <u>maraîchère</u> où l'on produit de bons vins.
→ ....

625. SE TESTER Devinettes : De quoi parle-t-on ?

a. Ce sont des vins qui ont le goût du sol calcaire et du territoire rocheux.
→ ....

b. Le Romanée-Conti est extrêmement célèbre dans le monde entier, on peut donc le dire de lui.
→ ....

c. C'est le métier le plus prestigieux dans le monde du vin, c'est à la fois un scientifique et un technicien.
→ ....

d. On le fait quand les verres s'entrechoquent avant de commencer un dîner entre amis.
→ ....

e. Adjectif qui regroupe tous les vins pétillants, comme les champagnes, les crémants et les mousseux.
→ ....

20 • La gastronomie

« Les fromages » 136

Saviez-vous que le fromage est le premier aliment fabriqué par la main de l'homme ? Il est fait à partir de lait caillé, c'est-à-dire coagulé. Cela signifie que le lait s'est transformé en masse solide parce que le petit lait s'est séparé sous l'action d'enzymes. Ensuite, ce produit solide est égoutté, salé, moulé pour lui donner sa forme typique et, enfin, affiné dans une cave, endroit humide où il est conservé et retourné durant plusieurs mois. Le fromage a acquis ses lettres de noblesse et s'invite désormais sur les plus grandes tables. Sur un bon plateau de fromages, n'oubliez pas de présenter une variété de ces produits laitiers en fonction de la texture de leur pâte : d'un côté, les fromages à pâte molle tels le Brie ou le Langres, de l'autre, les fromages à pâte dure tels le Comté ou la Mimolette vieille. Au milieu, les pâtes persillées, qui sont reconnaissables aux petites moisissures, comme le Roquefort. Ajoutez encore un fromage de chèvre, un crottin de Chavignol par exemple. Pour apprécier ces fromages dans les règles de l'art, dégustez-les du plus doux au plus fort accompagnés d'un excellent vin et d'une sélection de pains différents. Et maintenant, délectez-vous de ce trio « pain-vin-fromage » qui s'accorde si bien !

626. S'EXERCER Reliez les explications aux termes qui conviennent.

a. Lait fermenté après sa coagulation

b. Se régaler, savourer

c. Liquide qui reste après la coagulation du lait, il contient du lactose et des sels minéraux

d. Être reconnu pour sa qualité

e. Conformément aux usages et de la meilleure manière possible

f. Des restaurants avec un choix de mets exceptionnels, un service parfait et de très grands vins

1. acquérir ses lettres de noblesse
2. dans les règles de l'art
3. se délecter
4. les plus grandes tables
5. le lait caillé
6. le petit lait

627. S'EXERCER Complétez les phrases avec les mots qui conviennent.

a. Ce soir, nous mangeons une salade verte accompagné d'un beau .... de .... : il y aura du comté, un fromage à ...., du roquefort, qui est un fromage à ...., et un camembert.

b. J'adore le brie de Melun, ce fromage à ...., car il a une .... fondante et douce qui me convient à merveille !

c. Dans sa fabrication, le fromage est salé après avoir été .... puis .... pour lui donner une forme particulière.

B. Les vins et les fromages

d. La fourme d'Ambert est un fromage à pâte persillée, donc avec de petites ....
Il s'.. très bien avec des poires et un vin blanc doux comme le Banyuls. Goûtez !

e. Depuis que j'élève Julia, ma petite chevrette, je fabrique moi-même un merveilleux ....
....

f. Plus un fromage est .... de longs mois dans une cave humide et fraîche, meilleur il sera !

628. RÉVISER Vrai ou faux ?

a. Déguster du fromage dans les règles de l'art, c'est en manger avec un soda et des biscottes. ☐ vrai ☐ faux

b. Les moisissures se trouvent dans les fromages à pâte persillée, comme le bleu d'Auvergne. ☐ vrai ☐ faux

c. Les fromages de chèvre sont des fromages au lait de brebis. ☐ vrai ☐ faux

d. Les fromages à pâte dure sont durs comme de la pierre et très difficiles à manger. ☐ vrai ☐ faux

e. Les fromages sont salés et moulés avant d'être affinés. ☐ vrai ☐ faux

f. Les plus grandes tables de la haute gastronomie sont celles prévues pour plus de 10 personnes dans les bistrots populaires. ☐ vrai ☐ faux

629. RÉVISER Barrez l'intrus.

a. Mouillé – égoutté – trempé
b. Se marier – s'accorder – détonner
c. La texture – la forme – la structure
d. Caillé – fermenté – frais
e. Déplaire – dégoûter – se délecter

630. SE TESTER Reliez les deux parties de la phrase.

a. Acquérir   • 1. du trio divin « pain-vin-fromage ».
b. Affiner   • 2. ses lettres de noblesse.
c. Déguster   • 3. un fromage dans une cave pendant six mois.
d. Fabriquer   • 4. un camembert ou un fromage à pâte molle avec un verre de vin.
e. Présenter à ses invités • 5. un très beau plateau de fromages.
f. Se délecter   • 6. un fromage à partir de lait caillé.

631. SE TESTER Devinettes : De quoi parle-t-on ?

a. C'est ce qu'il faut faire quand vous souhaitez vous débarrasser du trop-plein d'eau contenu dans votre salade ou déposé sur votre vaisselle. .
→ ....

b. C'est le liquide qui reste après la coagulation du lait.
→ ....

20 • La gastronomie

c. Elle doit être onctueuse pour une crème à la vanille, c'est pour cela que l'on ajoute de la crème fouettée.

→ ....

d. Son synonyme serait « s'harmoniser », son antonyme « se diviser ».

→ ....

e. Il peut y en avoir dans votre fromage à pâte persillée, ou alors dans votre salle de bains !

→ ....

> **« Quelques expressions usuelles »**
>
> **Entre la poire et le fromage**
> = à un moment perdu entre deux événements
> **En faire tout un fromage**
> = faire toute une histoire pour pas grand-chose
> **Boire du petit lait** = éprouver une intense satisfaction d'amour-propre
>
> **Mettre de l'eau dans son vin**
> = modérer ses exigences, être moins rigide
> **Quand le vin est tiré, il faut le boire !** = il faut aller au bout de ce que l'on a commencé !
> **Sabler le champagne** = ouvrir une bouteille de champagne pour célébrer un événement très important

632. À VOUS ! Corrigez les erreurs qui se sont glissées dans les phrases suivantes.

a. Non, mais arrête un peu, ce n'est pas grave, j'ai acheté par erreur un camembert au lieu d'un coulommiers, ce n'est pas la peine d'en fabriquer tout un dessert !

→ ....

b. C'est toi qui as voulu te lancer dans cette recette hyper difficile, eh bien, quand la limonade est chaude, il ne faut pas la boire !

→ ....

c. Si tu mettais du thé dans ton café, je t'assure que tu serais moins stressé(e) !

→ ....

d. Comme j'ai réussi mon examen de français grâce à ce livre, je déguste du fromage frais. Cela flatte terriblement mon ego !

→ ....

e. Je sais que tu es très occupé(e) en ce moment, mais passe-moi bientôt un coup de fil, entre la pomme et la crème chantilly !

→ ....

f. Incroyable mais vrai, nous avons terminé la rédaction de ce livre : allons-y, c'est l'heure de faire exploser les bulles !

→ ....

C. Les arts de la table

 « Savoir recevoir »

« Dis-moi comment tu reçois, je te dirai qui tu es ! » Savoir **recevoir** est un véritable art issu d'une longue tradition. Tout d'abord, il vous faudra **dresser la table**, ce qui consiste à mettre une **nappe** et des serviettes de table **assorties** et à placer correctement les assiettes entourées des verres et des **couverts** de table. Pour le service des soupes en entrée, vous choisirez des assiettes **creuses** et pour le plat principal des assiettes **plates**. À droite, vous **disposerez** les **cuillères* à potage**, côté creux vers la table, et les **couteaux à poisson** ou à viande, **lame** vers l'assiette bien sûr ! À gauche, les fourchettes, dents tournées vers la table, sauf celles à **huîtres** et à **escargots** qui sont mises à droite. Les couverts à fromage et à dessert se placent au-dessus de l'assiette. Les verres seront **alignés par ordre décroissant**, de gauche à droite : le verre à eau, celui à vin rouge, celui à vin blanc et les **flûtes** allongées ou **coupes** à champagne si vous en buvez à table. Attention : ne jamais remplir les verres au-dessus du tiers de la **contenance**, sauf pour le champagne ! Si vous servez **asperges** ou **crustacés**, n'oubliez pas les **rince-doigts**. La connaissance de ces codes est très utile pour ensuite les dépasser en choisissant une vaisselle **dépareillée** au **design** étonnant et créer une **ambiance** chaleureuse qui mette en avant votre personnalité. Et maintenant, tous à table et bon appétit !

*La « cuillère » s'écrit également « cuiller » sans que la prononciation change !

633. S'EXERCER Soulignez la bonne réponse.

a. Ce soir, nous *recevons – réveillons* des gens importants, il va falloir *monter – dresser* la table de sorte que nos invités soient impressionnés.

b. N'oublie pas de mettre des serviettes qui soient *arrondies – assorties* à la *nappe – table*.

c. Tu serviras le gigot d'agneau sur des assiettes *plates – creuses*.

d. Les cuillères à *dessert – potage* se mettent toujours à droite de l'assiette.

e. Nous allons sabler le champagne, sors les *coupes – verres* à champagne !

f. J'adore décorer mes tables avec un *dessin – design* surprenant pour étonner mes hôtes* !

*Un « hôte » peut être à la fois celui qui reçoit et celui qui est invité !

634. S'EXERCER Complétez les phrases avec les mots qui conviennent.

a. Comme nous allons manger une sole meunière en premier plat, il faudra veiller à mettre les .... à .... à côté de ceux à viande, à l'extrême droite de l'assiette.

b. Eau, vin blanc, vin rouge : il me faudra .... par .... tous mes verres du plus grand au plus petit et je ne sais pas si j'aurai assez de place sur la table. Mais quel casse-tête !

c. Comme nous allons manger des huîtres et des moules, nous mettrons des .... citronnés à côté des couverts, sur la droite.

d. Annabelle, j'adore ta vaisselle .... ! C'est rigolo comme tout, tes assiettes rondes, carrées et triangulaires, cela donne un ton à ta table et crée une .... très chaleureuse !

20 • La gastronomie

e. Tahar, fais vraiment attention à la manière dont tu .... les couverts : les fourchettes à gauche, les couteaux et les cuillères à droite, sauf ceux à fromage et à dessert !

f. Flûte ! Je dois remplacer les coupes à champagne abîmées par des .... allongées pour fêter mon premier prix décroché au concours de flûte traversière.

635. S'EXERCER Indiquez les mots qui correspondent aux définitions suivantes.

a. Légumes dont il existe une variété blanche, violette ou verte, à déguster cuits avec une mayonnaise « maison » et un verre de vin blanc.
   → ....

b. Quantité que peut recevoir un récipient.
   → ....

c. Animaux aquatiques comestibles, à carapace plus ou moins dure.
   → ....

d. Mollusques terrestres à coquille arrondie, ceux de Bourgogne sont divins !
   → ....

e. Mollusques marins à coquille remplie d'iode. À ne pas confondre avec les moules !
   → ....

f. Partie d'un couteau qui sert à trancher.
   → ....

g. Ustensiles en général métalliques utilisés pour manger durant un repas.
   → ....

636. RÉVISER Vrai ou faux ?

a. Les couteaux à poisson sont des couverts.   ☐ vrai   ☐ faux
b. On dispose les cuillères à soupe du côté gauche de l'assiette.   ☐ vrai   ☐ faux
c. Le crabe, les langoustes et les écrevisses sont des crustacés.   ☐ vrai   ☐ faux
d. Traditionnellement, la nappe et les serviettes de table doivent être assorties pour faire un « bel effet ».   ☐ vrai   ☐ faux
e. La contenance est la qualité du vin que l'on boit.   ☐ vrai   ☐ faux
f. On sert le poisson et la salade verte dans des assiettes creuses.   ☐ vrai   ☐ faux

637. RÉVISER Reliez les éléments qui correspondent.

a. Aligner par ordre • • 1. une table
b. Couteaux • • 2. des cuillères à potage
c. Créer • • 3. à poisson
d. Disposer sur la nappe • • 4. décroissant
e. Dresser • • 5. à champagne
f. Flûtes • • 6. une ambiance

C. Les arts de la table

638. SE TESTER Devinettes : De quoi parle-t-on ?

a. C'est un adjectif qui explique que la vaisselle est totalement disparate, avec des couleurs, des formes et des styles très différents.

→ ....

b. Ce sont des verres utilisés pour le champagne mais ce ne sont pas des flûtes.

→ ....

c. Elles sont excellentes pour la santé et se dégustent avec un vin blanc sec et à l'aide d'une fourchette spéciale. Ce sont des fruits de mer très appréciés des Français.

→ ....

d. C'est la partie tranchante d'un couteau, cela existe aussi sur les épées et attention à vos doigts !

→ ....

e. En plus d'être un légume printanier savoureux, on le dit d'une personne grande et maigre.

→ ....

f. C'est un petit bol d'eau tiède, souvent citronné et placé à côté des couverts. Si vous buvez cette eau sans faire attention, vos hôtes seront horrifiés par cette faute de savoir-vivre !

→ ....

« Quelques expressions usuelles »

Ne pas y aller avec le dos de la cuiller = parler ou agir très franchement et avec brusquerie
Cracher dans la soupe = afficher du mépris pour ce qui vous procure un avantage
En deux, trois coups de cuiller à pot = très rapidement
Être une fine lame = être un esprit intelligent et très vif

Offrir le gîte et le couvert = accueillir quelqu'un chez soi
Servir la soupe à quelqu'un = se montrer très soumis pour obtenir un avantage
Retourner le couteau dans la plaie = entretenir et raviver une souffrance morale
Avoir un bon coup de fourchette (fam) = avoir un très grand appétit

639. À VOUS ! Complétez les phrases avec les expressions ci-dessus.

a. Obélix mange des sangliers entiers, il a un appétit d'ogre, autrement dit, il a ....
....

b. Toi, quand tu n'apprécies pas quelque chose, tu t'exprimes vraiment. Tu n'y vas pas avec ....
.... !

c. Emmanuel T. est une .... ; l'écouter philosopher est un pur bonheur.

d. Toi, tu .... à ton supérieur parce que tu crois qu'il t'accordera une augmentation de salaire, mais tu te trompes lourdement !

20 • La gastronomie

640. À VOUS ! Corrigez les erreurs qui se sont glissées dans les phrases suivantes.

a. Plus vous parlerez de votre dépression, plus vous plongerez le fouet dans la mayonnaise, et plus vous souffrirez. Allez, tournez la page !

→ ....

b. En ces temps difficiles, il ne faut pas pisser dans le potage car on ne sait pas de quoi demain sera fait !

→ ....

c. Chers amis, venez à la maison, nous vous proposons un toit et du « miam-miam », car nous vous adorons !

→ ....

d. Chers étudiants, nous espérons que vous n'avez pas fait les exercices de ce livre en cinq, six caresses de couteaux à poisson et que vous avez pris grand plaisir à enrichir votre vocabulaire.
À bientôt pour de nouvelles aventures !

→ ....

Bilan

Complétez avec les mots qui conviennent.

1. Mon métier à Arcachon, c'est de cultiver les huîtres, je fais de l'.., c'est passionnant !
2. De toutes les .... françaises que je déguste, celle que je préfère, c'est l'éclair au chocolat.
3. Le sanglier, le cerf, et en général tout le ...., je n'aime pas trop cela, c'est trop fort pour moi.
4. Ah ! la ...., ce champignon noir du Périgord, quel délice sur un œuf à la coque !
5. Pour .... un plat, on met du sel, du poivre et de la moutarde. Mais il ne faut pas qu'il soit trop épicé !
6. En Polynésie, le .... est le plat de référence. Il est vrai que cette dorade marinée au citron est un vrai régal !
7. Moi, j'agrémente mes grillades de .... venant de Provence comme le thym, le romarin et la sarriette.
8. Nous habitons en Bourgogne et nous .... notre propre vigne, et notre vin produit en biodynamie est absolument divin !
9. Benjamin L., le célèbre ...., va donner une conférence sur les meilleurs rosés à déguster cet été.

10. La Champagne est la région des grands vins ...., ces vins qui pétillent et que l'on boit avec délectation !

11. Le comté, pour qu'il soit meilleur, doit être .... dans des caves humides pendant au moins 36 mois.

12. Le camembert et le brie sont des fromages à ...., crémeux et délicieux.

13. Dans le roquefort, il y a de petites ...., c'est excellent pour les défenses immunitaires de l'intestin. Alors, allez-y, mangez-en !

14. Pain, vin et fromages s'.. parfaitement pour faire un repas exquis en toute harmonie.

15. Ce soir, j'ai des invités prestigieux, il faut que je .... la table avec nappe et serviettes assorties.

16. Nous mangerons la soupe de poisson dans des .... et la truite dans des assiettes plates.

17. Franchement, je préfère boire le champagne dans une .... que dans une flûte, on apprécie mieux l'élégance et le goût de cette boisson divine.

18. Si vous servez des asperges et des crustacés, n'oubliez pas de mettre à la disposition de vos invités des .... afin qu'ils ne salissent pas leurs serviettes de table.

19. Certaines personnes ne comprennent pas que l'on puisse manger des .... de Bourgogne avec un beurre fait de persil et d'ail hachés. Pourtant, quel délice !

20. Attention à cette .... de couteau qui est très tranchante, vous pourriez vous couper les doigts.

Expressions

21. C'est terminé : je n'ai plus un sou, plus de maison, plus de travail. C'est la .... Heureusement, il me reste encore un jardin où je pourrai en cultiver !

22. Dans la vie, il faut savoir mettre de l'.., surtout dans des situations délicates, sinon on est toujours contrarié ou stressé.

23. Pour être tranquille et décontracté, oubliez les petites contrariétés de la vie quotidienne au lieu d'en faire .... C'est plus sage !

24. Vous qui avez terminé ce livre, on pourra affirmer que vous êtes devenus de .... grâce à un vocabulaire riche, varié et précis. Félicitations !

25. Bravo, vous avez fini les exercices de ce livre en beauté. Il est temps de .... pour fêter cet événement. Santé et merci ! (les auteurs)

Mon score : .... /25

• Index

A

a cappella (loc.), 280
à ciel ouvert (loc.), 235
à cordes/vent/percussion (loc.), 273
à découvert (loc.), 231
à distance (loc.), 178, 218
à échéance (loc.), 231
à l'eau de rose (loc.), 291
à la barre (loc.), 282
à la source (loc.), 232
à long terme (loc.), 217
à verse (loc.), 131
abandonner (v.), 149
abattre (v.), 108
abîmer (s') (v.), 71
abonné(e) (adj. et n.), 243, 250
aboyer (v.), 118
abrupt(e) (adj.), 102
abus (n.m.), 198
accessoiriste (n.), 278
accord (n.m) (d'entreprise), 222
accorder (s') (v.), 304
accorder (v.), 273
accoudoir (n.m.), 75
accrédité(e) (adj.), 248
accusé(e) (n.), 204
acide (adj.), 28, 139
acquérir (v.) (ses lettres
 de noblesse), 304
acquisition (n.f.), 73
acquitté(e) (adj.), 204
acte (n.m.), 194, 276
acte d'accusation (n.m.), 204
activer (v.) (les fonctions), 252
adagio (n.m.), 280
addiction (n.f.), 64
adopté(e) (adj.), 208
adoptif (-ive) (adj.), 145
adresse (IP) (n.f.), 178
afficher (v.) (complet), 278
affiné(e) (adj.), 304
affluence (n.f.), 159
affronter (v.), 188
agacement (n.m.), 34
agence de presse (n.f.), 246
agent secret (n.m.), 194
agglomération (n.f.), 85
agio (n.m.), 231
agrandissement (n.m.), 263
agressif (-ive) (adj.), 31
aide-soignant(e) (n.), 54
aigre (adj.), 28
aigreur (n.f.), 49
aigri(e) (adj.), 49
aigu (n.m.), 280
aigu(ë), (adj.),12
air (n.m.) (du temps), 252
ajouter (v.), 176
album (n.m.), 272
alerte (en) (n.f.), 135
algorithme (n.m.), 180
aligner (v.), 307
allégresse (n.f.), 34
allegro (adv.), 280
aller (v.) (au pas), 119
allié(e) (n.), 192
allongé(e) (adj.), 8
alpage (n.m.), 102
alter ego (n.m.), 149
alternance (n.f.) (en), 218
altitude (n.f.), 103
altruiste (adj.), 30
amande (n.f.) (en), 8

amant(e) (n.), 153
amarrer (v.), 99
amateur (-trice) (n.), 276
ambassade (n.f.), 207
ambiance (n.f.), 307
ambulancier (n.m.), 54
améliorer (v.), 293
amende (n.f.), 202
amener (v.), 190
amer (-ère) (adj.), 28
ameublement (n.m.), 75
ami(e) (n.), 153
amnésie (n.f.), 64
amonceler (s') (v.), 128
amoureux (-euse) (adj.), 153
amphithéâtre (n.m.), 217
amplifier (s') (v.), 25
ampoulé(e) (adj.), 293
amputé(e) (n.), 15
analyse (n.f.) (sanguine), 57
analyse (n.f.), 66
analytique (adj.), 42
ancêtre (n.), 145
Ancien Régime (n.m.), 186
ancien(ne) (adj.), 70, 188
anéantir (v.), 136
anesthésiste (n.), 54
anguleux (-euse) (adj.), 7
animateur (-trice) (n.), 242
annuel(le) (adj.), 79
anonymat (n.m.), 178
anorexie (n.f.), 64
antenne (n.f.), 114, 242
antibiotique (n.m.), 55
antidépresseur (n.m.), 66
antiquaire (n.), 75
Antiquité (n.f.), 184
antiseptique (n.m.), 55
antivirus (n.m.), 176
anxieux (-euse) (adj.), 37
anxiolytique (n.m.), 66
AOC (Appellation d'Origine
 Contrôlée) (n.f.), 301
apaisé(e) (adj.), 37
apaiser (v.), 190
apercevoir (v.), 25
apparent(e) (adj.), 17
applaudissement (n.m.), 276
application (n.f.), 174
applique (n.f.), 77
appliquer (v.), 217
apprécier (s') (v.), 150
appréhension (n.f.), 34
apprentissage (n.m.), 218
approcher de (s') (v.), 221
approuver (v.), 41
après-rasage (n.m.), 21
aquilin (adj.), 8
aquarelle (n.f.), 261
arbre (n.m.) (généalogique), 145
arbrisseau (n.m.), 108
arbuste (n.m.), 90
arc (n.m) (en plein cintre/ogive), 257
arcade sourcilière (n.f.), 8
archipel (n.m.) (d'outre-mer), 98
architectural(e) (adj.), 257
archive (n.f.), 184
arête (n.f.), 8, 103
argument (n.m.), 42
argumenter (v.), 42
arôme (n.m.), 26
arqué(e) (adj.), 17
arracher (v.), 135
arrangement (n.m.) (musical), 272

arrière-goût (n.m.), 28
arriver (v.) (à expiration), 207
arrosage (n.m.), 81
arrosoir (n.m.), 81
art (n.m.) (figuratif /abstrait), 259
art (n.m.) (lyrique), 280
art (n.m.), 304
article (n.m.) (de fond), 248
articuler (v.), 218
artificiel (-le) (adj.), 180
artisanal(e) (adj.), 228
ascendant(e) (n.), 145
ascension (n.f.), 102
asperge (n.f.), 307
aspérité (n.f.), 28
assassinat (n.m.), 202
assécher (v.), 133
assesseur (n.m.), 204
assiette (n.f.), 307
associé(e) (adj.), 208
associer (v.), 178
assoiffer (v.), 133
assorti(e) (adj.), 307
assouplir (s') (v.), 282
assourdissant(e) (adj.), 25
atelier (n.m.), 228
athlète (n.), 167
attache (n.f.), 17
attachement (n.m.), 149
attentionné(e) (adj.), 30
attiré(e) (adj.),154
au pied de (prép.), 102
au risque de (prép.), 188
audible (adj.), 25
audimat (n.m.), 243
audiovisuel (-le) (adj.), 232
auditeur (-trice) (n.), 242
audition (n.f.), 25, 204
augmentation (n.f.) (de salaire), 222
ausculter (v.), 57
auteur (n.m.), 287
authentification (n.f.), 178
autodérision (n.f.), 46
avancer (v.), 42
avant/après Jésus-Christ (loc.), 184
avare (adj.), 31
aveugle (adj.), 25
avis (n.m.) (tranché), 41
avocat(e) (n.), 204
avocat (n.m.) (général), 204
avoine (n.f.), 94
avoir accès à (loc.), 176
avoir du caractère (loc.), 30
avoir le sens de l'humour (loc.), 46

B

bac pro (n.m.), 218
badaud (n.m.), 88
baguette (n.f.), 273
baie (n.f.), 98
balayer (v.), 129
balcon (n.m.), 276
banc (n.m.), 122, 204
bancaire (adj.), 231
bande originale (n.f.), 265
bande-annonce (n.f.), 267
banlieue (n.f.), 86
barbe à papa (n.f.), 165
barème (n.m.), 232
baril (n.m.), 235
barrage (n.m.), 237
barrir (v.), 124
basse-ville (n.f.), 86

bassin (n.m.) (minier), 235
bassin (n.m.) (olympique), 167
bâtir (v.), 188
batterie (n.f.) (d'examens), 57
baume (n.m.) (à lèvres), 20
bec (n.m.), 111
becquée (n.f.), 111
bêler (v.), 124
belligérant(e) (adj.), 192
bénéfice (n.m.), 227
bénévolat (n.m.), 221
béquille (n.f.), 60
best-seller (n.m.), 291
bétail (n.m.), 94
bibelot (n.m.), 75
bibliothèque (n.f.), 75, 287
bibliothèque universitaire (BU),
 (n.f.), 217
bidonville (n.m.), 73
bien (n.m) (immobilier), 73
bien portant(e) (adj.), 59
bien-être (n.m.), 37
bienveillant(e) (adj.), 30
bilan (n.m.) (de compétences), 218
billet (n.m.) (d'humeur), 246
bimensuel (n.m.), 246
biocarburant (n.m.), 140
biodégradable (adj.), 140
biodynamie (n.f.), 81
biographie (n.f.), 291
biologique (adj.), 145
bipolarité (n.f.), 64
bise (n.f.), 129
blague (n.f.), 46
blaireau (n.m.), 21
blanchiment (n.m.) (dentaire), 20
blatérer (v.), 124
blême (adj.), 12
blessure (n.f.), 60
bleu (n.m.), 60
blog (n.m.), 250
bœuf (n.m.) (charolais,
 bourguignon), 299
boguer (v.), 174
boisé(e) (adj.), 90
bombardement (n.m.), 192
bon à tirer (BAT) (n.m.), 288
bon(ne) (adj.), 301
border (v.), 90
borgne (adj.), 25
bosquet (n.m.), 108
bosse (n.f.), 60
bossu(e) (adj.), 15
bouche (n.f.) (en), 301
bouché(e) (adj.), 71
bouclage (n.m.), 248
boucle (n.f.) (en), 272
boudiné(e) (adj.), 17
bouffi(e) (adj.), 7
bougeoir (n.m.), 77
boulevard (n.m.) (périphérique), 88
bouleversé(e) (adj.), 34
bouleversement (n.m.), 190
boulimie (n.f.), 64
bouquet (n.m.), 109
bouquin (n.m.), 287
bourdonner (v.), 114
bourg (n.m.), 92
bourgeonner (v.), 108
bourrasque (n.f.), 129
bouteille (n.f.), 301
bouton (n.m.), 109
box (n.m.), 119
braiser (v.), 299

bramer (v.), 124
brancher (se) (v.), 242
brancher (v.), 174
braquage (n.m.), 202
brillant(e) (adj.), 10
brillantine (n.f.), 20
brocante (n.f.), 75
bronze (n.m.), 259
brosse (n.f.) (à cheveux), 21
brouette (n.f.), 81
brouillon (n.), 176, 293
brûlant(e) (adj.), 28
brûlé(e) (adj.) (vive), 188
bruyant(e) (adj.), 70
bûcher (n.m.), 188
buffet (n.m.), 75
bulletin (n.m.) (de vote), 199
bulletin (n.m.) (scolaire), 214
bureau, (n.m.) (de vote), 199
burin (n.m.), 259
buriné(e) (adj.), 7
butiner (v.), 114
butte (n.f.), 90

C

cabinet médical (n.m.), 54
cabrer (se) (v.), 119
cadavérique (adj.), 12
cadre (n.m.) (supérieur), 221
cadre (n.m.), 263
cadrer (v.), 263
cahier de texte (n.m.), 214
caillouteux (-euse) (adj.), 90
calme (adj.), 70
calotte (n.f.) (glaciaire), 139
calvitie (n.f.), 10
canalisation (n.f.), 71
capiteux (-euse) (adj.), 26
caméra (n.f.), 265
campagnard(e) (adj.), 90
campagne (n.f.) (électorale), 199
campus (n.m.), 217
cancaner (v.), 113
candidature (n.f.), 221
canidé (n.m.), 118
canin(e) (adj.), 118
caniveau (n.m.), 88
canne (n.f.), 228
cantatrice (n.f.), 280
capitale (n.f.), 85
capitulation (n.f.), 192
caqueter (v.), 113
caractère (n.m.) (bien trempé), 30
caractère (n.m.), 34
carapace (n.f.), 122
cardiologue (n.), 54
caresse (n.f.), 154
caresser (v.), 28
carnassier(-ière) (n.), 122
carnaval (n.m.), 165
carnet de correspondance (n.m.), 214
carré(e) (adj.), 7, 16
carrure (n.f.), 14
carte de presse (n.f.), 248
carton d'invitation (n.m.), 261
cascadeur (n.m.), 265
cassoulet (n.m.), 299
casting (n.m.), 265
catalytique (adj), 140
cathédrale (n.f.), 161
célébration (n.f.), 165
cellule (familiale) (n.f.), 145
cendre (n.f.), 136
centrale électrique (n.f.), 237
centre (n.m.) (d'hébergement d'urgence), 73
centre (n.m.) (de rééducation), 61

cercle (n.m.) (intime), 150
céréale (n.f.) 94
cérémonie (n.f.), 165
cerné(e) (adj.), 8
cessez-le-feu (n.m.), 192
chaîne (n.f.) (cryptée), 243
chaîne (n.f.) (de production), 180
chalumeau (n.m.), 228
chalutier (n.m.), 99
chambre (n.f.) (des députés), 198
chambre (n.f.) (noire), 263
champ magnétique, (n.m.), 237
champêtre (adj.), 90
championnat (n.m.), 167
chandelier (n.m.), 77
chanter (v.) (juste/faux), 113, 272
chanteur lyrique, (n.m.), 280
chapeau (n.m.), 246
charmant(e) (adj.), 7
charnel(le) (adj.), 154
charnu(e) (adj.), 9
charognard (n.m.), 122
charte (n.f.), 208
chauffagiste (n.m.), 71
chauffer (v.), 280
chaumière (n.f.), 92
chaussée (n.f.), 88
chauve (adj. et n.), 10
chef (n.m.), 248, (étoilé) 297
chef d'orchestre (n.m.), 273
chef-d'œuvre (n.m.), 291
chemin (n.m.), 90
chenil (n.m.), 118
chenille (n.f.), 114
chétif (-ve) (adj.), 14
chevalet (n.m.), 261
chevelure (n.f.), 10
chevet (n.m.)
cheville (n.f.), 17
chevrotant(e) (adj.), 12
chimère (n.f.), 44
chiner (v.), 75
chirurgical(e) (adj.), 55
chômeur (n.m.) (de longue durée), 221
chorégraphe (n.), 282
chroniqueur (-euse) (n.), 242, 248
chrysalide (n.f.), 114
chute de neige (n.f.), 131
chute (n.f.), 194
chuter (v.), 60
cicatrice (n.f.), 60
cigale (n.f.), 114
cime (n.f.), 108
cinéphile (n.), 267
cinglant(e) (adj.), 129
circonstance (n.f.), (atténuante) 202
cire (n.f.), 259
cirer (v.), 77
citadelle (n.f.), 86
citadin(e) (adj.), 85
cité médiévale (n.f.), 161
cité U (cité universitaire) (n.f.), 217
cité(e) à comparaître (adj.), 202
cité-dortoir (n.f.), 86
citer (v.), 293
citoyen(ne) (adj.), 199
clairière (n.f.), 103
clairsemé(e) (adj.), 10
clan (n.m.), 150
clapier (n.m.), 92
classique (adj.), 267
clavarder (v.), 252
clé (n.f.) (USB), 174
clément(e) (adj.), 128
cliché (n.m.), 263
clinique (n.f.), 54
cloître (n.m.), 161

coasser (v.), 124
cocon (n.m.), 114
codé(e) (adj.), 178
code-barres (n.m.), 227
coefficient (n.m.), 217
cœur (n.m.), 36, 149
cogner (se) (v.), 60
cohérent(e) (adj.), 42
cohue (n.f.), 85
col (n.m.), 103
collaboratif (-ve) (adj.), 180
collection (n.f.), 287
collège (n.m.), 213
colline (n.f.), 90
colonie (n.f.), 122
colonne (n.f.), 257
combat (n.m.), 169
combustion (n.f.), 235
comédie (n.f.) (dramatique), 267
comédien(ne) (n.), 276
comique (adj.), 46
comité d'entreprise (n.m.), 222
commande (n.f.), 227
commémoration (n.f.), 48
commenter (v.), 250
commerce (n.m.) (de proximité), 227
commettre (v.) 194, 202
commode (n.), 75
commun (en) (adj.), 146
communauté (n.f.), 150
compagne (n.f.), 153
compagnie de danse (n.f.), 282
compagnon (n.m.), 153
comparaison (n.f.), 42
compatible (adj.), 174
compétition (n.f.) sportive, 167
compilation (n.f.), 272
composé(e) (adj.), 198
compositeur (n.m.), 272
composition (n.f.), 228
compost (n.m.), 81, 140
compte (n.m.), 231
compter (v.), 85
concert (n.m.), 273
conclure (v.), 192
conclusion (n.f.), 42
concurrence (n.f.), 194
condition (n.f.), 192
confident(e) (n.), 149
confier (se) (v.), 150
configurer (v.), 174
confit (n.m.), 297
conflit (n.m.), 190
confronter (se) (v.), 150
conjoint(e) (n.), 153
connaître (v.), 272
connexion (n.f.), 178
conquérir (v.), 194
conquête (n.f.), 190
conscience professionnelle (n.f.), 222
conseil de discipline (n.m.), 214
conservatoire (n.m.), 273
constituer (v.), 227
constitution (n.f.), 198
consulat (n.m.), 207
consultation (n.f.), 57
consulter (v.), 54, 184, 214, 252
conte (n.m.), 291
contempler (v.), 25
contenance (n.f.), 307
contester (v.), 41
continu(e) (adj.), 25
contour (n.m.), 188
contourner (v.), 232
contractuel(le) (adj.), 146
contravention (n.f.), 202
contredire (v.), 41
contre-ténor (n.m.), 280

contribuable (n.m.), 232
contrôle (n.m.) (continu), 217
controverse (n.f.), 41
contusion (n.f.), 60
convaincre (v.), 42
convaincu(e) (adj.), 41
convalescence (n.f.), 61
convalescent(e) (adj.), 61
convier (v.), 163
convoqué(e) (adj.), 202
copain (-ine) (n.), 153
coopération (n.f.) (multilatérale), 208
copie (n.f.) (cachée), 176
coq au vin (n.m.), 299
coquet(te) (adj.), 19
coquille (n.f.), 122, 248
corne (n.f.), 122
corporation (n.f.), 150
corps de ballet (n.m.), 282
corpulent(e) (adj.), 14
correspondance (par) (n.f.), 227
corsé(e) (adj.), 301
cortège (n.m.), 165
cosmétique (n.m.), 20
cosmopolite (adj.), 85
côté cour/jardin (loc.), 278
coton-tige (n.m.), 21
couche d'ozone (n.f.), 139
coulée de lave (n.f.), 136
couler (v.), 259
coulisse (n.f.), 278
coup (n.m.), 276
coup d'État (n.m.), 198
coupable (adj.), 202
coupe (n.f.) (à champagne), 307
coupe-ongle (n.m.), 21
couper (v.), (le souffle), 103
coupure de courant (n.f.), 71
courant(e) (adj.), 96, 186, 293
courbé(e) (adj.) (en bec d'aigle), 8
coureur de jupons (n.m.), 153
courriel (n.m.), 176
cours (n.m.), 88, 186, (magistral), 214
cour d'assises (n.f.), 202
course (n.f.) (hippique), 119
court de tennis (n.m.), 167
court-circuit (n.m.), 71
coussinet (n.m.), 116
couteau (n.m.), 307
couvert (n.m.), 307
couvrir (se) (v.), 128
covoiturage (n.m.), 140
crachin (n.m.), 131
crasse (n.f.), 19
crécelle (n.f.), 12
crèche (n.f.), 213
crédit (n.m.), 231
crédit photo (n.m.), 248
crème antirides (n.f.), 20
crème dépilatoire (n.f.), 20
crème hydratante (n.f.), 19
crépu(e) (adj.), 20
crête (n.f.), 96, 102
creuse (assiette) (adj.), 307
creux (n.m.), 96
crevasse (n.f.), 103
criée (n.f.), 99
crime (n.m.), 202
crime de guerre (n.m.), 192
criminel(le) (adj.), 202
crinière (n.f.), 119
crique (n.f.), 98
crise (n.f.), 71
critique (adj.), 41
croasser (v.), 113
croc (n.m.), 118
crochu(e) (adj.), 8
croître (v.), 85

croquis (n.m.), 259
crustacé (n.m.), 297, 307
cueillir (v.) 299
cuillère (n.f.), 307
cul-de-jatte (n.m.), 15
cul-de-sac (n.m.), 88
culinaire (adj.), 297
culminer (v.), 103, 188
cultiver (v.), 79, 301
cure (n.f.) (thermale), 61
cure-dents (n.m.), 21
cyberharcèlement (n.m.), 250
cyclone (n.m.), 135

D

danse (n.f.) (de salon), 282
danseur (-euse) (étoile) (n.), 282
dard (n.m.), 114
dater (v.), 184
débarbouiller (se) (v.), 19
décharné(e) (adj.), 14
débarquer (v.), 99
débat (n.m.) (contradictoire), 204
débattre (v.), 41
débit (n.m.), 231
débordant(e) (adj.), 44
déboucher (sur) (v.), 198
déboussolé(e) (adj.), 34
débuter (v.), 190
décès (n.m.), 146
déchaîné(e) (adj.), 129
décharge (n.f.) (sauvage), 139
décimer (v.), 190
déclamer (v.), 276
déclaration (d'impôts) (n.f.), 232
déclarer (la guerre) (se) (v.), 192
déclencher (v.), 136
déclencheur (n.m.), 263
déclinant(e) (adj.), 59
déco (décoration) (n.f.), 77
décontracté(e) (adj.), 37
décorateur (-trice) (n.), 278
décoré(e) (adj.), 257
décorer (v.), 77
découpage (n.m.) (historique), 186
découragé(e) (adj.), 34
décréter (v.), 207
décrocher (v.) (un poste), 221
décroissant(e) (adj.), 307
dédaigneux (-euse) (adj.), 31
dédicace (n.f.), 287
déduire (v.), 42
défaite (n.f.), 169
défaut (n.m.), 228
défendre (v.), 42, 199
déferler (v.), 96
défeuiller (se) (v.), 108
défilé (n.m.), 165
déforestation (n.f.), 139
défrisage (n.m.), 20
dégagé(e) (adj.), 128
dégager (v.), 26 (des bénéfices), 227
dégât (n.m.), 71
dégel (n.m.), 133
dégrader (se) (v.), 59
déguiser (se) (v.), 163
délabré(e) (adj.), 73
délecter (se) (v.), 304
délégué syndical (n.m.), 222
délibération (n.f.), 204
délicat(e) (adj.), 7, 26
délicatesse (n.f.), 149
délit (n.m.), 202
délivrer une ordonnance (v.), 57
déluge (n.m.), 135
démarche (n.f.), 207
démissionner (v.), 222

démoralisé(e) (adj.), 34
dénoncer (v.), 222
dénouement (n.m.), 276
dense (adj.), 103
dent (n.f.), 20
dentaire (adj.), 21
dépareillé(e) (adj.), 307
dépaysement (n.m.), 159
dépendant(e) (adj.), 64
dépeupler (se) (v.), 85
dépistage (n.m.), 55
déplorer (v.), 49
dépourvu(e) (adj.), 44
dépression (n.f.), 64
déprimé(e) (adj.), 64
député (n.m.), 198
déraciner (v.), 108
dermatologue (n.), 54
dérouler (se) (v.), 184
désabusé(e) (adj.), 31
désactiver (v.), 252
désarçonner (v.), 119
descendant(e) (n.), 145
désherbant (n.m.), 81
désherber (v.), 81
desiderata (n.m.), 221
design (n.m.), 307
désintéressé(e) (adj.), 30
désolé(e) (adj.), 135
désopilant(e) (adj.), 46
dessécher (v.), 133
dessin (n.m.) (de presse), 246
dessin animé (n.m.), 267
dessiner (se) (v.), 188
déstabiliser (v.), 194
destinataire (n.), 176
dette (n.f.), 231
deuxième (adj. num.), 184
dévaler (v.), 102
dévasté(e) (adj.), 135
développement (n.m.), 42
développement durable (n.m.), 140
développer (v.), 263
déverrouiller (v.), 252
dévisager (v.), 25
diagnostic (n.m.), 57
diagnostiquer (v.), 57
diapason (n.m.), 280
différé (en) (adj.), 243
diffus(e) (adj.), 25
diffuser (v.), 242
diffusion (n.f.), 246
digue (n.f.), 99
diluvien(ne) (adj), 131
diplomatie (n.f.), 207
diplomatique (adj.), 207
direct (en) (adj.), 272
directeur (-trice) (n.), 213, 242, 248, 265
discipline (n.f.), 167, 217
discutable (adj.), 41
disgracieux (-euse) (adj.), 7
disparition (n.f.), 139
dispersé(e) (adj.), 145
disposer (v.), 307
dispute (n.f.), 150
disque dur (n.m.), 174
distance (à) (n.f.), 218
distribué(e) (adj.), 70, 248
diva (n.f.), 280
divergence (n.f.), 150
divorce (n.m.), 146
dock (n.m.), 99
documentaire (n.m.), 267
dodu(e) (adj.), 14
domaine d'application (n.m.), 180
domicile (n.m.), 73
dominer (v.), 186

dompter (v.), 119
don Juan (n.m.), 153
donnée (n.f.), (personnelle), 178
donner la réplique (v.), 276
donner libre cours (v.), 44
dormir (v.) (à la belle étoile), 128
dossier (n.m.), 75, 221
doté(e) (adj.), 44
doublage (n.m.), 265
double (adj.), 9
doute (n.m.) (sans), 41
doux (-ce) (adj.), 17
draguer (v.), 153
dramaturge (n.), 287
dresser (se) (v.) (les poils), 36
dresser (v.), 118
dresser la table (v.), 307
dru(e) (adj.), 10
dubitatif (-ve) (adj.), 37
dune (n.f.), 98
duvet (n.m.), 111
dynamo (n.f.), 237

E

eau (n.f.), 140 (de rose), 291
éboulement (n.m.), 102
ébranler (v.), 136
écaille (n.f.), 122
écart (n.m.), 282
échange (n.m.), 150
échevelé(e) (adj.), 10
écho (n.m.), 278
échographie (n.f.), 57
éclair (n.m.), 128
éclairagiste (n.), 265
éclatant(e) (adj.), 20
éclaté(e) (adj.), 145
écœurant(e) (adj.), 28
écœurement (n.m.), 34
école (n.f.), (élémentaire/maternelle/primaire), 213
écolier (-ière) (n.), 213
écoper (v.), 202
écorce (n.f.), 108
écorchure (n.f.), 60
écran (n.m.), 174, 243
écrivain(e) (n.), 287
écrouler (s') (v.), 71
emparer (s') (v.) (du pouvoir), 194
écurie (n.f.), 92
édifice (n.m.), 184
édifier (v.), 257
éditeur (-trice) (n.), 288
éditorialiste (n.), 246
effectuer (v.), 207
effervescent(e) (adj.), 301
effet de serre (n.m.), 139
effets (n.m.) (secondaires), 66 (spéciaux), 267
effilé(e) (adj.), 17
effleurer (v.), 28
effondrement (n.m.), 194
effort (n.m.), 169
égoutté(e) (adj.), 304
éjecter (v.), 136
élaborer (v.), 188
élancé(e) (adj.), 14
élargir (v.), 194
élection (n.f.), 199
élection municipale (n.f.), 199
électricité (n.f.), 71
électronique (adj.), 176
élève (n.), 213
élever (v.), 257
élu(e) (adj.), 199
émacié(e) (adj.), 7
embargo (n.m.), 207

embarquer (v.), 99
embarrassé(e) (adj.), 34
embaumer (v.), 26, 109
embellie (n.f.), 128
embellir (v.), 71
embonpoint (n.m.), 14
embouchure (n.f.), 99
embouteillage (n.m.), 85
émission (n.f.) (de gaz à effet de serre), 140
émission (n.f.) (radiophonique), 242
emménager (v.), 71
empêcher (v.), 198
empester (v.), 26
emploi (n.m.), 222
emporter (v.), 96
empreinte écologique (n.f.), 140
ému(e) (adj.), 34
encadrer (v.), 261
encaissé(e) (adj.), 102
encaisser (v.), 227
endive (n.f.), 299
endurance (n.f.), 169
énergétiquement (adv.), 237
énergie fossile (n.f.), 235
enfant (n.m.) (naturel), 145
enfler (v.), 60
enfoncé(e) (adj.), 8
enfourcher (v.), 119
engager (v.), 192, 221
engloutir (v.), 136
engrais (n.m.), 81
enneigé(e) (adj.), 102
enregistré(e) (adj.), 178
enroué(e) (adj.), 12
enseveli(e) (adj.), 131
entendre (s') (v.), 150
entendre (v.), 25
enthousiasme (n.m.), 34
entorse (n.f.), 60
entracte (n.m.), 276
entraînement (n.m.), 169
entreprendre (v.), 71
entrer (v.) (en conflit), 192, 213, 276
entretenir (v.), 48, 71
entretien d'embauche (n.m.), 221
entretien d'évaluation (n.m.), 222
entrevoir (v.), 25
envieux (-euse) (adj.), 31
envol (n.m.), 111
envoûtant(e) (adj.), 26
éolienne (n.f.), 237
épais(se), (adj.), 7, 9, 136
épaté(e) (adj.), 8
épaule (n.f.), 16
éphémère (adj.), 250
épice (n.f.) (boréale), 297
épiler (v.), 20
époque (n.f.), 188
épuisé(e), (adj.), 288
équidé (n.m.), 119
équipe (n.f.), 150
équipement (n.m.) (informatique), 174
ergothérapie (n.f.), 66
erreur (n.f.), 204, 227
éruption (n.f.), 136
escalade (n.f.), 207
escargot (n.m.), 307
espace (n.m.) (habitable), 70
esplanade (n.f.), 86
esprit sportif (n.m.), 169
essayiste (n.), 287
essuyer la tempête (v.), 135
estomac (n.m.), 36
estrade (n.f.), 204
étable (n.f.), 92
établissement (n.m.), 213
étagère (n.f.), 75

étale (adj.), 96
étalon (n.m.), 119
étamine (n.f.), 109
état (n.m.), 73
étendre sur (s') (v.), 103
étincelant(e) (adj.), 131
étiquette (n.f.), 227, 301
étirer (s') (v.), 116
étoilé(e) (adj), 128
étrangler (s') (v.) (la voix), 36
étriller (v.), 119
étude (n.f.), 214
euphorie (n.f.), 37
évacuer (v.), 192
évanouir (s') (v.), 36
évoquer (v.), 48
examiner (v.), 57
excès de vitesse (n.m.), 202
exclusif (-ve) (adj.), 150
excursion (n.f.), 159
exécrable (adj.), 48
exécutif (n.m.), 198
exemplaire (n.m.), 287
exigu(ë) (adj.), 70
exonéré(e) (adj.), 232
exorbité(e) (adj.), 8
expédier (v.), 227
explorer (v.), 180
exploser (v.), 73
exposition (n.f.), 161
exposition (n.f.), (temporaire/ permanente), 261
expulsé(e) (adj.), 73
exterminé(e) (adj.), 194
extinction (n.f.), 139
extraction (n.f.), 235
extraire (v.), 235
extra-muros (adv.), 86

F

fable (n.f.), 291
fabrication (n.f.), 228
face (n.f.), 7
façonné(e) (adj.), 228
faculté (n.f.), 217
fade (adj.), 28
faiblir (v.), 25, 129
faillite (en) (n.f.), 227
faire (se) (v.) (une entorse), 60
faire défaut (v.), 44
faire des farces (v.), 46
faire des gammes (v.), 280
faire des plaisanteries (v.), 46
faire éclater (v.), 133
faire escale (v.), 99
faire l'amour (v.), 154
faire la cour (v.), 154
faire la fête (v.), 163
faire la foire (v.), 163
faire le buzz (v.), 250
faire le gros dos (v.), 116
faire patte de velours (v.), 116
faire pression (v.), 222
faire reluire (v.), 77
faire ses griffes (v.), 116
faire trembler (v.), 136
fait divers (n.m.), 248
falaise (n.f.), 98
familier (-ière) (adj.), 293
faner (se) (v.), 109
fantaisie (n.f.), 44
fard à joues (n.m.), 21
farder (se) (v.), 20
farfelu(e) (adj.), 44
faubourg (n.m.), 86
faucher (v.), 94
fauteuil (n.m.), 75

félin (n.m.), 116
fer (forgé) (n.m.), 257
ferme (n.f.), 92
ferrer (v.), 119
fertile (adj.), 44
festin (n.m.), 163
festivité (n.f.), 165
festoyer (v.), 163
fêtard(e) (n.), 163
fête (n.f.) (d'enfer), 163, (foraine), 165
feu (n.m.), 88
feuillage (n.m.), 108
feuilleton (n.m.), 243
feuler (v.), 116
fichier (n.m.) (attaché), 176
fictif (-ve) (adj.), 44
fiesta (n.f.), 163
figurant(e) (n.), 265
figure (n.f.), 7 (de style), 293
fil (n.m.), 21
film (n.m.) (culte/d'animation/ d'horreur), 267
filtrer (v.), 250
fin(e) (adj.), 16, 17, 46, 299
finissage (n.m.), 261
fisc (n.m.), 232
fissurer (v.), 136
fixe (adj.), 265
flair (n.m.), 118
flairer (v.), 26
flâneur (-euse) (n.), 88
flasque (adj.), 14
flétri(e) (adj.), 12
flétrir (se) (v.), 109
fleur (n.f.), 79
flirter (v.), 154
floral(e) (adj.), 257
florissant(e) (adj.), 59
flot (n.m.), 96
flou(e) (adj), 48, 263
flûte (n.f.) (à champagne), 307
fluvial(e) (adj.), 159
foie gras (n.m.), 299
foin (n.m.), 92
fond de teint (n.m.), 20
fondu(e) (adj.), 228
fonte (n.f.), 139 (des neiges),133
forage (n.m.), 235
force (n.f.), 61
forfait (n.m.) (nomade), 250
forger (se) (v.), 188
formation (n.f.) (continue / professionnelle), 218
former un gouvernement (v.), 198
fort(e) (adj.), 16, 30
fortifié(e), (adj.), 86
forum (n.m.), 250
fouille (archéologique) (n.f.), 184
four (n.m.), 228
fourmi (n.f.), 114
fournisseur (n.m.), 227
fourrure (n.f.), 116
fracture (n.f.), 60
fragile (adj.), 59
fragrance (n.f.), 109
francophonie (n.f.), 208
frapper (v.), 44
fraterniser (v.), 150
fraude (n.f.), 232
free-lance (adj.), 248
frêle (adj.), 14
fréquenter (se) (v.), 150
fréquenter (v.), 213
friche (en) (n.f.), 94
frictionner (se) (v.), 19
frimousse (n.f.), 7
froid(e), 31
frôler (v.), 28

fromage (n.m.) (de chèvre), 304
fruit de mer (n.m.), 297
frustration (n.f.), 64
fuite (n.f.), 71
fureur (n.f.), 34
fusain (n.m.), 259
fusible (n.m.), 71
fusion (n.f.), 228

G

gai(e) (adj.), 163
gala (n.m.), 165
galbé(e) (adj.), 17
galerie (n.f.), 235
galet (n.m.), 98
galoche (en) (n.f.), 9
galoper (v.), 119
garant(e) (adj.), 301
gâter (se) (v.), 128
gazoduc (n.m.), 235
gazouiller (v.), 113
gel (n.m.), 133
générale (n.f.), 278
généraliste (adj.), 54
générateur (n.m.), 237
généreux (-euse) (adj.), 16
générique (n.m.), 267
génocide (n.m.), 194
géométrique (adj.), 257
gerbe (n.f.), 109
gériatre (n.), 54
geste (n.m.) (commercial), 227
gibier (n.m.), 297
gisement (n.m.), 235
givre (n.m.), 133
glabre (adj), 16
glacier (n.m.), 103
glaçon (n.m.), 131
glapir (v.), 124
globuleux (-euse) (adj.), 8
glousser (v.), 113
gominé(e) (adj.), 10
gommage (n.m.), 19
gorge (n.f.), 16, 102
gosier (n.m.), 111
gothique (adj.), 257
gouache (n.f.), 261
goût (n.m.), 28
goûteux (-euse) (adj.), 28
gouttelette (n.f.), 131
gouvernement (n.m.), 194, 198
graine (n.f.), 81, 299
grand(e) (adj.), 267
grand écart (n.m.), 282
grange (n.f.), 92
gras(se) (adj.), 10
grassouillet(te) (adj.), 14
grave (adj.), 12
gravé(e) (adj.), 49
gravir (v.), 102
grec (-que) (adj.), 8
greffe (n.f.), 57
greffier (-ière) (n.), 204
grille (n.f.) (des programmes), 242
griller (v.), 133
grimpant(e) (adj.), 109
grinçant(e) (adj.), 46
grincer (v.), 124
grisonnant(e) (adj.), 9
grotte (n.f.), 161
grouillant(e) (adj.), 86
guêpe (n.f.), 114
guéridon (n.m.), 75
guérir (v.), 61
guérison (n.f.), 61
guerre (n.f.) (civile), 190 (froide), 194
guerre (n.f.), 192

gustatif (-ve) (adj.), 28
gymnase (n.m.), 167
gynécologue (n.), 54

H

H.L.M (n.f.), (habitation à loyer modéré) 73
habilité(e) (adj.), 222
habilleuse (n.f.), 278
hâlé(e) (adj.), 12
hameau (n.m.), 92
handicap (n.m.), 15
harcèlement (n.m.), 222
harmonieux (-euse) (adj.), 7
haussmannien(ne) (adj.), 257
haute-ville (n.f.), 86
hebdo (n.m.), 246
hécatombe (n.f.), 190
hennir (v.), 119
herbes (de Provence) (n.f.), 297
herbes (n.f.) (fines), 299
herbivore (n.), 122
hérisser (se) (v.), 116
héritage (n.m.), 146
hiberner (v.), 122
hiérarchie (n.f.), 222
hippodrome (n.m.), 167
hirsute (adj.), 10
historien(ne) (n.), 184
homoparental(e) (adj.), 145
hôpital (n.m.), 66
hors-bord (n.m.), 99
hospitalisé(e) (adj.), 57
houleux (-euse) (adj.), 96
huis clos (n.m.), 204
huissier (n.m.), 204
huître (n.f.), 307
hululer (v.), 113
humain(e) (adj.), 159
humoriste (n.), 46
humour (n.m.), 46
hurler (v.), 124
hydrater (v.), 19
hydroélectricité (n.f.), 237
hypocondriaque (adj.), 64
hypothèse (n.f.), 42

I

igloo/iglou (n.m.), 129
illégitime (adj.), 145
illisible (adj.), 293
îlot (n.m.), 180
imagination (n.f.), 44
imberbe (adj.), 7
immaculé(e) (adj.), 131
impasse (n.f.), 207
impénétrable (adj.), 103
impitoyable (adj.), 31
imposable (adj.), 232
impôt (n.m.), 232
impression (n.f.), 248
imprimante (n.f.), 174
impulsif (-ve) (adj.), 31
incident (n.m.) (diplomatique), 207
incurable (adj.), 61
indemne (adj.), 60
indiquer (v.), 176
industriel(le) (adj.), 180
infirme (n.), 15
infirmité (n.f.), 15
influence (n.f.), 194
informatique (n.f.), 174, 178
infox (n.f.), 250
infraction (n.f.), 202
ingénieux (-euse) (adj.), 30
initial(e) (adj.), 218

inondation (n.f.), 71
inquiet (-ète) (adj.), 37
inscrit(e) (adj.), 213
inséparable (adj.), 149
insérer (v.), 176
insomnie (n.f.), 64
insonorisation (n.f.), 70
insonorisé(e) (adj.), 70
inspiration (n.f.), 44
installer (s') (v.), 71
instauration (n.f.), 188
instrument (n.m.), 55
intelligence (n.f.), 180
intempérie (n.f.), 128
intense (adj.), 169
intermittent(e), (adj.), 25
international(e) (adj.), 208
internaute (n.), 250
interne (adj. et n.) (en), 213, 218
internement (n.m), 66
interprète (n.), 272
intime (adj.), 149
intimiste (adj.), 265
intra-muros (adv. et adj.), 86
introduction (n.f.), 42
invendu (n.m.), 227
ironie (n.f.), 46
irrégulier(-ière) (adj.), 7
isolation thermique (n.f.), 70
isolé(e) (adj.), 70
isoloir (n.m.), 199
issue (n.f.), 207

J

« J'aime » (n.m.), 250
jacasser (v.), 113
jardin botanique (n.m.), 161
jardin d'agrément (n.m.), 79
jardin d'enfants (n.m.), 213
jardin partagé (n.m.), 79
jardinage (n.m.), 81
jardiner (v.), 79
jardinier(-ière) (n.), 79
jeter (v.) un coup d'œil, 246
jeu de mots (n.m.), 46, 293
jingle publicitaire, (n.m.) 242
joli(e) (adj.), 7
jouer (v.) à guichets fermés, 276
joufflu(e) (adj.), 7
jouir (de) (v.), 301
jouir (v.) d'une bonne santé, 59
journal (n.m.) (télévisé), 243
  (intime), 291
judiciaire (adj. et n.), 198, 204
jument (n.f.), 119
juré (n.m.), 204
justice (n.f.), 198

K

kinésithérapeute (n.), 61
kiosque (n.m), 246

L

labourer (v.), 94
lagune (n.f.), 98
lait (n.m.), (corporel) 19, (caillé) 304
laiteux (-euse) (adj.), 12
lame (n.f.), 307
lampadaire (n.m.), 77
large (n.m.), 96
laque (n.f.), 20
lèche-vitrines (n.m.), 88
lecteur (-trice) (n.), 287
législatif (n.m.), 198
lever (se) (v.), 129
libéral(e) (adj.), 222
libraire (n.), 287

libre (adj.), 242
licencié(e) (adj.), 221
lien (n.m.), 176
lieu-dit (n.m.), 92
lifté(e) (adj.), 12
ligne (n.f.) (à haute tension), 237
ligne (n.f.) (de front), 192
lignée (n.f.), 145
lime à ongles (n.f.), 21
lisse (adj.), 20, 28
lit à baldaquin (n.m.), 75
litière (n.f.), 116
littéraire (adj.), 288
littoral (n.m.), 98
livrer (v.), 227
livret de famille (n.m.), 146
local (n.m.), 227
local(e) (adj.), 299
localité (n.f.), 85
logé(e) (adj.), 73
logement (n.m.) social), 70, 71, 73
logiciel (n.m.), 174, 176
logique (adj.), 42
loi (n.f.), 198
long métrage (n.m.), 265
longer (v.), 90
longévité (n.f.), 59
lourd(e) (adj.), 46
loyal(e) (adj.), 30
loyer (n.m.), 73
lucide (adj.), 49
lucidité (n.f.), 49
luminaire (n.m.), 77
lumineux (- euse) (adj.), 70
luminosité (n.f.), 70
luminothérapie (n.f.), 66
lunatique (adj.), 31
lustre (n.m.), 77
luxuriant(e) (adj.), 109
lycée (n.m.), 213

M

machinerie (n.f.), 278
mâchoire (n.f.), 9
maestro (n.m.), 273
magret (n.m.), 297
mahi-mahi (n.m.), 299
maigreur (n.f.), 14
maigrichon(ne) (adj.), 14
maison (n.f.),71,(de repos), 66
  (d'édition), 288
maîtresse (n.f.), 153
maîtriser (v.), 265
majorité (n.f.), 146, 199
mal de mer (exp.), 96
malentendu (n.m.), 150
malfamé(e) (adj.), 88
malodorant(e) (adj.), 26
malveillant(e) (adj.), 31, 176
manchot (n.m.), 15
mandibule (n.f.), 114
manège (n.m.), 165
manipuler (v.), 180, 214
manoir (n.m.), 92
manteau (n.m.), 131
manucurer (v.), 20
manuscrit (n.m.), 288
maquettiste (n.), 288
marbre (n.m.), 259
marchander (v.), 75
marchandise (n.f.), 227
marée descendante (n.f.), 96
marée montante (n.f.), 96
marée noire (n.f.), 139
marémotrice (adj.), 237
marquant(e) (adj.), 48
marqué(e) (adj.), 7

marquer (v.), 186
mas (n.m.), 92
mascara (n.m.), 21
masque de beauté (n.f.), 19
massacre (n.m.), 188
masse (en) (n.f.), 228
massif (n.m.), 109
matériaux (n.m.), 259
matière (n.f.), 214
mauvais(e) (adj.), 73
mauvaises herbes (n.f.), 81
médecin (n.m.) (de garde/du travail/
  traitant), 54
médical(e) (adj.), 4, 180
médiéval(e) (adj.), 184
mégalopole (n.f.), 85
mélancolie (n.f.), 49
mélancolique (adj.), 49
mêler à (se) (v.), 194
mélodie (n.f.), 272
mélodieux (-euse) (adj.), 12
mélodrame (n.m.), 267
membre (n.m.), 208
mémoire (n.f.), 48 (externe), 174
mémorable (adj.), 48
menaçant(e) (adj), 128
mener (v.) (des guerres), 194
mention (n.f.), 217
mentionner (v.), 248
menton (n.m.), 9, 217
menu(e) (adj.), 14
menuet (n.m.), 282
mer (n.f.) (d'huile/pleine), 96
mesquin(e) (adj.), 31
message (n.m.), 31, 252
messagerie (n.f.), 176
méthode (n.f.) (de construction), 257
métropole (n.f.), 85
metteur en scène (n.m.), 278
mettre (v.) (bas), 122, (fin), 188
meuble (n.m.) (de style), 75
meubler (v.), 75
meule (n.f.), 94
meurtre (n.m.), 202
meute (n.f.), 118
miauler (v.), 116
mielleux (-euse) (adj.), 31
migrateur (adj.), 111
milieu (n.m.) (naturel), 139
mince (adj.), 9
mine (n.f.), 235
minéral(e) (adj.), 301
mineur (n.m.), 235
minier (-ière) (adj.), 235
ministre (n.), 198
minois (n.m.), 7
minutieux (-euse) (adj.), 30
mirabelle (n.f.), 299
misanthrope (adj.), 31
mise à jour (n.f.), 174
mise en page (n.f.), 248
mission (n.f.), 208
mistral (n.m.), 129
mobiliser (v.), 192
mode (n.m.) (vibreur/silencieux/
  veille), 252
modèle (n.m.), 259, 261
moderato (adv.), 280
moderne (adj.), 188
modeste (adj.), 30
moisissure (n.f.), 304
moissonner (v.), 94
moitié (n.f.), 184
monastère (n.m.), 161
monde (n.m.), 169
monocorde (adj.), 12
monologue (n.m.), 276
montant (n.m.), 73

monter (v.) (dans les aigus), 280
monter (v.) (sur scène), 276
monteur (-euse) (n.), 265
moquer de (se) (v.), 46
moquette (n.f.), 77
morceau (n.m.), 272
mordre (v.), 118
morsure (n.f.), 60
mosaïque (n.f.), 161
motif (n.m.), 257
mouche (n.f.), 114
mouiller (v.) (l'ancre), 99
moule (n.m.), 228
moulé(e) (adj.), 304
mousse (n.f.) (à raser), 21
mousson (n.f.), 131
moustache (n.f.), 116
moutarde (n.f.), 299
mouvementé(e) (adj.), 190
Moyen Âge (n.m.), 184
multicolore (adj.), 109
multimédia (n.m.), 252
multiplier (se) (v.), 190
municipalité (n.f.), 85
musclé(e) (adj.), 17
muselière (n.f.), 118
musique (n.f.) (de chambre/
  symphonique), 273
mutilé(e) (n.), 15
mytiliculture (n.f.), 297

N

nageoire (n.f.), 122
naïf (-ve) (adj.), 31
nappe (n.f.), 307 (de pétrole), 139
nappe (n.f.) (phréatique), 133
nasillard(e) (adj.), 12
naturalisation (n.f.), 207
nature morte (n.f.), 261
nauséabond(e) (adj), 26
naval(e) (adj.), 9, 99
navet (n.m.), 267
nécessaire de toilette (n.m.), 21
négatif (n.m.), 263
négliger (v.), 59
négociation (n.f.), 222
neiges (n.f.) (éternelles), 103
neigeux (-euse) (adj.), 131
nerveux (-euse) (adj.), 17
net(te) (adj.), 263
neuf (-ve) (adj.), 70
nichée (n.f.), 111
nicher (v.), 111
nier (v.) (les faits), 204
niveau (n.m.), 169
noces (n.f.) (d'argent/d'or), 163
noctambule (n.), 88
noir(e) (adj.) 46
nommer (v.), 198
non-protection (n.f.), 252
norme (n.f.) (environnementale), 140
nostalgie (n.f.), 49
nostalgique (adj.), 49
note (n.f.), 301
noter (v.), 214
nouer (se) (v.) (l'estomac), 36
noueux (-euse) (adj.), 17
nouvelle (n.f.), 291
nu (n.m.), 261
nuit (n.f.) (de noces), 146
numérique (n.m.), 178
nuptial(e) (adj.), 122

O

obèse (adj.), 14
obésité (n.f.), 14

objectif (n.m.), 263
objet (n.m.), 176
obscurcir (s') (v.), 128
obsèques (n.f.), 146
observateur (n.m.), 208
obsession (n.f.), 64
obstacle (n.m.), 169
Occupation (n.f.), 186
odeur (n.f.), 26
odorant(e) (adj.), 26
odorat (n.m.), 26
œil (n.m.) (du cyclone), 135
œnologue (n.), 301
offre (n.f.) (d'emploi), 221
oisillon (n.m.), 111
oléoduc (n.m.), 235
olympique (adj.), 167
ombre (n.f.) (à paupières), 21
onde (n.f.), 242
ondée (n.f.), 131
opération (n.f.), 57
opérette (n.f.), 280
ophtalmologue (n.), 54
opiniâtre (adj.), 30
oppressé(e) (adj.), 36
option (n.f.) (en), 214
ordonnance (n.f.), 57
ordre (n.m.), 307
orée (n.f.) (du bois), 103
organisation (n.f.), 208
organisme (n.m.), 218
orge (n.f.), 94
orgueilleux (-euse) (adj.), 31
orienté(e) (adj.), 70
original(e) (adj.), 265, 291
ornement (n.m.), 257
orthographié(e) (adj.), 293
ostréiculture (n.f.), 297
oto-rhino-laryngologiste (O.R.L)
   (n.m.), 54
oubli (n.m.), 48
ouïe (n.f.), 25
ouragan (n.m.), 135
outil (n.m.), 228
ouvrage (n.m.), 287
ouvrir (s') (v.), 276
ovation (n.f.), 280
ovationner (v.), 276

P

PACS, (Pacte Civil de Solidarité)
   (n.m.) 46
paître (v.), 94
palette (n.f.), 261
pâlir (v.), 36
palper (v.), 28
palpiter (v.), 36
panique (n.f.), 34
panneau (n.m.) (photovoltaïque), 140
   (solaire), 237
pansement (n.m.), 60
paparazzi (n.m.), 246
par cœur (exp.), 272
parade (n.f.), 122
paradoxe (n.m.), 42
paraître (v.), 288
paralyser (v.), 198
parc (n.m.) (d'attraction), 161
parcours (n.m.) (scolaire), 213
   (professionnel), 221
parfum (n.m.), 26
parfumer (se) (v.), 19
paroi (n.f.), 102
parolier (n.m.), 272
parquet (n.m.), 77
part (n.f.), (d'audience), 242
partenariat (n.m.), 208

parterre (n.m.), 276 (de fleurs), 79
parti pris (n.m.), 41
partie (n.f.), 192 (civile), 204
partiel (n.m), 217
partition (n.f.), 273
parution (n.f.), 288
passage couvert (n.m.), 88
passage piéton (n.m.), 88
passer (v.) (à la radio), 272
passer (v.) (des essais), 265
passer (v.) aux aveux, 204
passer (v.) le brevet, 213
passible (adj.), 202
passion (n.f.), 154
pastel (n.m.), 261
pâte (n.f.) (dure/molle), 304
pâte (n.f.) persillée, 304
pathologie (n.f.), 57
patient(e) (adj.), 30
pâtisserie (n.f.), 297
patrimoine (n.m.), 146
pâturage (n.m.), 94
pauvre (adj.), 81
pavé(e) (adj.), 88
pays (n.m.) (hôte), 207
peau (n.f.), 276
pédiatre (n.), 54
peigne (n.m.), 21
peine (n.f.) (de prison), 202
peinture (n.f.) (à l'huile), 261
pelage (n.m.), 122
pèlerinage (n.m.), 159
pelle (n.f.), 81
pellicule (n.f.), 263
pelotonner (se) (v.), 116
penderie (n.f.), 75
pente (n.f.), 102
pénurie (n.f.) (d'eau), 139
pépier (v.), 113
péplum (n.m.), 267
perçant(e) (adj.) (vue), 8
perception (n.f.), 25
percevoir (v.), 232
percher (se) (v.), 111
perdre (v.) (la tête), 34
perdurer (v.), 186
performant(e), (adj.)169
période (n.f.), 184
périodicité (n.f.), 246
périphérique (n.m.), 174
périple (n.m), 159
perpétuité (n.f.), 202
perplexe (adj.), 37
persécuté(e) (adj.), 194
persévérer (v.), 169
personnalité (n.f.), 30
pesant(e) (adj.), 259
pesticide (n.m.), 81
pétale (n.m.), 109
pétiller (v.), 301
petit écran (n.m.), 243
petit lait (n.m.), 304
petit rat (n.m.), 282
petit(e) ami(e) (n.), 153
pétrolier (n.m.), 235
phare (n.m.), 99
phénomène (n.m.) (naturel), 133
philosophe (n.), 287
phobie (n.f.), 64
piaffer (v.), 119
piailler (v.), 113
picorer (v.), 111
pièce (n.f.) jointe, 176
pièce (n.f.) unique, 228
pièce (n.f.), 276
pince (n.f.) (à épiler), 20
pince (n.f.), 228

pinceau (n.m.), 261
pincé(e) (adj.), 9
pioche (n.f.), 81
pion (n.m.), 214
piquant(e) (adj.), 28
pirate (n.m.) (informatique), 178
pistil (n.m.), 109
placement (n.m.), 231
plagiat (n.m.), 291
plaidoirie (n.f.), 204
plaie (n.f.), 60
plaine (n.f.), 90
plaisancier (n.m.), 99
plaisir (n.m.) (charnel), 154
plaisir (n.m.), 154
plan (n.m.) (gros/fixe), 265
plant (n.m.), 79
plantation (n.f.), 94
planter (v.), 79
plat(e) (adj.), 16
plate (adj.) (assiette), 307
plateau (n.m.), 102, 304
plateau (n.m.) (de fromages), 304
plateforme (n.f.), 250
plâtre (n.m.), 60, 259
play-back (n.m.), 272
playlist (n.f.), 242
pleine mer (en) (adj.), 96
ployer (v.), 129
pluie (n.f.) (acide), 139
plumage (n.m.), 111
plume (n.f.), 259
podcast (n.m.), 242
poète (n.m.), 287
poids (n.m.), 36, 259
poignet (n.m.), 17
poil (n.m.), 36
poilu(e) (adj.), 16
point de vue (n.m.), 41
pointe (n.f.), 282
poisson (n.m.), 307
poitrine (n.f.), 16, 36
polar (n.m.), 291
polémique (adj.), 41
poli(e) (adj.), 259
police (n.f.), 202
policier (-ière) (adj.), 291
pollen (n.m.), 109
polystyrène (n.m.), 259
pommade (n.f.), 20
pomme (n.f.), 86
pomme d'Adam (n.f.), 16
pommette (n.f.), 9
populaire (adj.), 86
porcelaine (n.f.), 12
port (n.m.), 174, (de pêche/
   de plaisance), 99
portée (n.f.), 122
poser (v.), 77, 261
post (n.m.), 252
poste (n.m.) (de télévision), 243
pot (n.m.) (catalytique), 140
pot (n.m.), 79
potage (n.m.), 307
potager (n.m.), 79
pot-au-feu (n.m.), 297
potée (n.f.), 299
potelé(e) (adj.), 17
poulailler (n.m.), 92
poulain (n.m.), 119
pourparlers (n.m.), 192
pourriel (n.m.), 176
pouvoir (n.m.), 190, 194
prairie (n.f.), 90
pré (n.m.), 92
préau (n.m.), 213
précaire (adj.), 222
précipice (n.m.), 102

précipitation (n.f.), 131
prédateur (-trice) (n.m.), 122
préhistorique (adj.), 184
préjugé (n.m.), 41
prélèvement (n.m.), 231
préméditation (n.f.), 202
presqu'île (n.f.), 98
premier danseur (n.m.), 282
première (n.f.), 278
première danseuse (n.f.), 282
prémunir (se) (v.), 250
présentateur (-trice) (n.), 243
présentiel (adj) ,246
presse (n.f.), 242, 246
prestataire (n.m.), 218
prêt (n.m.) (immobilier), 231
prétendre (v.), 41
prête-plume (n.m.), 288
prévenance (n.f.), 149
prévenant(e) (adj.), 30
prévenir (v.), 55
préventif (-ve) (adj.), 55
prévention (n.f.), 55
primé(e) (adj.), 288
principal(e) (n.), 213
prise (n.f.), 190
prise électrique (n.f.), 71
prix (n.m.) littéraire, 288
prodigieux (-euse), 188
producteur (-trice), 301
produire (se) (v.), 136, 273
produit (n.m.), 297
profession (n.f.) (libérale), 222
profil (n.m.) (de), 7, 221
profond(e) (adj.), 103
progéniture (n.f.), 145
programme (n.m.), 217
proie (n.f.), 122
prolongation (n.f.), 278
prompteur (n.m.), 243
promulgation (n.f.), 190
promulguer (v.), 188
prononcer (v.) (le verdict), 204
prophylactique (adj.), 55
prospérer (v.), 85
protester (v.) (de son innocence), 204
proviseur (n.m.), 213
provoquer (v.), 135
psychanalyste (n.), 66
psychiatre (n.), 66
psychiatrique (adj.), 66
psychothérapie (n.f.), 66
public (-que) (adj.), 165
publication (n.f.), 248, 288
publicitaire (adj.), 243
puce (n.f.), 252
puer (v.), 26
puiser (v.) l'inspiration, 44
puissant(e) (adj.), 16
puits (n.m.), 235
pulpeux (-euse) (adj.), 9
pupitre (n.m.), 273
pur(e) (adj.), 128
pur-sang (n.m.), 119

Q

quai (n.m.), 88
qualité (n.f.), 301
quartier (n.m.), 86
querelle (n.f.), 146
quiétude (n.f.), 37

R

rabais (n.m.), 227
raccourci (n.m.), 90
race (n.f.) (de), 118

rachitique (adj.), 14
racine (n.f.), 108
radieux (-euse) (adj.), 163
radiographie (n.f.), 57
rafale (n.f.), 129
raffiné(e) (adj.), 30
raffinement (n.m.), 297
raffinerie (n.f.), 235
raisonnement (n.m.), 42
ramage (n.m.), 113
rance (adj.), 28
rapace (n.m.), 111
râpeux (-euse) (adj.), 28
rappeler (se) (v.), 48
rapport (n.m.), 149
rasoir (n.m.), 21
rassuré(e) (adj.), 37
râteau (n.m.), 81
ratisser (v.), 81
rauque (adj.), 12
ravager (v.), 135
rayonnement (n.m.), 237
raz de marée (n.m.), 136
réalisateur (-trice) (n.), 265
reboisement (n.m.), 140
recenser (v.), 85
récent(e) (adj.), 70
recevoir (v.), 307
recharger (v.), 252
rêche (adj.), 17
récif (n.m.), 98
réclusion criminelle à perpétuité (n.f.), 202
recomposé(e) (adj.), 145
reconnu(e) (adj.) (coupable), 202
record (n.m.), 169
recouvrer (v.), 61
récréation (n.f.), 213
recrutement (n.m.), 221
récupérer (v.), 61
recueil (n.m.), 287
rédactrice (n.f.) en chef, 248
redevance (n.f.) audiovisuelle, 232
rédiger (v.), 287
réédition (n.f.), 288
refaire (se) (v.) (une santé), 61
réfréner (v.), 44
refuge (n.m.), 103
réfuter (v.), 42
régie (n.f.), 278
registre (n.m.) (de langue), 293
règle (n.f.), 304
régler (v.) la succession, 146
règles (n.f.) (de l'art), 304
règne (n.m.), 186
regret (n.m.), 49
regretter (v.), 49
regrouper (v.), 208
régulier (-ière) (adj.), 7
réimpression (n.f.), 288
réjouir (se) (v.), 165
réjouissance (n.f.), 165
relation (n.f.) (diplomatique), 207
relent (n.m.), 26
relevé bancaire (n.m.), 231
Relevé d'Identité Bancaire (n.m.), 231
relever (v.), 28, 299
rembourser (v.), 231
remémorer (se) (v.), 48
remise (n.f.), 227
remords (n.m.), 49
rempart (n.m.), 86
remporter (v.) (les élections), 199
Renaissance (n.f.), 186
rendre (se) (v.), 199
rendre (v.) (la justice), 198
renommée (n.f.), 301
renouvelable (adj.), 237

renouvellement (n.m.), 207
rénover (v.), 71
renverser (v.) (un gouvernement), 194
renseigner (v.), 214
rentable (adj.), 227
rentrée (n.f.) littéraire, 288
renverser (v.), 194
répartir (v.), 208
repas (n.m.) (de fête), 163
répétition (n.f.), 278
reportage (n.m.), 248
représentant(e) (n.), 198
représentation (n.f.), 278
République (n.f.), 186
réseauter (v.), 250
résidence (n.f.) (secondaire), 92
résidentiel(le) (adj.), 86
résilier (v.), 231
résonner (v.), 25
respirer (v.) (la bonne santé), 59
responsable éditorial(e) (n.), 288
ressentir (v.), 34
ressortissant(e) (n.), 207
rester (v.) (gravé dans), 49
resto U (restaurant universitaire) (n.m.), 217
rétablir (se) (v.), 61
rétablir (v.), 71
retentir (v.), 25
retenue (n.f.), 214
retirer (se) (v.), 96
rétracter (v.), 116
retraite (n.f.), 221
retroussé(e) (adj.) , 8
revenu (n.m.), 232
réverbère (n.m.), 88
révolte (n.f.), 190
Révolution (n.f.), 186
revue (n.f.) (de presse), 242
rhum (n.m.), 299
riche (adj.), 188
rideau (n.m.), 77, 276
rigolo(te) (adj.), 46
rimmel (n.m.), 21
rince-doigts (n.m.), 307
ring (n.m.), 167
rivage (n.m.), 98
rive (n.f.) (droite/gauche), 86
robe (n.f.), 119
robot (n.m.) (industriel /médical), 180
robotique (n.f.) (collaborative), 180
robotisé(e) (adj.), 180
robuste (adj.), 14
roche (n.f.), 136
rocheux (-euse) (adj.), 102
roi (n.m.), 299
rôle (n.m.), 276
roman (n.m.) (épistolaire), 291
roman (n.m.) (fleuve), 291
roman (n.m.) (historique), 291
roman (n.m.), 257
romancier (-ière) (n.), 287
romantique (adj.), 154
rompre (v.), 154
rompu(e) (adj.), 207
rond(e) (adj.), 7, 16, 301
rond-point (n.m.), 88
ronronner (v.), 116
rosé (adj.) (vin), 301
roseraie (n.f.), 79
roucoulement (n.m.), 113
roucouler (v.), 113
rouge à lèvres (n.m), 21
rougeaud(e) (adj.), 12
rougir (v.), 36
routinier (-ière) (adj.), 180
rubrique (n.f.), 246
rude (adj.), 7, 221

ruelle (n.f.), 88
ruer (v.), 119
rugir (v.), 124
ruine (n.f.), 161
ruiner (se) (v.) (la santé), 59
rural(e) (adj.), 90, 159

S

sac (n.m.) (à puces), 118
saccagé(e) (adj.), 135
sacré(e) (adj.), 10
saillant(e) (adj.), 9
saison (basse/haute) (n.f.), 159
saison (n.f.), 159
salaire (n.m.), 222
salarial(e) (adj.), 222
sale (adj.), 31, 34
saleté (n.f.), 19
salle (n.f.) (d'armes), 167
salle (n.f.) (d'audience), 204
salle (n.f.) (des fêtes), 165
santé (n.f.) (de fer), 59
santé (n.f.), 61
sarrasin (n.m.), 297
sautiller (v.), 111
savon (n.m.), 19
savonnette (n.f.), 19
savoureux (-euse) (adj.), 28
scandale (n.m.), 246
scanner (v.), 174
scénariste (n.), 265
scoop (n.m.), 246
scruter (v.), 128
scrutin (n.m.), 199
sculptural(e) (adj.), 14
sec (-èche) (adj.), 10, 301
sécateur (n.m.), 81
sécheresse (n.f.), 133
secondaire (adj.), 92
secouer (v.), 136
secourir (v.), 55
secrétaire (n.m), 75
sécuriser (v.), 252
séducteur (-trice) (n.), 153
segmenter (v.), 186
seigle (n.m.), 94
sein (n.m.), 16
séisme (n.m.), 136
sel (n.m.), 293
sélectif (-ve) (adj.), 140
selle (n.f.), 119
semestre (n.m.), 217
sens (n.m.), 41 (propre/figuré), 293
sensible (adj.), 30
sensualité (n.f.), 154
sensuel(le) (adj.), 9
sentier (n.m.), 90
sentir (se) (v.), 34, 36
sentir (v.), 26
séparation (n.f.) (des pouvoirs), 198
séparation (n.f.), 146
serein(e) (adj.), 37
serre (n.f.), 79, 111
serveur (n.m.), 178
sève (n.f.), 108
sévère (adj.), 7
siècle (n.m.) (des Lumières), 186
siffler (v.), 113, 280
signe de protestation (en) (n.m.), 199
sincère (adj.), 30
sinueux (-euse) (adj.), 90
sirop (n.m.) (d'érable), 297
sismique (adj.), 136
site (n.m.) (archéologique), 161
situé(e) (adj.), 70
situer (v.), 184
sobre (adj.), 257

sociothérapie (n.f.), 66
sofa (n.m.), 75
soin (n.m.) (capillaire/cutané), 20
soins palliatifs (n.m.), 57
soirée (n.f.), 165
sol (n.m.), 81
solde (n.m.), 231
solder (v.) (un compte), 231
solfège (n.m.), 273
soliste (n.), 273
sombre (adj.), 70
sommaire (n.m.), 246
sommet (n.m.), 103
somnifère (n.m.), 66
son (n.m.), 25
soprano (n.m.), 280
sortir (v.), 265 (un album), 272
soucieux (-euse) (adj.), 37
soulagé(e) (adj.), 37
soumis(e), (adj.), 232
souple (adj), 16
souplesse (n.f.), 169
source (n.f.) (d'inspiration), 44
sourcil (n.m.), 8
sourd(e) (adj.), 25
sournois(e) (adj.), 31
sous (prép.) (le règne de), 186
sous-bois (n.m.), 103
souscrire (v.), 231
sous-entendu (n.m.), 149
sous-titre (n.m.), 265
soutenir (v.), 217
soutenu(e) (adj.), 293
souvenir (n.m.), 48
souvenir (se) (v.), 48
soyeux (-euse) (adj.), 10
spacieux (-euse) (adj.), 70
spécialisé(e) (adj.), 159
spleen (n.m.), 49
sport (n.m) (de combat/de glisse), 169
sportif (-ive) (adj.), 169
spot (n.m.) (publicitaire), 243
square (n.m.), 86
stade (n.m.), 167
stage (n.m.), 218
station (n.f.) (d'épuration), 140
station (n.f.), 140, 242
statue (n.f.), 259
statuette (n.f.), 259
stérilisé(e) (adj.), 55
stimuler (v.), 44
stock (n.m.), 227
stocké(e) (adj.), 178
store (n.m.) (vénitien), 77
stratégie (n.f.) (de guerre), 192
strident(e) (adj.), 25
stupéfaction (n.f.), 34
stupéfait(e) (adj.), 36
style (n.m.) (architectural/haussmannien), 257
style (n.m.), 257, 293
subir (v.), 57
subtil(e) (adj.), 26
succéder (à) (v.), 190
succès (n.m.), 272
succession (n.f.), 146
succulent(e) (adj.), 28
sucre (n.m.) (roux), 297
sueur (n.f.), 19
surcharge (n.f.) (pondérale), 14
suffoquer (v.), 36
suffrage (n.m.) (universel), 199
suivre (v.), 66
supplément (n.m.), 248
surgir (v.), 136
surmenage (n.m.), 64
sursis (n.m.) (avec), 202
surveillance (n.f.), 214

surveillé(e) (adj.), 178
survivre (v.), 186
susceptible (adj.), 31
suspense (n.m.), 267, 291
svelte (adj.), 16
synagogue (n.f.), 161
synthétique (adj.), 42
synthétiser (v.), 42

T

table (n.f.) (de chevet), 75
table (n.f.), 304
tabouret (n.m.), 75
tâche (n.f.) (routinière), 180
tactile (adj.), 28
taille (n.f.) (de guêpe), 16
taille (n.f.), 16
tailler (v.), 81
tanière (n.f.), 122
tannique (adj.), 301
tapenade (n.f.), 299
tapis (n.m.), 77
tapisserie (n.f.), 77
tatami (n.m.), 167
tatouer (v.), 118
taux (n.m.) (d'abstention), 199
taxe (n.f.) (d'habitation/foncière), 232
technique (n.f.) (vocale), 280
teint (n.m.) (de porcelaine), 12
télécharger (v.), 174
télécommande (n.f.), 243
téléfilm (n.m.), 243
téléspectateur (-trice) (n.), 243
télévision (n.f.), 243
témoignage (n.m.), 184
témoin (n.m.) (à charge/à décharge), 204
tempe (n.f.), 9
tempérament (n.m.) (de feu), 30
temple (n.m.) (en ruine), 161
tempo (n.m.), 280
tenace (adj.), 19
tendon (n.m.), 17
tendresse (n.f.), 149
tendu(e) (adj.), 37
ténèbres (n.f.), 188
tenir (v), 291
tentaculaire (adj.), 85
terne (adj.), 10
terre (n.f.), 90
terrier (n.m.), 122
terrine (n.f.), 297
terroir (n.m.), 297
terroriste (adj.), 194
texto (n.m.), 252
texture (n.f.), 304
théâtre (n.m.) (amateur), 276
théorie (n.f.), 42
thérapie (n.f.), 61

thèse (n.f.), 217
tic (n.m.), 64
tiers (tierce) (adj.), 293
tige (n.f.), 109
tignasse (n.f.), 10
ti-punch (n.m.), 299
tirade (n.f.), 276
tirage (n.m.), 246, 263, 288
TOC (trouble obsessionnel compulsif) (n.m.), 64
toile (n.f.), 77, 261
toiletter (v.), 118
tombant(e) (adj.), 16
tomber (v.) (en panne), 71
tomber (v.) (en ruine), 73
tomber (v.) (raide dingue), 154
tondeuse (n.f.), 81
tonnerre (n.m.), 128
tordu(e) (adj.), 17
torrentiel(le) (adj.), 131
torse (n.m.), 16
touché(e) (adj.), 34
toucher (n.m.), 28
tour (n.m.), 228
tourbillonner (v.), 114
tourisme (n.m.) (de masse), 159
tourmenté(e) (adj.), 37
tournage (n.m.), 265
tournoi (n.m.), 167
trac (n.m.), 276
traçabilité (n.f.), 140
tracassé(e) (adj.), 37
tragédien(ne) (n.), 276
trahir (v.), 149
traire (v.), 94
trait (n.m.), 7, 30
trait d'humour (n.m.), 46
trait de caractère (n.m.), 30
traité (n.m.), 192
traitement (n.m.), 55
traitement de texte (n.m.), 174
traiter (v.), 140
trajectoire (n.f.), 135
tramontane (n.f.), 129
tranchée (n.f.), 192
tranquillisé(e) (adj.), 37
transhumance (n.f.), 102
transistor (n.m.), 242
transpiration (n.f.), 19
transpirer (v.), 36
transplantation (n.f.), 57
trapu(e) (adj.), 14
traquer (v.), 246
traumatisant(e) (adj.), 49
travaux (n.m.), 71
travaux dirigés (n.m.), 217
travaux pratiques (n.m.), 214
travelling (n.m.), 265
trébucher (v.), 60
trembler (v.), 136

tri (n.m.), 140
tribu (n.f.), 150
tribunal de police (n.m.), 202
trinquer (v.), 301
triple (adj.), 9
trois (adj. inv.), 276
trombe d'eau (n.f.), 131
tromper (v.), 154
tronc (n.m.), 108
tronçonner (v.), 108
trotter (v.), 119
trou (n.m.) (de mémoire), 48
trou (n.m.), 139
troupe (n.f.), 276
troupeau (n.m.), 122
trousse (de secours) (n.f.), 55
trousse (de toilette) (n.f.), 21
truffe (n.f.), 118, 297
tsunami (n.m.), 136
tube (n.m.), 272
turbine (n.f.), 237
turquoise (adj.), 96
tuteur (n.m.), 108
tutu (n.m.), 282
tuyau (n.m.), 81
typhon (n.m.), 135

U

une (n.f.), 246
unijambiste (n.), 15
urbain(e) (adj.), 85
urgentiste (n.), 54
urne (n.f.), 199
usé(e) (adj.), 140
usine (n.f.), 228, 237

V

vacancier (n.m.), 161
vaccin (n.m.), 55
vaccination (n.f.), 55
vacciner (v.), 118
vaillant(e) (adj.), 30
valeur (n.f.), 199
valider (v.), 176
vallonné(e) (adj.), 90
valoriser (v.), 222
vaniteux (-euse) (adj.), 31
variétés (n.f.), 243
vélodrome (n.m.), 167
velouté(e) (adj.), 12
velu(e) (adj.), 16
vénitien(ne) (adj.), 77
verdict (n.m.), 204
verdoyant(e) (adj.), 90
verger (n.m.), 79
verglas (n.m.), 133
vernis (n.m.), 261
vernissage (n.m.), 261

versement (n.m.), 231
version originale (n.f.), 265
vestige (n.m.), 184
vétuste (adj.), 73
viande (n.f.) (des Grisons), 297
vice (n.m.) (de forme), 204
vie (n.f.), 146
vigne (n.f.), 301
vignoble (n.m.) 94
vigoureux (-euse) (adj.), 14
vigueur (n.f.), 59
vin (n.m.), 165
vin d'honneur (n.m.), 165
vinicole (adj.), 301
virevolter (v.), 131
virus (n.m.), 176
visage (n.m.), 7, 159
viseur (n.m.), 263
vision (n.f.), 25
vitrage (n.m.) (double), 70
vivace (adj.), 48, 79
vivre (v.), 118, 154
vivre-ensemble (n.m.), 194
vocal(e) (adj.), 280
vocalise (n.f.), 280
voguer (v.), 99
voie (n.f.), 139
voie d'extinction (en) (n.f.), 139
voilage (n.m.), 77
voilier (n.m.), 99
voix (n.f.) (de tête), 280
voix (n.f.), 12, 199
volage (adj.), 154
volée (n.f.), 111
volume (n.m.), 70, 287
volumineux (-euse) (adj.), 259
voter (v.) (blanc), 199
voter (v.), 198
voûte (n.f.), 257
voyage (n.m.) (organisé), 159
voyagiste (n.m.), 159
vue (n.f.), 25
vulgaire (adj.), 293

W

webcam (n.f.), 250
wifi (n.m.), 250

Y

yacht (n.m.), 99

Z

zapper (v.), 243
zébré(e) (adj.), 128
zéphyr (n.m.), 129
zone (n.f.), 194, 250
zoomer (v.), 263

Crédits photographiques

De gauche à droite et de haut en bas
Page 7 : anjocreatif/Adobe Stock – **Page 8 :** lindaparton /Adobe Stock ; vladimirfloyd /Adobe Stock – **Page 9 :** aldarinho/Adobe Stock – **Page 10 :** Noble detailblick-foto /Adobe Stock – **Page 12 :** DavidPrado/Adobe Stock – **Page 15 :** volkanakmese/Adobe Stock – **Page 16 :** fotosmile777/Adobe Stock – **Page 19 :** LIGHTFIELDS STUDIOS/Adobe Stock – **Page 20 :** skilas/Adobe Stock – **Page 21 :** picsfive/Adobe Stock ; AlenKadr/Adobe Stock ; New Africa/Adobe Stock – **Page 26 :** Syda Productions/Adobe Stock – **Page 36 :** Mix and Match Studio/Adobe Stock – **Page 54 :** Oksana Kuzmina/Adobe Stock – **Page 60 :** VadimGuzhva/Adobe Stock – **Page 71 :** LIGHTFIELD STUDIOS/Adobe Stock – **Page 73 :** Aleksei/Adobe Stock – **Page 75 :** dcw25/Adobe Stock – **Page 77 :** grishylina/Adobe Stock – **Page 79 :** Uros Petrovic/Adobe Stock – **Page 81 :** Pixel-Shot/Adobe Stock – **Page 90 :** Dieter Hawlan/Adobe Stock – **Page 92 :** Production Perig/Adobe Stock – **Page 94 :** nool/Adobe Stock – **Page 96 :** jeanmi974/Adobe Stock – **Page 98 :** jefwod/Adobe Stock – **Page 99 :** Production Perig/Adobe Stock – **Page 102 :** minicel73/Adobe Stock – **Page 108 :** coco//Adobe Stock – **Page 109 :** Franzisca Guedel/ Adobe Stock – **Page 111 :** Joot/ Adobe Stock – **Page 114 :** Good Studio/Adobe Stock – **Page 116 :** Evrymmnt/Adobe Stock – **Page 118 :** kisscsanad/Adobe Stock – **Page 119 :** Sven Cramer/Adobe Stock – **Page 122 :** Roberto Zocchi/Adobe Stock – **Page 128 :** Tryfonov/Adobe Stock – **Page 131 :** Antonina Vincent/Adobe Stock – **Page 133 :** Tanja Esser/Adobe Stock – **Page 139 :** 008melisa/Adobe Stock – **Page 145 :** aseq/Adobe Stock – **Page 159 :** guitou60/Adobe Stock – **Page 161 :** Shariff Che'Lah/Adobe Stock – **Page 163 :** Elnur/Adobe Stock – **Page 165 :** ermejoncqc/Adobe Stock – **Page 167 :** bymandesigns/Adobe Stock – **Page 180 :** AndSus/Adobe Stock – **Page 184 :** Microgen/Adobe Stock – **Page 188 :** Matrioshka/Adobe Stock – **Page 208 :** Flags3d/Adobe Stock – **Page 228 :** Kateryna/Adobe Stock – **Page 235 :** Photocreo Bednarek/Adobe Stock – **Page 237 :** mirkomedia/Adobe Stock – **Page 242 :** Kzenon/Adobe Stock – **Page 257 :** JFBRUNEAU/Adobe Stock – **Page 259 :** JMP de Nieuwburgh/Adobe Stock – **Page 261 :** Africa Studio/Adobe Stock – **Page 267 :** denisismagilov/Adobe Stock – **Page 273 :** jirsak/Adobe Stock – **Page 276 :** alphaspirit/Adobe Stock – **Page 280 :** Hunta/Adobe Stock – **Page 282 :** VIAR PRO studio/Adobe Stock – **Page 287 :** JYF/Adobe Stock – **Page 291 :** Vely/Adobe Stock – **Page 297 :** Pineapplestudio/Adobe Stock – **Page 299 :** uckyo/Adobe Stock – **Page 301 :** Thierry RYO/Adobe Stock – **Page 304 :** dream79/Adobe Stock